I0876887

Uwe Walter Antike über den Tag hinaus

Herausgegeben von
Klaus Freitag, Jörg Fündling, Penelope Goodman,
Martin Lindner, Fritz Mitthof, Susanna Phillippo,
Peter Van Nuffelen

Rezeption der Antike Bd. 5

Uwe Walter

Antike über den Tag hinaus

Bücher – Köpfe – Themen

VerlagAntike

Bibliografische Information der Deutschen Nationalbibliothek
Die Deutsche Nationalbibliothek verzeichnet diese Publikation in der Deutschen Nationalbibliografie; detaillierte bibliografische Daten sind im Internet über http://dnb.d-nb.de abrufbar.

Satz Uwe Walter, Bielefeld
Einbandgestaltung disegno visuelle kommunikation, Wuppertal
Einbandmotive Aus der Bibliothek des Autors mit freundlicher Genehmigung, Zeitungsdruck Rollenoffset © industrieblick, fotolia.com

Druck und Bindung Bosch Druck GmbH, Ergolding
Gedruckt auf säurefreiem und alterungsbeständigem Papier
Printed in Germany

ISBN 978-3-946317-13-5

www.verlag-antike.de

Inhalt

Vorwort

Der Titel der hier vorgelegten Sammlung birgt ein kleines Paradox. Zwar dient die Tageszeitung von gestern kaum noch dazu, heute auf dem Markt Fische in sie einzuwickeln. Sie wandert ins Altpapier, und das ist richtig so: Nur Messies stapeln sie über Jahre, und wer etwas sucht, wird ohne Mühe im digitalen Archiv fündig. Aber aus der Sicht eines Autors, der öfter als sporadisch für ein solches Blatt schreibt, stellt sich die Situation etwas anders dar. Er verfolgt seinen Gegenstand über einen längeren Zeitraum, beleuchtet ihn immer wieder neu, lernt dazu. Jeder einzelne seiner Texte erwächst für sich genommen aus einem konkreten, zufälligen Anlaß. Aber zusammengenommen ergeben sie – so hofft er jedenfalls – doch mehr als ein Konglomerat mit knappem Verfallsdatum.

Die Texte in diesem Buch sind zwischen 1998 und 2017 für die „Frankfurter Allgemeine Zeitung" geschrieben worden; dem Blatt danke ich an dieser Stelle ausdrücklich für die freundlich erteilte Nachdruckgenehmigung. Es sind überwiegend Buchbesprechungen, die von Themen aus der Geschichte, Literatur und Kultur der Antike handeln, über den Fortgang der Forschung wie über deren Manifestationen für ein breiteres Publikum. Hinzu kommen Artikel über markante Fachvertreter, wenn sie einen runden Geburtstag begehen konnten oder gestorben sind, außerdem einige wenige Tagungs- und Vortragsberichte, soweit sie (hoffentlich) über den Anlaß hinausweisende Überlegungen enthalten. Immer aber, so hoffe ich, scheinen hinter dem besprochenen Buch, hinter dem gelehrten Kopf die Themen hervor, die mich an den antiken Griechen, Römern und ihren Nachbarn sowie an ihren Repräsentationen bis zum heutigen Tag und darüber hinaus interessieren, weil sie zum Sinnen, Staunen und Streiten anregen.

Die ausgewählten Stücke sind hier nach Themen arrangiert und gegenüber der im Blatt gedruckten Fassung wo nötig verändert, um ihren inneren Zusammenhang möglichst deutlich zu machen. Wiederholungen sowie allzu detailrezensorische, tagesgebundene oder nicht länger relevante Passagen wurden gestrichen, hier und da ist etwas dazugekommen, teils auch, indem seinerzeit gebotene redaktionelle Kürzungen wieder rückgängig gemacht wurden. Manche Artikel wurden zusammengezogen. Der abschließende Text über antike Themen in Qualitätszeitungen ist Zwischenbilanz und offener Ausblick zugleich; er geht zurück auf einen 2011 bei der Tagung der Mommsengesellschaft in Frankfurt/M. sowie modifiziert im November 2014 in Oldenburg gehaltenen Vortrag und erscheint hier in aktualisierter Gestalt.

Nicht aufgenommen wurde der längere Artikel „Der erste Marsch auf Rom. Ronald Symes ‚Römische Revolution' entstand aus ihrer Zeit heraus und wirkt noch heute nach", der als einer der ersten Beiträge in der leider nicht mehr existierenden Rubrik „Bücher und Themen" erschienen ist (F.A.Z. v. 2.9.1999,

Nr. 203, 54), da dieser Text in erweiterter und annotierter Form unter dem Titel „Der Historiker in seiner Zeit. Ronald Syme und die Revolution des Augustus" 2002 in der Festschrift zum 75. Geburtstag von Jochen Bleicken erschienen ist.

Wo die Überschriften vom originalen Artikel übernommen wurden, stammen sie nicht vom Verfasser, sondern von den zuständigen F.A.Z.-Redakteuren, erwachsen nicht selten aus spielerischem Wettbewerb um die originellste, anspielungsreichste oder verrätseltste Headline. Die originalen Titel und Angaben zum Erscheinungsort sowie die bibliographischen Daten der besprochenen Bücher finden sich, zusammen mit gelegentlichen Hinweisen, am Ende des Buches zusammengestellt (S. 283-295).

Für einige Jahre hat die Zeitung an der sog. Alten Rechtschreibung festgehalten; sie ist für den gesammten Band übernommen worden. Denn zwischen „wohl begründet" und „wohlbegründet" gibt es einen Unterschied, und in einem eigenen Buch korrekt zu schreiben, diese Freiheit nehme ich mir (s. a. u. S. 67). Inkonsistenzen in der Schreibung von Werktiteln u. ä. sind beseitigt, wo sie aufgefallen sind; verbliebene Mängel gehen selbstverständlich allein auf meine Kappe.

Für die Aufnahme in die Reihe „Rezeption der Antike" und wertvolle Hinweise zur Verbesserung des Manuskripts bin ich den Herausgebern verbunden. Martina Trampedach hat das Buch als Verlegerin und Lektorin gewohnt souverän und sorgfältig betreut. In erster Linie zu danken habe ich jedoch den jeweils verantwortlichen Redakteuren der F.A.Z., zuvörderst Patrick Bahners, der mich seinerzeit als Sachbuchchef nach einem zufälligen Kennenlernen kontinuierlich beauftragt und dabei auch immer den persönlichen Austausch gepflegt hat. In wechselnden Konstellationen und Intensitäten hat das Blatt seinem gelegentlichen Beiträger die Treue gehalten und damit trotz eines zunehmend schwierigen betriebswirtschaftlichen Umfeldes immer wieder und bis heute demonstriert, daß es ungemein inspirierend sein kann, die Antike als eine intellektuelle Herausforderung zu begreifen – über den Tag hinaus.

Bielefeld, im August 2017 Uwe Walter

1 Die ganze Antike soll es sein!

Aus der Perspektive des reisenden Monarchen

Wer die griechisch-römische Antike in ihrer Gesamtheit zu schildern unternimmt, bedarf einer leitenden Idee. Eine gute Wahl war und bleibt das Begriffspaar Herrschaft und Freiheit. Gelehrte wie Michael Rostovtzeff, Alfred Heuß und Werner Dahlheim erkannten die Einheit der klassischen Welt in dieser Polarität, die auf die aristokratische Grundstruktur der Gesellschaft verwies und Gestalt gewann in der autonomen Stadt. „Die Symbiose von Römer- und Griechentum", so Heuß vor fast siebzig Jahren in seiner Kieler Antrittsvorlesung, „konnte sich so auf der Basis eines gleichgearteten Sozialtypus und eines gemeinsamen Bildungssubstrates vollziehen. Nur so war eine römisch-griechische Gesellschaft als Einheit möglich. Sie existierte so lange, als die politischen und wirtschaftlichen Bedingungen für das autonome Stadtbürgertum vorhanden waren." Neuere Entwürfe betonen eher die vielgestaltigen Kommunikationen und Hybridisierungen in der Mittelmeerwelt und den angrenzenden Regionen – stand zuvor mit der Autonomie ein knappes und prekäres politisches Gut im Mittelpunkt, so dominiert nunmehr das Modell des Netzwerkes und richtet sich der Blick stärker auf Ökonomien, Kulturen und Religionen.

Robin Lane Fox würde gewiß die Vermutung weit von sich weisen, er habe eine Synthese zwischen beiden Entwürfen gesucht. Gleichwohl kann man „Die klassische Welt" als eine solche lesen. Die Vernetzung stiftet der Autor mit einem kompositorischen Kunstgriff, der genial genannt zu werden verdient, weil er gleichzeitig die politisch-kulturelle Agenda der Netzwerkhistorie unterminiert. Als Anfang des zweiten Jahrhunderts nach Christus das Römische Reich seine größte Ausdehnung erreicht hatte, bekam es mit Hadrian einen Kaiser, der sich die Oikumene durch mehrere ausgedehnte Reisen gleichsam erschloß. Indem Hadrian in Griechenland, Ägypten, Kleinasien und Britannien, auf Sizilien und im Vorderen Orient auch historische Stätten und Gedächtnisorte besuchte, läßt sich sein Itinerar zugleich als eine Kette von Begegnungen mit der Geschichte der Griechen und Römer ansprechen. In dieser Zeit war ein letztes Mal friedlich und unbedroht vereint, was die klassische Welt ausmachte, und der aus Spanien stammende Herrscher war der „lebende Beweis für die gemeinsame Kultur im Geist des Hellenismus, in dem die Schicht der Gebildeten des Kaiserreichs sich jetzt zusammenfand". In dieser Epoche hatte das Imperium zugleich die grundlegende Umwälzung auch seiner leitenden Wertideale durch das Christentum noch vor sich – die Welt von Heiden und Christen in der Spätantike hat Lane Fox 1986 in einem eigenen, noch immer sehr lesenswerten Buch dargestellt.

Ferner kein Zufall: Mit dem nach Hadrian übernächsten Kaiser, Mark Aurel, ließ Edward Gibbon einst den Verfall des Römischen Reiches beginnen.

Indem Lane Fox die Perspektive des reisenden Monarchen einnimmt, gewinnt seine Rekonstruktion der antiken Geschichte eine geradezu zwingende Evidenz: Klassik gab es bereits in der Antike, das Konzept ist keine Erfindung von Winckelmann und Humboldt, und mit dem philisterhaften Epigonentum der auf diese folgenden Generationen hat sie schon gar nichts zu schaffen. Lane Fox lädt seine Auswahl auf: Der große universalhistorische Zusammenhang der griechischen und römischen Geschichte ist zugunsten einer klaren Ausrichtung weggelassen. Wohl ließen sich, so heißt es programmatisch, „Griechen und Römer immer wieder von zahlreichen Nachbarkulturen befruchten – so von der persischen, phönikischen, ägyptischen und jüdischen –, und ihre Geschichte war zeitweise mit der Geschichte dieser Völker verknüpft. Aber als erstklassig galten in ihrer Welt wie der unseren zu Recht die Kunst, Literatur und Philosophie, die Denkweise und die Politik, die ihnen selbst eigen war."

Dieses Bekenntnis dürfte Anstoß erregen, weil es politisch wunderbar unkorrekt ist und ins Gedächtnis ruft, daß jeder deutenden Auswahl eine Wertentscheidung zugrundeliegt, die gerade im Fall der klassischen Antike auch eine ästhetische sein muß. Merkwürdigerweise hat der Verlag diese Pointe durch den Untertitel verdeckt: Eine „Weltgeschichte" bietet Lane Fox eben gerade nicht. Der Originaltitel kennzeichnet das Buch richtig – eine „epic history", erzählend und zugleich rühmend.

Was die Politik angeht, so stellt sich Lane Fox selbstverständlich in die englische Tradition; seine Griechen sind durch Freiheit geadelt. Dann aber wieder die charakteristische Lust am Unkonventionellen: Ikone der demokratischen Freiheit ist für ihn – Aristophanes: Da eine Gestalt wie der Komödiendichter im kriegführenden Athen politisch und kulturell möglich war, kann er als der eigentliche Indikator eines klassischen Zeitalters gelten. Für den humanistischen Tenor des Werkes mag auch die Wertschätzung Ciceros angeführt werden. Die Blindstellen der politischen und kulturellen Homogenisierung im Kaiserreich sind jedoch mitnichten ausgespart – in Hadrians Weltbild war kein Platz für die Juden. Tertullians Frage, was Athen mit Jerusalem zu tun habe, beantwortete der Kaiser eindeutig: Athen wurde erhöht, das Zentrum der Juden dagegen für diese zur verbotenen Stadt.

Neben Hadrian und dem Klassischen geben drei plakative Schlagworte den – mit durchschnittlich zehn Seiten sehr leserfreundlichen – Kapiteln eine durchgehende Textur: Freiheit, Gerechtigkeit und Luxus. Sie werden immer wieder als Momente historischer Dynamik angeführt, dienen daneben als Hilfsmittel beim historischen Vergleich, wenn es darum geht, Unterschiede zwischen den einzelnen Epochen herauszuarbeiten. Die Auswahl erscheint sehr bewußt getroffen: Freiheit ist ein appellativer Wert, der die Bedeutung der Antike für die Gegenwart – jede Gegenwart – unterstreicht. Gerechtigkeit erlaubt es, konstruktive Leistungen zu würdigen und zu messen, ohne zum Korsett der Systematisierung greifen zu müssen, wie es etwa der Begriff Staat erfordern würde. Und Luxus war nicht nur eine treibende Kraft antiken Begehrens und der Ökonomie, er bietet auch Gelegenheit für farbige Beschreibungen zum Vergnügen des Lesers. Allerdings fehlt dem deutschen Wort, was in „luxury" mitschwingt: die Fülle, die Kultur und Geschmack erst möglich macht. Immer wieder kann sich der Leser aufgefordert fühlen zu fragen, wie in einer bestimmten historischen Konstellation alle drei zusammenzuspannen waren.

Weil seine Leitbegriffe einfach und appellativ sind, kann Lane Fox auf die hierzulande beliebte Verbindung von Systematik und Didaktisierung verzichten. Im Hintergrund lauern weder Staatsrecht noch Sozialgeschichte; vielmehr durchwirkt *common sense* die Darstellung und stehen Personen im Mittelpunkt, von denen lebendige Skizzen entworfen werden. Man fühlt sich an Ronald Syme erinnert, wenn es über Tacitus heißt, seine Werke seien bessere Führer, das Römische Reich zu verstehen, als pseudobürokratische Untersuchungen von dessen Strukturen – ein pointiertes, sehr englisches, aber wohl ungerechtes Urteil.

Die räsonnierende, auch durch Aperçus persönlich gehaltene Schilderung der Ereignisse und Lebenswelten folgt der Chronologie. Namen tauchen nur auf, wenn es unbedingt erforderlich ist – auch diese Ökonomie gehört für Lane Fox zum klassischen Stilideal. Dennoch ist dies kein abgehobenes Werk eines Gentleman-Historikers. Zahlreiche Bemerkungen im Text sowie die kommentierten, kapitelweise angeordneten Literaturangaben (deren Bearbeitung für die deutsche Ausgabe leider einige Mängel aufweist) bezeugen, wie immer wieder auch neueste Erkenntnisse der Detailforschung verarbeitet sind. Mit Verve wird hier und da gegen vermeintlich gesichertes Wissen angegangen; so hätte die Römische Republik Caesars Ermordung durchaus überleben können, ja müssen. Dezent pflegt der Verfasser auch einer glänzenden Alexander-Biographie (u. S. 125-128) sein Hobby, die Reitkunst, indem er die Bedeutung von Reitereien im Krieg höher ansetzt, als das meist geschieht, oder sich an einer Stelle über die Nahrhaftigkeit bestimmter Grassorten vernehmen läßt. Ausgesprochene Glanzstücke stellen das Kapitel über Philipp II. von Makedonien, Athen im 4. Jahrhundert v. Chr. und über das Leben in den hellenistischen Metropolen dar, ferner der Vergleich zwischen Pyrrhos und Hannibal.

„Klassisch" ist das auch äußerlich ansprechend gestaltete Buch nicht wegen seiner – durchaus bestreitbaren – Prämissen oder der ausgewogenen Darstellung. Indem Lane Fox weder Kanon noch Handbuch bietet, hat er vielmehr einen Kern des Klassischen begriffen: das Feuer einer durch Geschmack und Humor gezügelten Passion für die Antike in sich brennen zu lassen, um es dann auch in einem empfangswilligen Gegenüber zu entfachen. Und was am Ende der Leitfigur zugebilligt wird, eignet Autor und Buch in reichem Maße: Stil.

Konflikt und Gewalt, Recht und Staat: keine kleine Geschichte

Auch wer zu Hans-Joachim Gehrkes Buch „Kleine Geschichte der Antike" greift, sollte dies ohne jede Eutrop-Erwartung tun: Kein Breviarium, Leitfaden, Grundriß oder kurzgefaßtes Lehrbuch liegt hier vor, zugeschnitten auf den Minimalismus von Studierenden vor dem Examen oder das Unbehagen jener Zeitgenossen, die eigentlich wissen, daß Bildung ohne die paradoxe Mischung aus zielstrebiger Mühe und entspanntem Umherlesen, mithin ohne Muße nicht zu haben ist. Das Vorwort versammelt Erbauliches und Richtiges, etwa über die Pflicht des Historikers, an der gesellschaftlichen Selbstvergewisserung mitzuwirken, oder über den Verlust der Bindung des Handelns an die historischen Voraussetzungen in Zeiten globaler Veränderungen, es verbindet aber auch Widersprüchliches, wenn im Geiste des Historismus von einem Verstehen jeder Epoche nach ihren eigenen Maßstäben die Rede ist und gleich danach von der gegenwarts- und standortgebundenen Perspektive des Verfassers.

Doch schon bei der Ausdehnung des Stoffes über den griechisch-römischen Horizont hinaus auch auf den Alten Orient sowie in der Parallelisierung und zugleich Integration der griechischen und römischen Geschichte verfährt der Freiburger Althistoriker erfreulich dezisionistisch. Die hier wie auch sonst zu Tage tretende Sicherheit beruht indes nicht allein auf der intimen Vertrautheit des Autors mit seinem Stoff oder auf der im Vorwort gepriesenen Diskurskultur an seiner Universität. Die Darstellung ist auch fest gegründet auf dem Fundament der als tauglich erwiesenen Grundkategorien historischer Existenz. Im Wissen um die Bedeutung von Faktoren wie staatlicher Macht, naturräumlichen Bedingungen, religiöser Integration oder aristokratischem Wettbewerb kann Gehrke lebensnah berichten, überzeugend erklären und zugleich fast jedem der erstaunlich zahlreich mitgeteilten Details den Rang des Exemplarischen geben.

„Die Geschichte beginnt mit Gewalt, genauer, mit der Organisation von Gewalt", so lautet der erste Satz der Darstellung, die zunächst unter den Stichworten Religion, Technologie und Herrschaft die Hochkulturen im Nahen Osten skizziert. „Umbrüche und Krisenzeiten bergen nicht selten die Möglichkeit zu ganz neuen Anfängen in sich", so beginnt das Kapitel über die Entwicklung und Interaktion der verschiedenen Kulturen im östlichen Mittelmeerraum nach 1000 v. Chr. Die originelle Komposition erlaubt es, die frühen Adelskulturen in Griechenland und Etrurien in ihre ostmediterranen Kontexte einzubinden, um dann unter dem Stichwort „Konflikt und Recht" die Sonderwege der Griechen und Römer hin zu mehr oder minder stabilen, vor allem aber überaus dynamischen bürgerstaatlichen Ordnungen zu schildern. Dabei folgt Gehrke mit Recht der Ansicht, die strukturellen Probleme und Lösungen, die den Staatsbildungsprozeß im frühen Rom begleiteten, im Zusammenhang und Vergleich mit der Polisentstehung in Griechenland zu sehen.

Über die treibenden Kräfte griechischer Politik und Kultur in der „klassischen“ Zeit macht der Autor eines grundlegenden Buches zu den Bürgerkriegen im Innern der Polisstaaten sich und dem Leser keine Illusionen, auch nicht über die nach den Perserkriegen freilich nahe liegende Aufteilung der Welt in Hellenen und Barbaren. Für den Hellenismuskenner Gehrke mußte es sich anbieten, die römische Expansion politisch-militärisch in die Geschichte der hellenistischen Reiche einzubinden und zugleich mit Hilfe des Akkulturationskonzepts nach den Rückwirkungen speziell der Eroberung des griechischen Ostens auf die römische Oberschicht und ihre politische Praxis zu fragen. Den Augusteischen Prinzipat analysiert Gehrke von dessen Grundproblem aus, seiner Stellung zur Tradition und der diese tragenden Aristokratie: „Caesars Schicksal, das seinem Adoptivsohn immer vor Augen stand, hatte gezeigt, daß bloße Macht nicht ausreichte, um die Herrschaft über Römer dauerhaft zu etablieren.“ Die nachfolgende Reflexion untermauert die Weber'sche Unterscheidung – im Dienste des historischen Verstehens. Begriffliche Unbedarftheit ist Gehrkes Sache ebenso wenig wie theoretische Verstiegenheit oder gar Dogmatismus.

Für die Spätantike werden Macht und Ohnmacht des nicht mehr schlanken Staates beim Zugriff auf die Untertanen wie im Verhältnis zur Kirche unterstrichen. Das Buch endet faktisch mit einer Skizze von Justinians kurzlebigem Restaurationsversuch; ein Ausblick reicht bis zur Dreiteilung der Mittelmeerwelt im frühen Mittelalter. Die prägnant und sorgfältig erläuterten Bilder ergänzen den Text wie eine zweite Stimme. Die Rezeptionsgeschichte kommt durch sie zu ihrem Recht.

Auch ein Kenner der Materie hat nie den Eindruck, daß Unentbehrliches fehlt oder die Proportionen dem Zwang zur Kürze zum Opfer gefallen sind. Neuere Forschungsergebnisse und gewandelte Perspektiven finden sich vielfach in einem Satz verdichtet und werden zugleich durch die Einbindung in eine stets reflektierte Darstellung von hohem intellektuellen Rang zur Evidenz gebracht. Das schnörkellose und zupackende Buch setzt für Kurzdarstellungen größerer historischer Epochen neue Maßstäbe.

2. Die Alten und ihre Götter – eine schwierige Beziehung

Zwischen Erde und Olymp: der römische Kaiser

Umwege und gewundene Herleitungen sind die Sache von Manfred Clauss nicht. Er will mit einem nach den Regeln des wissenschaftlichen Konventionalismus verfestigten Mißverständnis aufräumen und eine „Richtungsänderung des Denkens" herbeiführen. Der „römische Kaiser", so beginnt seine Studie über den Herrscherkult im Römischen Kaiserreich, „war Gottheit. Er war dies von Anfang an, er war es auch im Westen des Römischen Reiches, in Italien, in Rom." Alle Versuche, den Status des lebenden Kaisers als Gott durch Umdeutungen der antiken Zeugnisse und semantische Klimmzüge in den wissenschaftlichen Texten zu leugnen, führen nur in die Irre. Sie beruhten allesamt auf der mangelnden Bereitschaft vieler Gelehrter, sich vom christlichen Gottesbegriff in seiner entwickelten Form, der ausschließt, daß ein lebender, sterblicher Mensch zugleich auch Gott sein kann, bei der Analyse antiker Religiosität zu lösen.

Die Vorstellung der Griechen und Römer war eine andere. Im Wissen um die eigene Schwäche und Ausgesetztheit wurde ein im Vergleich mit der alltäglichen Erfahrung mächtigeres Vermögen als göttlich betrachtet, was dann den Schritt nahelegte, einen Menschen mit gesteigerter Macht, höherem Wissen und scheinbar unbegrenztem Können als Gottheit anzusehen. Das anthropomorphe Bild von den olympischen Göttern machte die Grenze von beiden Seiten durchlässig. Zur polytheistischen Erfahrung der Welt in ihrer unerschöpflichen, aber gegliederten Vielfalt gehörten nicht nur die traditionellen Götter, die umgebende Natur und die Leitbegriffe menschlichen Handelns wie Hoffnung und Tüchtigkeit, sondern auch die lebenden Gottheiten in Gestalt der Kaiser, die für Frieden und Wohlstand sorgten. Herrscherkult und Götterkult waren genausowenig Gegensätze wie Loyalität und Religiosität, weil die Menschen an die lebenden Götter ebenso Wünsche und Erwartungen richteten wie an die unsterblichen – nur daß erstere ungleich präsenter und damit konkret erfahrbar waren.

Herrschaftssoziologisch gehörte der Kaiserkult „zu den Instrumenten, welche die Regierbarkeit des Riesenreichs ermöglichten, weil er im Lebensalltag profane und sakrale Ereignisse untrennbar miteinander verband". Auf der Ebene der Erfahrungen und Praktiken der großen Mehrheit der Reichsbewohner waren die Kaiser dagegen einfach „allmächtige, allgegenwärtige Gottheiten, deren Existenz Mut machte in einem Alltag, der viel Ermutigung verlangte". Ihnen durch Opfer und Weihungen näherzutreten mußte sinnvoll erscheinen. Die herrschafts- oder religionssoziologische Herleitung steht aber nicht im Mittelpunkt der Beweisführung. Vielmehr sichert er seine These, wonach die Griechen und Römer ihre Kaiser als Gottheiten verehrten, pragmatisch mit einer

Definition, die zugleich der Empirie zu ihrem Recht verhilft: Gottheit ist, wer einen Kult erhält, Adressat von Weihungen und Gelübden ist, mit anderen Gottheiten zusammen verehrt oder Gott (*deus*) beziehungsweise Staatsgott (*divus*) genannt wird. Sodann führt Clauss die Zeugnisse für das so bestimmte Gottsein des Kaisers in chronologischer und systematischer Ordnung vor. Selbstverständlich geht das nicht ohne wesentliche Differenzierungen ab. So waren innerhalb der Göttlichkeit „Karrieren" denkbar, weswegen der Kaiser als lebender Gott nach dem Tod seines sterblichen Teils durch Divinisierungsbeschluß und Konsekration zum Staatsgott werden konnte. Wer an einen „traditionellen" Gott die Bitte um Schutz und Segen für den Kaiser richtete, unterschied beide selbstverständlich auch kategorial. Wenn der Kaiser selbst opferte, tat er dies als sterblicher Mensch.

Die Folgerungen aus der nominalistisch und empirisch bewiesenen These für das politische System bleiben freilich an wichtigen Stellen unklar. Die Frage, warum der Gottcharakter des Kaisers im – zugegeben schmalen – aristokratisch-tyrannenfeindlichen Diskurs der senatorischen Historiographie noch bis zu Cassius Dio im dritten Jahrhundert bisweilen problematisch erscheinen konnte, wird kaum aufgeworfen. Offen bleibt auch die Bedeutung des göttlichen Menschen in politischen Konflikten. So macht Clauss zum Beispiel wahrscheinlich, daß auch dem zeitweise allmächtig erscheinenden Prätorianerpräfekten Seian göttliche Verehrung zuteil wurde. Dennoch brach dessen Position augenblicklich zusammen, als Kaiser Tiberius ihn in einem Brief an den Senat fallen ließ, und sein Tod wurde reichsweit als Freudentag gefeiert. Welche Aussage- und Distinktionskraft kam dann aber der Göttlichkeit eines mächtigen Menschen im politischen System des Prinzipats eigentlich zu? Umgekehrt müßte es eigentlich als ein konsequentes Zu-Ende-Denken des kaiserlichen Gottseins erscheinen, daß Caligula auch von den Senatoren die Proskynese und den Hand- oder Fußkuß verlangte. Politisch aber war das in dieser Zeit noch völlig unakzeptabel und trug maßgeblich zum Sturz des Kaisers bei. Nicht nur hier bedarf es sicher einer Einbindung der religiösen Dimension in die politische und umgekehrt.

Vielleicht liegt es an der Absicht des Autors, eine eingängige und für sich völlig überzeugende These ohne Scheu vor Redundanz mit Hekatomben von Belegen phänomenologisch durchzudeklinieren, vielleicht aber auch an der Eigenart antiker Religion, wenn sich bei der Lektüre zur Dankbarkeit ob der fälligen Klarstellung der Eindruck monumentaler Schlichtheit hinzugesellt. Denn obwohl Clauss gegen das Vorurteil, es habe sich bei der Verehrung der Staatsgötter um eine bloß formale Kultübung gehandelt, die Spiritualität und Tiefe der religiösen Kommunikation auch mit dem Herrscher endlich einmal wirklich ernst nimmt, erscheint die von ihm vorgestellte Welt voller gegenwärtiger Götter doch zugleich radikal entzaubert, weil sie gedanklich so einfach ist.

Vorzüge und Grenzen dieser Sicht werden besonders beim Blick auf das Christentum deutlich. Clauss betont mit Recht, daß das Leben Jesu im antiken Sinn durchaus als nachvollziehbare Karriere eines Gottes verstanden werden konnte: Der Gottessohn wandelt unter Menschen, vollbringt Wunder, bis sein menschlicher Teil eines irdischen Todes stirbt und er selbst an der Seite seines himmlischen Vaters zum ewigen Gott wird. Ohne solche Anknüpfungsmöglichkeiten hätte sich der neue Glaube kaum gewaltlos in beinahe allen Schichten und Regionen verbreiten können. Der scharfe Gegensatz zwischen monotheistischem Christentum und polytheistischer antiker Religion war, wie Clauss überzeugend darlegt, erst das Ergebnis eines langen Prozesses, in dessen Verlauf es zahlreiche Überschneidungen und Uneindeutigkeiten gab.

Natürlich konnte man lange Zeit dem Kaiser opfern und sich gleichwohl als Christ fühlen, und Clauss zitiert zustimmend Harnack, der von einer Kirche sprach, die „auf allen Linien ihrer Lebensbestätigung, in ihrer Lehre, ihrer Disziplin, ihrem Kultus, ihrer Stellung zur Gesellschaft und zu den bürgerlichen Berufen, sich an die Welt angeschmiegt hat, die sie umgab“. Wenn das zutrifft, drängt sich zugleich aber die Frage auf, auf welche Weise sich vor dem Hintergrund einer so offenen, unspezifischen, theologisch und überhaupt intellektuell anspruchslosen antiken Gottesvorstellung, wie sie hier als These wie im Duktus der Darstellung vorgeführt wird, im vierten und fünften Jahrhundert die zum Teil atemraubenden subtilen Auseinandersetzungen über die Wesensart Christi entzünden konnten – Debatten, die in der Spätantike auch einfache Menschen zeitweise stark bewegten und erhebliche Konfliktenergien freisetzten.

Die zahlreichen Zeugnisse für die religiöse Verehrung des römischen Kaisers als Gott in allen möglichen Spielarten vermag der Autor von klaren Prämissen aus und mit souveräner Beherrschung des umfangreichen Quellenmaterials – seien es literarische Texte, Inschriften, Münzen oder Bilder – ebenso einfach wie überzeugend zu erklären. Der Preis für die Geschlossenheit und Transparenz seiner Deutung ist aber, daß die Relevanz von Gottsein und Göttlichkeit dieses Zuschnitts für das politische System ebenso ausgeblendet wird wie die theologischen Implikationen und Probleme.

Alles ist voll von Götterbildern

Das legitime Bestreben, inspirierende Vorbilder für das eigene Tun in der Vergangenheit zu finden, kommt wegen des Wesens der Geschichte als Summe unzähliger Kontingenzen und Kontradiktionen bekanntlich nicht ohne rücksichtslose Ausblendungen und Verkürzungen aus. Nietzsche, der diese offene Flanke einer monumentalischen Historie scharf gesehen hat, dachte in erster Linie an die Aneignung großer Individuen durch nachfolgende Bekenner und

Revolutionäre. Doch seine Einsicht ist auch für säkulare Prozesse in der Geistesgeschichte gültig. So gewannen die humanistische Hoffnung, in den Griechen Leitbilder und Mitstreiter auf dem eigenen Weg zur geistigen Klärung zu finden, und die bildungsbürgerliche Erwartung, aus selbstdefinierten Formen von Rationalität lasse sich zugleich ein Führungsanspruch der so Aufgeklärten ableiten, in einer genialen Formel für den Weg des griechischen Denkens zwischen Homer und Aristoteles Gestalt: vom Mythos zum Logos.

Bereits die Griechen hätten demnach den langen Weg von Aberglaube, Unwissenheit und Traditionsverhaftung ins Licht der Aufklärung durchschritten und die höchste Stufe des denkenden, kritischen Ich erreicht. Konkreten Ausdruck gefunden habe dieser Sieg in den intellektuellen Provokationen der Sophisten und in den von ihnen beeinflußten Autoren, etwa dem Tragiker Euripides und dem Geschichtsschreiber Thukydides. Dieses Modell erschien nicht zuletzt deshalb so stark, weil es auch für seine aus dem Unbehagen an der Moderne erwachsende Umwertung eindrucksvolle Gesichter und Stimmen bereithielt. Nun konnte die ordnungsgewisse Frömmigkeit eines Aischylos oder eines Herodot als ein wertvolles, aber durch Rationalität, Wertrelativismus und Leugnung der wirkenden göttlichen Mächte bedrohtes Gut erscheinen – bis hin zu Nietzsches vitalistischer Absage an Sokrates und Apollon. Selbst Wilhelm Nestle, der die zitierte Formel geprägt und in seinem gleichnamigen Buch von 1940 gelehrt begründet hat, sprach reserviert und gewiß nicht unbeeinflußt von kulturkritischen Dekadenzvorstellungen seiner Jahrhunderthälfte von einer „allmählichen Zersetzung des griechischen Götterglaubens durch die Philosophie", die so lange währte, bis die Religion „innerlich ausgehöhlt und für das Christentum sturmreif gemacht" war.

Erst seitdem Altertumswissenschaftler sich weitgehend erfolgreich vor den Zumutungen einer Identität stiftenden und auf die Gegenwart bezogenen Forschung abgeschottet haben und überdies gegen jede Form von linearem Evolutionismus skeptisch geworden sind, konnte auch das zumal in Deutschland einflußreiche Nestlesche Modell von vielen Seiten angegriffen und zur Strecke gebracht werden, zuletzt in einem anregenden Sammelband, den Richard Buxton herausgegeben hat („From Myth to Reason?" Oxford 1999).

Tanja Scheers auf den ersten Blick gegenüber derlei Grundsatzfragen indifferente Studie „Die Gottheit und ihr Bild" behandelt die Funktion griechischer Kultbilder in Religion und Politik. Sie leistet einen weiteren wichtigen, wenn auch nicht gerade revolutionären Beitrag zur Historisierung der griechischen Religion. Stillschweigend gibt sie nämlich die zentrale Prämisse der – in ihrer traditionellen Form längst obsoleten – genetisch verfahrenden Geistesgeschichte auf, die das kritische Denken Weniger wichtiger nahm als die alltäglichen Handlungen und die traditionellen Erzählungen der Vielen, weshalb letztere in die antiquarischen beziehungsweise mythologischen Handbücher verbannt waren. Die stoischen Denker der Antike waren da schon weiter, indem sie mit dem Wissen um die egalitäre Kraft begrifflicher Distinktion philosophisch-wissenschaftliches Denken, Kultpraxis und Mythologie als drei Formen des Umgangs mit den Göttern bezeichneten (*genus mythicum*, *physicum*, *civile*). Alle drei Formen konnten durchaus auch von einer einzigen Person gepflegt werden. Die Autorin macht sich diese wichtige Feststellung implizit zu eigen, wenn sie etwas salopp davon spricht, daß man „mental je nach Gelegenheit ‚die Zugangsebene' zu den Bildern der Götter wechseln" konnte.

In Scheers nüchterner Rekonstruktion kehren die Kultbilder der griechischen Götter aus den Schriften mokanter Philosophen in die Welt der betenden, opfernden und verehrenden Politen zurück, die sich ihnen näherten, voller Ehrfurcht, Hoffnung, Erwartung oder Zorn, im Kollektiv der Bürgergemeinde ebenso wie individuell. Die traditionelle Religiosität wurde keineswegs zunehmend zum Tummelplatz nur der naiven und unaufgeklärten Menschen, an denen die Diskussion ihrer Zeit vorübergegangen war. Religiöse Handlungen bildeten über die Zeiten hinweg einen zentralen und kaum je in Frage gestellten Bestandteil der privaten wie der politischen Identität der Griechen, und alles spricht dafür, daß auch die Sophisten und Philosophen als Hausväter und Bürger weiter brav geopfert haben. Denn auch ihnen mußte an einem guten Einvernehmen zwischen Polis und Pantheon gelegen sein. Selbst in der Kaiserzeit, in der die griechische Religion angeblich in Agonie nur noch auf die Ablösung wartete, wurden die Kultbilder der Götter nur von einer kleinen Minderheit abgelehnt oder ignoriert. Erst das Christentum bewirkte hier bekanntlich einen – langsamen – Wandel.

Nur wer anerkennt, daß die Hellenen ihre Religion selbst ernst genommen haben, vermag zu einem adäquaten Verständnis zu gelangen. Die Autorin teilt diese mittlerweile in der Forschung weitgehend verbindliche Prämisse bei ihrer Untersuchung des Umgangs mit den Götterbildern, den sie zum Gradmesser des Verhältnisses der Menschen zu ihren Gottheiten erklärt, und kommt von ihr aus zu interessanten Ergebnissen. So findet etwa die in der archäologischen Literatur gängige hierarchische Unterscheidung zwischen (eigentlichem) Kultbild und (bloßem) Weihgeschenk in der religiösen Praxis keine Bestätigung. Die Gottheit war nicht ständig in einem einzigen Bild präsent oder gar mit diesem identisch, sondern jedes Bild, von der idolartigen Holzfigur bis hin zur repräsentativen Goldelfenbeinstatue, konnte zeitweilig Sitz der Gottheit sein. Das Kultbild im funktionalen Sinn entstand somit immer neu im Akt der Verehrung durch ein menschliches Gegenüber, allein die Gottheit entschied über ihre Präsenz. Bezeichnenderweise gab es für die Götterfiguren keine besonderen Weiherituale. Gewiß ist es sinnvoll, diese Auffassungen im Kontext der insgesamt nichthierarchischen Form ihrer religiösen Organisation zu sehen.

An der Legende vom fortschreitenden Verfall der traditionellen Frömmigkeit strickten freilich bereits griechische Autoren. Der Schock durch die rauchenden Trümmer der Heiligtümer nach der zweimaligen Besetzung Athens durch die Perser, verbunden mit manchen Reserven gegen die Umbrüche und Entgrenzungen in den Jahrzehnten danach, ließ in der Überlieferung das idealisierende Bild von der guten alten und vor allem frommen Zeit vor den Perserkriegen entstehen. Der Barbar war hinfort als Frevler wider die Sitze der Götter definiert, was aber zugleich bedeutete, daß auch Griechen oder Halbgriechen zu solchen werden konnten (und tatsächlich wurden). Parallel dazu wurde vor allem im klassischen Athen das Kommunikationssystem mit den Göttern in Gestalt von Tempeln, Statuen, Festen und Geschenken immer weiter ausgebaut, verursachten Vorfälle wie die Verstümmelung der verhältnismäßig unbedeutenden, großenteils privaten Hermessäulen während des Peloponnesischen Krieges breite und echte Empörung und wurden die wertvollen Bilder auch in kriegsbedingter Finanznot nicht angetastet.

Alexander und seine Nachfolger stilisierten es dann später zu einer besonderen Herrschertugend, angeblich oder tatsächlich von den Persern geraubte Götterbilder zurückzubringen. Die Autorin verdeutlicht implizit, wie wichtig die beiden direkten Konfrontationen mit den Persern für den Umgang der Griechen mit den Götterbildern und so zugleich für ihr Selbstbild waren; sie setzt damit die kontingente Geschichte wider das ahistorische lineare Modell in ihr Recht.

Auch für den Hellenismus kann keine Rede davon sein, daß man den traditionellen religiösen Formen und Kultobjekten gegenüber gleichgültig geworden sei und sie nur noch sinnentleert weitertradiert habe. Zum religiösen Gebrauchswert zumal der sehr alten Kultbilder trat lediglich – typisches Merkmal einer Spätzeit – ihr wachsendes Ansehen als Symbol einer großen Vergangenheit. Erst jetzt kam es zu gezielten Zerstörungsakten, die sich aber nicht primär gegen die religiös-kultische Funktion, sondern gegen die Identitätsstiftung durch diese ehrwürdigen Bilder richteten. Doch der prominenteste unter diesen politisch motivierten Ikonoklasten, König Philipp V. von Makedonien, wurde ob solcher Exzesse gegen die Götter ähnlich als Frevler gebrandmarkt wie die Perser drei Jahrhunderte zuvor. Von daher überrascht es nicht, wenn die Überwältigung der griechischen Staatenwelt durch die Römer von einigen Zeitgenossen, die diesem Geschehen einen Sinn zu verleihen suchten, auch als Sieg der frömmeren Macht gedeutet wurde.

Scheer interpretiert die einschlägigen antiken Texte in Fallstudien mit Umsicht, Geduld und *common sense*, ohne Scheu vor scheinbar einfachen Fragen und gelegentlich allzu breiter Erörterung. Semantische Analysen der verschiedenen griechischen Begriffe für Götterbild, ein systematischer Teil über die Kommunikation der Menschen mit den Göttern mit Hilfe der Bilder und ein historischchronologischer Teil schließen sich zu einem insgesamt überzeugenden Gesamtbild zusammen. Nur dann und wann wünscht sich der Leser, die großen Linien möchten etwas prägnanter hervortreten.

Der Champion unter den Orakeln

Als Pythia vom Bodensee hat man Elisabeth Noelle-Neumann gern bezeichnet, mit Achtung oder spöttisch. Wie das delphische Orakel wurde auch die große Dame der deutschen Demoskopie von den Mächtigen gern befragt, obwohl in beiden Fällen nur wenige Eingeweihte darum wußten, wie die Sprüche zustande kamen, und obwohl oft unklar war, ob die Antworten nur die Frage spiegelten oder Ausdruck einer eigenen Politik waren.

Nachvollziehbar beginnt Michael Scott sein Buch über das antike Delphi also mit der Praxis des Orakelspruches. In Delphi einen solchen überhaupt zu erhalten war durchaus mühsam, konnte man die Orakelpriesterin doch nur jeweils einmal im Monat, insgesamt neunmal im Jahr befragen. Die Kosten für Anreise und Aufenthalt übertrafen die zu entrichtende Gebühr bei weitem. Verbreitet, aber kaum erhärtbar ist das Bild einer Pythia, die durch einem Erdspalt entströmende Gase in Trance versetzt wird und deren delirierende Sprüche die Apollonpriester in brauchbare Auskünfte verwandeln.

Wichtiger als die seriös nicht mehr zu ermittelnde konkrete Praxis erscheint ohnehin die Frage, warum das Orakel immer wieder befragt wurde. Antike Divination ruhte auf dem Glauben, eine Kommunikation mit dem Göttlichen sei grundsätzlich möglich und gelinge vielfach auch, und so wie das delphische Orakel nur eines von vielen in der gesamten griechischen Welt war, gab es noch zahlreiche andere Wege, sich ein Wissen besonderer Art zu beschaffen. Delphi erwies sich aber als besonders erfolgreich, weil hier kaum je platte Vorhersagen der Zukunft erbeten und erteilt wurden. „Das Hauptgebiet der Orakel war nicht die Weissagung, sondern der Bescheid im weitern Umfange des Wortes“, wußte schon Jacob Burckhardt. In der Tat trugen die Gesandten meist konkrete Optionen für strittige Vorhaben vor. Eine verrätselte, der Deutung bedürftige Antwort nötigte die Fragenden dann, die Sache daheim erneut zu beraten und zu einer besser begründeten Entscheidung zu kommen, die durch die „richtige“ Deutung des Orakelspruches zusätzliche Autorität gewann.

Mit der Befragung wurde Zeitdruck herausgenommen, die Antwort steigerte im günstigen Fall die Qualität der Beratung und stärkte den schließlich erreichten Konsens über die Entscheidung, wie Scott am Beispiel der ratsuchenden Athener kurz vor dem persischen Angriff im Jahr 480 v. Chr. zeigt. Weil das Orakel nicht mit riskanten Wahrsagesprüchen handelte, sondern eher ein „sense-making mechanism“ war, konnte es ferner kaum platt irren – es besaß gleichsam eine Teflonbeschichtung. Kaum zufällig ist der bekannteste mit Delphi verbundene Satz die Aufforderung an den Besucher: Erkenne dich selbst!

Doch der einzigartige Erfolg des Orakels ist ohne die Geschichte Delphis über seine gesamte Lebensspanne hinweg nicht zu verstehen, und so zielt Scott auf nicht weniger als eine Gesamtgeschichte des Nabels der antiken Welt in Breitwandtechnicolor. Die zahlreichen Gründungsmythen helfen nicht weiter, wenn nach dem wie, wann und warum von Delphis Aufstieg gefragt wird, aber sie zeigen, wie die Griechen selbst darüber gedacht haben. Sieg der Ordnung über das Chaos und Durchbruch des Wissens, das verband man mit dem Heiligtum und seinem Gott Apollon. Doch der Aufstieg, befördert durch sich kreuzende Interessen, expandierenden Handel und Netzwerke zwischen Korinth und Thessalien, zog sich.

Delphi war schon geraume Zeit eine bekannte, von Stadtstaaten und Stadtherrschern, kleinasiatischen Potentaten und hellenischen Kolonisten aufgesuchte und mit Weihgaben beschenkte Orakelstätte, bevor überhaupt ein Heiliger Bezirk zunächst ausgewiesen und später dann mit monumentalen Bauten ausgestattet wurde. Baulich machte das Heiligtum erst im sechsten Jahrhundert einen großen Sprung nach vorn, wobei just eine Brandkatastrophe Schrittmacherdienste leistete.

Auch weil das Heiligtum am Fuß des Parnaß nicht als Produkt einer einzelnen, ihre Identität bildenden Polisgemeinschaft aufwuchs, war es spät dran, gewann aber gerade durch die politische Ungebundenheit schrittweise an Attraktivität für ganz Griechenland. Die Expertise für alle Fragen von Staatsbildung und Gemeinschaftshandeln erwies sich als zukunftsträchtiges Geschäftsmodell, und als Reichtum und Kompetenz ein bestimmtes Niveau erlangt hatten, konnte Delphi mit weitester Ausstrahlung gleichsam zum FC Bayern der hellenischen Orakel werden.

Als das Heiligtum – auch als Heimstatt weiterer Gottheiten – erst einmal eine kritische Masse erreicht hatte, beeilten sich viele griechische Stadtstaaten, dort mit Weihungen oder gar prachtvoll gestalteten Schatzhäusern präsent zu sein. Nach den Perserkriegen wurde Delphi zusätzlich Ort der Erinnerung an den Sieg der hellenischen Koalition, manifest zumal in der Schlangensäule, die später nach Konstantinopel verbracht wurde. Auch die Pythischen Spiele gewannen noch einmal an Prestige, und im 5. Jahrhundert speiste sich der Rang des Ortes nicht mehr allein aus dem Orakel.

Doch die herausragende Bedeutung, der Reichtum an Weihgeschenken, verbunden mit einer geographisch isolierten Lage sowie geringer Größe und Bevölkerung, machte Delphi anfällig, etwa gegen die benachbarten Phoker. Hinzu kamen Umwälzungen im Machtgefüge der Poliswelt und interne Konflikte, ferner als tiefer Einschnitt der Dritte Heilige Krieg Mitte des vierten Jahrhunderts und das Eindringen Philipps des Zweiten von Makedonien in die sogenannte Amphiktyonie, die Gemeinschaft der das Heiligtum schützenden Gemeinden.

Im Hellenismus und im Zeichen von Roms Aufstieg zur Supermacht verlor Delphi an Bedeutung. Der Galliereinfall im dritten vorchristlichen Jahrhundert markierte eine Zäsur. Wie für die Klassische Zeit entfaltet Scott auch hier eine ganze Epochengeschichte aus delphischer Perspektive. In der Kaiserzeit gab es eine gewisse Renaissance: Zwar zeigte Augustus kein besonderes Interesse am Orakel und Heiligtum, aber Hadrian und Herodes Atticus sorgten für eine letzte, wenngleich bescheidene Blüte. Im Jahr 390 endete der Kult, aber der aufgegebene Apollontempel stand noch lange neben der neuen christlichen Basilika. Die spannende Wiederentdeckung und Erforschung Delphis sowie ein kompakter Rundgang für Besucher beschließen das Buch.

Scott verknüpft gekonnt Beschreibungen von Anlagen, Bauten und Artefakten mit historischen Einordnungen und gehaltvollen Reflexionen – auch über die Frage nach Delphis Bedeutung für unsere Zeit. Das Interesse am antiken Olympia lebt maßgeblich von einem falschen Freund, der lärmenden Inszenierung der gleichnamigen Spiele alle vier Jahre. Delphi dagegen erinnert uns an die Brüchigkeit menschlichen Wissens, das ohne Fragen und Ambiguitäten, aber auch ohne Ethik und tiefere Erkenntnis in die Bedingtheiten der eigenen Existenz letztlich bedeutungslos ist. Schon deshalb lohnt es, die Geschichte der antiken Griechen mit Michael Scott einmal von Delphi aus anzuschauen.

Für einen jüdischen Messias hatte Rom nur das Todesurteil parat

Ein alter Streit. Soll für die Gültigkeit eines Arguments nur von Bedeutung sein, ob es nach den Regeln der Kunst entwickelt und begründet ist? Oder muß auch beachtet werden, wer spricht und mit welchen möglichen Absichten? Letzteres prägt die Diskussion über „Zealot", seit eine überforderte Moderatorin im Sender Fox News den Autor fragte, ob er als Muslim denn ein Buch über Jesus schreiben dürfe. Das peinliche Interview ist auf Youtube zu besichtigen, und die Debatte über den Zustand des religionspolitischen Diskurses in den Vereinigten Staaten kann hier auf sich beruhen.

Doch die Aufregung ist nicht allein der bewegten Konfessionskarriere von Reza Aslan geschuldet, sie speist sich auch aus der verknappten Wiedergabe seiner Hauptthese: Jesus war zu Lebzeiten ein illiterater Wanderprediger und Wundertäter in der Tradition der jüdischen „Eiferer", denen es immer wieder gelang, große Anhängerschaften um sich zu versammeln und die Erwartungen an einen Messias als Befreier und Nachfolger König Davids auf sich zu ziehen. Als solcher forderte er die etablierte Ordnung heraus und wurde schließlich von der römischen Besatzungsmacht als Aufrührer hingerichtet, wie andere vor und nach ihm.

Der Versuch, Jesus von Nazareth strikt von Jesus Christus zu trennen und ersteren als eine zumindest der Wirkung nach revolutionäre Figur zu zeichnen, ist alles andere als neu, sondern bildet einen alten Strang in der Leben Jesu-Forschung. Aslan, gelernter Religionswissenschaftler und Professor für Kreatives Schreiben, wertet einschlägige Studien aus und kann insofern keine besondere Originalität beanspruchen. Dafür schildert und erörtert er anschaulich, streckenweise fesselnd, ohne zum Romancier zu werden. Eine seiner Thesen legt nahe, das Buch als eine Tragödie zu lesen: Einmal mit dem Etikett des Messias behängt konnte Jesus nur noch den einen Weg bis zum vorgezeichneten Ende gehen.

Viel Raum gibt Aslan der Lebenswelt und dem zeitgeschichtlichen Hintergrund. Dabei folgt er (mit einigen Ungenauigkeiten) einer in der englischsprachigen Althistorie mittlerweile vorherrschenden, aus postkolonialem Selbsthaß erwachsenen Richtung, die römische Herrschaft als Kombination aus brutaler Gewalt und Paktieren mit kollaborations- und assimilierungswilligen lokalen Eliten zu sehen. Methodisch fragt er mit Blick auf Jesus, welche überlieferten Tatsachen, Episoden und Aussprüche – wie etwa die berühmte Tempelreinigung oder die weniger bekannte Aufforderung an die Jünger, ihre Mäntel zu verkaufen und dafür Schwerter zu erwerben – in diesen Kontext passen, welche anders als üblich zu interpretieren sind und welche für eine historische Rekonstruktion ganz verworfen werden sollten, weil sie aus dem Bemühen der frühen Christen erwachsen seien, sich vom nach dem Aufstand um 70 n. Chr. politisch noch suspekter gewordenen Judentum zu distanzieren.

Eine Rückblende skizziert die jüdische Geschichte seit dem Exil, zumal die konfliktträchtigen politischen, kulturellen, sozio-ökonomischen und religiösen Grundkonstellationen, die immer wieder zu heftigen internen Gruppenbildungen und Konflikten führten, bedingt auch durch die sehr unterschiedlichen regionalen Verhältnisse. Die Diversität im Judentum, nach Orten, Herkunft, Bildung und sozialer Lage, bildet hier durchweg eine wichtige Voraussetzung des Geschehens. Komplementär dazu sucht man Schuldzuweisungen vergeblich. In Aslans Welt tun alle Akteure, auch die reichen hellenisierten Priester in Jerusalem oder die römischen Statthalter, das Ihre; die Katastrophen ergeben sich aus den Konstellationen. Jesus fügt sich ein in eine lange Reihe von potentiell gefährlichen Führern, die von messianischen Zuschreibungen ebenso getragen wurden wie von den innerjüdischen Konflikten und der Stellung der Region im Römischen Reich. Folgerichtig zieht der Autor die Linie bis zum Bar Kochba-Aufstand aus, hundert Jahre nach der Kreuzigung Jesu.

Dieser Jesus tritt uns nicht als ein auf bewaffneten Aufstand zielender Revolutionär entgegen, doch die in den Evangelien zu findenden ambivalenten Aussagen zur Gewalt nimmt Aslan ernst. Die sozialen Gegensätze zwischen Stadt und Land, reich und arm herauszustreichen paßt gut in die heutige Zeit, widerspricht aber unserem Kenntnisstand nicht. Wenn die Beschreibungen der jüdischen Fundamentalisten und ihrer Aktionen semantisch hier und da zu sehr am Typus aktueller Islamisten ausgerichtet sein sollten, kann man das als erhellende Aktualisierung buchen.

Den messianischen Projektionen suchte Jesus zwar auszuweichen. Aber sein „Du sagst es" auf Pilatus' (vielleicht historische) Frage nach dem König der Juden ist nicht zu relativieren oder umzudeuten, und es ließ für die Machthaber nur eine Konsequenz zu. Der methodische wie sachliche Kernsatz des ganzen Buches lautet: Wüßte man über Jesus nichts weiter, als daß er von den Römern gekreuzigt wurde, wüßte man genug, um zu sagen, wer er war, was er war und warum er so endete. Das werden viele Theologen als zu schlicht verwerfen.

Mit der Waffe des Eifers und der Vision eines von Fremdherrschaft freien Palästina, eines „sauberen" Tempels und einer neuen Ordnung, überhöht in der Formel vom bald kommenden (König-)Reich Gottes, hatte Jesus anfangs große charismatische Erfolge, aber die von ihm ausgelöste Bewegung war zum Scheitern verurteilt, weil sie kein in der Wirklichkeit erreichbares Ziel hatte und die Mittel des Handelns unklar blieben. Dieser Jesus hat zugleich keine überzeitliche oder ethische Bedeutung; auch als Gründungsheros einer modernen Befreiungstheologie taugt er nicht, weil die Bedingungen seines Auftretens und Handelns sehr spezifisch und als solche gänzlich vergangen sind.

„Jesus the Christ", der vom Märtyrer Stephan, dann zumal von Paulus und von den Evangelisten umgedeutete, nahezu neu erfundene Messias kommender Tage, ist damit also niemandem weggenommen. Seine Geschichte ist auf komplexe, aber zugleich recht lose Weise mit der ersteren verbunden – und nicht Gegenstand des Buches. Anders gewendet: Der Jesus der Bergpredigt und der Auferstehung wird hier nicht als Mythos entlarvt; er ist keinen Deut weniger wahr und wirksam und bedeutsam und historisch– wer es so lesen will, hat vermutlich auch zuvor schon nicht an das leere Grab geglaubt. Das Jesus-Bild Joseph Ratzingers und das von Aslan entwickelte schließen einander nicht aus, weil letztlich von zwei verschiedenen Gestalten die Rede ist.

Braucht Gott einen Körper?

Ein härteres Urteil über die olympischen Götter, denen man doch Tempel für die Ewigkeit errichtet hatte, läßt sich kaum denken: Der Dichter bescheinigt in den Machtkämpfen nach dem Tod Alexanders des Großen dem aktuellen starken Mann, Demetrios mit dem Beinamen Städtebelagerer, er sei „heiter, wie es der Gott sein muss, schön und lachend gegenwärtig". Andere Götter hingegen, deren Abbilder in den Tempeln stehen, seien entweder weit entfernt oder sie hätten keine Ohren, sie existierten gar nicht oder beachteten die Menschen nicht. „Dich aber sehen wir gegenwärtig anwesend, nicht aus Holz, auch nicht aus Stein, sondern echt. So beten wir denn zu dir." Zwar unterwarfen sich die Athener mit diesem Hymnos lediglich den aktuellen Kräfteverhältnissen in einer Epoche jäher Wendungen aller Geschicke, nicht ohne den lebenden Gott und neuen Champion Demetrios zu bitten, ihnen gewisse unliebsame Nachbarn vom Hals zu schaffen. Aber dieser pragmatische Umgang mit dem einen, agierenden, körperlich anwesenden Gott wirft zugleich Licht auf die Auffassungen der Griechen von den Bildnissen der unsterblichen Götter samt ihrer überwältigenden physischen Präsenz.

In einem kurzen Kapitel zu den antiken Götterstatuen führt Christoph Markschies in seiner Studie „Gottes Körper" nicht diesen, aber andere sprechende Belege dafür an, wie sehr paganen Menschen noch der hohen Kaiserzeit an der körperlichen Präsenz ihrer Göttinnen und Götter gelegen war und als wie selbstverständlich deren Körperlichkeit galt. Sein Hauptinteresse an den Griechen gilt indes den Philosophen, die wesentliche Beiträge zur späteren jüdischen und christlichen Diskussion lieferten. Die Vorstellung eines menschengestaltigen (anthropomorphen) Gottes machte schon der vorsokratische Philosoph Xenophanes lächerlich. Doch Platons bald so ungemein wirkmächtiges Konzept eines gänzlich körperlosen, rein geistigen Gottes blieb nicht ohne Widerspruch; dagegen setzten die Stoiker das ebenfalls vielfach rezipierte Bild der Gottheit als einer einzelnen, lebendigen Individualität mit einem Körper von besonders feiner, idealer Materialität. Markschies konstatiert unzweideutig: Die Vorstellung, Gott habe Körper und Leib, war in der Antike lange Zeit gängige Ansicht. Nicht nur der frühe Kirchenlehrer Tertullian war überzeugt: Was keinen Körper habe, existiere nicht; also müsse Gott einen Körper haben.

Auf dem Umschlag des Buches prangt ein Ausschnitt aus Ingres' Gemälde „Jupiter und Thetis", doch im Zentrum der magistralen Studie des Berliner Professors für Antikes Christentum stehen die christlichen und jüdischen Gottesvorstellungen. Die Anhänger der Idee eines körperlichen Gottes konnten sich auf zahlreiche Stellen der hebräischen Bibel und des Neuen Testaments berufen und die Gottesebenbildlichkeit des Menschen anführen, doch mit Philon von Alexandria, Maimonides beziehungsweise Origenes und Augustinus hatten sie argumentationsmächtige Gegner, die sich schließlich durchsetzten.

Vom heute so wohlfeilen Projekt einer Entplatonisierung beider Theologien grenzt sich Markschies freilich ab; selbst die extremen Erscheinungsformen von Körperfeindlichkeit, Körperverachtung und Körperzerstörung bei spätantiken Mönchen und Säulenheiligen werden eher nüchtern geschildert. Der Autor will sein Werk ausdrücklich als eine historische Studie gelesen wissen. Doch das theologische Potential der Hebung einst gängiger, später fast völlig verdrängter Ansichten benennt er im überaus lesenswerten Schlußkapitel dann doch sehr klar: Ein reflektierter Anthropomorphismus des Gottesbildes lasse vielleicht die

Menschlichkeit Gottes wieder besser erkennen. Dieser sei für Juden wie Christen doch ganz wesentlich darin Gott, daß er sich dem Menschen und der Welt zuwende. Dem gekreuzigten und dem wiederauferstandenen Jesus wurde menschliche Körperlichkeit ja ohnehin beinahe unisono zugeschrieben, wie ein konzises Kapitel erläutert – auch wenn in der christlichen Antike Rückschlüsse vom Körper Jesu Christi auf den Körper Gottes nicht vorgenommen wurden.

Immer wieder wendet sich Markschies gegen die bereits in antihäretischen Polemiken der Antike gängige und bis in die moderne Fachliteratur kolportierte Behauptung, nur ungebildete, der Alltagsfrömmigkeit ergebene Menschen läsen die biblischen Sätze über einen körperlich existenten Gott wörtlich, während gelehrte Reflexion die damit implizierte Verkleinerung, Begrenzung und Relativierung des höchsten Wesens selbstverständlich ablehne. Eine schlichte Dualität zwischen naivem Volksglauben und reflektierter Intellektuellenreligion verfehle die komplexe Wirklichkeit, wie übrigens auch die strikte Scheidung von Judentum und Christentum bereits seit dem zweiten Jahrhundert. Doch der Autor erlaubt sich einen sehr treffenden Seitenhieb gegen die „in postmodernen Zeiten attraktive Entgrenzung und Verflüssigung scheinbar stabiler Entitäten“, die, so kann man ergänzen, oft nur der Perpetuierung des wissenschaftlichen Debattenbetriebs dienen.

Ins Sachbuchregal gehört die Studie eher nicht: Der gelehrte Anhang macht mehr als die Hälfte des Umfangs aus, und die zahlreichen quellenkritischen Erörterungen im Text überzeugen Außenstehende vor allem davon, wie ungemein kompliziert und vielfach gebrochen die Überlieferung gelehrter theologischer Texte ist. Nichtfachliche Leser mögen hier und da eine lebensweltliche Erdung der so sorgfältig und souverän nachgezeichneten theologischen Debatten vermissen. Welchen Einfluß hatten die vielen Götterbildnisse in den antiken Städten auf die Einstellungen auch von Menschen jüdischen oder christlichen Glaubens? Besteht ein Zusammenhang zwischen der ganz auf Askese ausgerichteten, weltverneinenden Lebensführung christlicher Mönche und ihren besonders radikalen Positionen in Bezug auf den Körper, ihren eigenen wie den Gottes? Die Funktion der strittigen Frage in den Machtkämpfen zwischen den Granden der spätantiken Kirche hätte klarer benannt werden können. Und auch von den religionspraktischen Folgen eines Dogmas, das Gott seine Gestalt und Körperlichkeit abspreche, ist nur einmal die Rede, im Zitat des unbekannten Autors der sogenannten pseudo-clementinischen Homilien: „Denn der Verstand, der die Gestalt Gottes nicht sieht, ist leer von ihm. Ja, wie kann auch nur jemand beten, wenn er niemanden hat, zu dem er sich flüchten kann, auf den er sich stützen kann? Denn indem er kein Gegenüber hat, taumelt er ins Leere.“

3. Grundfiguren sozialen Lebens

Schatten dahinter. Begräbnisriten der Griechen, Römer und frühen Christen

Die Fruchtbarkeit der Natur ist erstorben, wenn westliche Christen im Kollektiv ihrer Toten gedenken, die Katholiken zu Allerseelen am 2. November, die Protestanten am Totensonntag, dem letzten Sonntag ihres Kirchenjahres. Während der Totensonntag erst knapp zweihundert Jahre alt ist und seine Einführung durch den König von Preußen nach den Kriegen gegen Napoleon auch politische Bedeutung haben sollte, geht Allerseelen auf die Antike zurück, allerdings nicht so direkt wie der 25. Dezember, sondern eher kapillarisch.

Ebenfalls in der vegetationslosen Zeit, im Februar, feierten die Römer das Fest der Parentalia für die verstorbenen Eltern (*parentes*) und Verwandten. Es dauerte eine Woche, und mindestens am letzten Tag wurden zum Zeichen der öffentlichen Trauer die Tempel geschlossen, die Altäre blieben ohne Weihrauch, die Amtsträger legten ihre Tracht ab, es sollten keine Hochzeiten stattfinden.

Der römische Dichter Ovid erklärt in seinem poetischen Festkalender (*Fasti*) die Parentalia aus einer Grundüberzeugung antiker Menschen: Die Seelen der Toten müssen besänftigt werden. Wer dies versäumt, wie es einst Aeneas, dem Stammvater der Römer, einmal unterlief, der beschwört Schlimmes herauf: Den Gräbern entstiegen die Ahnen, mit heulendem Ruf huschten entstellte Seelen durch die Straßen der Stadt, über die Äcker und Fluren. Und erst als man den Gräbern die versäumten Ehren erwies, endeten schlimme Zeichen und Sterbewellen, zeigten sich die Manen – Geister der Toten – versöhnt.

Im spätantiken Rom scheinen auch Christen die Parentalia als allgemeines Totengedenkfest gefeiert zu haben. Danach verliert sich die Spur im Dunkel des Frühmittelalters, sieht man von einzelnen Nachrichten zu wechselnden Terminen im Umfeld von Ostern einmal ab. Der Tag nach Allerheiligen setzte sich erst um 1000 von Cluny aus durch. Ziel war es, die Verstorbenen auf ihrem Weg zur Erlösung zu unterstützen, durch gute Werke zumal für die Armen Seelen, deren Anwesenheit oder zeitweilige Rückkehr zu dieser Zeit geglaubt wurde.

Um die Schatten an den Parentalia zu versöhnen, sind Gebete und Frömmigkeit wichtiger als große Gaben. Diese Mahnung Ovids führt mitten hinein in eine andere antike Debatte: Wie prachtvoll müssen oder dürfen Grabbeigaben und überhaupt der Aufwand bei einer Bestattung sein? Ihn zu begrenzen war in griechischen Stadtstaaten wie auch in Rom Gegenstand gesetzlicher Regelungen, deren Sinn freilich nicht leicht zu entschlüsseln ist. Sollten die Wohlhabenden davon abgehalten werden, sich durch immer prachtvollere Bestattungen zu ruinieren? Oder ging es darum, die Störung durch einen Todesfall nicht eskalieren zu lassen, indem dieser zu lange, zu laut und zu sichtbar in den mühsam stabilisierten Alltag hineinfuhr? In Ovids Festkalender jedenfalls war die Sache klar: Am Tag nach den Parentalia trafen sich Verwandte und enge Freunde zum Familienfest der „lieben Verwandtschaft" (*Cara Cognatio*) und versicherten einander ihre Verbundenheit durch kleine Geschenke, mache es doch Freude, „von Gräbern und toten Verwandten nun endlich den Blick auf die Lebenden wenden zu können und zu sehen, wer noch da war".

Unabhängig von der jeweiligen Kultur hat die Bestattung allgemein verschiedene Funktionen. Der Leichnam und mit ihm die durch den Tod verursachte Befleckung (Miasma) müssen beseitigt werden, die Trennung vom Verstorbenen und die Erfahrung des Todes schlechthin sind zu bewältigen. In der Abfolge der Rituale schließen die Lebenden den Toten schrittweise aus ihrer Gemeinschaft aus und ordnen ihn zugleich in einen neuen Zusammenhang ein. Materiell bezieht der Verstorbene eine neue Wohnung, memorial wird er zum Ahnen. Das Grab soll ihn vor Angriffen jeder Art schützen. „Wenn mich einer von der Stelle rückt, wird er den Zorn der Götter auf sich laden und bei lebendigem Leibe verbrennen", solche und ähnliche Warnungen finden sich zahlreich auf antiken Grabinschriften. Christen übernahmen diesen Brauch, manchmal mit Insiderbemerkungen: Im Namen Christi, so heißt es einmal, geschehe ihm (dem Grabschänder), was im hundertundachten Psalm steht. Gott ist die Kraft, die unsere Gegner zertritt, heißt es dort tatsächlich.

Die Lebenden sichert das Grab, indem es den Toten festhält, bannt und daran hindert, umherzuwandern und feindlich zu sein. Gleichzeitig ist es aber auch der Ort der Nähe zwischen beiden Existenzen, Ort der besänftigenden Grabesspende und der Zwiesprache. Deshalb muß es in irgendeiner Weise bezeichnet sein. War der Leichnam nicht vorhanden, errichtete man ein Kenotaph, etwa für den Offizier Marcus Caelius, der in der Varusschlacht fiel und dessen Grabrelief im Bonner Landesmuseum zu sehen ist. Auch die Namenlosen wurden nicht vergessen: Als „der Grablosen Grab" diente eine Marmorurne, die jetzt im Britischen Museum steht – nicht nur auf Rhodos, dem Ort ihres Ursprungs, kannte man das Wüten des Schiffe verschlingenden Meeres nur zu gut. Naturkatastrophen konnten die Pflicht zur individuellen Bestattung überwältigen. So errichteten die Rhodier ein Grabdenkmal für die „bei dem Erdbeben Umgekommenen", wohl jenem Beben, dem auch die kolossale Statue an der Hafeneinfahrt zum Opfer fiel.

Einen Sonderfall bildeten gefallene Soldaten, die schon aus logistischen Gründen in der Regel sogleich auf dem Schlachtfeld verbrannt wurden. Doch in Athen und anderen griechischen Poleis wurde ihre Asche daheim in einem besonderen Staatsgrab beigesetzt, jedes Jahr gepriesen durch Reden und Opfer, memoriert durch Namenslisten auf Stein, wie einer vor ein paar Jahren beim Bau der Athener U-Bahn entdeckt wurde.

Liebe und Furcht, Trennung und Zwiesprache – aus diesen spannungsvollen Beziehung erklärt sich, warum die Grabstätten strikt außerhalb der Siedlung, doch in der Nähe lagen, in der Regel an den großen Straßen. Die Reichen und Vornehmen errichteten Familiengräber mit hoher Sichtbarkeit. Bestattungs- und Grabsitten orientierten sich nicht allein an religiösen Vorstellungen, sondern trugen auch dem sozialen Status der Verstorbenen und ihrer Hinterbliebenen Rechnung. Nur in der Sicht mancher Philosophenlehre konnte der Tod zugleich radikal individuell und ein großer Gleichmacher sein.

Die Begräbnisriten der Griechen und Römer waren vielfältig, was nicht verwundert, handelt es sich doch um einen weiten geographischen Raum und eine Zeitspanne von weit über tausend Jahren. Doch einige allgemein verbreitete Züge lassen sich erkennen. So galt es als Ideal, zu Hause im Kreis der Familie zu sterben, damit alle Riten ordnungsgemäß durchgeführt werden konnten. Augen und Mund des Verstorbenen wurden verschlossen, der Leichnam wurde gewaschen, gesalbt, bekleidet, mit Blumen und Kränzen geschmückt und so aufgebahrt. Wenn die laute Totenklage einsetzte, bisweilen verstärkt durch dafür angeheuerte Frauen, war das auch für Verwandte und Freunde die Zeit, ihren Schmerz laut und offen zu bekunden. Das konnte ein kritischer Moment sein. Heutigen Mitteleuropäern erscheinen die einschlägigen Praktiken – laut zu weinen, sich auf die Brust zu schlagen, die Haare zu zerraufen, die Wangen zu zerkratzen – übertrieben und unecht, doch in der Antike galten sie als Ausdruck affektiver Nähe zur noch anwesend gedachten Seele des Verstorbenen und zugleich der Begrenzung bedürftig.

Die Aufbahrung im Haus dauerte jedenfalls in Athen nur einen Tag; noch vor Sonnenaufgang des Folgetages setzte sich der Leichenzug in Bewegung. In Rom konnte der Weg vornehmer Toter zum Grab (*pompa funebris*) zu einer gigantischen Zurschaustellung familialer Leistungen geraten. Die in Abbildern vergegenwärtigten Ahnen nahmen den Verstorbenen gleichsam in ihre Reihen auf und vermehrten damit vor den Augen der Bürgerschaft das symbolische Kapital des ganzen Geschlechtes. Doch auch in Griechenland konnte die Demonstration von Reichtum und Status den rituellen Zweck des Leichenzuges so sehr überlagern, daß sich die Gemeinde veranlaßt sah, den Aufwand privater Begräbnisse gesetzlich zu deckeln.

Von Homer bis Hadrian gab es sowohl Körper- als auch Brandbestattungen, bevor im dritten Jahrhundert n.Chr. letztere so gut wie ganz verschwand. Ihr gehören jedoch die meisten spektakulären Schilderungen. Homer läßt den enthemmten Achilles am Scheiterhaufen des Patroklos gefangene Trojaner opfern, und bei der tumultuarischen Verbrennung von Caesars Leichnam auf dem Forum warf die weinende Menge ins Feuer, was sie hatte: Schmuck, Musikinstrumente, Kleider und Waffen.

Ins Grab gesenkt wurden also der Leichnam oder die Gebeine aus der Asche, zusammen mit verschiedenen Gaben, darunter immer solche in flüssiger Form. Damit war der Tote entfernt. Anschließend versammelt sich die Trauergemeinde ein letztes Mal, zum Leichenschmaus. Zwei Totenmähler, eines am Tag der Beisetzung, das andere nach den Totenopfern am neunten Tag, begrenzten in der römischen Welt die Zeit der familiären Reinigungsriten. Insgesamt war die Zeit nach der Bestattung mit verschiedenen Ritualen besetzt, die einerseits die Trennung schrittweise verstärken, andererseits aber die Verbundenheit mit dem Verstorbenen bekunden sollten.

Der Ablauf der Gedenkfeiern am Todestag des Verstorbenen oder während der Parentalia und anderer Feste dieser Art enthielt stets die gleichen Elemente. Die Angehörigen und Nachkommen trafen sich am Grab, schmückten es mit Blumen und Kränzen, entzündeten Lampen und verbrannten Weihrauch oder andere Duftstoffe. Außerdem wurde ein Totenmahl abgehalten. Der Verstorbene erhielt einen Anteil der Opfergaben in Form von Speisen und Trankopfern, sogenannten Libationen. Um die Erinnerung und die Kultausübung am Grab zu gewährleisten, konnte der Grabinhaber zu Lebzeiten eine Stiftung einrichten, aus deren Erlösen die jährlichen Totenfeiern zu bestreiten waren.

Für alle Etappen aber galt: Da der Weg vom letzten Atemzug bis ins Grab und darüber hinaus zum Totengedenken so viele Stationen enthielt, waren im Einzelfall der kreativen Expansion kaum Grenzen gesetzt. So füllt die Schilderung der erwähnten Leichenfeiern für Patroklos den gesamten vorletzten Gesang der *Ilias*, und um das Begräbnis eines römischen Kaisers in all seinen politischen, symbolischen und religiös-kultischen Facetten zu analysieren, bedarf es einer ausgewachsenen Monographie.

Stets gleich blieb hingegen die Minimalanforderung: Die Seele des Verstorbenen, wie immer man sie sich auch dachte, mußte in würdevoller Form an ihren letzten Wohnort gelangen. Die Seuche, die zu Beginn des Peloponnesischen Krieges in Athen ausbrach, stellte daher religiös und sozial eine Katastrophe dar, wie man sie sich schlimmer kaum vorstellen konnte. Der Geschichtsschreiber Thukydides schildert das, nüchtern und damit aufs eindringlichste: „Das Unglück", so notiert er (in der Übersetzung von August Horneffer), „war so übermächtig geworden, daß die Menschen, die nicht wußten, was aus ihnen werden würde, auch die göttlichen und menschlichen Ordnungen nicht mehr achteten. Alle Bräuche, die früher bei Bestattungen geübt worden waren, wurden vernachlässigt; jeder begrub seine Toten, wie er konnte. Viele verloren, weil ihnen durch die zahlreichen Todesfälle die Mittel zur Verbrennung der Leichen ausgegangen waren, alle Scham bei der Bestattung; entweder legten sie, wenn andere einen Scheiterhaufen errichteten, ihren eignen Toten vor jenem darauf und zündeten ihn an, oder sie warfen die Leiche, die sie brachten, auf einen fremden, schon brennenden Scheiterhaufen und gingen von dannen."

Die christlichen Bestattungsgebräuche unterschieden sich zunächst von denen der paganen Umgebung kaum. Augustinus zufolge müssen die Sitten des jeweiligen Volkes bewahrt werden; seine Mutter Monica wurde in Ostia beigesetzt, „wie es dort üblicherweise gemacht wird". Die Christen übernahmen auch die sich anschließende Kette von Feierlichkeiten; besonders besetzt waren in diesem Zusammenhang der dritte, siebte, neunte, dreißigste und vierzigste Tag nach dem Ableben. Die Grabpflege mit Lichtern und Libationen folgte ebenfalls der jahrhundertealten Übung. Ein Problem war die Totenklage: Sie hatte ihren gutem Sinn in der Annahme, der Tote gehe in eine freudlose Welt lebloser Schatten ein, widersprach jedoch dem christlichen Glauben an ein besseres Leben im Jenseits. Das Bemühen der Kirchenväter, die Folgerung aus dem neuen Glauben gegen eine kulturell tief verankerte Praxis durchzusetzen, produzierte Predigten, Traktate und Synodalbeschlüsse. Augustinus schildert das exemplarische Umlernen seiner Mutter: Als sie zu den Gedächtnisstätten der Heiligen, wie sie es nach dem Brauch in Nordafrika gewohnt war, Mehlbrei, Brot und ungemischten Wein für das Totenmahl brachte, wies man sie auf das Verbot derartiger Riten durch den Bischof hin. Monica akzeptierte das, weil derlei Feiern in Saufgelage ausarten konnten und „heidnischem Aberglauben aufs Haar glichen". Von da an gab es von ihr für die Heiligen nur noch Gebete, Gaben hingegen für die Bedürftigen. Eine tiefergreifende Verchristlichung des Totenkultes begann erst, als ab dem vierten Jahrhundert Friedhofsbasiliken errichtet wurden, in denen gleichermaßen Bestattungen, Begräbnis- und Eucharistiefeiern stattfanden.

Die christliche Theologie des Lebens nach dem Leben mußte sich zudem ihrerseits erst konsolidieren und ihre durchaus nicht widerspruchsfreien Lehrmeinungen harmonisieren. Dieser Prozeß traf auf regional und sozial sehr unterschiedliche Jenseitsvorstellungen in der vor- und außerchristlichen Welt, darunter Modelle, die in einer so weitgehend post-christlichen Gegenwart vielleicht ein gewisses Interesse auf sich ziehen können.

Dazu gehört die auffällige Überhöhung des diesseitigen Lebens, weniger in einem hedonistischen Sinn (obwohl auch das durchaus verbreitet war) oder als dauernde Selbstaktualisierung im sozialen Netzwerk, als gäbe es kein Morgen, sondern vielmehr durch das Streben nach einer guten Erinnerung in der Nachwelt: Wie ein Mensch gelebt hat, vorbildlich im Haus, opferbereit und freigebig für die Gemeinschaft, ein Muster gelingenden Lebens, das (zusammen mit ein paar handfesten Vorkehrungen) entscheidet darüber, was von ihm bleibt.

Ein solcher Mensch muß sich das Jenseits auch nicht schönreden, sondern kann dem dürren Rationalismus folgen, den der römische Enzyklopädist Plinius bündig zusammenfaßt (Naturalis Historia 7,188-190, in der Übersetzung von Roderich König): „Was die Zeit nach der Bestattung betrifft, so gibt es verschiedene Meinungen über die Geister der Verstorbenen. Aus allen wird nach dem letzten Tage das gleiche, was sie vor dem ersten waren, und nach dem Tod haben Körper und Seele ebensowenig eine Empfindung wie vor der Geburt. Die gleichbleibende menschliche Eitelkeit (*vanitas*) dehnt sich sogar auf die Zukunft aus und erträumt sich selbst für die Zeit des Todes ein Leben, indem sie bald die Unsterblichkeit der Seele, bald eine Seelenwanderung und bald ein bewußtes Leben den Abgeschiedenen zuspricht, die Manen verehrt und den zum Gott macht, der auch nur ein Mensch zu sein aufgehört hat – wie wenn sich das Atmen des Menschen irgendwie von dem anderer Lebewesen unterschiede, oder nicht viele andere Wesen von längerer Dauer auf der Welt sich fänden, denen niemand eine ähnliche Unsterblichkeit im voraus zuerkennt. Welche Substanz hat aber die Seele an sich? Aus welchem Stoff besteht sie? Wo ist ihr denkendes Bewußtsein? Wie sieht, hört oder fühlt sie? Welchen Gebrauch macht sie davon, oder was ist, ohne diese Eigenschaften, ihr Vorzug? Wo ist ihr Sitz und wie groß ist die Zahl der Seelen oder Schatten seit so vielen Jahrhunderten? Alles dies sind gehaltlose Auswüchse kindischer Schwärmerei und der zum Tode verurteilten Menschennatur, die gierig nach Unsterblichkeit strebt."

Allerdings sind solches Tun und solches Denken wohl nur durch einen Akt der Selbsterziehung durchzuhalten. Hier liegt das Geheimnis aller antiken Glückslehren: Mit Verlusten, auch dem letzten und größten, sollte sich der denkende Mensch nicht einfach abfinden; vielmehr gilt es, durch eine Einsicht, die zur Haltung wird, im vermeintlichen Verlust einen möglichen Gewinn zu erkennen und die Erwartungen dieser Erkenntnis zu unterwerfen. Glück bemißt sich demnach am jeweils in einer bestimmten Konstellation oder Lebensphase Erreichbaren – wozu das ewige Leben definitiv nicht gehört.

Diese sich fügende Bescheidenheit ist es, was die Lektüre mancher antiker Grabinschriften so tröstlich und leicht macht: „Du, der du dies liest, lebe, sei gesund, spende und empfange Liebe, bis dein Tag kommt. Guten gehe es gut!"

Ein Gesetz gegen die Untätigkeit läßt den Faulpelz nicht entwischen

Mit dem Dorf war der Philosoph Aristoteles rasch fertig. In seiner Hierarchie der sozialen Verbände stand es nahe beim Haushalt, dem Oikos, entstanden aus diesem, „da die Mitglieder eines Haushalts in eigene Häuser aussiedelten". Da jeder Oikos unter der Herrschaft des Hausvorstandes stehe und daher „despotisch" sei, komme dem Dorf als Addition von Haushalten kein politischer Charakter zu. Die neue, politische Qualität der Vergemeinschaftung von Freien und Gleichen gebe es erst in der Polis.

Doch dem Althistoriker, der nach der Entstehung des institutionalisierten Staatswesens und des Politischen fragt, wie es im 5. und 4. Jahrhundert v. Chr. im demokratischen Athen eindrucksvoll ausgebildet dastand, bereitet diese

Spreizung zwischen Oikos und Polis einige Schmerzen, zumal erwiesen ist, daß es Verwandtschafts-, Sippen- und Stammesverbände als wirkmächtige Größen in der Frühzeit nicht gab. Die homerischen Epen, die „Werke und Tage“ des Boioters Hesiod und die frühe griechische Lyrik erlauben die Rekonstruktion verschiedenartiger Welten. Unbestreitbar war und blieb der Oikos der Reichen, Kampftüchtigen und Wagemutigen, die durch ihren Lebensstil zu Aristokraten wurden, eine vereinzelte und in hohem Maße abgeschlossene Einheit und die Basis für den zum Lebensinhalt gewordenen Wettbewerb. Die dementsprechend vom Adel ausgebildeten Sozial- und Kommunikationsbeziehungen waren dyadischer Natur: Abhängigkeit des langfristig hausgebundenen Gesindes vom Herrn, unter Gleichen Gefolgschaft und durchaus emotional unterfütterte Freundschaft oder erbitterte Feindschaft und Rache.

Wilfried Schmitz zeigt in seiner Studie, angeregt von Arbeiten zu bäuerlichen Gemeinschaften in späteren Epochen und in gründlicher Auswertung des weit verstreuten Quellenmaterials, daß die bäuerlichen Oikoi nicht einfach kleinere Kopien der adligen Häuser waren, sondern durch Nachbarschaft und geschlechts- und altersgruppenspezifische Handlungen in eine komplex strukturierte Dorfgemeinschaft eingebunden waren. In dieser bildeten die Pflicht zu gegenseitiger Nothilfe ohne emotionale Bindung und die rigide soziale Kontrolle individuellen Verhaltens zwei Seiten derselben Medaille. Unter den Normen der sozial differenzierten Dorfgemeinschaft, zu der die unterbäuerliche Schicht zählte, standen Fleiß bei der Arbeit, Rechtschaffenheit und Solidarität, die Wahl der richtigen Frau und die Wahrung der unumschränkten Autorität des Mannes im Hause im Vordergrund; sie wurden in mahnenden Sprüchen zugespitzt und autoritativ tradiert. „Schärfer als die der Füchse sind die Augen der Nachbarn.“ Spielräume des Privaten gab es in dieser Welt so gut wie nicht, anders als in der teilweise urbanisierten Lebenswelt der Demokratie im vierten Jahrhundert, in der ein Bauer unter anderem dadurch auffiel, daß er sogleich mit jedem über persönliche Dinge zu sprechen bereit war.

Ein großer Teil des Buches ist den bäuerlichen Rügebräuchen gewidmet, auf die für die Antike zuerst Karl Meuli hingewiesen hat, ohne dafür größere Resonanz zu finden. Schmitz entfaltet ein Panorama von kollektiven Aktionen gegen angebliche oder tatsächliche Regelverletzer, wobei die Grade der Abstrafung von symbolischer Erniedrigung bis zur Hausverwüstung reichten und die Scheidung von formgebundener Rüge, Randalieren unter Alkoholeinfluß und schlichter Gewalttat nicht immer leichtfällt. Hinter dem folkloristischen Detail steht die funktionale Analyse: Während die Adligen ihre binären Konflikte im Modus der Rache ausfochten, die stets eskalieren konnte und nur durch dauerhafte Überlegenheit stillzustellen gewesen wäre – was selbst den Tyrannen selten dauerhaft gelang -, vollzog die Dorfgemeinschaft eine kollektive Rüge, gegen die eine Rache nicht möglich war und die auf alle anderen Mitglieder disziplinierend wirkte. Mochte es hier individuell oft ungerecht zugehen – das gesamtgemeindliche Befriedungspotential dieser Art von Sanktion war ungleich größer als das aristokratische Nullsummenspiel von Sieg und Niederlage. Daß dieser Unterschied verwischt werden konnte, zeigt der Autor am Komos, dem gewalttätigen Umzug junger Männer, der früh seinen Rügecharakter verloren hatte und zum privaten Gewaltakt im Streit um Hetären oder homoerotische Partner mutierte.

Indem er die Bauern als normtragende und normbildende soziale Schicht vorstellt, hebt Schmitz das bisher fehlende Glied für die Rekonstruktion der welthistorisch so einzigartigen politischen Gemeinschaftsbildung im antiken Griechenland ans Licht. Er zeigt, wie aus Nachbarn Bürger wurden. Das Buch ist durch die vergleichende Einbeziehung der rechtlichen Volkskunde methodisch ein Meilenstein. Es bietet überzeugende Deutungen zahlreicher bisher unverstandener und deshalb für unhistorisch gehaltener archaischer Gesetze, die nun wieder stärker als Festschreibung bestehender sozialer Normen und Sanktionen erscheinen. Wer etwa bei der Bewirtschaftung seines Hofes faul war, gefährdete auch die Subsistenz der anderen, die ihn unterstützen mußten, und sah sich leicht zum Diebstahl verleitet: „Oft hat ein müßiger Mann, auf nichtige Hoffnung bauend, missend das tägliche Brot, sein Herz zum Bösen gewendet", wie Hesiod die Gefahr in einen der wirkenden Sprüche faßt. Solon, der bei Schmitz ein scharfes Profil gewinnt, hat solches Fehlverhalten schließlich in einem „Gesetz gegen Untätigkeit" unter strikte Sanktionsdrohung gestellt.

Die Studie macht grundlegende ethische Konzepte der griechischen Antike sozialgeschichtlich verständlich. Die Wirklichkeit der bäuerlichen Knappheitsgemeinschaft, ihre Marginalisierung der Alten nach der Hofübergabe, ihr Konformitätsdruck und ihre Inhumanität bei Rufschädigungen und Strafaktionen gegen Deviante, die sich kaum wehren konnten, werden dabei weder beschönigt noch mystifiziert; die Versachlichung von Konfliktaustragung und sozialer Kontrolle im Gerichtsverfahren der ausgebildeten Polis erscheint trotz allen Skurrilitäten des attischen Prozeßwesens mit Recht als Fortschritt, mochten einige der so archaisch erscheinenden Schandstrafen auch in Geltung bleiben.

Drängender als bisher stellt sich nun die Frage, wie die Aristokraten – als Amtsträger, Phalanxführer, Gesetzgeber und Siedlungsgründer – in einen Prozeß eingebunden waren, der seine Voraussetzungen in einer anderen Lebenswelt als der ihren fand. Nur die „geringe Polisbezogenheit des Adels" zu konstatieren kann allenfalls ein Ausgangspunkt sein, denn Schmitz hält es mit Recht für fraglich, ob die informelle bäuerliche Gemeinschaft ohne Anstoß von außen jemals politische Strukturen und formalisierte Verfahren ausgebildet hätte. Von der Rüge zum Recht war der Weg weit, und vom Zusammenschreien der Nachbarn führt noch keine klar erkennbare Linie zur Volksversammlung. Sie auszuziehen wird es einer weiteren Habilitationsschrift von vergleichbarem Kaliber bedürfen.

Edle Spender wollten nicht ungenannt bleiben

Wird das Konzept des Gabentauschs als einer grundlegenden Verkehrsform zwischen Individuen, Verbänden und göttlichen Mächten seinen Platz in einer neuen Weltgeschichtsschreibung einnehmen? Manches deutet darauf hin. Das wiedererwachte Bedürfnis an universal kommunizierbaren Deutungen ist ohne die tägliche Erfahrung einer gewaltsam-anarchischen Schaffung der „einen Welt" durch globalisierende Ökonomie und Internet nicht zu denken. Zugleich sind die einst gängigen Narrative, seien sie nun zyklisch, darwinistisch oder teleologisch strukturiert, nicht nur wegen ihres Eurozentrismus abgetan, und das Webersche Konzept von Modernisierung, Rationalisierung und Bürokratisierung deckt nur einen Teilbereich ab.

Auf den durch Marcel Mauss' „Essai sur le don" (1923/24) kraftvoll vorgezeichneten Pfaden die Regeln und Praktiken des Schenkens, Empfangens und Zirkulierenlassens von wertvollen und sinngeladenen Gütern in vormodernen Gesellschaften zu rekonstruieren verspricht dem Historiker hingegen Antworten auf die Grundfragen nach der Entstehung von Macht und Abhängigkeit, sozialer Stratifikation und Solidarität. Beate Wagner-Hasel betrachtet in ihrem Buch „Der Stoff der Gaben" derlei Bemühungen als ein Resultat des Modernisierungsprozesses selbst: Die Praxis des Schenkens bedürfe immer dann einer theoretischen Rückeroberung, wenn die aktuellen Tauschformen im Visier der Zeitkritik stünden. Wie andere aus dem Unbehagen über die Moderne entstandene Paradigmen der Deutung antiker Gesellschaften enthält auch die Theorie der Gabe also ein Moment spiegelnder Verkehrung: „Es handelt sich beim Diskurs über die Gabe eben nicht nur um einen Versuch der Annäherung an archaische und verdrängte Praktiken, sondern auch und vor allem um einen Versuch der Selbstverständigung über das Verhältnis von Ökonomie und Moral in der Gegenwart, der immer auch in Utopien münden kann." Das liegt der Autorin natürlich ganz fern; konsequenterweise distanziert sie sich vom „modernitätskritischen Überhang" der Gabentauschdebatte.

Ihr ist eingangs eine aufschlußreiche wissenschaftsgeschichtliche Skizze gewidmet. Mauss' bahnbrechendes Buch ruhte auf sehr verschiedenen Säulen, vor allem dem Interesse der französischen Soziologie an Kollektiven und ihren Bindekräften, der Kritik am liberalen Marktmodell der Historischen Schule der Nationalökonomie in Deutschland und den Bemühungen von Rechtshistorikern, auch solche Austauschphänomene begrifflich zu fassen, die sich in den Kategorien des Bürgerlichen Gesetzbuchs nicht fassen ließen. Seine Stärke war die Bündelung der vielfältigen Tausch- und Schenkungspraktiken unter dem einen, von Mauss mit beinahe magischer Substanz aufgeladenen Begriff der Gabe. Mochte dieser auch aus der modernitätskritischen Sehnsucht nach Wiederkehr der verlorenen Einheit zwischen Individuum und Gesellschaft erwachsen, so macht er doch das Soziale in der Dingwelt lesbar und ermöglicht damit eine bessere Analyse prä-, teil- oder postliteraler Gesellschaften. Dazu ist es freilich nötig, sich auf die Materialität der getauschten Güter einzulassen, deren Sinnengehalt nachzugehen und die Herstellungstechniken ins Auge zu fassen. Daß sie dies wenigstens exemplarisch unternimmt, bildet eine Stärke der Studie.

Zugleich ist sie ein bemerkenswerter Beitrag zur Debatte um die Entstehung des Staates im frühen Griechenland. Die Polisbildung faßt Wagner-Hasel nicht als Institutionalisierung von Gemeinschaftsaufgaben durch Ämter und Verfahren oder als Ausbildung von Territorialität durch Abgrenzung. Vielmehr schufen Gaben ein dichtes Bindungsgeflecht zwischen Führern und Gefolgsleuten, Männern und Frauen, ranghohen und statusniedrigen Personen, Herren im Zentrum und Hirten an der Peripherie, Verwandten, Nachbarn und Freunden. Dieses Netz erstreckte sich über das einzelne Haus und die Siedlungsgemeinschaft hinaus in den Raum. Bezeichnenderweise sind es bereits im homerischen Epos vielfach das Aufbrechen, die Begegnung unterwegs und das Ankommen, was Anlaß für Austausch von Gaben und Herstellung von Zugehörigkeit bietet.

Die Erklärungskraft des Gabentausch-Modells zeigt sich auch in Klaus Bringmanns Studie über monarchische Wohltätigkeit in der Zeit des Hellenismus, der historischen Auswertung eines bereits vorliegenden kommentierten Materialkatalogs. Bringmann setzt zutreffend voraus, daß die Beziehungen zwischen den vorher autonomen griechischen Städten und den militärisch und ökonomisch übermächtigen Königen seit Alexander dem Großen weder rein rechtsförmig noch als ausschließliches Gewaltverhältnis zu verstehen sind. Die Städte gingen nicht in einem monarchischen Territorialstaat auf, sondern blieben Subjekte der Politik, die umworben werden mußten.

Der Tausch von Wohltaten gegen Anerkennung und Loyalität bildete für beide Seiten ein wichtiges Bindemittel, weil er den Städten erlaubte, sich ernst genommen zu fühlen, und den Monarchen ein Feld für den Wettbewerb um Loyalität und Anerkennung bot. Die monarchische Schenkungspraxis konnte von den Griechen auch deshalb akzeptiert werden, weil sie sich in der Rettung, Erhaltung und Förderung ihrer angestammten Lebensform, der Polis, manifestierte. Das reichte vom Schutz vor Barbarenübergriffen bis hin zu materieller Hilfe für die Verbesserung urbaner Lebensqualität oder der städtischen Finanzen. In jedem Fall kam es auch im Hellenismus darauf an, die gewonnene Loyalität auf Dauer zu stellen, indem an das Geschenk erinnert wurde, sei es durch rühmende Inschriften an Bauten und Denkmälern, sei es durch die Gabe selbst, wenn diese etwa in der Stiftung eines jährlichen Festes bestand.

Der hohen Institutionalisierung der Poleis und ihrem ausgeprägten Bedürfnis nach demonstrierter Autonomie war es zu verdanken, daß eine deutliche und zugleich schwer zu bestimmende Linie zwischen akzeptablen Freundschaftsgesten und unverschämten Bestechungsversuchen gezogen wurde. Zwar war es gängige Praxis, auch Gesandte, Magistrate und einzelne Bürger mit Einfluß auf die Empfängerliste für königliche Zuwendungen zu setzen. Indem die Herrscher so doppelgleisig fuhren, also die Stadt als ganze bedachten und gleichzeitig einzelne an sich zu binden suchten, trugen sie durchaus systemadäquat den komplizierten Entscheidungsfindungsprozessen in den griechischen Städten und Bünden Rechnung, sie verstärkten damit aber auch deren innere Konflikte.

Als der pergamenische König Eumenes II. den Fauxpas beging, die laufende Bezahlung der Ratsherren des Achäischen Bundes durch eine Stiftung offiziell anzubieten, hatte er die Grauzone des Austauschs von Wohltaten und Gefälligkeiten verlassen. Redner prangerten das an und – so ein Gewährsmann – „machten einen so großen Eindruck auf die Menge, daß niemand es wagte, für den König zu sprechen, sondern alle mit lautem Geschrei das angebotene Geschenk zurückwiesen“. War auch das Geschenk von Anfang an mit der Bildung von Macht und der Wahrnehmung von Interessen verbunden gewesen, so ging doch sein Gehalt an Freundschaft und Ehre nie gänzlich verloren. Das macht es so reizvoll – für Schenkende, Beschenkte und Beobachtende.

Randale auf den Straßen der Antike

„Die Gesellschaft wird sogar das Prius gewesen sein; zu ihrem Schutze entstand der Staat; er ist wesentlich ihre negative, abwehrende, vertheidigende Seite. Identischer Ursprung von Staat und Strafrecht.“ So notierte Jacob Burckhardt im sogenannten Alten Schema seiner Vorlesung „Über das Studium der Geschichte“. Der Kriminalität, wie sie in der vormodernen Gesellschaft verankert war und diese zum Aufbau schützender und strafender Gewalten nötigte, kommt in der Genealogie des Staates eine zentrale Bedeutung zu. Der Münchener Althistoriker Jens-Uwe Krause, ausgewiesen durch profunde Studien zu Witwen und Waisen sowie Gefängnissen im antiken Rom, hat gut daran getan, die Fülle von Phänomenen auf die Frage nach Ausbau und Konsolidierung des Staatsapparates in den antiken Gemeinwesen auszurichten und für die Deutung des lückenhaften und ungleichmäßigen Materials auch die einschlägigen Forschungen zum Mittelalter und der Frühen Neuzeit heranzuziehen. Entstanden ist eine kenntnisreiche und anschauliche Darstellung, gegliedert nach Deliktgattungen, Straftäterkategorien und Gegenmaßnahmen.

Der Titel des Buches ist aber irreführend. Geboten wird keine Kriminalgeschichte, sondern eine Sozialgeschichte der Kriminalität und ihrer Bekämpfung, wobei die Grenze zur Rechtsgeschichte nicht leicht zu ziehen war. Quellenlage und Interesse haben den Autor ferner mit guten Gründen veranlaßt, überwiegend die Römische Kaiserzeit und die Spätantike zu behandeln; die beiden Kapitel über das klassische Athen, kaum ein Sechstel des Gesamtumfangs, bilden nur einen Vorspann. Drakon von Athen, an dem sich die ersten Schritte zur Einhegung von Gewalt durch Verfahren und Institutionen des entstehenden Bürgerstaates hätten zeigen lassen, kommt nicht vor. Auch hätte eine Auswertung des Zwölftafelgesetzes die konfliktreichen bäuerlichen Nachbarschaftsbeziehungen der frühen Römischen Republik beleuchten können.

Im Vergleich der Großepochen treten immer wieder auffällige Unterschiede zutage. So war in der Antike offenbar die Bereitschaft auch der ländlichen Bevölkerung, in Konfliktfällen staatliche Institutionen anzurufen, weit größer als in den späteren Epochen. Möglicherweise, so wäre hier weiterzudenken, lag das an dem in der Antike geringer ausgeprägten Gegensatz zwischen Stadt und Land und der stärkeren Prägekraft der städtischen Zivilisation, war diese doch seit ihrer Entstehung im archaischen Griechenland durch gesetztes Recht und regulative Verfahren gekennzeichnet. Dennoch blieb soziale Kontrolle unentbehrlich und hatten die Eigeninitiative und Selbsthilfe im Römischen Reich einen weiten Spielraum, nicht ungeregelt, sondern durch die öffentlichen Gewalten sanktioniert und in Zusammenarbeit mit ihnen. Regelrechte Selbstjustiz spielte hier, verglichen mit anderen agrarischen Gesellschaften, eine geringe Rolle; dafür wurde gegen bestimmte Formen alltäglicher Kleinkriminalität ohne viel Aufwand und mit Härte vorgegangen. Ein Korrektiv bildete in der Spätantike die regelmäßige Amnestie zu Ostern, von der lediglich Schwerverbrecher ausgenommen waren.

Konstant blieb der Klassencharakter der Justiz. Opfer von Kriminalität und Objekt von Strafe zu sein minderte die Ehre; so stand nur höherstehenden Personen das Exil frei, wo andere des Todes waren, und selbst eine Beleidigung wurde mit zunehmendem Rang des Opfers beziehungsweise geringerem Status des Täters strenger geahndet. Umgekehrt führte ein drohender Ehrverlust in der Öffentlichkeit wegen der unterentwickelten Affektkontrolle rasch zu Gewaltdelikten. Die unterentwickelte Affektkontrolle war keineswegs typisch für die Unterschicht, im Gegenteil. Als Subkultur mit kriminellen oder transgressorischen Neigungen konnten junge Erwachsene der besseren Schichten gelten. Denn für sie war die Zeit zwischen der Pubertät und der oft späten Eheschließung eine Lebensphase maximaler Freiheit, in der es kaum Möglichkeiten gab, den Tag sinn- und verantwortungsvoll auszufüllen. Vom Schabernack über Vergewaltigung bis zur schweren Körperverletzung, oft unter Alkoholeinfluß und immer in einer Clique: Für einen Großteil der Gewalttaten in antiken Städten waren Jugendliche und junge Erwachsene verantwortlich. Überlange Adoleszenzphasen sind keine Erfindung der Moderne, und obwohl nur eine Minderheit der jungen Männer frei war von der Pflicht zur Arbeit, so verschärfte doch die Demographie das Problem. Krause schätzt, daß die Fünfzehn- bis Dreißigjährigen im Römischen Reich rund ein Viertel der Bevölkerung bildeten.

Krieg, überverrätselt

Früher war es irgendwie einfacher mit dem Krieg, dem in der Antike, aber auch sonst. Er galt als selbstverständliche, stets mögliche und häufig praktizierte Form, Interessen zu vertreten, Ehre zu erlangen, Gewinn zu machen. Thomas Ganschow lässt sich demgegenüber auf die Herausforderungen der Kultur- und Mentalitätsgeschichte ein und eröffnet seine Überblicksdarstellung mit einem Kapitel über Feindbilder im Mythos. Die Bedrohung der Zivilisation durch monströse Angreifer von außen oder Feinde der Ordnung ließ sich auf den großen Kontrahenten in historischer Zeit, das Perserreich, übertragen. Der Leser erfährt also zunächst viel über Barbarenbilder, antike Ethnographie und die Darstellung des Unterlegenen auf Denkmälern und Münzen. In diesem Abschnitt zeigt sich auch die Handschrift des gelernten Archäologen.

Doch so viel die Forschung auch über kulturelle Konstruktionen des Feindes und ideologische Aufladung von Konflikten herausgefunden zu haben meint, so nahe liegt die Gefahr einer anachronistischen Verkürzung. Viehraub und die Rache dafür, die Kriege zwischen griechischen Stadtstaaten um fruchtbares Ackerland oder sogar das große Ringen um Hellas zwischen Athen und Sparta Ende des fünften Jahrhunderts vor Christus, sie alle benötigten weder eine Verteufelung des Gegners noch eine Überhöhung der auf dem Spiele stehenden Sache. Ehre, Furcht und Interessen genügten. Und den Kampf Roms mit Karthago zu einem Systemkonflikt mit mythischer Hinterfütterung zu stilisieren war Sache späterer Geschichtsschreiber. Den Adligen im Senat war der Krieg als Quelle von Beute, Ehre und Chancen so sehr zur Natur geworden, daß zu seiner Legitimation ein paar dünne und formale Rechtsfiktionen genügten. Anders gewendet: Mit seiner Herleitung des Krieges aus archetypischen Dualismen verfehlt der Autor einen nicht geringen Teil der antiken Wirklichkeit.

Für eine komplexere Argumentation ist in einem Werk dieser Art naturgemäß kein Platz. Vieles kann so nur angerissen werden: Kriegsgötter und Kriegsrecht, der römische Triumph und das Schicksal der Besiegten. Doch logisch konsistent sollte das Gebotene schon sein. Warum wird an einer Stelle gegen die Legende angegangen, die griechischen Dreiruderer bei Salamis seien kleiner und wendiger gewesen als die ihrer Gegner, wenn zwei Seiten später zur Seeschlacht von Actium vermeldet wird, „wieder einmal“ hätten die schnelleren und wendigeren Schiffe den Sieg davongetragen? Und warum wird die alte Kamelle von den angeblich seeunerfahrenen Römern, die erst durch das Studium eines gestrandeten karthagischen Schiffes Seekrieg und Schiffsbau erlernt hätten, hier wieder aufgewärmt, obwohl sie in einem anderen Buch des gleichen Verlags längst widerlegt wurde? Schließlich hätte ein sachkundiger Lektor Versehen wie die Verwechslung des älteren Kyros mit dem jüngeren und die Verballhornung des Publizisten Isokrates zu Isagoras verhindern müssen.

Lebenswelten an den Rändern: die „kleinen Leute" in Rom

Die erste Welle einer ambitionierten Alltagsgeschichte vor fast vierzig Jahren wurde nur von wenigen Althistorikern geritten. Zu stark schienen die überlieferten Texte und Relikte allein von Angehörigen der antiken Eliten zu handeln, um über Einzelaspekte hinausgehend ein methodisch abgesichertes Bild von den Menschen außerhalb dieses Kreises zeichnen zu können. Die einschlägigen Bücher, die es natürlich gab, konzentrierten sich entweder auf scheinbar spektakuläre Themen wie Gladiatorenkämpfe oder sie wurden – nicht immer zu Recht – einer kompilatorisch verfahrenden Kulturhistorie zugerechnet, die sich aus den alten Kompendien über Privataltertümer und Sittengeschichte speiste.

Robert Knapp sorgt mit „Römer im Schatten der Geschichte" für frischen Wind. Ohne bekennerische Attitüde läßt der Althistoriker den antiquarischen Objekteapparat beiseite und fragt nach den Menschen unterhalb der als Stände gefaßten Elite der Gesellschaft. Die beiden längsten Kapitel gelten einleitend den gewöhnlichen Männern beziehungsweise Frauen; es folgen die Armen sowie die rechtlich bestimmbaren, indes lebensweltlich sehr differenzierten Gruppen der Sklaven und der Freigelassenen. Prostituierte und Gladiatoren fielen zahlenmäßig nicht ins Gewicht, waren aber aus verschiedenen Gründen hochgradig sichtbare Erscheinungen. Gegenüber ihrer Umwelt abgesondert, gleichwohl mit dieser vielfach verbunden lebten schließlich einerseits Soldaten, andererseits Banditen und Piraten (die manchmal zuvor Soldaten gewesen waren). Etwa zwei Drittel der Bevölkerung, Sklaven und Freie, führten eine Existenz am Rande des Minimums, durch jeden Ausschlag nach unten vom Tode bedroht.

Knapp beläßt es nicht dabei, die Hochliteratur gegen den Strich zu lesen, er zieht auch wenig bekannte, höchst aussagekräftige Texte von Autoren heran, die zwar gebildet waren, aber nicht der sozialen Elite angehörten: Traumbücher, astrologische Werke, Liebesromane und Lehrbücher, Sprichwörter und Fabeln, das Neue Testament und andere christliche Schriften sowie selbstverständlich Papyri und Grabinschriften. Er tut dies mit methodischer Vorsicht, gestützt auf die vielfältige Forschung, die nicht nur auf dem Feld der Demographie erhebliche Fortschritte erzielt hat.

Arbeit und eheliche Treue wertzuschätzen gehörte zum moralischen Kompaß einfacher Römer – was Gewalt und Mißbrauch in der Ehe nicht ausschloß. Schulden und Unterbeschäftigung drückten, Magie, Kulthandlungen, Familie und Verein sollten vor den Unwägbarkeiten des Lebens schützen. Während in der Elite die Ehefrau nur eine einzige Funktion hatte und ansonsten oft „ein dekoratives Anhängsel, keine Partnerin" darstellte, wurde bei den Haushalten der kleinen Leute jede Hand gebraucht und übten die Frauen großen Einfluß aus, als starke Partner, wenn es darum ging, das Leben zu meistern.

Sich anzustrengen, um sozial aufzusteigen, war für Soldaten und Sklaven beziehungsweise Freigelassene attraktiv, für die Armen hingegen nicht. Knapp führt zur Erklärung Aleksandr Čajanovs „Theorie der Plackerei“ an. Den ganz eigenen Kodex römischer Banditen erhellt er durch die Verhältnisse bei karibischen Piraten der Frühen Neuzeit. Auch liebt er es, gängige Vorstellungen anzugehen. Die Bäder: ein Hort von Unrat, Dreck, Körperflüssigkeiten und Keimen. Unparteiliche Entscheidungsbefugte und fürsorgliche Mächtige? Knapp zitiert aus dem Brief eines Soldaten, der versetzt werden möchte: „Doch hier geht nichts ohne Geld, und Empfehlungsbriefe nützen nichts, wenn man sich nicht selbst hilft.“ Die Armee als Garantin des inneren Friedens? Knapp betont die Spannungen zwischen der Zivilbevölkerung und den privilegierten Soldaten mit ihrem „Machtbewusstsein, das fast jeden Exzess zugleich erlaubte und entschuldigte“. Freiwillige Gladiatoren als gesellschaftlich Geächtete stigmatisiert? Ein Hirngespinst der Oberschicht, bedeutungslos im Leben der normalen Bevölkerung; die Gladiatoren taten nur auf ihre Weise das Beste, um in einer Welt mit wenig Chancen für sie dennoch zu Erfolg zu kommen. Das römische Recht ein Schutzhafen der einfachen Leute? Der gewöhnliche Römer hatte einen ausgeprägten Sinn für Gerechtigkeit – und suchte das Rechtssystem wenn möglich zu meiden, weil es als korrupt, schwerfällig und elitendominiert galt. Petrons Verse finden vielfache Bestätigung: „Wozu nützen die Gesetze, wenn der Mammon nur regiert. Wenn der kleine Mann der Straße immer den Prozeß verliert.“

Doch die Wirklichkeit ist widersprüchlich, wie Knapp einräumen muß. Eine Frau gibt ihre Tochter ins Bordell, dort wird diese von einem Freier ermordet. Der Richter verurteilt ihn zum Tode und spricht der Mutter, „die der Armut wegen, die sie einschnürte, ihre eigene Tochter vom Pfad der Tugend wegzog, weshalb sie sie verloren hat“, ein Zehntel von dessen Vermögen als Schadenersatz zu. Die Eliten und die gewöhnlichen Leute bewohnen in Knapps Imperium Romanum zwei nach den Lebensumständen wie nach den Werten und Normen sehr verschiedene Welten. War das philosophische Denken der Eliten auf Ideale und Selbsterziehung ausgerichtet, herrschte weiter unten ein robuster Pragmatismus. Gemeinsam war lediglich, die bestehenden Hierarchien zu akzeptieren und individuell auf ein gutes Gelingen zu setzen.

Aber wie konnte dies ausreichen? Die Frage, warum das Gefälle und die Fremdheit zwischen oben und unten nicht mehr Konflikte produzierten, wurde zu Recht immer wieder gestellt. Die Althistorie hat die vertikale Integration im Patron-Klient-Verhältnis, im asymmetrischen Gabentausch (Euergetismus), in der symbolischen Integration durch Rituale und in einer Art *pursuit of happiness* unter den vergleichsweise stabilen Verhältnissen des Römischen Reiches verwirklicht gefunden. Knapp zitiert die nüchtern-stolze Grabinschrift des Lucius Trebius Ruso: Dieser wurde in elendeste Armut geboren, diente siebzehn Jahre als Marinesoldat an der Seite des Kaisers und wurde in Ehren entlassen. Dieses vorzügliche Buch jedoch stimmt – auch mit Blick auf die Gegenwart – nachdenklich: Was, wenn soziale Integration und politische Legitimation generell überschätzt werden, in ihrem Grad wie in ihrer Bedeutung?

Humanität als Signum antiker Sklaverei?

Als die Mainzer Akademie der Wissenschaften 1950 ein Großprojekt zur Erforschung der antiken Sklaverei auf den Weg brachte, enthielt das Thema im Frontstaat des Kalten Krieges Zunder, galt es doch, die orthodoxe marxistische Interpretation von der antiken Sklavenhaltergesellschaft empirisch zu widerlegen und dem Altertum als einer Basisepoche des christlichen Abendlandes seine moralische Integrität zu bewahren. Vor allem in den Studien von Joseph Vogt paarten sich Erträge mit Fehlsichtigkeit, doch es verstrichen Jahre bis zu der befreienden Polemik des undogmatischen Marxisten Moses Finley. Er prangerte Vogts Desinteresse gegenüber ökonomischen Faktoren an und die Zumutung, an der antiken Sklaverei ausgerechnet ihre Humanität interessant zu finden.

Während das Mainzer Projekt mit einem großen „Handwörterbuch der antiken Sklaverei" kürzlich zum Abschluß gebracht wurde, hat der dort lange gepflegte geistesgeschichtlich geprägte Positivismus einen Ableger gefunden: den Sonderforschungsbereich „Sklaverei, Knechtschaft und Frondienst, Zwangsarbeit". Die Humanität drückt noch immer. Stefan Knoch führt mit seiner Dissertation „Sklavenfürsorge im Römischen Reich" die Tradition brav weiter. Die Annäherung an die verlorene Lebenswirklichkeit von Sklaven im römischen Kaiserreich sucht auch er nicht über ökonomische Modellbildung oder durch eine Analyse antiker anthropologischer Diskurse. Er breitet die Normativität und Praxis von Gesetzgebern und Juristen aus, obwohl sich letztere meist nur für die Behandlung eines Sklaven interessierten, wenn an diesem verschiedene Parteien einen Anspruch hatten und es darüber zum Streit kam.

Das Thema antike Sklaverei erfordert ein Gespür für Methode, Begrifflichkeit und eine Wissenschaftsgeschichte, die auch Spiegel einer Selbstverständigung der Moderne ist, vom Abolitionismus bis zur Idee eines Althistorikers, in der griechischen Klassik den Beginn der europäischen Idee vom Untermenschen namhaft zu machen. Ein solches Sensorium läßt Knoch vermissen, und so hängen die Wörter wie Mühlsteine an seinem Hals, weil er nicht erkennt, daß sowohl „Humanität" als auch „Fürsorge" als Etiketten oder Analysewerkzeuge untauglich sind, und zwar nicht deshalb, weil sie der Moderne angehören, sondern weil sie hier als Projektionsflächen für alle möglichen Ist- und Sollensvorstellungen dienen. Das gilt auch für die utilitaristisch verstandene *humanitas*, die der römischen Sklavenbehandlung als Label dienen soll. Die Ansicht, wonach im römischen Strafprozeß Art und Höhe der Strafe „an dem für das Gemeinwohl Notwendige und Gerechte" ausgerichtet gewesen seien, verblüfft.

Wer sich mit Stereotypen wie dem „altrömischen Gesellschaftsideal" und dem „griechischen Einfluß" abfinden möchte, wird mit einigen Erkenntnissen belohnt. So galten Grausamkeit und Gewalthandlungen im Affekt gegenüber Sklaven als verwerflich, weil sie den Herrn moralisch ruinierten und seine mangelnde Fähigkeit zur Selbstkontrolle offenlegten, obwohl diese doch eine der wichtigsten habituellen Voraussetzungen für die in der Antike gängige Herrschaft ohne Erzwingungsstab war. Öffentliche Ordnung und soziale Hierarchie zu bewahren lag im Interesse von Aristokraten und Kaisern; daher gab es eine Verhaltenskontrolle durch die Standesgenossen und Eingriffe in die Verfügungsgewalt über die Sklaven.

Mitunter schimmert durch die Rechtsquellen noch bunte Lebenswirklichkeit hindurch. Da ein Teil der Sklavenschaft eng mit ihren Herren zusammenlebte, konnten und mußten sich engere Bindungen entwickeln, und beim Sklaven Loyalität und Furcht, Fleiß und Selbsterhaltung im Gleichgewicht zu halten war viel schwieriger als in einem Kontraktverhältnis mit freier Arbeit. Aus der großen Bandbreite der Einsatzmöglichkeiten von Unfreien und aus anderen Rahmenbedingungen ergab sich ferner eine ausgeprägte Differenzierung innerhalb der Sklavenschaft, welche die Institution zusätzlich stabilisierte. Aber alle normativen Regelungen waren selbstverständlich von den politischen und ökonomischen Interessen der Eigentümer und Nießbraucher her gedacht. Gleichwohl erscheint die hohe Regelungsdichte bei den Römern erklärungsbedürftig.

4. Denkübung oder Lebenskunst? Zur antiken Philosophie

Nicht nur für schlichte Gemüter? Richard David Prechts Denkerbuden

Das Vorhaben hat erfolgreiche Vorgänger. Hans-Joachim Störigs „Kleine Weltgeschichte der Philosophie" erreichte eine Auflage von einer Million Exemplaren, die rororo-Bände von Karl Vorländers Darstellung dürften noch aus der Studienzeit auf einigen Regalen stehen, und Bertrand Russells Einbänder „Philosophie des Abendlandes" nennt Richard David Precht selbst einen „fulminanten Klassiker". Die Anlage einer Philosophiegeschichte wie Prechts „Erkenne die Welt" liegt im Grunde fest; sie findet sich angedeutet in einer Folge von „The Big Bang Theory", jener großartigen Sitcom über vier junge Naturwissenschaftler, die sich gern vor den Tücken des wirklichen Lebens in die Sphären der Theorie und Fiktion zurückziehen. Der verschrobenste der vier soll der wenig gebildeten Nachbarin Penny Physik beibringen, damit sie ihren Freund, der ebenfalls der Gruppe angehört, beeindrucken kann und sie ein gemeinsames Thema zum Reden haben. Der Amateurdozent läßt die Physik an einem warmen Sommerabend in Griechenland um sechshundert vor Christi Geburt beginnen, nach einem Einkauf auf der Agora, mit einem Blick zu den Sternen. Es hat also guten Sinn, auch eine Geschichte der Philosophie beginnen zu lassen: „Ein wunderschöner Sommertag in Athen. Der Himmel ist mittelmeerblau mit wenigen Wolken." Athen, weil Precht sein Buch mit Raffaels bekanntem Gemälde beginnen läßt.

Der Autor möchte keine systematischen Lehrgebäude referieren, sondern mit einer Formulierung Kants eine „philosophierende Geschichte der Philosophie" geben. Das bedingt Auswahl und Akzentuierung. Die vorgestellten Denker hätten nicht zuletzt immer wieder versucht, Sinnstiftung und Erklärung miteinander zu verbinden. Das kann man auf die Polarität von Mythos und Logos bringen, die je für sich nicht fruchten – aber auch auf den „Spagat zwischen der Poesie des Herzens und der Prosa der Verhältnisse"?

Nicht als erster sucht Precht das Denken in die sozialen und politischen Verhältnisse einzubinden, und in der Tat kann man weder die sogenannten Vorsokratiker noch Platon, Aristoteles oder die Stoiker abgetrennt von ihrer Lebenswelt verstehen. Diese Skizzen sind dem Autor allerdings reichlich grob geraten, vieles ist schlicht falsch. So waren die antiken Griechen nicht generell arbeitsscheu, Sparta keine Militärdiktatur und die athenische Demokratie kein Spielball von Clans und Familien, die sich durch Geschenke Gunst und Ämter kauften. Auch entschieden nicht in jedem Prozeß wie in dem gegen Sokrates 501 Geschworene. Und es ist besser, über die Gründe für die Christenverfolgungen im Römischen Reich nichts zu wissen, als das, was hier angeführt wird.

Die Philosophie selbst ist bekanntlich sehr diffizil. Als Nicht-Spezialist aus den Bruchstücken der frühesten Denker oder den so widersprüchlichen Schriften Platons schlau zu werden, kann fast unmöglich erscheinen, und Prechts Ringen ist aller Ehren wert. Es dürfte aber kaum zwingend sein, aus Protagoras' Formel vom Menschen als Maß aller Dinge abzuleiten, demnach bestimme nicht die Qualität einer Aussage deren Wahrheitsgehalt, sondern allein die Quantität derjenigen, die ihr zustimmen. Anregend ist Precht immer dann, wenn er intellektuelle oder performative Muster benennt, die sich bis heute erhalten haben, im „Fortsetzungsroman der immer gleichen großen Fragen in ihren jeweils neuen Zeitgewändern". Heraklit als Prototyp des selbstbewußten, der Welt entsagenden Durchblickers, damit zugleich Anfangspunkt für die Hybris der Philosophie. Parmenides, der als erster nicht nur auf das Erkenntnisobjekt blickt, sondern das Bewußtsein des Erkenntnissubjekts einbezieht. Platon mit seinem Anspruch, durch das Wort die Welt und vor allem die Welt dahinter freizulegen. Die Rolle der sinnlichen Wahrnehmung für die Erkenntnis oder der Natur für die Ethik. Oder das irrige Verlangen nach absoluter Konsistenz bei einem Philosophen: „Eindeutigkeit und Widerspruchsfreiheit ist etwas für schlichte Gemüter." Die Ethik: ein Herrschaftsgebiet der Ausnahmen über die Regel. Diogenes im Faß: Begründer der fortwirkenden Auffassung von Philosophie als Provokation. Epikur: Konzept der Philosophie als praktische Lebenshilfe.

Bisweilen gelingen dem Autor anschauliche Analogien; so charakterisiert er Platons Dialoge treffend als Verbindung von Weisheitslehre, Redekunst und Theater und nennt sie Retro-Talkshows, wie wenn sich Adorno mit John Ford und Billy Wilder über das Kino oder mit Sartre und Russell über die Gerechtigkeit austauschte. Oder: War für Platon die Welt eine einzige große Kugel, so für Aristoteles ein Apothekerschrank mit vielen Fächern. Die Philosophie im Hellenismus: überwiegend Selbstoptimierung und Lebenshilfe oder Totalverweigerung und Hippietum, nachdem der Entwurf einer besseren Welt obsolet geworden war – wie bei den Achtundsechzigern.

Selbstverständlich weiß Precht, was er seinen lesenden Zuschauern auch schuldet. So wird der Manichäismus aktualisierend zum „neuesten Update aus dem abrahamitischen Religionsspeicher", gibt es Kalenderweisheiten – „Der Fluss des Lebens ist kein Kanal." – sowie selbstredend subtile und weniger subtile Bekenntnisse. Die fallen allerdings erwartbar aus. Geld und Schulden sind tendenziell schlecht, die Deutsche Bank sollte sich schämen, das „eiserne Räderwerk des Kapitalismus" wird bemüht, Psychologie ist Mythologie ohne Götter, und Augustinus hat die Menschen mit seiner Schuld- und Gnadenphilosophie über ein Jahrtausend lang der Herrschaft einer machtbesessenen Kirche unterworfen, durch die Erbsündenlehre zudem das Fleisch verteufelt und Millionen Menschen traumatisiert.

Das Mittelalter: auch sonst finster, fast nur intellektuelle Versteppung, mit Reichsbildungen durch kriminelle Horden. Und was unterscheide die IS-Schwadronen vom Terrorstaat Saudi-Arabien, außer daß dieser schon vor Jahrzehnten vollendete, was jene gerade erst versuchen? Aber es gibt auch einzelne Beobachtungen, für die man Precht danken muß: Der radikale Skeptizismus der nachplatonischen Akademie erinnert ihn an den französischen Poststrukturalismus der Sechziger- bis Neunzigerjahre: Arkesilaos' Ununterscheidbarkeit der Dinge entspricht Derridas Arbitrarität sprachlicher Ausdrücke. Unpolitisch und prätentiös paralysierte die neuzeitliche Variante ihre Schüler, um sie anschließend „als Zyniker in Werbeagenturen und Feuilletons" zu verteilen.

Vielleicht werden von einem öffentlichen Intellektuellen heute solche Leichthändigkeiten erwartet. Und wenn jemand wegen des Autors zu dem Buch greift und lesend etwas von den alten griechischen Denkern mitnimmt, ist zumindest kein Schaden entstanden.

Von der Straße ins Geheimnis: Rückzüge und Vorstöße

Die Imitation einer philosophischen Praxis zur Orientierung in einer Alltagssituation bot der einfachen Athenerin keine Hilfe. „Du kommst im rechten Moment, denn ich war im Zweifel und bin deshalb auf und ab gewandert wie Platon, fand aber keinen klugen Einfall, sondern bin nur fußmüde geworden", so läßt sie der Komödiendichter zu ihrem Mann sagen. Vor Sokrates konnte der „Weise" als lebenstüchtiger Mann gelten, der seine Fähigkeiten zum eigenen Nutzen wie dem der Polisgemeinschaft einzusetzen vermochte, als Berater, Gesetzgeber, sogar als Herrscher. Er konnte aber auch als stadtbekannter Sonderling erscheinen, wenn die Anekdote von Thales, wie er beim Betrachten des Himmels in einen Brunnen fällt und sich von einer Magd auslachen lassen muß, auf eine vorplatonische Tradition zurückgeht. Der Tod des Sokrates, im Rückblick die zumindest nachvollziehbare Reaktion der Streßgemeinschaft Athen auf eine beständige Unterminierung ihrer ohnehin bedroht geglaubten politischen Identität durch einen merkwürdigen Charakter in zweifelhafter Gesellschaft, änderte für seine Schüler und Nachfolger alles. Lebenswelt, Alltagsmoral und Politik schienen der Suche nach Gerechtigkeit, Wahrheit und Tugend keinen Raum mehr zu lassen. Dies war die Geburtsstunde der Philosophie als einer eigenen Lebensform, in der das Verhältnis von theoretischer Einsicht und praktischer Vernunft, von Weisheit und Politik oder später – in teutonischer Unbedingtheit – von Geist und Macht als Problem konstituiert wurde.

Welche Lösungen Platon und die Akademie, Aristoteles und der Peripatos sowie Epikur und die ältere Stoa auf dieses Problem fanden, zeichnet Peter Scholz in „Der Philosoph und die Politik" sorgfältig nach. Dabei beschränkt er sich zum Glück nicht auf eine Rekonstruktion der verschiedenen Lehrmeinungen – ein angesichts der teilweise trümmerhaften Überlieferungslage für sich allein schon schwieriges Geschäft –, sondern bezieht nach dem Vorbild der bahnbrechenden Studie von Kai Trampedach über Platon und seine Schüler (1994) den historischen Kontext ein, indem er die biographische Überlieferung zu den politischen Aktivitäten der Philosophen, sei es im Bereich der Polis oder an einem der hellenistischen Höfe, einer genauen Prüfung unterzieht. Das Ergebnis ist in allen Fällen negativ und korrigiert damit die ältere Forschung. Die Philosophen suchten den direkten Einfluß auf die Politik nicht, und in ihren Lebensläufen nahmen politische Aktivitäten einen ganz untergeordneten Platz ein. Auch zu den Monarchen hielten sie Distanz, zumal jene auch keine rechte Verwendung für so wenig öffentlichkeitswirksame Denkergestalten hatten. Nur manche deutsche Historiker bilden sich ein, der Auftritt eines Bundeskanzlers bei ihrer Versammlung bedeute eine Aufwertung für diesen.

Scholz charakterisiert zunächst die sozialen und politischen Voraussetzungen des Philosophierens im Athen des vierten und dritten Jahrhunderts. Die Philosophen suchten demonstrativ Distanz zum politischen Leben und dem auf *common sense* und Alltagsmoral ruhenden Normensystem des athenischen Bürgerstaates. Gegen den Konformitätsdruck des Bürgerideals setzten sie einen zurückgezogenen, ausschließlich auf die philosophische Gemeinschaft zentrierten Lebensstil. Durch den Rückzug aus dem öffentlichen Leben stellten sie sich nicht nur außerhalb der Polisgemeinschaft, sondern sie konnten zeitweise sogar als Bedrohung empfunden werden, weil sie unkonventionelle Lebensformen und subversive Wertvorstellungen propagierten. Nur das Fehlen eines bürokratischen Apparates und einer Medienlandschaft, die allgemeines Unbehagen zu Kampagnen hätte verdichten können, habe eine einschneidende und dauerhafte Verfolgung über vereinzelte Asebieklagen hinaus verhindert.

Noch stärker als Scholz müßte man freilich hervorheben, daß sich die Philosophen selbst in die Außenseiterrolle begaben, indem sie ihren radikalen Bruch mit Konventionen und Traditionen immer wieder sichtbar machten. Denkbar wäre ja auch die Begründung klosterartiger Lebensgemeinschaften weit außerhalb Athens gewesen. Aber Platon und Aristoteles stifteten Musenkulte in öffentlichen Gymnasien und lehrten dort. Durch Habitus und Lebensstil gaben sich nicht wenige Mitglieder dieser elitären Zirkel demonstrativ extravagant; ihr hochmütig zur Schau gestellter Anspruch, etwas ganz anderes und Besseres zu sein, provozierte die einfachen Athener weit mehr als ihre Schriften, die ohnehin meist nicht sehr verbreitet waren.

Von der Polis kamen die Philosophen eben zunächst nicht los, der sokratische Impetus der Einflußnahme des Geistes auf die öffentliche Moral und Politik war zu stark. So führte die Suche nach der Gerechtigkeit, welche die Einheit der Polis auf Dauer garantierten sollte, Platon zum radikalen Bruch mit dem traditionellen Politik- und Moralverständnis überhaupt. Aber der Sokratesschüler beschränkte sich nicht auf den Rückzug aus dem öffentlichen Leben für seine Person, sondern konstruierte einen Staat, in dem der Philosoph als Träger der Idee des Guten eine neue, gerechte Lebensgemeinschaft aller Bürger schafft. Allein schon die transzendentale Fundierung einer solchen Ordnung rückte den Idealstaatsentwurf in die Sphäre des politischen Mythos.

Doch die Schnittmenge zwischen Utopie und Wirklichkeit blieb nicht leer. In ihr lag freilich nicht der Versuch einer Umsetzung des Entwurfs in einem realen Staat, sondern das Wagnis des radikalen Denkens mitten in einer notwendig auf Konventionen beruhenden politischen Gemeinschaft. Aristoteles schlug die Brücke zwischen politischer und philosophischer Lebensform, indem er die *theoria* des Philosophen und die praktische Vernunft des aktiven Polisbürgers als zwei verschiedene, aber aufeinander bezogene Formen der praktischen Lebensweise definierte. Nach der Emanzipation der Philosophie von der Politik kann der Philosoph politisch tätig werden, indem er die Schlüsse theoretischer Vernunft mitteilt und den praktischen Politiker berät. In der Institutionalisierung der Philosophie und der Ausbildung einer eigenen philosophischen Ethik konnte man aber auch den Grund für ihren Mangel an öffentlicher Wirksamkeit sehen. Der Peripatetiker Dikaiarch griff auf die Sieben Weisen zurück, um die in seinen Augen notwendige Einheit von philosophischer Einsicht und praktischer Umsetzung zu verdeutlichen, wobei er den Vorrang der praktischen Lebensform vor der theoretischen betonte. Indes, zu Sokrates oder zu einem so interpretierten Thales führte kein Weg zurück. Aber auch Theophrast, der die Ansicht seines Schulkollegen sonst nicht teilte, suchte beide Welten wieder einander anzunähern, indem er die traditionelle Moral als Maßstab ethisch guten Handelns zumindest tendenziell anerkannte und die Aufgabe der Philosophie in der theoretischen Begründung und Verbreitung einer philosophisch geläuterten, kosmopolitischen Ethik suchte.

Damit war die Idee einer philosophischen Paideia geboren, mit einer doppelten Konsequenz: Die Philosophie rückte aus ihrer Außenseiterrolle in die Position einer gesellschaftlich anerkannten Kulturmacht, aber sie verlor zugleich ihre irritierende Kraft, abseits von der Welt ganz sich selbst zu genügen und theoretische Gegenwelten zu produzieren. In der Politik verwandelte sie sich gemäß dieser Konzeption so letztlich zur Klugheitslehre, in der Vorteil, Kompromiß und Notwendigkeit die entscheidenden Parameter bildeten. Die Kenntnis der Geschichte und das Beachten des richtigen Moments wurden zu Voraussetzungen des Erfolgs. Theophrast stand damit zugleich dem rhetorisch-politischen Bildungsbegriff des Isokrates sehr nahe, und es erscheint etwas willkürlich, wenn Scholz diesen als Nicht-Philosophen dezidiert von der Untersuchung ausnimmt; hier reproduziert er nur alte Werturteile.

Bei Epikur rückte die Polis vollends in den Hintergrund. Sie war ihm nur noch Rechtsgemeinschaft und der sichere Rahmen, um im kleinen Kreis der philosophischen Lebensgemeinschaft eine eigene Heimat zu finden. Der epikureische Philosoph nimmt die Politik nicht mehr wahr, weder als Problem noch als Aufgabe. Umgekehrt ruht seine eigene Lebensentscheidung allein auf seinem eigenen Streben nach Vollkommenheit und Glück und beansprucht daher keine Verbindlichkeit für andere. Philosophische und politische Praxis erscheinen so als zwei gänzlich autonome Bereiche. Die traditionellen kulturellen und religiösen Normen will Epikur wie Platon überwinden, aber individuell und nur durch Ignorieren. Die Ausgrenzung der Politik in der Lebenspraxis wie im Denken rückte die frühen Epikureer von allen Philosophenschulen am nächsten an die Lebensform einer religiösen Gemeinschaft.

Die Stoiker schließlich suchten das individuelle Glück von den äußeren Umständen ganz zu trennen. Der Weise akzeptiert freudig alles, was kommt, weil es im Plan des Weltlogos so vorgesehen ist. Eine vernunftgemäße Lebensweise kann er überall und in jeder Lage entfalten. Die bestehenden politischen Zustände kann der Stoiker akzeptieren, weil es ihm allein auf die Wahrung seiner inneren Freiheit ankommt. Philosophie als Lehre vom ethisch guten Leben und Politik können so getrennte Wege gehen, auch dort, wo sie sich in einer Person vereinigen. Dieser Kniff machte und macht die stoische Philosophie für Politiker so attraktiv, weil sich mit ihr jede Handlung rechtfertigen ließ, wenn sie notwendig erschien und die innere Freiheit nicht berührte. Man muß dabei nicht nur an Seneca denken (s. u. S. 56-58).

Das gelehrte und dennoch jederzeit gut lesbare Buch zeichnet einen spannenden dialektischen Prozeß nach: den Rückzug der Philosophie von den Straßen der Polis, ihre Institutionalisierung als eigenständige Lebensform mit Anspruch auf Wirkung und ihre Rückkehr, freilich nicht auf die Straßen und als Fundamentalkritik, sondern in die Schulstuben und als Bildungsgut. Scholz hat ein beeindruckend dichtes Gewebe geschaffen, aus dem dennoch reichlich lose Fäden zum Weiterspinnen herausragen.

Jahrtausende des Unglimpfs: die Sophisten

Philosophiegeschichtlich stehen die Sophisten zwischen den Vorsokratikern mit ihren Spekulationen über die Anfänge und die Natur der Dinge und den Denksystemen von Platon und Aristoteles. Dabei waren sie Intellektuelle, die in eine breite Öffentlichkeit hineinwirken und – als bezahlte Lehrer – auch von dieser profitieren wollten; das unterschied sie von den genannten Schulgründern. Diese arbeiteten sich zwar auch an den Problemen ihrer Zeit ab, formulierten aber zugleich einen Widerspruch zwischen Theorie und Praxis.

Damit war die Philosophie als eigene Lebensform geboren, wie Peter Scholz vor einigen Jahren gezeigt hat: Erst als die Philosophen die Öffentlichkeit mieden, waren sie auch als Politikberater gefragt (s. o. S. 48-51). Von „den Sophisten“ oder gar „der Sophistik“ hingegen kann nur in einem wissenssoziologischen Sinn gesprochen werden, da die Vorträge und Schriften der einzelnen Vertreter inhaltlich sehr verschieden waren. Es verbanden sie nichts als der Lehrberuf und die Bedingungen, unter denen sie diesen in der zweiten Hälfte des fünften Jahrhunderts vor Christus zumal in Athen ausübten.

Die langfristige Ruhmbilanz der Sophisten sieht schlecht aus. „Eine kurze Stunde rauschenden Erfolgs“, so formulierte Theodor Gomperz einprägsam, „ward erkauft durch Jahrtausende des Unglimpfs.“ Die Gründe dafür sind benennbar. Im Wettbewerb um die Kundschaft versprachen manche der sich oft ausgiebig selbst inszenierenden Denker und Lehrer die Vermittlung überlegener Praxis- und Redefertigkeit, mit der sich – wie die klassische Selbstbeschreibung lautete – auch eine schwächere Sache zur stärkeren machen lasse; das konnte als Anschlag auf traditionelle Werte und Spielregeln verstanden werden. Die Deutungshoheit über die Sophisten eroberte zudem Platon, der seinen verehrten Lehrer geradezu als das genaue Gegenteil der Sophisten aufzuweisen suchte, während der Zeitgenosse Aristophanes Sokrates als deren Archetyp vorstellte. Drittens fiel das Wirken der Sophisten zeitlich zusammen mit der überschießenden Macht- und Gewaltpolitik, welche die Epoche des Peloponnesischen Krieges prägte, und es war leicht, sie für die offenkundige Radikalisierung des Willens zur Macht verantwortlich zu machen, welche das Unterwerfungsgebot Athens an Melos ebenso kennzeichnete wie den Bürgerkrieg zwischen Oligarchen und Demokraten in den Jahren 404/03.

Doch solche Ereignisse stellten allenfalls im Ausmaß eine Neuheit dar. Siegeswille und Rücksichtslosigkeit im innen- wie außenpolitischen Verkehr prägten die Verhältnisse schon lange vor dem Auftreten der Sophisten, und die Verfahren zur Entscheidungsfindung in der athenischen Volksversammlung – zuspitzende Debatte, dann Abstimmung mit Mehrheitsbeschluß – begünstigten eine Form der öffentlichen Rede, in der unterschiedliche Standpunkte und Interessen scharf herausgearbeitet wurden.

Gomperz verglich die Stellung der Sophisten mit der von Fechtmeistern in einem Gemeinwesen, in dem der Zweikampf eine ständige Institution war. Diese Grundstruktur der Öffentlichkeit zumal in Athen förderte ohne Zweifel auch die intellektuelle Kreativität von Individuen und ihre Neigung, bestimmte Gedanken im Sinne des Denkmöglichen sehr weit zu treiben und Antithesen zuzuspitzen. In ihrer öffentlichen Breitenwirkung blieben die Sophisten als Wanderlehrer aber auf die praktischen Bedürfnisse ihrer zahlungskräftigen Hörer angewiesen; in ihrer Abhängigkeit vom Publikum konnten sie bestehende

Gegensätze allenfalls expliziter machen, vorhandene Verhaltensweisen rational begründen oder ethisch legitimieren.

Ihr Wirken sollte eher hypersozial als antisozial genannt werden; als ein den meisten Sophisten gemeinsamer Wert lassen sich die Eigenverantwortung des Menschen und seine Gestaltungskraft identifizieren. Doch auch wenn der eine oder andere Gedanke an traditionellen Ordnungen und Überzeugungen gerüttelt haben sollte, so ist es auf einer zweiten Ebene der Analyse gewiß auch sehr klug, die verbreitete Selbstüberschätzung von Intellektuellen zu vermeiden und den wirksamen Einfluß der Sophisten nicht allzu hoch anzusetzen. Die beiden einzigen Todesurteile gegen Sophisten – Antiphon und Kritias – bezogen sich eben nicht auf deren Lehren.

Der Gesamtkontext der griechischen Geschichte und Mentalität sowie die wissenssoziologischen Voraussetzungen sind in dem Versuch von Helga Scholten, mit ihrem Buch „Die Sophistik“ das gängige Bild zu bekräftigen, leider fast vollständig ignoriert. Es ist schlicht unmöglich, die Frage, ob die Sophisten eine Gefahr für die Polis bildeten, allein aus der biographischen Überlieferung zu den einzelnen Köpfen sowie den Bezeugungen und Überresten ihrer Schriften zu beantworten. Die Autorin verharrt in den langatmigen Paraphrasen der Zeugnisse bei den (möglichen) Intentionen der Autoren Protagoras, Gorgias, Prodikos, Thrasymachos, Hippias, Antiphon und Kritias. Aufschlußreiche Texte anonymer Autoren bleiben unberücksichtigt, mit der kuriosen Begründung, sie böten kaum Möglichkeiten der Einordnung in die jeweilige politische Situation.

Elementare Tatsachen werden eher widerwillig eingeräumt. So standen die Sophisten, wenn sie für ihre Heimatpolis politische Aufgaben übernahmen, natürlich auf dem Boden der angestammten Ordnung und vollzogen als gute Bürger auch weiterhin die Kulthandlungen. Den Mythos betrachtet Scholten als eine feste Größe, den man respektieren oder eben dem eigenen Beweisziel zuliebe umdeuten konnte. Tatsächlich taten alle besseren Tragiker letzteres, weil Mythen nur in wenigen Fällen durch Konsens der jeweiligen Gemeinschaft für diese kanonisch stillgestellt werden konnten.

Foucault-Diäten: eine moderne Lektüre

In Thomas Meineckes Roman „Tomboy“ machen Korinna und die anderen – meist weiblichen – Akteure Ernst mit der alten Forderung nach der Relevanz der Philosophie für das Leben. Sie lieben und paaren und trennen sich nach den Maßgaben poststrukturalistischer Theorien über die Konstruktion der Geschlechter oder das Verhältnis von Leib und Macht. Das Proseminar dringt ins Schlafzimmer ein, der Liebesakt mit einer bisexuellen Bekannten in einem Steinbruch im Odenwald symbolisiert das Spannungsverhältnis zwischen der „natürlichen“ und der „kulturellen“ Konstruktion von Geschlecht. Doch die im Foucault'schen Sinne selbstkonstituierten sexuellen Subjekte bleiben, das ist die Ironie in „Tomboy“, in der Regel ganz unbefriedigt, allen planlosen diskursiven Verknüpfungen zwischen Philosophie, Mode und Popmusik, zwischen Postmoderne und „gender-studies“ zum Trotz.

Wolfgang Detel, Professor für Philosophie in Frankfurt, beläßt diese Dinge in den vertrauten Räumen des Oberseminars. Seine unter dem Titel „Macht, Moral, Wissen“ vorgetragene, von kritischer Sympathie getragene Lektüre vor allem des zweiten Bandes von Foucaults „Sexualität und Wahrheit“ möchte er „als einen exemplarischen Vorschlag zu einem vernünftigen Umgang mit dem postmodernen Denken verstanden wissen, der dessen Intuitionen ernst nimmt, ohne auf eine genaue Explikation und kritische Prüfung nach den üblichen Standards philosophischen und wissenschaftlichen Denkens zu verzichten“. Zu diesem Zweck skizziert er zunächst die Parameter von Foucaults historischer Ontologie des Selbst, die in der dreifachen Konstituierung des Subjekts im Wissen, in der Einwirkung auf andere und in der moralischen Haltung bestehen. Foucaults Begriffe sind Archäologie, Machtanalytik und Ethik. Erhellende Überlegungen zu Foucaults Sicht des Verhältnisses von Macht und Wissen in bezug auf die Sexualität sowie zum Diskursbegriff schließen sich an. Detel widerlegt stringent die platte Ansicht, daß Macht im Prozeß der Produktion von Wahrheit immer deformierend wirke; es gebe auch eine nichtrepressive und produktive „regulative Macht“, die engstens mit wahrheitsproduzierenden Diskursen verschränkt sei. Von diesem Machtbegriff aus wird das Interesse des späten Foucault an ethischen Reflexionen und „Selbsttechniken“ der Antike verständlich, denn nicht nur in der epistemischen, sondern auch in der habituellen und ethischen Formierung von Subjekten sind Mechanismen ebendieser (selbst)regulativen Macht wirksam.

Die folgenden Kapitel zeichnen unter den Überschriften „Die ethische Teleologie“, „Die wissenschaftliche Diät“, „Die asymmetrische Liebesbeziehung“ und „Der epistemische Eros“ Foucaults Analyse zentraler ethischer, medizinischer und erotischer Diskurse in antiken (gemeint sind immer: klassisch-griechischen) Texten nach. Diese bildet aber lediglich den Ausgangspunkt; in subtiler Argumentation kommt Detel immer wieder dazu, Foucault mangelnde kategoriale Präzision und Ausblendungen des argumentativen Kontextes nachzuweisen, etwa im Falle des aristotelischen Konzepts der Selbstarbeit, die er bei Foucault als bloße Begrenzung des bedrohlichen erotischen Strebens unterbestimmt und nicht ausreichend mit dem Telos des guten Lebens insgesamt verknüpft sieht.

Der griechischen Diätetik, wie sie sich vor allem in den Hippokratischen Schriften niedergeschlagen hat, ging es um nicht weniger als die Optimierung der Lebensqualität schlechthin, in Detels schöner Formulierung um „die Maximierung lusterfüllter Fitness in natürlichen Grenzen". Der Autor zeigt das Ringen dieser empiristisch-kasuistischen Disziplin um einen angemessenen wissenschaftstheoretischen Status, das sich auch in einer Auflösung der anfangs engen Verbindung mit der Religion und der Ethik manifestierte. In einem besonders instruktiven Kapitel untersucht er homoerotisch-päderastische Sexualität als moralisches Problem in der Polis. Da Sexualität primär als ein vom Individuum her gedachtes physisches Gewalt- und Machtverhältnis konstruiert war, widersprach ein physisch vollzogenes päderastisches Verhältnis dem Ideal des körperlich unversehrten Bürgers. Auch das Verhältnis von Mann und Frau im Oikos wird treffend auf seine politischen Implikationen untersucht. Die Mehrdeutigkeit des Geschlechterverhältnisses charakterisiert Detel, indem er auf die unterschiedlichen Bilder der Frau im naturwissenschaftlichen Diskurs (als dem Mann unterlegen), im häuslich-politischen Bereich (als unentbehrlich und komplementär) und im Bild der Dichtung (als emotional verletzlich, aber auch potentiell gefährlich) hinweist. Die Begrenztheiten und wechselseitigen Blockaden der unterschiedlichen Eros-Begriffe der griechischen Autoren in klassischer Zeit werden scharf herauspräpariert.

Im längsten Kapitel des Buches, das auch für sich allein mit Gewinn gelesen werden kann, bietet Detel eine in Teilen neue Deutung des platonischen Verständnisses von Eros, wie es sich vor allem im „Symposion" und im „Phaidros" niedergeschlagen hat. Er zeigt, daß auch die fünf Reden der Symposiasten vor der von Diotima/Sokrates zentrale Gesichtspunkte von Platons philosophischer Erotik zur Geltung bringen und daß Platon keineswegs eine simple Unterscheidung zwischen einem gewöhnlichen und einem philosophischen, auf Erkenntnis gerichteten Eros vornahm. Auch Detels Rehabilitierung der sinnlichen Wahrnehmung für Platons Erkenntnislehre wird gewiß Diskussionen auslösen.

Wer als traditionell, das heißt philologisch-hermeneutisch ausgebildeter Altertumswissenschaftler, dessen Theorierezeption etwa bis zu Max Weber, Marcel Mauss oder dem russischen Formalismus reicht, an Detels Buch gerät, weil Foucault „in" ist und im Untertitel das Wort „Antike" erscheint, erfährt über weite Strecken reiche Anregung und Belehrung, bezeichnenderweise freilich fast ausschließlich dort, wo Detel sich von Foucault entfernt, um die antiken Texte präzise zu interpretieren und in den Kontext griechischer Bürgerstaatlichkeit beziehungsweise der ethisch-politischen Reflexion über diese zu rücken. Ein solcher Leser muß die intellektuelle Disziplin und fachsprachliche Versiertheit des Autors bewundern. Vielleicht fühlt er sich aber auch manchmal an eine frühere Lektüre des „Herrn der Ringe" erinnert; die Diskurswelten vor allem des letzten Kapitels über „Geschlecht, Natur und Referenz" erreichen mühelos die Komplexität der Tolkien'schen Schilderungen von Mittelerde, sind indes nicht ganz so vergnüglich, es sei denn, man empfindet es als witzig, den Autor nach seiner ertragreichen Lektüre von Platon und Aristoteles plötzlich im

Schlachtengetümmel feministischer Theoriebildungen wiederzufinden, wo er sich gezwungen sieht, einen konkurrierenden Ansatz „als extrem ideologiegetränkt denunzieren" zu müssen.

In „Tomboy" heiratet die zeitweilige Freundin von Korinna überraschend den schmucken Transvestiten Angelo/Angela, was Korinna zur sexuellen Ironikerin mutieren läßt. Leider läßt sich nur ein einziger Satz in Detels mitunter hermetischer Studie ironisch lesen, wohl gegen die Absicht des Autors: „Seit geraumer Zeit gewinnen", so liest man leider erst auf Seite 328, „innerhalb der feministischen Theoriebildung die Phänomene der Transsexualität und Travestie immer mehr theoretische Aufmerksamkeit." Die Theorie als Travestie des Urtextes: das wäre doch einmal etwas wirklich Spannendes.

Listige Sophismen auf dem Weg zum Glück: der vielgewandte Seneca

Was ist von einem lateinisch schreibenden philosophischen Schriftsteller der Antike zu halten, wenn selbst sozialdemokratische Finanzminister ihn zustimmend zitieren könnten? „In ihrer törichten Habgier unterscheiden die Sterblichen Besitz und Eigentum und glauben, dass ihnen nicht gehöre, was der Öffentlichkeit gehört." Und weiter: „Denn dies wäre kein allgemeiner Besitz, wenn nicht ein Teil davon einzelne berührte." Kann man den unersättlichen Steuerhunger des Verteilungsstaates einfacher und überzeugender begründen?

Die zitierten Sätze finden sich im dreiundsiebzigsten Brief Senecas an Lucilius. Darin geht es um die Frage, wie sich der geistig unabhängige Philosoph gegenüber Herrschern, überhaupt allen, denen die Verwaltung der öffentlichen Angelegenheiten obliegt, verhalten soll. Wer richtig zu leben sich vorgenommen habe, müsse die öffentliche Sicherheit schätzen, jedenfalls mehr als solche Menschen, die ruhelos sind und mitten in der Öffentlichkeit stehen. Das liest sich auf den ersten Blick wie eine Verteidigung jeder machtgeschützten Innerlichkeit, die später, gestützt auf die bekannten Paulusworte, auch die frühen Christen bejahen sollten. Aus anderen Gründen, aber nicht zufällig galt manchen Seneca als heimlicher Christ und gab es einen fingierten Briefwechsel des philosophierenden Politikers aus Spanien mit dem Apostel aus Tarsos, der ebenfalls das römische Bürgerrecht besaß.

Historisch muß man den erwähnten Brief anders lesen. Ihn durchwirkt eine verborgene Auseinandersetzung mit dem philosophisch grundierten Republikanismus jener Handvoll Senatoren, die man früher allzu vereinfachend als stoische Opposition gegen die Herrschaft des Kaisers angesprochen hat. Sie erscheinen als verspätete Getriebene ihres Ehrgeizes, nach oben zu kommen. Die aristokratisch regierte Republik hatte diesem Bestreben ein weites Feld geöffnet und sich darüber selbst zerstört. Unter den Kaisern blieb diesen Lobrednern der alten Ordnung nur der Rückzug ins Private oder die öffentliche Provokation des Kaisers. Letzteres bekam beiden nicht gut, brachte es jenen doch bisweilen einen erzwungenen Tod, diesem eine hartnäckig schlechte Presse bei Meinungsführern wie dem Historiker Tacitus.

Lucius Annaeus Seneca, geboren um die Zeitenwende in Corduba, erschien schon den Zeitgenossen als eine durchaus widersprüchliche Persönlichkeit. Doch die Ambivalenzen von Leben und Lehre waren in Wirklichkeit die des Systems, in dem er wirkte, das er zu beeinflussen suchte und von dem er sich am Ende innerlich mehr und mehr zu befreien trachtete. Talent, Ehrgeiz und gute Verbindungen brachten ihn in den Umkreis des kaiserlichen Hofes. Als Agrippina für ihren Sohn Nero einen Rhetoriklehrer suchte, nutzte Seneca seine Chance. Die ersten fünf Jahre von Neros Herrschaft, als Seneca zusammen mit dem Prätorianerpräfekten Afranius Burrus faktisch die Geschäfte des Reiches führte, gelten Althistorikern noch heute als eine Phase guter Regierung. Allein, den jugendlichen Kaiser in einem so hochgradig anstrengenden und doppelbödigen politischen System zu lenken (s. u. S. 193-195) ähnelte dem Tanz auf einem Vulkan. Man musste die Hitze in der Küche der absoluten und zugleich so prekären Macht aushalten können. Seneca sprach die Grabrede auf Neros Vorgänger Claudius – und verhöhnte ihn danach in einer Satire. Er wurde zum reichsten Mann des Imperiums nach dem Kaiser, und als Nero seine eigene Mutter beseitigen ließ, glaubte Seneca das noch als einen Akt der Staatsraison rechtfertigen zu müssen. Wenige Jahre später war jedoch offenkundig, wie wenig sich der Künstler-Autokrat noch lenken lassen wollte. Seneca zog sich ganz ins Privatleben zurück.

Seine philosophische Schriftstellerei in dieser Phase, zwischen 62 und 65 n. Chr., brachte die *Epistulae Morales ad Lucilium* hervor, von denen einhundertvierundzwanzig erhalten blieben. Man hat in ihnen Senecas innere Vorbereitung auf den Tod sehen wollen. Dieser mußte nicht zwangsläufig ein unfreiwilliger sein; die große Verschwörung gegen Nero, an der sich beteiligt zu haben dem prominenten Pensionär vorgeworfen wurde, hätte ja erfolgreich sein können. Sie scheiterte jedoch, und der Reichslenker a. D. inszenierte seinen erzwungenen Selbstmord mit großer sokratischer Geste – nicht als letzten Akt eines kontingenten Lebensdramas, sondern als Beweis der Freiheit und Selbstbehauptung in einer Welt ohne barmherzige Götter und transzendenten Trost.

„Toreador der Tugend“ nannte ihn Nietzsche, und gewiß mit Blick auf die Luciliusbriefe höhnte er über Seneca, dieser schreibe „sein unausstehlich weises Larifari, als galt es *primum scribere, deinde philosophari*“ (zunächst zu schreiben, erst dann philosophisch zu denken). Doch das dürfte ein Fehlurteil sein. Spätestens seit Pierre Hadot und Michel Foucault wissen wir, in welch hohem Maße Philosophieren in der Antike als Prozeß der Selbsterziehung zu verstehen ist. Seneca doziert nicht von hoher Warte einer durch Wissen erworbenen Tugend, wiewohl die von ihm in erster Linie rezipierte und akzeptierte Lehre der Stoa diesen sokratischen Intellektualismus teilte. Vielmehr sah er auch sich selbst immer noch erst auf dem Weg zum glückseligen Leben, zwar schon weiter fortgeschritten als der noch am Anfang stehende Adressat, aber nach wie vor der täglichen Selbstreflexion und Selbstsorge bedürfend. Jede Rigorosität fehlt; statt starrer Axiome tummeln sich in den Briefen alltägliche Szenen, Beispiele und Sentenzen, sind Anekdoten, Exkurse, rhetorische Beschwörungen und listige Sophismen eingestreut.

Lateinkundige werden eher die weiterhin lieferbaren zweisprachigen Hefte aus demselben Verlag benutzen, nicht nur wegen der gehaltvollen Kommentare zu den einzelnen Briefen und der umfangreicheren Erklärungen. Denn keine Übersetzung kann befriedigend vermitteln, warum Seneca schon in der Antike als „moderner" Schriftsteller galt, unruhig und paradox im Stil, die quecksilbrige Gedankenführung nur mühsam bändigend. Noch die beste Version vermag jene betuliche Lehrhaftigkeit nicht ganz zu vermeiden, der Moralisten generell gern geziehen werden. Man könne auch auf deutsch denken lernen, dekretierte vor nicht langer Zeit eine nordrhein-westfälische Ministerin in der Debatte um Sinn oder Unsinn der Latinumspflicht für das Lehramtsstudium der Germanistik, Anglistik oder Geschichte. Umso wertvoller bleiben die orangefarbenen zweisprachigen Hefte.

5. The Glory That Was Greece

Das richtige Volk zur richtigen Zeit am richtigen Ort

Der Originaltitel faßt die Intention des Buches subtiler: „Introducing the Ancient Greeks. From Bronze Age Seafarers to Navigators of the Western Mind". „Die Alten Griechen", so der lapiare deutsche Titel, müssen also vorgestellt, eingeführt werden; sie sind längst nicht mehr selbstverständlicher Bestandteil eines geistigen Inventars. Ihren Spuren zu folgen verspricht eine aufregende Reise, und am Ende sind es erneut die antiken Bewohner der hellenischen Welt, die ihrerseits dem vielbeschworenen „Westen" den Weg zu weisen vermögen.

Edith Hall erscheint auf den ersten Blick nicht gerade als die geborene Autorin einer Festrede über die Hellenen als Baumeister „unserer" Kultur, wie sie einst Sir Maurice Bowra („The Greek Experience") oder zuletzt Konrad Adam („Die Alten Griechen") vorgelegt haben. Sie forscht zur attischen Tragödie, einer abgründigen Spielart der Reflexion über die Welt, und sie hat Bücher über die Sklaverei und den langen Weg zu ihrer Abschaffung herausgegeben. Im Vorwort erwähnt sie die gängige Kritik am Kult um die „ältesten toten weißen Männer" und stellt fest, Kritiker von Kolonialismus und Rassismus neigten dazu, die Sonderstellung der alten Griechen herunterzuspielen, während andere diese benutzten, um die Überlegenheit westlicher Ideale nachzuweisen und die Kulturen gegeneinander auszuspielen.

Eine solche „reaktionäre Vereinnahmung des klassischen Erbes" lehnt Hall selbstverständlich ab. Doch auch für sie persönlich scheint das Schreiben dieses Buches eine Reise gewesen zu sein, sei sie doch mehr und mehr von den herausragenden Eigenschaften der alten Griechen überzeugt, die man in dieser Fülle anderswo im Mittelmeerraum oder im Nahen Osten eben nicht finde. Die Griechen waren, so die bemerkenswert emphatische Bilanz, „das richtige Volk zur richtigen Zeit am richtigen Ort, um jahrhundertelang den Staffelstab des geistigen Fortschritts zu tragen".

Als Begründung benennt Hall zehn Eigen- und Errungenschaften, die sich einzeln auch in Kulturen vor und neben den Titelhelden fanden, jedoch nie in der Kumulation und Vollendung, wie sie diesen gelungen sei. Die Griechen waren demnach Seefahrer, mißtrauisch gegenüber jeder Autorität, individualistisch und wißbegierig; überdies seien sie stets für neue Ideen offen gewesen. Sie hätten Humor gehabt, Wettkämpfe geliebt und herausragende Fähigkeiten bei talentierten Menschen bewundert. Und schließlich seien sie außergewöhnlich redegewandt und geradezu vergnügungssüchtig gewesen.

Diese zehn Merkmale, in denen sie die ethnokulturelle Identität der Hellenen ausmacht, verknüpft Hall mit wiederum zehn Epochen der griechischen

Geschichte von der mykenischen Welt bis zum Triumph des Christentums sowie mit zehn verschiedenen geographischen Regionen. Herausgekommen ist eine überaus gediegene, über weite Strecken im positiven Sinn traditionelle Erzählung für Menschen, die zwar noch Bücher lesen, aber zugleich mit Powerpoint-Spiegelstrichen und um Aufmerksamkeit buhlenden Medienformaten im Stil von „Die zehn größten ..." vertraut sind.

Die Autorin scheut sich nicht, etablierte geistesgeschichtliche Topoi aufzurufen, etwa die Geschmeidigkeit der altgriechischen Sprache, die in der Tat eine breite Palette an Möglichkeiten bot, um Kausalität, Folgen, schwebende Zusammenhänge und gedankliche Polaritäten auszudrücken. Hinzu treten originelle Thesen: Die alte Tragödie sei auch deshalb so aktuell, weil sie die Neigung der Hellenen zu emotionaler Aufrichtigkeit in sich trage – eine Haltung auch der Generation der Babyboomer und ihrer Kinder, die es vorzögen, sich ihren dunkleren Trieben wie Wut, Rache, Begierde und Neid zu stellen, anstatt sie zu unterdrücken oder zu leugnen. Das ist, nebenbei bemerkt, eine nette Lesart für eine gegenwärtige Gesellschaft, in der gröbste anonyme Herabwürdigung und individuelle Empfindlichkeit nur zu oft zwei Seiten derselben Medaille sind.

Halls Prämissen erlauben ihr, Akzente anders als üblich zu setzen. So treten die Mykener nicht als kleinere Kopien nahöstlicher Herrschaftsorganisationen auf, sondern als Seefahrer, und auch für etliche der anderen Eigenschaften der späteren Griechen gebe es bei ihnen zumindest Indizien. Glänzend arbeitet die sensible Philologin heraus, wie sich der bei Hesiod greifbare Schöpfungsbericht von der jüdisch-christlichen Tradition unterscheidet: Indem Götter und Menschen Machtkämpfe austragen und verhandeln, ist die Beziehung zwischen ihnen von Anfang an politisiert. Ergebnisse neuerer Forschung fließen unaufdringlich in die stets reflexiv verfahrende Erzählung ein; das gilt für die Rolle der überregionalen Heiligtümer im Prozeß der Bildung einer hellenischen Identität oder für die Gründe und Etappen der sogenannten Kolonisationsbewegung in archaischer Zeit.

Wie Hall letztere im Symbol des Delphins gespiegelt sieht, der eng mit den Göttern des Meeres, der Siedlungsfahrten und der Trinkgelage verbunden war, stellt eines der nicht wenigen Kabinettstücke in diesem an klugen Gedanken ohnehin reichen Buch dar. Zu ihren Helden zählt der Dichter und Philosoph Xenophanes, der den Spott als Mittel der Kritik anderer Positionen anderer Denker einsetzte und als erster uns bekannter altgriechischer Autor klar eine erkenntnisrelativistische Haltung verfocht. Im Sinne der humanistischen Tradition sieht Hall auch die offene Gesellschaft und die Demokratie Athen ganz maßgeblich durch kollektive Erfahrung und kulturelle Reflexivität ermöglicht. Die „unergründlichen Spartaner" sind ihr dagegen eher fremd geblieben, auch wenn sie ihnen durchaus Momente des Humors, der Leichtigkeit und der Verzauberung zubilligt. Viel mehr in ihrem Element ist sie, wenn es um die elaborierte

Kultur und „postmoderne Ästhetik“ des hellenistischen Alexandria geht. Wie sie zu dem „derzeitigen postkolonialen Interesse für Hybridität, Migration und Diaspora“ steht, das sich am ptolemäischen Projekt hochzog, verrät die Autorin leider nicht. Insgesamt kann aber kein Zweifel bestehen: Jede Zeit braucht ihre eigene Geschichte der griechischen Kultur. Edith Hall hat diese Aufgabe sehr gut gelöst.

Christian Meiers griechische Summe

Es muß dem Autor ein starkes Bedürfnis gewesen sein, bei Eintritt in sein neuntes Lebensjahrzehnt eine Abschlagszahlung auf das Werk zu leisten, das er unter dem Titel „Die Alte Welt“ als ersten Band der ansonsten bereits kompletten vierbändigen „Geschichte Europas“ des Siedler Verlages zu schreiben unternommen hat. Die beiden nunmehr als gesondertes Buch vorgelegten Kapitel von insgesamt sieben geplanten nehmen das Ganze insofern bereits in den Blick, als immer wieder der Vergleich mit den Römern, zumal denen der Republik, gesucht wird, weil diese, von teilweise ähnlichen Voraussetzungen wie die Hellenen ausgehend, doch zu einer ganz anderen Ordnung des Zusammenlebens gelangt sind. Gelegentliche Hinweise auf die Propheten und Konfuzius erinnern daran, wie Meier vor gut zwanzig Jahren die Historiker aufforderte, aus ihrer jeweiligen kleinen Provinz auszubrechen. Dennoch werden selbst formative Antagonisten der Griechen wie das Lyderreich und das Reich der Perser auch hier eher kursorisch vorgestellt.

Die gesamte Antike umgreift Meier naheliegenderweise auch bei der einleitenden Frage, ob diese Epoche überhaupt als Anfang einer europäischen Geschichte gelten könne. Mit den gängigen, inzwischen schal gewordenen Identitäts- und Kontinuitätsformeln mag er sich nicht abgeben. Seine eigenen Anläufe sind erhellend, weil sie kalkuliert scheitern. Die griechische Scheidung zwischen Asien und Europa, später so wirkungsmächtig, überwand zwar ältere ethnozentrische Weltbilder, da auf beiden Seiten der Ägäis Hellenen lebten, aber sie wurde mit dem Hellenismus und der Römischen Kaiserzeit, als Nordafrika und Vorderasien Kernregionen antiker Zivilisation darstellten, zumindest für die Antike erst einmal obsolet. Die vielfältigen Impulse, die von den Alten ausgingen und in Europa zu immer neuen Renaissancen führten, sieht Meier natürlich auch; fast beiläufig formuliert er das Griechenbild der Klassik, wie es Winckelmann und Humboldt nicht besser gekonnt hätten: „Das ergab einen Menschenschlag, der sich kaum in Spezialisten aufteilte, in partielle Bezüge verlor, vielmehr sich gleichsam rundum auszubilden hatte, körperlich, geistig, seelisch, wie er uns ja auch in den griechischen Statuen entgegentritt, dort freilich als Ideal. Jeder möglichst ein Ganzes, das Allgemeine in sich ausprägend und alles stark auf allgemein-menschliche Problematik konzentriert." Aber die auf Homogenität ausgerichteten Grundlagen der griechischen Kulturbildung – die Polis, die eherne gesellschaftliche Schichtung einschließlich der Sklaverei, die Zurücksetzung der Frau, das Mußeideal und anderes mehr – konnten kein Modell bilden für das abendländische Europa mit seinen kreativen Polaritäten zwischen Kirche und Staat, Stadt und Land, Reich und Territorien, Macht und Geist. Meier folgt hier implizit einer Sicht, die Thomas Nipperdey einst glänzend skizziert hat (im Aufsatz „Die Aktualität des Mittelalters"), und schreibt dem mittelalterlichen und neuzeitlichen Europa mit Recht eine Veränderungsdynamik zu, die der griechischen und römischen Antike völlig fremd war. Selbst das katholische Christentum als Moment echter Kontinuität wird nur beiläufig erwähnt, obwohl sich aus der Theologie von Papst Benedikt XVI., der die Synthese mit dem Hellenismus betont und daraus höchst provozierende Folgerungen ableitet, durchaus Funken schlagen ließen.

Europa schlicht in der Antike anfangen zu lassen kann sich für Meier aus Erwägungen all dieser Art also nicht ergeben. Soweit jedoch der europäische Sonderweg als eine besondere Kapazität des Handelns, Erkennens, Gestaltens, des Aufgreifens und Veränderns zu fassen ist, fand er sein „Präludium" bei den Griechen und kann die Frage nach den Griechen sinnvoll nur im Hinblick auf die Geschichte Europas gestellt werden. Denn die Hellenen bildeten eine Kultur zu dem Zweck, das Miteinander ohne eine starke Herrschaft, ohne Monarchie auszubilden. Meier gebraucht hierfür seine alte Formel von der Politischen Revolution, setzt diese jedoch nicht mit der direktdemokratischen Ordnung des klassischen Athen gleich. Denn seine Darstellung umfaßt lediglich die Zeit vom Zusammenbruch der mykenischen Zivilisation bis zum Vorabend der Perserkriege, die „Entstehung der Poliswelt". Doch just in dieser Zeit wurden die Griechen, so Meier, zu Menschen im emphatischen Sinn, weil sie sich auf breiter Front zu politischen Menschen formten. Verwunderlich nur, warum für diesen Gedanken nicht Hannah Arendt zitiert wird. Jacob Burckhardt, ansonsten der weitaus am häufigsten aufgerufene Ahn, hat das bekanntlich anders, jedenfalls ambivalenter gesehen.

Meiers Denk- und Schreibstil, die Art, wie er auch hier wieder fragt und überlegt, Vermutungen hin- und herwendet, Plausibilitäten skizziert und Nichtwissen offensiv wendet, kommt die Archaische Zeit besonders entgegen. Der suchende, tastende Blick des Historikers bildet die unsicheren, tentativen Bewegungen der Akteure und die bruchstückhafte Überlieferung ab. Man müsse sich, heißt es einmal, offen halten für verblüffende, indes nur zu vermutende Zusammenhänge. Vieles bleibt also unklar, um so deutlicher sind die großen Linien. Die kleinen Gemeinschaften der Grundbesitzer in nachmykenischer Zeit boten kaum Ansatzpunkte für die Etablierung von Herrschaften und Hierarchien; man war „gleichsam unmittelbarer Teil des Ganzen; begegnete sich in voller Präsenz und Körpergröße, wie man es eben unter seinesgleichen tut; nicht vermindert durch all die Relativierungen und Vermittlungen, die notwendig werden, sobald man sich in größeren Verbänden ‚aufgehoben' und oft auch verloren findet". Wie die Griechen diesen Kern ihres Daseins, das Widerstreben gegen die Gründung von starker und dauerhafter Herrschaft, durch alle Phasen der Verdichtung, der Krisen und Konflikte behaupteten, wie sie dabei ihre Vereinzelung überwanden, ihre Tyrannen zu einer vorübergehenden Erscheinung schrumpfen ließen und Bürger in dem „anspruchsvollen und zugleich strapaziösen Sinn, den das Wort unter den Griechen annehmen sollte", werden konnten, das wird hier auf höchstem Reflexionsniveau entwickelt. Schlagend etwa die Beobachtung, die Griechen hätten nicht nur frei sein wollen vom Beherrschtwerden, sondern sich aufs Ganze gesehen auch gescheut, die Disziplin und Bindearbeit aufzubringen, die zum Ausüben gelingender Herrschaft erforderlich ist. Eine Kompensation bot der unmittelbare, körperliche Sieg im Wettkampf, dem der Autor mit Burckhardt eine maßgebliche Bedeutung zuschreibt.

Daß Meier manche von der neueren Forschung erzielte Differenzierungen ignoriert, wiegt in einem Werk dieses intellektuellen Ranges nicht schwer. Geradezu befreiend erscheint, wie der jüngst so obsessiv betonte orientalische Ursprung wesentlicher Phänomene der griechischen Kultur eingeordnet wird: Unendlich viel an Bildern, Geschichten, Fertigkeiten und Praktiken haben die Hellenen in der Tat von dort gelernt, ohne das Modell einer starken Zentralgewalt übernehmen oder sich gegen diese um den Preis eigener Deformierung verteidigen zu müssen. So gewann das Adaptierte keine Gewalt, sondern verstärkte anregend eher die Eigenart der Adaptierenden.

Meier widmet den materiellen Gegebenheiten durchaus breite Aufmerksamkeit, betont die vielfach obwaltenden „Schrecken und Entsetzlichkeiten des Daseins" (Nietzsche), die Unsicherheit und das Ausgesetztsein der Menschen, berichtet von verschiedenen Polisgemeinschaften und ihren durchaus individuellen Wegen in die Geschichte. Aber das kohärenzstiftende Moment seines Eindringens bleiben doch die großen Texte und Gedanken von Homer und Hesiod über die frühen Dichter – besonders schön: Archilochos – bis hin zu den Denkern der kosmischen und menschlichen Ordnung, die wir Vorsokratiker nennen. Ihnen allen sind eindringliche Interpretationen gewidmet, sie bildeten die gemeingriechische Öffentlichkeit, die für eine Kultur- und Mentalitätsbildung im Nebeneinander und Gegeneinander der kleinen Gemeinden unabdingbar war. Andere zuletzt vorgeschlagene Genealogien der Polisbildung, etwa aus der dörflichen Gemeinde mit ihren rigorosen Sozialnormen (s. o. S. 34-36) oder aus dem Aufbau von Institutionen, werden mit sanftem Nachdruck beiseitegeschoben.

Den welthistorischen Zusammenhang, auf den Meier nicht verzichten kann, stiftet am Ende ein kontingentes, zugleich nicht unwahrscheinliches Zusammentreffen: Als der Perserkönig vom Alten Orient aus die eine Welt zu schaffen sich anschickte, machte er den Griechen dadurch schlagartig klar, wie sehr die Selbstbestimmung den Kern ihrer Existenz darstellte und damit zum Lohn des Sich-Behauptens werden konnte. Die Entscheidung, die es den Griechen erlaubte, auch weiterhin und noch viel intensiver als zuvor mit ihren Gemeinwesen identisch zu sein, fiel bei Salamis – nicht zufällig hat Meier zuvor sein großes Athen-Buch just mit dieser Schlacht eröffnet und sie als Nadelöhr der Weltgeschichte bezeichnet. Jan Roß schrieb seinerzeit dazu (F.A.Z. v. 7. Dez. 1993): „Die erstaunliche Geschichte des Altertums verbürgt für alle Zeiten die Möglichkeit des Neuen. Sie erinnert die vergreiste und erschöpfte Gegenwart an den befreienden Skandal historischer Überraschungen. Weil es die Griechen gab, muß man auf alles gefaßt sein." Wir aber verbinden den Dank für das neue Stück großer Geschichtsschreibung mit der bittenden Zumutung an den Autor, nicht die frühen Hellenen für die ganze Antike stehen zu lassen.

Homer zum Leuchten bringen

Für Homer ist gut gesorgt. Man hat die Wahl zwischen mehreren, sehr verschiedenen Übersetzungen von Johann Heinrich Voss bis Raoul Schrott, die Kontroversen um Existenz, Lage und Bedeutung des heiligen Ilios haben auch den Epen vermehrte Aufmerksamkeit beschert, und Studenten können sich nicht nur in etlichen „Companions", sondern auch in einem „Homer-Handbuch" orientieren. Doch Homer versteht sich immer noch nicht und wohl weniger denn je von selbst. Wer gediegen zu ihm hinführt, hat also die Tastatur nicht vergeblich betätigt.

Während in den vergangenen Troja-Debatten (s. u. S. 128-135) oftmals – und keineswegs nur aus dem Munde von Archäologen – von sensationellen Entdeckungen die Rede war, die vorgeblich ein ganz neues Bild zu entwerfen nötigen, hat sich Thomas Szlezák das Wissen um ein Hauptmerkmal seiner Disziplin, der griechischen Philologie, bewahrt: Die Homer-Exegese reicht um einige Jahrhunderte weiter zurück als die Texte des Neuen Testaments und deren Erklärung. Ein so langes Leben ist zunächst allemal interessanter als die Neuigkeit. Hier liegt die Pointe der überraschenden und auch riskanten Disposition, die der Tübinger Gelehrte vornimmt. Er beginnt sein Homer-Buch nämlich mit antiken und modernen Urteilen über den Autor. *Ilias* und *Odyssee* wurden zu Grundtexten zunächst der Hellenen, an deren erzieherischer Wirkung sich freilich schon bald Kritik entzündete. Daß ein Werk aus archaischer Zeit, in dem eine technisch und ökonomisch wenig entwickelte Welt geschildert wird, in sehr viel höher organisierten Formationen und bis in die Moderne hinein gleichwohl als maßstabsetzend gelten konnte, erscheint hier als „das eigentliche Wunder der europäischen Geistes- und Literaturgeschichte".

In der Skizze der modernen Homer-Philologie bietet Szlezák das Gegenteil einer neutralen Chronik. Für die mit Friedrich August Wolf um 1800 einsetzende sogenannte analytische Richtung, die anhand von tatsächlichen oder angeblichen Widersprüchen und Bruchstellen die beiden Epen in einst selbstständige Teile zerlegen und ‚Homer' zu einem mehr oder minder beschränkten Redaktor stempeln wollte, hat er keinerlei Verständnis. Auch die in der Mitte des vorigen Jahrhunderts aufgekommene Oral-poetry-Forschung habe beide Werke verkannt: Die eigentliche Leistung in der Charakterzeichnung, dem Spiel mit Motiven, der Handlungsführung und der Deutung der menschlichen Existenz könne nicht erkennen, wer sich die Dichter als finale Vertreter eines mit Traditions- und Versbausteinen gespeisten, letztlich mechanischen Versschmiedehandwerks vorstelle. Interessant wäre es, etwas über die Gründe für die Verirrungen zumal der Analyse zu erfahren. Wollte eine sich erneuernde, fortschrittliche akademische Disziplin ihre Eigenständigkeit gegenüber dem ästhetischen Zugriff auf die Epen erweisen?

Nicht zufällig zitiert Szlezák immer wieder zustimmend Goethe, der zweifellos ein intuitiver Unitarier war, aber mit seinem im Wortsinn dilettantischen Zugang gleichsam von Dichter zu Dichter keinen Weg zur Philologie als einer lehrbaren Wissenschaft wies. Oder hielt man es im Fahrwasser romantischer Vorstellungen für unmöglich, daß so komplexe Dichtungen zugleich den Anfang der griechischen Poesie darstellten, wo doch viel einfachere Formen zu erwarten gewesen wären? Szlezák deutet das einmal beiläufig an, verfolgt den Gedanken aber leider nicht weiter. Ungestellt bleibt auch die Frage, warum der Umbruch von der zergliedernden Analyse zur verstehenden Interpretation nach dem Ersten Weltkrieg begann, parallel zum sogenannten Dritten Humanismus. Keinen Homerforscher zitiert der Autor so oft und so zustimmend wie Wolfgang Schadewaldt, doch die wissenschaftsgeschichtliche Stellung dieses Gelehrten wird nicht erörtert. Für Szlezák ist es nur „eine merkwürdige Ironie der Geschichte, daß die Klassische Philologie gerade in der Zeit, in der sie die führende (oder eine der führenden) Geisteswissenschaft(en) war, in einem Maße an Strukturblindheit und interpretatorischer Unfähigkeit litt, das heute nachgerade peinlich wirkt".

Aber diese Blindstelle fällt nicht ins Gewicht, dafür sorgt die reiche Belehrung zur Sache. Den möglichen historischen Hintergrund des Epos skizziert Szlezák fast provozierend knapp und stellt die völlig berechtigte Frage, was denn die *Ilias* gewinne, wenn man einen historischen Kern des darin Erzählten erweisen und den vermeintlichen Schauplatz besichtigen könne. Homers Welthaltigkeit braucht in der Tat den Hügel Hisarlık nicht. In der Datierung der Epen, die er wie die meisten Forscher zwei verschiedenen Dichtern zuweist, entscheidet sich der Autor mit guten Gründen für einen gemäßigt frühen Ansatz: um 700 v. Chr. oder etwas später für die *Ilias*; Mitte des siebten Jahrhunderts, etwa eine Generation danach, für die von dieser offenkundig abhängigen *Odyssee*.

Den Kern des Buches machen zwei große Kapitel aus, in denen die *Ilias* ausführlich, die *Odyssee* knapper vorgestellt wird. Szlezák trägt wie ein sorgfältiger Lackierer mehrere Schichten auf. Zunächst skizziert er den Inhalt, um dann die literarische Form und die Gestaltungsmittel zu besprechen. Das Thema des älteren Werkes – nicht etwa der Krieg um Ilios, sondern der Zorn des Achilles und seine Folgen –, die Konzentration der Handlung, die dramatische Gestaltung, die Einteilung in sieben Akte und die Vorliebe des Dichters für dreiteilige Strukturen, die Verklammerung durch Motive und Ringkomposition, all dies findet sich schlüssig herausgearbeitet, ebenso bauliche Mittel wie Fernbezüge, Aufsparungen, parallel geführte Handlungslinien, typische Szenen, Motivwiederholungen, Reden und Gleichnisse. Den dritten Farbauftrag bilden Interpretationen ausgewählter Szenen und Situationen. Darunter finden sich auch weniger bekannte, etwa die Sequenz mit dem Zweikampf zwischen Menelaos und Paris, den letzterer verliert. Helena sucht, von Aphrodite genötigt, den geretteten Entführer im Schlafzimmer auf und beschimpft ihn, doch kurz danach kommen beide zur Sache: „Beide ruheten dann im schöngebildeten Bette" (Voss), „während sich die beiden liebten, daß die bettpfosten wackelten" (Schrott). Szlezák hält die ganze Liebesszene für die tiefgründigste, bösartigste, aber wohl auch psychologisch „wahrste" der antiken Literatur – dargestellt sei „das abgründige Phänomen der sexuellen Hörigkeit".

Die vierte Schicht bringt das Weltbild der *Ilias* zum Leuchten. Auch hier bezieht der Autor wieder klar Position, etwa in der alten Frage, ob die Helden frei entscheiden konnten. Die plakativen Verdikte, die Christa Wolf („Achill das Vieh") oder Caroline Alexander ausgesprochen haben, erwähnt er nicht, doch seine Interpretationen der homerischen Ethik, zumal in der Versöhnungsszene zwischen Priamos und Achilles am Ende des Epos, entlarven diese Lesarten als selektiv und oberflächlich. Die *Odyssee* erhellt Szlezák aus den Bezügen auf die *Ilias* und den Unterschieden zwischen beiden. Sie scheint ihn weit weniger zu faszinieren, doch auch hier finden sich lesenswerte Interpretationen. Vor allem das in Odysseus und Penelope verdichtete Ideal der lebenslangen Monogamie hat es ihm offenbar angetan.

Die zuletzt vieldiskutierte Frage nach den „orientalischen" Einflüssen auf Homer wird erst zum Schluß und – methodisch konsequent – in Form eines Vergleichs zwischen dem Gilgamesch-Epos und den griechischen Epen aufgegriffen. Die Aufzählung gleicher Motive beeindruckt Szlezák nicht – in den für ihn entscheidenden Kriterien wie Personenzeichnung, Komposition, Welthaltigkeit und Ethik gibt es keine Gemeinsamkeiten. In der Tat: Ohne Kenntnis Homers kann kein brauchbares Buch über Vergil geschrieben werden. Aber niemand, der die vorderasiatischen Wurzeln Homers ignoriere, müsse befürchten, deshalb auch nicht erfassen zu können, was die beiden Epen literarisch ausmacht.

Kleinigkeiten lassen sich immer bemängeln. So bleibt eingangs die Allegorese unerklärt, und die „Freite“ gehört wohl zu den Wörtern, die nur noch Altphilologen der älteren Generation benutzen, ebenso die gruselige Wendung „sie vollziehen das Beilager“. Doch so wie sie auf dem Tisch liegt, gründlich, kenntnisreich, ökonomisch in der Darstellung und entschieden in den Akzenten, dürfte Szlezáks Einführung – die der Verlag in der alten, korrekten Rechtschreibung herauszubringen den Mut hatte – bis auf weiteres schwer zu übertreffen sein.

Und was sagt das Buch über die Klassische Philologie und ihre Zukunft? An einer Stelle zeigt sich der Tübinger Emeritus, wohl unbewußt, als Kampfgefährte eines völlig anders gestrickten Gelehrten wie Luciano Canfora: Die Beschäftigung mit Homer führte in hellenistischer Zeit zum Entstehen eines reflektierten und methodischen Umgangs mit Texten, und ein Blick auf die christliche Welt vor dem achtzehnten Jahrhundert oder den modernen Islamismus zeige, daß „ohne einen methodisch-kritischen Umgang mit den Grundtexten einer Kultur wirkliche geistige Freiheit nicht möglich ist“. Fürwahr, ein großes Wort entfloh da dem Gehege seiner Zähne!

Speziell Pindar ist ja sehr umstritten

Eine Geschichte der griechischen Literatur des Altertums zu schreiben gehört traditionell kaum zu den vornehmsten Beschäftigungen Klassischer Philologen. Nicht in Literaturgeschichten werde der Fortschritt der Erkenntnis markiert; wie jeder ernsthafte Arbeiter erfahre, seien neue Gesichtspunkte nur in Einzelstudien zu finden. Der in seiner Zeit berühmteste Gräzist, Ulrich von Wilamowitz-Moellendorff, der dieses Verdikt aussprach, hat sich gleichwohl einmal dazu herbeigelassen, dabei freilich auf gut dreihundert Seiten die äußeren Tatsachen weitgehend vorausgesetzt und den Akzent auf die nachklassischen Phasen Hellenismus und Kaiserzeit gelegt. Das war vor gut hundert Jahren ein Wagnis.

Albin Lesky, fünfzig Jahre später Verfasser eines noch heute wertvollen Einbänders von tausend Seiten, war nicht viel optimistischer: Literaturgeschichte zu schreiben gelte als unfein oder schlechterdings unmöglich, und letztere Ansicht habe einiges für sich. Seitdem sind in deutscher Sprache einige kürzere Überblicksdarstellungen erschienen, wie es sie auch früher immer wieder gab, um einem breiteren Publikum die Hauptlinien vorzustellen, die in der Rezeption des Einzelwerks verlorenzugehen drohen.

Am anderen Ende steht seit langem die Abteilung VII im „Handbuch der Altertumswissenschaft“. Wilhelm von Christs anfängliches Kondensat wuchs unter den folgenden Bearbeitern Wilhelm Schmid und Otto Stählin auf zunächst drei Bände, deren zwei der Zeit von Demosthenes’ Tod bis Kaiser Justinian gewidmet waren. Schmids gänzliche Neufassung des ersten Teils umfaßte am Ende etwa dreitausendfünfhundert Seiten und reichte doch nur bis Thukydides und Demokrit. Ausführliche paraphrasierende Interpretationen der erhaltenen sowie Rekonstruktionsversuche der verlorenen Werke richteten sich gleichermaßen an Studenten und Gelehrte; als Repertorium der älteren und neueren Forschungsliteratur war das Werk unentbehrlich.

An neuen Texten sind seither für die vorhellenistische Zeit nur poetische Bruchstücke von Archilochos, Sappho und Simonides hinzugekommen. Doch die griechische Literatur gerade der ersten vier Jahrhunderte steht heute in weiten Teilen völlig anders da als vor sechzig Jahren. Die homerischen Epen werden interdisziplinär untersucht, bei den Lyrikern interessieren Kommunikationsbedingungen und Performanzen, man hat gelernt, die Tragödie als Teil der politischen Kultur Athens zu verstehen, Mündlichkeit und Schriftlichkeit gelten nicht mehr als scharf voneinander abgegrenzte Phasen, die Rezeptionsgeschichte ist neben die traditionelle Textgeschichte getreten.

Die rasant anwachsende Menge an Forschungsliteratur zu verzeichnen ist hingegen in Zeiten, da es die monatlich ergänzte Gnomon-Datenbank, zahlreiche aktuelle „Companions“ zu einzelnen Schriftstellern und Gattungen sowie webbasierte Autorenbibliographien gibt, nicht mehr sinnvoll. Der Freiburger Gräzist Bernhard Zimmermann und der Verlag haben also gut daran getan, das neue „Handbuch der Griechischen Literatur“ wieder auf drei Bände zurückzuschneiden und diese einer Schar von großenteils jüngeren Gelehrten anzuvertrauen. Das „HGL“ hat so gute Chancen, dem Schicksal seines lateinischen Gegenstücks, das vor über zwanzig Jahren zu erscheinen begann und seit mehr als fünfzehn Jahren bei drei von geplanten sechs Bänden stagniert, zu entgehen. Die Beschränkung verdient um so mehr Lob, als die erhaltene griechische Literatur der Antike sehr viel umfangreicher ist als die lateinische.

Erschlossen werden neben Homer, Hesiod und den Lyrikern die frühen Philosophen, Fachliteratur und Fabel, Herodot und Thukydides, die frühe Rhetorik und das athenische Drama. Der Einschnitt, mit dem der Band endet, ist klug gewählt. Mit dem Tod von Sophokles und Euripides hatte die attische Tragödie das Ende ihrer produktiven Phase erreicht; im vierten Jahrhundert erfuhr sie eine erste Kanonisierung. Der Zusammenbruch Athens bildete eine politische Zäsur, und nach dem Tod des Sokrates begann in der Philosophie eine Ausdifferenzierung und Autonomisierung. Ein Stück ins vierte Jahrhundert hinein reichen indes Lysias, Aristophanes und Teile des *Corpus Hippocraticum*.

Was leistet das neue Referenzwerk? Zu den besten Passagen gehören die Einleitungen zu einzelnen Autoren oder Gattungen, die grundlegende Paradigmen der Forschung auf höchst ökonomische Weise transparent machen. Das gilt zumal für Homer. Keiner der Streitfragen aus älterer und jüngerer Zeit ist ausgewichen, handele es sich um die mündliche oder schriftliche Verfertigung, die Einflüsse altorientalischer Mythologie und Literatur, politische Tendenzen in den Epen oder die zuletzt wieder strittige Datierung. Ein Muster an Klarheit: die knapp fünf Seiten zur Geschichte der philologischen Homerforschung, von Wolfs „Prolegomena" bis zu den narratologischen Arbeiten neuerer Zeit.

Doch auch die eigentlich gar nicht zum Beritt des Philologen gehörenden Debatten aus jüngster Zeit finden sich referiert, im Geiste einer Altertumswissenschaft, die es schon gab, als noch niemand von Interdisziplinarität sprechen mußte. Mit Recht ist vermieden, die Siedlung am Hisarlık mit dem homerischen Troja zu identifizieren. Die vorgeschlagenen Szenarien eines Krieges um Troja werden mit Recht als „sehr spekulativ" bezeichnet. Ob es angesichts der höchst verschiedenen Prämissen allerdings zu einem Konsens führen wird, eine „systematische und ganzheitliche Untersuchung dessen, was in den einzelnen Bereichen der Epen jeweils welcher historischen Epoche zuzuordnen ist", durchzuführen? Zweifel sind erlaubt.

Zu den hermeneutischen Chancen eines Handbuchs gehört es, konträre Positionen scharf zu konturieren, ohne die agonistische Situation der ursprünglichen Debatte reproduzieren zu müssen. Wie das geht, zeigt die Einleitung zum Abschnitt über die Lyrik: Die pragmatische Interpretation, in der die Dichtungen in soziale und religiöse Handlungsakte eingebettet erscheinen, hat sich weitgehend durchgesetzt, ohne daß damit die von Wilamowitz betriebene biographische Interpretation oder die zumal in Deutschland durch Forscher wie Hermann Fränkel und Bruno Snell einflußreiche geistesgeschichtliche Auffassung „widerlegt" wären – beide haben wichtige Ergebnisse erbracht, erstere durch eine umfassende Erschließung und kritische Durchleuchtung des Überlieferungsbestands, letztere durch das Aufzeigen der großen Ideenlinien und gemeinsamen Anliegen der Dichter. Gegen modische Trends wagt der Bearbeiter eine vorsichtige Generalisierung: Insgesamt lasse sich die Tendenz zu einer grundsätzlichen Identität zwischen dem realen und dem poetischen Ich feststellen – um sogleich einzuräumen, daß dies speziell bei Pindar sehr umstritten sei.

Angesichts der vorzüglichen Erschließung der Forschungsgeschichte zu einzelnen Gattungen und Autoren verwundert, daß Ähnliches für den ganzen Band fehlt. Die Einleitung liest sich eher wie ein erweitertes Vorwort. Belehrungen über die „Eigenart" und „Ursprünglichkeit" der griechischen Literatur, wie sie zu Beginn des Schmid/Stählin zu finden sind, werden vielleicht nur wenige vermissen, obwohl es immer noch der Erklärung bedürftig ist, warum die griechische Literatur der Antike in zentralen Gattungen – Epos, Tragödie, Geschichtsschreibung – gleich in ihren ersten Vertretern zu einer Vollendung gelangte, die es späteren Autoren schwermachte.

Doch ohne eine Skizze, was überhaupt erhalten, was verloren ist und wie beides geschah, bleibt ausgerechnet der Titel des Buches seltsam konturlos. Und nach allen Debatten über Sinn und zweckmäßige Gestalt von Literaturgeschichten ist schwer zu verstehen, warum jede Fundierung und Historisierung des Gegenstandes fehlt. Was sind Quellen und Gegenstand der griechischen Literaturgeschichte? Was leisten die vorliegenden Fragmentsammlungen? Was kennzeichnet die Werke von Bernhardy, Müller und Bergk, von Geffken und Lesky? Was bieten die neuen kürzeren Entwürfe? Im abschließenden Band sollte diese empfindliche Lücke nachholend geschlossen werden.

Wettbewerb und Vertrauen: Was Griechen zu leisten imstande waren

Die „Pleite-Griechen" unserer Tage können Wirtschaft nicht. Ihr seit der Einführung des Euro wachsender Wohlstand war geschenkt oder erschwindelt. Sie protestieren lautstark gegen Merkel und den IWF, ignorieren aber ihre eigene Schuld an der Misere. Die Regierung trickst und kürzt, anstatt grundlegend zu reformieren und den Anstrengungswilligen Luft zu unternehmerischer Initiative zu geben. Kein Ausweg ist in Sicht.

Dieses verbreitete Bild der fortdauernden ökonomischen, politischen und moralischen Krise berührt sich in historischer Perspektive mit einem den antiken Hellenen lange zugeschriebenen Merkmal: Die Blüte ihrer Kultur sei einer strukturellen Armut abgerungen worden. Schon Herodot wunderte sich, warum der Perserkönig dieses aller Reichtümer ermangelnde Land am Westrand seines Reiches erobern wollte. Eine gewisse Wachstums- und Innovationsdynamik schreiben Historiker der antiken Wirtschaft allenfalls den Römern zu, während – so scheint es – den Hellenen das Politische und das gute Leben wichtiger waren als das Erwerben. Die zumal von Karl Polanyi wirkmächtig postulierte „Einbettung" wirtschaftlichen Handelns in ein Regelsystem häuslicher wie öffentlicher Moral erschien zeitweise sogar als eine erstrebenswerte Alternative zum profitorientierten Kapitalismus, in dem der Virus Ökonomie alle anderen Lebensbereiche infiziere, nach seinem Bauplan umgestalte und letztlich zerstöre.

Gegen diese im Klassizismus wie in den Transformationskrisen der westlichen Welt wurzelnde Erzählung erhebt nun der Althistoriker und Politikwissenschaftler Josiah Ober energisch Einspruch, und das nicht bloß in Form einer steilen Gegenthese. Vielmehr legt er unter dem lapidaren Titel „Das antike Griechenland" eine ebenso aufregende wie fundierte Geschichte des antiken Hellas vor; sein Buch gehört zu den zwei, drei besten, die der Althistorie in den letzten Jahren zugewachsen sind.

Geschrieben wurde es im Zusammenhang eines Stanford-Projektes zur vergleichenden Analyse ökonomischen und politischen Erfolgs in der Geschichte. Doch anders als die von hoher Warte schauenden Entwürfe der „Big History" à la Ian Morris bewegt sich Ober auf einer mittleren Flughöhe. Was die Neue Institutionenökonomie oder Modellbildungen aus der Sozialanthropologie und der Informationstechnologie zur Erklärung des griechischen Weges zwischen Homer und dem frühen Hellenismus beitragen können, wird hier luzide auseinandergelegt. Ober läßt den Leser teilhaben an der Freude über seine Entdeckungen in ganz anderen Disziplinen. So erklärt ihm eine Soziobiologin, daß Bienen- und Ameisenpopulationen eben nicht nach dem Prinzip der strikten Aufgabenteilung funktionieren, wie sie spätestens seit Platons *Politeia* zur Grundausstattung sozialtechnokratischer Idealstaatsentwürfe gehört. Viel näher an der Wirklichkeit und erklärungsstärker sind hier die Beobachtungen von Aristoteles, dessen Überlegungen zur dezentralisierten Zusammenarbeit Ober erhellend mit Thomas Hobbes kontrastiert.

Ungeachtet solcher Lektüren werden in dem Buch antike Quellen weniger als in Büchern dieses Themas üblich zitiert oder ausgelegt. Doch ruht die Analyse auf einem soliden Fundament. Ober hat aus dem reichen Material eines Repertoriums aller griechischen Stadtstaaten, welche das „Copenhagen Polis Centre" auf mehr als tausend Seiten vorgelegt hat (s. u. S. 73-75), statistisch verwertbare und für Klassifikationen taugliche Datensätze erarbeiten lassen; das Material ist auf einer Stanford-Webseite zugänglich und wird im Buch nach allen Regeln der Kunst ausgewertet. Dabei täuscht er nie über unsichere Grundlagen hinweg und gibt immer wieder Berechnungen mit einem Minimum-Maximum-Korridor an. Für exemplarische Tiefenbohrungen stehen ob der Quellenlage Athen, Sparta und Syrakus im Vordergrund. Und endlich einmal nimmt das oft vernachlässigte vierte Jahrhundert mehr Raum ein als die Epoche von den Perserkriegen bis Perikles.

Das antike Hellas bildete ein dezentrales Netzwerk von Stadtstaaten, die nach einem langen Anlauf ihr Wachstumspotential optimal nutzten und denen es gelang, die am Ende übermächtigen „Raubstaaten" Makedonien und Rom so zu prägen, daß das Erbe ihrer Kultur in diesen präsent blieb. Das Wohlstandsniveau der prosperierenden Stadtstaatenökologie auf dem Boden des antiken Hellas wurde dort erst im zwanzigsten Jahrhundert wieder erreicht. Das lag freilich nicht in erster Linie an der guten Anpassung an unterschiedliche naturräumliche Bedingungen. Als Voraussetzungen für eine langfristig bestehende wirtschaftliche, politische und kulturelle Blüte führt Ober vielmehr am antiken Fall eine breite Teilhabe an der Politik sowie Vertrauen in die Zukunft vor, ferner funktionierende öffentliche Institutionen, die beides sichern. Antike und Gegenwart werden dadurch auf analytischer Ebene wieder kommensurabel, fern der etablierten Obsession einer grundsätzlichen Verschiedenheit beider Epochen, aber auch ohne die längst schal gewordene humanistische Beschwörung der Alten als Vorbilder für eine orientierungslos gewordene Moderne.

Weil hier Investitionen in Wissen und Können, Spezialisierung und Austausch, Innovation und Mobilität, „rational choice" und Schumpeters „kreative Zerstörung" für die Schöpfung eines gemessen an vormodernen Verhältnissen bemerkenswert stetigen und sichtbaren Wachstums auf den Feldern Ökonomie, Politik und Kultur eine zentrale Rolle spielen, wurde das Buch hier und da als „neoliberal" gescholten. Ein törichter Vorwurf! Vielmehr wirbt die Rekonstruktion Obers, dem grundlegende Studien zur athenischen Demokratie verdankt werden, für eine Rückgewinnung des politischen Raumes, der – wie aktuell in mehreren Ländern zu besichtigen ist – gerade dann erodiert, wenn viele Bürger der Ansicht sind, nicht faire Regeln und eine Vertrauen schaffende öffentliche Ordnung bestimmten das Geschehen, sondern Elitenegoismus, Intransparenz und Korruption.

Die griechischen Stadtstaaten schufen mit ihren auf breite Teilhabe und geteilte Autorität ausgerichteten Regelwerken einen günstigen Handlungsrahmen. Das verminderte Informationsdefizite auf Märkten, ermöglichte Vertrauen, daß es halbwegs gerecht zugehe, senkte die Transaktionskosten für wirtschaftliche Aktivität und gab Anreize für Unternehmungen auf vielen Gebieten – auch die so ungemein produktiven Tragödienwettbewerbe in Athen kann man in diesem Sinn lesen. Der Wettbewerb in einem überwiegend verläßlichen Rahmen begünstigte auf allen Feldern des Handelns und Wissens Kooperation, Neuerungen und Ausdifferenzierung. Das „griechische Wunder" oder Christian Meiers „Könnensbewußtsein" – hier erfahren sie eine überzeugende Erklärung.

Am Ende erklärt Ober die militärisch-politische Niederlage der Poliswelt gerade mit deren Erfolg: Machthaber wie Philipp II. und Alexander erschlossen ihre eigenen überlegenen Ressourcen an der Peripherie mit Hilfe der Expertise der einst führenden Stadtstaaten und beendeten deren Dominanz. Damit ist die auch aktuell viel diskutierte Frage aufgeworfen, ob nur demokratische Institutionen mittel- und langfristig wirtschaftliches Wachstum in Gang setzen können. Das ist nicht das einzige Beispiel einer fruchtbaren Irritation, die ein mitdenkender Leser in diesem Buch erfährt. Groß ist der Gewinn auch, wenn Ober historische Ereignisse neu beleuchtet und etwa zeigt, wie die Erwägungen sowohl der Regierung von Melos angesichts der athenischen Vernichtungsdrohung als auch der Athener bei der Debatte über die Sizilienexpedition spiel- und entscheidungstheoretisch eng beieinander lagen.

Intellektuelle Abenteuer dieses Kalibers sind in den Studien zu den alten Griechen und Römern selten geworden. Ob Hellas in Zukunft einmal wieder funktionieren wird, steht dahin. Aber daß es einst erstmals das heute so ersehnte „Paket aus Wohlstand und Demokratie" schnürte, kann nach diesem großartigen Buch nicht länger bezweifelt werden.

6. Die griechische Stadt: Inventuren, Grundrisse, Deutungen

Vollständiges Diagnoseprotokoll, Labor Kopenhagen

Die Baustellen der geschichtswissenschaftlichen Großforschung, darauf angelegt, mit langem Atem, Askese und Arbeitsteilung durch das Erstellen von Editionen und Enzyklopädien „die Archive der Vergangenheit zu ordnen", stehen seit dem neunzehnten Jahrhundert zum guten Teil auf klassischem Grund und Boden. Denn es waren Altertumswissenschaftler wie August Boeckh und zumal der eben zitierte Theodor Mommsen, die nicht nur in der Tradition eines humanistischen Antiquarismus jedes Überlieferungsbruchstück für sich als wichtig ansahen, sondern jede künftige Synthese auf einer möglichst vollständigen Materialgrundlage errichtet sehen wollten. So sind die verschiedenen Disziplinen des Studiums der Antike mit einer Fülle bewundernswerter und höchst nützlicher Grundwerke ausgestattet, mit Inschriftencorpora und Personenlexika, der monumentalen „Realencyclopädie" und neueren Großlexika, etwa zur Topographie Roms und zu den Bildern der griechischen Mythologie.

Lange Zeit ist niemand auf die Idee gekommen, auch die maßgebliche Form des Zusammenlebens der antiken Griechen jenseits der Familie, die Polis, in einem vergleichbaren Format zu kartographieren, und das, obwohl bekannt war, daß es viele hundert dieser kleinen Gemeinwesen gegeben hat, von sehr verschiedener Größe und Bedeutung, mit vielen Gemeinsamkeiten, aber auch markanten Unterschieden. Die Verfasser selbst der trockensten Handbücher über „Griechische Staatsaltertümer" spürten den Blick des Aristoteles über ihrer Schulter. Die schmucklosen einhundertachtundfünfzig Abrisse zur Verfassungsgeschichte von griechischen Poleis aus der Stube seiner Schule sind bis auf den zu Athen leider verloren, erhalten blieb hingegen die *Politik*, die aber als philosophisches Werk trotz aller Empiriesättigung letztlich auf werthaltige Fragen zielte: Was ist eine gute Polis, was ist ein guter Bürger?

Von Anfang an also absorbierte „die Polis" die Erforschung hellenischer Staatlichkeit und schien die normative Aufladung des Konzepts jede reine Empirie als naiv zu diskreditieren. So stellte die dynamisch-kreative, zugleich aber zutiefst illiberale Polis in Jacob Burckhardts Jahrhundertwerk „Griechische Kulturgeschichte" genauso ein idealtypisches Konstrukt dar wie zwei Generationen später Victor Ehrenbergs sehr viel nüchternere Gesamtschau vom „Staat der Griechen". Das Hauptproblem dabei war und ist, daß ausgerechnet die beiden durch die Quellen am besten bekannten Poleis, Sparta und Athen, schon wegen ihrer Größe und Verfassungsentwicklung als eher untypisch gelten müssen.

Seitdem sind allerlei Lichtkegel auf die Polis gerichtet worden, und wie in der Geschichte vom Elefanten und den drei Blinden kamen Teilwahrheiten ans

Licht: die Polis als Personenverband, aber auch als Territorialeinheit, als Kult- oder Identitätsgemeinschaft, als Ort der Vernunft oder als evolutionäre Sackgasse, als Staat oder Nicht-Staat, als modifizierter Import aus Phönizien oder als Spiegel der Defizite moderner politischer Systeme. Dieses hermeneutische Chaos, wo doch aristotelische Ordnung walten sollte, und die Reserve gegen viele modische Ismen, wo doch so viel an elementaren Tatsachen noch der Hebung harrte: Es müssen solche Impulse gewesen sein, die den dänischen Althistoriker Mogens Herman Hansen veranlaßten, mit mehr als fünfzig einheimischen Mitarbeitern und korrespondierenden Gelehrten aus mehreren Ländern ein, gemessen an den sonst obwaltenden Verhältnissen in den Geisteswissenschaften, gigantisches Forschungsprojekt ins Werk zu setzen und binnen zehn Jahren nicht nur mehr als ein Dutzend gelehrter Sammelbände zu produzieren, sondern auch das angezielte „Inventory" aller griechischen Poleis, über die für die vier Jahrhunderte zwischen Homer und Alexander dem Großen überhaupt eine Aussage gemacht werden kann.

Die Fragen, die für die Erstellung des fast fünf Pfund schweren Buches gestellt wurden, wie auch die erzielten Resultate gewannen ihre Berechtigung nicht als nachgeordnete Hilfsmittel auf der Suche nach neuen, elaborierteren Modellen, sondern zunächst aus der handwerklichen Schwierigkeit, elementare Sachverhalte wie Namen, geographische Lage, Größe, Binnenstruktur, Bauten, Kulte und Institutionen von mehr als eintausend bezeugten griechischen Gemeinwesen sicher zu ermitteln. Entstanden ist so ein schon äußerlich imposantes, nach fünfundvierzig Regionen geordnetes Verzeichnis.

Die dabei im positivistischen Detail erzielten Fortschritte mußten freilich ungleichmäßig sein. Während der Beitrag über Athen kaum mehr als eine Zusammenfassung des Kenntnisstands bietet und der Sparta-Artikel sogar hinter die seit einigen Jahren sehr innovative Forschung zurückfällt, sind für die Territorien und Binnenstrukturen von bisher eher vernachlässigten Regionen Nordwest- und Mittelgriechenlands sowie der Peloponnes beachtliche neue Erkenntnisse zutage gefördert und hier gebündelt worden. Vor allem die Ergebnisse der systematischen Oberflächenbegehungen (Surveys) einzelner Regionen haben die Kenntnis der Siedlungsverhältnisse in den letzten Jahren beträchtlich verbessert. Als materialgesättigtes Informationsmittel für die griechische Welt jenseits von Athen und Sparta funktioniert das Werk sehr gut.

Die systematischen und übergreifenden Aspekte erörtert Hansen in der leider unübersichtlichen, weil aus überarbeiteten Aufsätzen zusammengesetzten Einleitung. Hier, im tieferen Wasser der Hermeneutik, zeigen sich die Grenzen des neopositivistischen und zugleich die Sicherheit des Staatsrechts suchenden Ansatzes. So bildete die Frage, welche Siedlungen die Griechen selbst als Poleis bezeichneten und vor allem was sie unter einer solchen verstanden, wegen der komplizierten Begriffs- und Forschungsgeschichte in der Moderne eine Leitlinie des ganzen Unternehmens. Doch die minuziösen Bemühungen um eine Klassifizierung der verschiedenen Bedeutungen in den Quellen führen am Ende lediglich zu der grundstürzenden Einsicht, daß jede Belegstelle in ihrem Kontext untersucht werden muß und „Stadtstaat“ eine meist angemessene Übersetzung des Wortes darstellt. Und selbst Aristoteles hätte wohl gestaunt, wie sein Kopenhagener Jünger es fertiggebracht hat, fünfzehn Formen von Abhängigkeit einer Polis von einer anderen zu unterscheiden.

Vielleicht eine Nemesis des ganzen Projekts: Wer alles durchgearbeitet hat und zugleich in Respekt vor den Quellen verharrt, weil er hofft, daß ihm diese eine Geschichte erzählen, die einer subjektiven historischen Rekonstruktion überlegen ist, kann am Ende wenig mehr tun, als seine filigran beschrifteten Schubladen zu füllen und sie in einer möglichst nützlichen Weise zu präsentieren. Das ist hier – unterstützt durch siebenundzwanzig Register – in staunenmachender Manier gelungen.

Götter, Gräber und Geehrte. Die drei Räume der griechischen Polis

Im gestalteten und verdichteten Lebensraum der Stadt fand die griechische Polis als Gemeinschaft des politischen und kriegerischen Handelns, des Rechts, der Wirtschaft, der Religion und der Kultur ihren sichtbaren Ausdruck, aber keine Ruhe. Aus dem Zusammenleben der ehrgeizigen, egozentrischen und zänkischen Hellenen erwuchsen Probleme, die eine bemerkenswerte Zivilisationsdynamik in Gang setzten. Der Sophist Protagoras kleidete diesen Zusammenhang in einen klassischen politischen Mythos, und Aristoteles vermochte sich ein sinnvolles Leben allein als Bürger einer griechischen Polis vorzustellen.

Tonio Hölscher hält es in seiner Studie „Öffentliche Räume in frühen griechischen Städten“ für geboten, die Anfänge dieses Zivilisationsprozesses aus der Sicht der Klassischen Archäologie nachzuzeichnen und dabei die Entstehung der griechischen Polis wieder als einen primär politischen Vorgang zu verstehen. Zuletzt hatte eine jüngere Generation von Forschern stärker die Religion als Erfahrung der kollektiven Identität ins Zentrum gerückt und damit im Kern das von Fustel de Coulanges formulierte Konzept der Polis als einer sakralen Einheit wiederhergestellt. Hölscher sieht darin einen bedenklichen „Trend gegenwärtiger Mentalität“, weg von politisch orientierten Diskursen hin zu Gemeinschaften von eher ‚religiösem‘ Charakter. Eine zugespitzte Gegenüberstellung, doch fruchtbarer als ein mutloser Holismus, der alles mit allem vernetzt.

Hölschers These verdient volle Zustimmung: Die Polis als politische Form bildete sich heraus, indem Handlungen, Rechte und Verantwortung in zentralen Lebensbereichen von den einzelnen Familien bewußt und demonstrativ in die Gemeinschaft der Bürger und die kollektiven Institutionen verlegt wurden und die Menschen zugleich begannen, den einzelnen Feldern des gemeinschaftlichen Handelns klar bezeichnete öffentliche Räume zuzuweisen. Indem Hölscher die Entstehung öffentlicher Räume als den Beginn der griechischen Polis im urbanistischen Sinn betrachtet, setzt er deren Anfänge mit Recht sehr früh an, denn die konzentrische Hierarchisierung der Polis von innen nach außen findet sich schon in den homerischen Epen, also im achten Jahrhundert. Dort steht bezeichnenderweise die Agora im Mittelpunkt der idealtypischen Beschreibungen von Städten, nicht etwa ein Heiligtum.

Hölscher zeigt, daß die öffentlichen Räume der Polis drei Pole bildeten, die der Trinität der idealen Polisgemeinschaft entsprachen: Menschen, Götter, Tote. Die Interaktion mit den Mitbürgern vollzog sich auf der Agora, mit den Göttern während der religiösen Feste bei den Heiligtümern und mit den Toten bei den Begräbnisfeiern in den Nekropolen jenseits der Stadtgrenzen. Die Transformation in die politische Gemeinschaft zeigt sich sinnfällig darin, daß Agorai nicht selten über früheren Grabstätten und aristokratischen Wohnsitzen angelegt wurden. In ersten Ausgestaltungen durch Grenzsteine, Sitzstufen, Startmarken für Wettläufe oder befestigte Tanzplätze gewann die multifunktionale Agora Form. Die Ausgliederung einzelner Funktionen in spezielle Anlagen wie Theater oder Stadion erfolgte erst viel später.

Der rituellen Integration der gesamten Polisbürgerschaft dienten die Heiligtümer der Polis-Gottheiten im Zentrum wie an der Peripherie des Polisterritoriums. Sie waren bewußt von der Agora getrennt. Politisches und religiöses Zentrum bildeten ein polares System mit vielfältigen Wechselwirkungen, sichtbar etwa darin, daß die auf der Agora beschlossenen Gesetze meist bei oder an einem Tempel als Inschriften aufgestellt oder angebracht waren. Etwas schematisch erscheint es freilich, wenn die Agora als Ort von Verschiedenartigkeit, Streit und Veränderung dem Tempel als Ort der Sanktionierung, der Stabilität und der solidarischen Gemeinschaft gegenübergestellt wird. Die Nekropolen repräsentierten die Polisgemeinschaft in ihrer „natürlichen" Gliederung nach Familien, während an den beiden anderen Orten die Bewohner in „horizontalen" und abstrakteren Gruppierungen zusammenkamen, unterschieden etwa nach Geschlecht, Alter oder politischem Status.

Eine markante Manifestation hellenischer Rationalität – die in Hölschers kristallklarer Argumentation eine auch formal kongeniale Auferstehung feiert – bildete die Verknüpfung der drei Pole durch großzügig angelegte sakrale Achsen. Auf die Ausweisung funktional differenzierter öffentlicher Räume im achten und siebten Jahrhundert folgte in Etappen ihre monumentale Ausgestaltung durch Architektur und Bildwerke, zunächst in Gestalt von Tempeln. Diese erforderte gewaltige gemeinschaftliche Anstrengungen und verstärkte die kollektive Identität, ohne die sie zugleich nicht denkbar gewesen wäre. Hinzu kam der Wettbewerb der Städte untereinander, ein „urbanistischer Agon", der im fünften Jahrhundert im Zeichen einer zunehmenden Politisierung durch den Streit um die ruhmreichste Geschichte intensiviert wurde. Es kam zur bewußten Gestaltung von identitätsstiftenden Gedächtnisorten, wobei das Erlebnis der Perserkriege eine katalytische Wirkung zeitigte.

Hölschers Buch ist viel mehr als eine souveräne Zusammenfassung des Kenntnisstandes. Die Frage, unter welchen Umständen Menschen ihre Stadt „als einen geordneten ideellen Kosmos erfahren", erscheint nach der Lektüre so aktuell, daß Hölscher sie nicht mehr plakativ aufwerfen muß. Seine Antworten weisen weit über den Raum der Altertumswissenschaft hinaus.

Lob des ungestörten Heims. Jacob Burckhardts Polisbild

Forschungs- und Buchprojekte auch schon einmal in Kneipen, Mensen oder Kongreßhotels entwickelt und auf Servietten oder Bierdeckeln skizziert zu haben gehört zum festen Inventar akademischer Legendenbildungen. Nur selten erwächst daraus eine so gewichtige Wahrheit wie im Falle von Jacob Burckhardt, der 1864 an den Philologen Otto Ribbeck schrieb: „Jetzt oder nie will ich Aristoteles' Politica durchlesen, mit der Feder in der Hand. Ich bin doch einigermaßen inficirt von jener Idee, welche einst beim Bier in der Wirtschaft gegenüber vom badischen Bahnhof zur Sprache kam: einmal auf meine wildgewachsene Manier das Hellenenthum zu durchstreifen und zu sehen, was da herauskommt, freilich gewiß nicht für ein Buch, sondern für einen academischen Curs ‚vom Geist der Griechen'."

Die Vorlesung hielt Burckhardt zwischen 1872 und 1886 insgesamt siebenmal. Intensiv hatte er zuvor die griechische Literatur als Überrest studiert, lebe doch die Kulturgeschichte vor allem von dem, „was Quellen und Denkmäler unabsichtlich und uneigennützig, ja unfreiwillig, unbewußt und andererseits sogar durch Erdichtungen verkünden, ganz abgesehen von demjenigen Sachlichen, welches sie absichtlich melden, verfechten und verherrlichen mögen". Doch erst die von Jakob Oeri posthum besorgte Publikation des Kollegs, die sich nur für die ersten beiden Bände auf eine Reinschrift Burckhardts stützen konnte, erreichte ein weiteres Publikum – und faszinierte es sofort, weil diese Griechen so ganz anders daherkamen als gewohnt. Spannungen waren auszuhalten, Antinomien auszuloten: „Die griechische Staatsidee nämlich", so die vorangestellte Bilanz, „mit ihrer völligen Unterordnung des Einzelnen unter das Allgemeine, hatte, wie sich zeigen wird, zugleich die Eigenschaft entwickelt, das Individuum auf das Stärkste vorwärts zu treiben."

Wer lediglich das Gute, Klare und Schöne, die harmonische Ausbildung der individuellen Kräfte im Sinne des Allgemeinen, als überzeitliches, „humanistisches" Erbe der Hellenen anerkennen wollte, konnte das hier gebotene Bild nur als Desillusionierung und Dekonstruktion eines klassizistischen Ideals verdammen. Das Schlagwort vom „griechischen Pessimismus" kennen auch Nicht-Leser, ebenso Burckhardts Zustimmung zum Diktum seines Lehrers August Boeckh, wonach die Hellenen unglücklicher waren, als meistens angenommen werde. Doch der Basler Gelehrte war weit davon entfernt, Kulturleistungen und Schattenseiten der Griechen einfach gegeneinander zu bilanzieren. Vielmehr begriff er genial die Voraussetzungen der griechischen Kultur zugleich als ihre Kosten in der Lebenswelt. Sein Werk ist bemerkenswert, weil er diese kostenreichen Voraussetzungen und hohen Folgekosten früher und klarer als andere auf dem Feld des Politischen suchte – einem Feld, das integral zur historischen Existenz Europas gehörte, nachdem die Griechen es einmal abgesteckt hatten.

Das heuristische Potential von Burckhardts Poliskonzept ist heute allgemein anerkannt: eine umfassende, die Religion ebenso wie die Kultur prägende integrale Lebensordnung, in der Vernunft und Gewalt keine Antinomien darstellten. Der Begriff Polis ist überhaupt erst durch ihn in der Altertumswissenschaft und darüber hinaus heimisch geworden. Max Weber etwa benutzte ihn 1897 noch nicht, 1909 in der dritten Auflage des gleichen Lexikonartikels dagegen ganz selbstverständlich.

Das hellenische Modell besaß für Burckhardt paradigmatische Bedeutung, weil er wesentliche Hauptsignaturen seiner eigenen Zeit, nämlich beschleunigte Entwicklungsdynamik, Machtbildung, Demokratie und Bemühen um Einheit, unschwer im antiken Hellas, genauer: im demokratischen Athen wiederzuerkennen glaubte. Das von Herodot und Thukydides in der historiographischen Praxis umgesetzte Axiom, daß große Geschichtsschreibung immer auch Gegenwartskritik enthält, ohne dabei eine vorgestellte Vergangenheit simpel zu verklären, gab auch seinem Werk Sinn und Richtung.

Es greift aber zu kurz, die aus dieser Perspektive in der „Griechischen Kulturgeschichte" verschlüsselte Gegenwartskritik als bloß kulturpessimistisch, alteuropäisch oder elitistisch zu etikettieren und damit zu entwerten. Denn Burckhardt nahm Athen nicht für parochiale Kritik an der Polis Basel oder dem siegesdeutschen Kaiserreich in Dienst und zeichnete es auch nicht als Vorbild oder Schreckbild für das Europa seiner Zeit. Vielmehr hielt er die Ambivalenz aus: hier die Erkenntnis, daß die Griechen in allem Geistigen Grenzen erreicht haben, „hinter denen die Menschheit, wenigstens in der Anerkennung und Aneignung, nicht mehr zurückbleiben darf", dort der klare Blick auf Sklaverei, Kindesaussetzung, Bürgerkrieg und Vertreibung sowie generell die Exzesse einer sich selbst absolut setzenden Polisbürgerschaft, deren Wille in ethischen oder religiösen Normensystemen kaum Schranken fand. Eine solche Skepsis hätte ohne gleichzeitige Bewunderung kaum diese Tiefenschärfe erreicht.

Für Burckhardt aber lag der höchste Wert eben in der Freiheit zur Kontemplation, verlange der europäische Kulturmensch doch „neben dem Staatswesen und der Öffentlichkeit noch ein besonderes Dasein, ein ungestörtes Heim und einen unabhängigen Kreis von Gedanken und Gefühlen". Darin lediglich das Dogma eines unpolitischen Ästheten zu sehen geht an der Sache vorbei, denn es handelte sich in Burckhardts Sicht „bei der Freiheit des Individuums nicht um die Willkür zu thun was jedem beliebt, sondern um die Schrankenlosigkeit des Erkennens und Mittheilens und um den ungehemmten Drang des Schaffens" („Über das Studium der Geschichte"). Bei den Griechen waren idealerweise beide Freiheiten gegeben, doch letztere zunehmend bedroht von ersterer. Schließlich hatte Burckhardt bei seiner Wertentscheidung die Rezeptionsgeschichte auf seiner Seite, war doch den Jahrtausenden seither „nicht an Athen als Staat, sondern an Athen als Kulturpotenz ersten Ranges, als Quelle des Geistes etwas gelegen".

Stefan Bauer konzentriert sich in seiner gediegenen Studie ganz auf das vor allem im ersten Band entfaltete Polisbild und Demokratieverständnis Burckhardts. Sinnvollerweise erörtert er dafür zunächst den biographischen und intellektuellen Kontext. Während Burckhardt sich für die Idee eines griechischen Pessimismus und die Rolle des Willens von Schopenhauer anregen ließ, blieb er im Verhältnis zu Nietzsche eher der Gebende, weil dieser sein eigenes Griechenbild durch den seiner Ansicht nach größten lebenden Historiker bestätigt und untermauert sehen wollte. Die zweite der „Unzeitgemäßen Betrachtungen" führte, wie Bauer zeigen kann, einen Dialog mit Burckhardt (und Niebuhr). Gegen den Versuch Egon Flaigs, Burckhardt wegen des einleitenden Mythos-Kapitels als brachialen Gegenaufklärer zu brandmarken, legt Bauer einen anderen Sinn der Werkdisposition frei.

Der Mythos als definitive Denk- und Anschauungsweise der Griechen durchdrang Staat, Religion und Kultur gleichermaßen. In der mythischen Figur der Gründung war das Wesen der Polis als Produkt eines einheitlichen Willens vorgeformt, für die griechische Religion wirkte der Mythos einheitsstiftend, dem Theater und der Bildenden Kunst bot er ein unerschöpfliches Inventar an Stoffen und Problemen. Nachdem Burckhardt den im Sinne der Romantik einheitlich gedachten „Geist" der Griechen in ihrem Mythos entdeckt hatte, verfolgte er dessen Veränderungen im Verhältnis zu den drei Potenzen. Er vermochte so Entwicklungen zu erkennen, ohne sich einem linearen Modell oder der banalen Kontingenz epochaler Ereignisse anvertrauen zu müssen.

Natürlich hatte die Annahme eines Urzustandes des originären hellenischen Geistes intellektuell ihren Preis, den man füglich für zu hoch halten kann, aber sie setzte Burckhardt in die Lage, die Griechen zu denken, ohne gleich vom Staat sprechen zu müssen, während wenig später der einflußreiche Universalhistoriker Eduard Meyer in seiner „Geschichte des Altertums" diesen allen Ernstes zur logischen und historischen Voraussetzung aller menschlichen Existenz deklarieren zu müssen glaubte.

Leider verläßt Bauer im zweiten Teil des Buches sehr bald den Pfad der stringenten systematischen Rekonstruktion und bietet stattdessen dichte Kondensate von Burckhardts Aussagen zur historischen Entwicklung der Polis und ihrer Vollendung in der athenischen Demokratie, die er dann hier und da etwas oberlehrerhaft mit dem sogenannten Forschungsstand konfrontiert. Immerhin wird auf diese Weise deutlich, wie Burckhardt fundamentale Ideen und Praktiken der athenischen Demokratie intuitiv richtig gesehen hat. Ihr Hauptdefizit sah er in der Unfähigkeit, eine Regierung durch Wenige mit Freiheit für alle, also politische Ungleichheit mit bürgerlicher Gleichheit zu verbinden. Daß er den Gegensatz zwischen Arm und Reich übertreibend als einen tiefen Spalt betrachtete, unter dem sich jederzeit die Hölle des blutigen Klassenkampfes auftun konnte, war eine Obsession, der ‚realistische' und gegenwartssensible Historiker im neunzehnten Jahrhundert kaum entgehen konnten. Insgesamt sei, so zitiert Bauer abschließend ein treffendes Urteil, bis heute niemandem ein eindringlicheres Bild des Lebens der Griechen im Altertum gelungen als Burckhardt. Wie anregend die „Griechische Kulturgeschichte" aber gerade in jüngerer Zeit gewirkt hat, wäre noch deutlicher geworden, wenn der Autor Grundstrukturen und Praktiken der politischen Alltagsethik der Griechen, die sich mit den Stichworten Konflikt, Erwiderung und polare Weltwahrnehmung bestimmen lassen, in seine Überlegungen einbezogen hätte. Burckhardts Typus des „agonalen Menschen", im vierten Band vorgestellt, hängt jedenfalls aus heutiger Sicht mit seinem Poliskonzept untrennbar zusammen.

7. Ihr Männer von Athen! Ambivalenzen einer Großpolis

Eine Machtgeschichte des klassischen Athen

1995 erschien in einer Fachzeitschrift eine Rezension zu Christian Meiers „Athen". Ihr Verfasser Karl-Wilhelm Welwei nannte das Werk große Historie, bedauerte aber das Fehlen von Anmerkungen und Hinweisen zur wissenschaftlichen Forschungsliteratur. Diese Rüge war keineswegs eine reflexhaft-banale Ermahnung zur Einhaltung zünftiger Standards. Wer mit der Materie nicht vertraut sei, so Welwei damals, gewinne keine rechte Vorstellung über die Fülle des Strittigen. „Der unvorbereitete Leser muss sich einer Führung anvertrauen, die von hoher Warte aus das Ganze überblickt, aber nicht immer auf schwer erkennbare Stellen in einem farbenprächtigen Panorama hinweist."

Welweis eigene, auf prächtige Farben konsequent verzichtende Darstellung „Das klassische Athen" dokumentiert die Grundlagen und damit auch die Grenzen der historischen Rekonstruktion in einem wissenschaftlichen Apparat auf aktuellem Stand und kann daher durchaus als Handbuch benutzt werden. Doch es sind andere, historiographische Grundentscheidungen, die es erlauben, das Buch auch als „Anti-Meier" zu lesen. Die auffälligste ist vielleicht, daß Welweis durch Disposition und Sprachduktus das verführerische, weil so nahe liegende Gift des großen Momentes vermeidet. Sein Athen muß nicht durch das Nadelöhr bei Salamis schlüpfen, um in die Weltpolitik aufzubrechen, nicht den Areopag entmachten, um den Durchbruch zur Demokratie zu bewerkstelligen, und es erleidet 404 zwar eine katastrophale Niederlage, aber das Abenteuer dieser Stadt ist damit noch nicht zu Ende, denn ihre spätere Geschichte hat mit der davor viel zu tun, und sie wird deshalb auch erzählt, wenn auch nicht mehr ganz so ausführlich. Erzählt in einer beinahe provozierend unmodisch-auktorialen Weise, in unaufdringlicher Prosa, nüchtern mitteilend, umsichtig begründend und immer mit vernünftigem *common sense.*

In der strikt chronologischen Organisation des ganz auf das politische Geschehen im engeren Sinne konzentrierten Berichts steckt zugleich die Hauptthese des Buches: Die Geschichte Athens zwischen den Reformen des Kleisthenes im ausgehenden sechsten Jahrhundert und dem endgültigen Verlust der außenpolitischen Selbstständigkeit im Jahre 338 vor Christus bildete ein Kontinuum ohne wesentliche Brüche. Schon in den Vorgängen, die zum Sturz der Tyrannis in Athen führten, manifestierte sich der Anspruch der Bürgerschaft auf Selbstbestimmung und Teilhabe am politischen Prozeß. Die Landkarte Attikas und die Erfahrungen mit den unausrottbaren Adelsrivalitäten zwangen danach zu besonderen institutionellen Maßnahmen, um die Machtkämpfe der sozialen Elite einzuhegen und Integration, Gleichheit und Partizipation aller

Bürger zu organisieren. Doch im Mittelpunkt der Ordnung stand (fast) immer der verwirklichte Anspruch der Bürgerschaft, die Politik Athens selbst zu gestalten. Sowohl die Kommunikation der athenischen „Politiker" mit der Volksversammlung als auch den institutionellen Ausbau der demokratischen Ordnung sieht Welwei konsequent unter diesem Axiom.

Die Demokratie der klassischen Zeit bildete eine Einheit, in der trotz nicht selten unterschiedlicher Auffassungen bei aktuellen Entscheidungen dennoch ein schichtenübergreifender, belastbarer Konsens über die Ziele der Außenpolitik und die Prinzipien des demokratischen Systems bestand. Fundamentalkritiker wie Platon haben dagegen zwar das Zerrbild einer vernunftlosen Pöbelherrschaft entworfen, das im Verlauf der europäischen Geistesgeschichte lange nachwirken sollte. Mit dessen Spätblüte, den einschlägigen wilhelminischen Professorenverdikten, zu fechten kommt dem Autor aber zu Recht nicht mehr in den Sinn. Vielleicht liegt an dieser Stelle auch die tiefere Vernunft einer zunächst irritierenden Entscheidung Welweis, nämlich die athenische Demokratie als Gegenstand des zeitgenössischen Diskurses und den Streit um ihre Legitimität weitgehend sowie den gesamten kulturellen Apparat zu ihrer Festigung und Überhöhung vollständig auszuklammern. Die tagtäglich in den Demen und Phylen, durch Bauten und Denkmäler, beim Fest und im Theater erneuerte bürgerstaatliche Mentalität wird schlankweg vorausgesetzt, die Demokratie primär in ihrem geschlossenen Handeln nach außen vorgeführt.

In Welweis historiographischem Zugriff fördert die Erzählung die Hermeneutik. Die unleugbaren Exzesse athenischer Politik vor allem im Peloponnesischen Krieg, wie die Vergewaltigung des neutralen Melos, der Arginusenprozeß oder die Hinrichtung des Sokrates, werden nicht beschönigt, aber durch Kontextualisierung verständlich gemacht, wenn auch unverkennbar ist, daß sich der Autor die Perspektive der Athener bisweilen mehr als notwendig zu Eigen gemacht hat. Es entspringt aber nicht einer apologetischen Absicht, sondern wohl eher der Reserve gegen ein theoriegeleitetes und oft vorschnelles Feststellen engster Beziehungen zwischen Demokratie und Imperialismus, wenn Welwei ebendiese Beziehungen in den denkbar weiten Rahmen der politischen Vernetzung des gesamten griechischen Siedlungsgebietes und der angrenzenden Räume einordnet und die von der athenischen Volksversammlung und ihren führenden Repräsentanten wie Kimon und Perikles, aber auch Kleon und Demosthenes verfolgte Politik zumindest nachvollziehbar zu machen sucht. Umso nachdrücklicher vermag er dann grundsätzliche Fehleinschätzungen und überspannte Ziele, zumal im vierten Jahrhundert, festzustellen.

Man kann mit guten Gründen die unverkennbare und gerade nach schweren Rückschlägen ungebrochene Machtdynamik Athens, aber auch das letztliche Scheitern der athenischen Großmachtpolitik mit den tief verwurzelten ethisch-politischen Leitbildern in Zusammenhang bringen, die von allen Griechen geteilt wurden und letztlich ihre strukturelle Unfähigkeit zur Außenpolitik bedingten. Gerade die Schilderung der griechischen Verhältnisse im vierten Jahrhundert, nach dem Ende der bipolaren Konstellation des fünften, macht das deutlich. Die dominierende Wettbewerbs- und Vergeltungsethik prägte in dieser Perspektive auch die auf Sicherung und Erweiterung der eigenen Herrschaft zielende Politik Athens seit der Gründung des Attischen Seebundes im Jahre 478.

Diese Politik war aus dem Wirrwarr der zwischengemeindlichen Beziehungen entstanden; es fehlte ihr jeder Ansatz zu einem übergreifenden Ordnungskonzept. So blieb sie an ihre Wurzeln im agonalen Streit um die Vorherrschaft gebunden und konnte sich nichts anderes denken als die Tyrannis einer Polis über andere. Welwei bestreitet keineswegs, daß die athenische Machtpolitik ein Herrschaftsinstrumentarium entwickelte, das nach griechischen Kriterien eine Unterdrückung freier Gemeinwesen bedeutete und damit der Idee der Polis schlechthin widersprach. Aber er sieht seine Aufgabe als Historiker nicht im deduktiven Ableiten des Geschehens aus seinen strukturellen und mentalen Bedingungen, sondern er entwickelt es so genau wie möglich aus den jeweils aktuellen Zielen und Möglichkeiten athenischer Politik, Diplomatie und Kriegführung.

Wie unvernünftig die Athener dabei oft genug handelten, schildert der Autor genau. Doch mit gleicher Deutlichkeit unterstreicht er die von allen Intentionen losgelöste Vernunft des gesamten Geschehensprozesses: Eine Großpolis war Athen schon vor den Perserkriegen, und nach dem Sieg von Salamis war eine Rückkehr in den Winkel nicht mehr möglich. Die strategische Mittellage zwischen Sparta und Persien und die neuen Möglichkeiten trieben den Staat mit der größten Bürgerschaft in ganz Griechenland zu einer im Innern stets unumstrittenen Großmachtpolitik. Der dauernde Kampf um die Macht aber, so Welwei mit Blick auf die Lage vor Ausbruch des großen Krieges gegen Sparta, verstrickte die politischen Akteure in eine Zwangsläufigkeit des Geschehens, der sich niemand entziehen konnte. „Das seit langem vertraute Denken in politischen Kräfterelationen führte insofern in den Jahren vor Ausbruch des Peloponnesischen Krieges in eine Sackgasse, aus der die Athener letztlich nicht mehr herausfanden, als der Zwang zur Sicherung und Erhaltung der Macht die Entscheidungen in den beiden Großpoleis Athen und Sparta zu diktieren schien.“ Ein Präventivkriegssyndrom bestimmte dann auch den Entschluß zur Sizilischen Expedition im Jahre 415.

An den impliziten Vergleich mit 1914 lassen sich gewiß weitere Überlegungen anknüpfen. Als stoffreiche und klar formulierte Synthese zur politischen Geschichte Griechenlands des fünften und vierten Jahrhunderts aus athenischer Sicht verdient das Buch in jedem Fall ein Willkommen und kann den auf diesem Feld bisher dominierenden Werken in englischer Sprache ebenbürtig zur Seite gestellt werden.

Kein einziger unartikulierter Aufschrei

Der qualitative Vergleich antiker Rechtsordnungen sieht die Römer als klare Sieger, schufen sie doch ein juristisches System, das sich über große Teile der Welt verbreiten konnte – und das lange nach dem Erlöschen ihres Reiches. Die Rezeption des römischen (Privat-)Rechts vom Mittelalter bis hin zu den Kodifikationen des neunzehnten Jahrhunderts war möglich, weil es von den konkreten Gegebenheiten der Gesellschaften, in denen es sich entwickelte, abgelöst und wegen seines hohen Abstraktionsgrades auf andere Ordnungen übertragen werden konnte. Es orientierte sich an wenigen Grundbegriffen, wurde im Laufe der Zeit immer weiter fortgebildet und systematisiert und schließlich im sechsten Jahrhundert nach Christus durch Kaiser Justinian in einem umfassenden Corpus zusammengefaßt.

Eng gebunden an das Substrat der soziopolitischen Ordnung des demokratischen Bürgerstaates war hingegen die Rechtspraxis Athens im fünften und vierten Jahrhundert. Sie hat spätestens seit dem Moment, als Platon in der *Apologie* den Prozeß gegen Sokrates wegen Einführung neuer Götter und Verführung der Jugend zum Willkürakt eines wankelmütigen und manipulierbaren Pöbels gegen den vermeintlich besten Menschen nicht nur seiner Zeit stilisierte, eine denkbar schlechte Presse. Eine politisierte Justiz, die gegen das Urbild aller Philosophen, den hartnäckigen Wahrheitssucher, nach einer offenkundig dubiosen Anklage ein Todesurteil fällte, verdiente nur Abscheu. Daß Sokrates entgegen allen Erwartungen das Urteil auf sich nahm und den Giftbecher tatsächlich leerte, steigerte das Fehlurteil zum Justizmord. Generationen von Schülern humanistischer Gymnasien verinnerlichten bei der Lektüre der Verteidigungsrede die fundamentale Denkfigur des einzelnen, der gegen die Masse steht. Die Ankläger werden ironisiert, das Volk lärmt. In der einst berühmten Schallplattenaufnahme der Rede mit Walter Krauss erscheinen die „Männer von Athen" nur als aufbrausendes, gänzlich amorphes Hintergrundgeräusch. Es war Platons geniale Leistung, den Prozeß aus seinem historisch-politischen Kontext herauszulösen und Sokrates zum Märtyrer zu machen.

Wem dieses Bild zu einfach erschien, mußte folgerichtig bemüht sein, die platonische Entkontextualisierung rückgängig zu machen und die Motive und Hintergründe des Prozesses aufzuhellen. Dies tat ausführlich schon in der Mitte des neunzehnten Jahrhunderts George Grote in seiner großen „History of Greece". Ihm folgte der liberale Publizist Irving F. Stone mit seinem Buch „Der Prozeß gegen Sokrates". In seinem Beitrag zu „Große Prozesse im antiken Athen" zeichnet Peter Scholz die Zusammenhänge noch einmal nach: wie Sokrates zunächst eher bespöttelt wurde, dann aber durch seine persönliche Nähe zu Protagonisten des oligarchischen Terrorregimes von 404/403 und als angeblicher „Volkshasser" zu negativer Popularität gelangte, die sich durch sein unverändert provozierendes, allen Regeln des gesellschaftlichen und religiösen Konventionalismus hohnsprechendes Auftreten nicht verminderte. Mindestens einer der Ankläger war Opfer der diktatorischen Oligarchie gewesen, während Sokrates damals sogar zum Kreis ihrer Vollbürger gehört hatte. Das machte ihn auch zur Zielscheibe legitimer Rachebedürfnisse. Seine Verteidigungsrede war der letzte und ärgste Bruch mit dem Regulativ des Erwartbaren, und doch war die Mehrheit für den Schuldspruch nur knapp. Es gibt andererseits keine Anzeichen für spätere Reue, und Jahrzehnte später konnte ein Redner bündig feststellen: „Ihr habt Sokrates, den Sophisten, hingerichtet, weil er als der Erzieher des Kritias erschien, eines der dreißig, welche die Demokratie umstürzten."

Die nüchterne Rekontextualisierung funktioniert nicht nur hier. Alle Beiträge des lesenswerten Sammelbandes, die einführenden Überblicksartikel zu den Institutionen und Regeln der gerichtlichen Praxis wie die Fallstudien zu einzelnen Prozessen, finden ihre gemeinsame Mitte darin, weder überzeitliche Gerechtigkeitsideale noch die Rezipierbarkeit für spätere Epochen zum Maßstab ihrer Einschätzung der athenischen (Straf-)Rechtsordnung zu machen. In der Tat war diese geradezu ein Abbild der Grundprinzipien der demokratischen Polis, in der jährlich 6000 Bürger ihren Dienst als Richter versahen. Den durch Los besetzten und mit ausgeklügelten Mechanismen gegen Absprachen, Gruppenbildung und Bestechung geschützten Gerichtshöfen oblag neben der Streitschlichtung letztlich auch die Kontrolle der führenden Politiker durch den kleinen Mann, zumal nach dem faktischen Erlöschen des Ostrakismos („Scherbengericht"), den Martin Dreher überzeugend nicht nur als Waffe im inneraristokratischen Machtkampf, sondern auch als institutionalisierten Ausdruck der Mißbilligung falschen Verhaltens der Elite durch die Bürgerschaft deutet.

Zugleich boten die Gerichte ein Forum zum Austrag von politischem Streit und stellten die Demokratie gleichsam täglich auf die Bühne, weil in den Rededuellen zwischen Anklägern und Angeklagten die Mitglieder der führenden Schicht um Einfluß rangen. Dabei spielten die Amtsträger der Polis keine aktive Rolle, sondern überwachten nur den Verfahrensablauf. Eine Beweiswürdigung und Zeugenbefragungen im Prozeß selbst gab es ebensowenig wie komplexe juristische Argumentation, Urteilsbegründungen oder Revisionsmöglichkeiten. Das Recht war als Diskurs gar nicht, als Organisation so wenig wie möglich verselbständigt. Es zählte die Evidenz und das, was auch sonst das meiste Gewicht hatte: Lebenswandel, demokratische Gesinnung, Verdienste um die Gemeinschaft in Krieg und Frieden, Vertrauenswürdigkeit. Die Kehrseite liegt auf der Hand: Enttäuschte Hoffnungen und kollektive Traumata schlugen sich ebenso wie Brüche im Politischen in Anklagen und überharten Urteilen nieder.

Nicht zufällig fanden einige der berühmtesten politischen Prozesse während der für Athen so katastrophalen Endphase des Peloponnesischen Krieges oder kurz danach statt. Einer der spektakulärsten war die Verurteilung und Hinrichtung mehrerer Befehlshaber, die es angeblich versäumt hatten, nach dem athenischen Sieg in der Seeschlacht bei den Arginusen die eigenen Schiffbrüchigen zu retten. Bei diesem Urteil spielten gewiß Machenschaften einzelner Führer eine Rolle. Die eigentliche Ursache freilich sieht Leonhard Burckhardt mit Recht darin, daß in diesem Prozeß – unabhängig von den wegen eines Sturmes unsicheren Aussichten auf Rettung – die Achtung vor dem Leben des einzelnen Bürgers als Träger der Polis und der absolute Wille des souveränen Volkes brachial durchgesetzt wurden, was auf Kosten anderer Werte gehen mußte, die für das Funktionieren und die Akzeptanz einer rechtlich-politischen Ordnung auf Dauer freilich unaufgebbar sind, also Sicherheit, Berechenbarkeit von Konfliktregelungsmechanismen und Schutz vor Willkür. Die eigentliche Pointe läßt Burckhardt freilich aus: Auch nach der Hinrichtung der sechs Strategen fanden sich in den Folgejahren stets reichlich Kandidaten für dieses offensichtlich so risikoreiche Amt. Zur Alleinherrschaft des Politischen gab es offenbar keine Alternative.

Die Fallstudien bieten, hintereinander gelesen, auch eine dichte und zugleich gut nachvollziehbare Einführung in zentrale Ereignisse und Phänomene der athenischen Geschichte; die begrenzten Möglichkeiten der historischen Rekonstruktion für das fünfte Jahrhundert treten ebenso plastisch hervor wie die Religion als Maßstab von politischer Konformität. Doch auch der Alltag kommt zu seinem Recht, soweit er sich in Privatprozessen spiegelt. Eine der analysierten Reden zeichnet das faszinierend manipulative Selbstbild eines biederen Bürgers, der den Liebhaber seiner Frau erschlägt und dabei auf dem schmalen Grat der gerechtfertigten Tötung wandelt, eine andere läßt den Leser bei einem Erbschaftsprozeß – auch damals eine häßliche Sache – in die Abgründe einer prekären Existenz zwischen bürgerlicher Wohlanständigkeit und Halbwelt blicken.

Da lachten die Athener im weiten Rund

Tatsächlich, es gibt sie noch: die geduldig interpretierende Vorlesung über alle Werke eines antiken Autors. Niklas Holzberg hat sich nach mehreren römischen Dichtern nun Aristophanes für ein einführendes Überblickswerk vorgenommen, den einzigen Vertreter der sogenannten Alten Komödie, von dem vollständige Stücke überliefert sind, elf an der Zahl: *Acharner*, *Ritter*, *Wespen*, *Frieden*, *Wolken*, *Vögel*, *Lysistrata*, *Frauen beim Thesmophorienfest*, *Frösche*, *Frauenvolksversammlung* und *Plutos*.

Die Konkurrenz bei den Komödienwettbewerben war hart; in den etwa vierzig Jahren seines Schaffens errang Aristophanes nur fünf, vielleicht sechs erste Plätze. Eine stadtbekannte Person wurde der junge Dichter während der ersten Phase des Peloponnesischen Krieges gleichwohl sehr rasch. Man darf sich den Kreis der Athener, über die gesprochen wurde und die sich auf der Agora, im Theater und in den Säulenhallen auch oft begegneten, nicht allzu groß vorstellen, und Aristophanes war nicht der einzige Komödiendichter, der zeitgenössische Prominente wie Sokrates, Kleon oder den Feldherren Lamachos als Karikaturen auf die Bühne brachte, verstorbene Größen aus der Unterwelt herbeizitierte oder Typen von Athenern wie die Holzkohlenbrenner aus Acharnai auftreten ließ. Besonders Kleon setzte sich zur Wehr, wie später Franz Josef Strauß, ohne seinen Dieter Hildebrandt zum Schweigen bringen zu können. Ein reines Wunder, so bemerkt Jacob Burckhardt, was sich die Athener in Zeiten von äußerstem Streß bieten ließen, „während die Französische Revolution jedem den Kopf vor die Füße gelegt haben würde, der im geringsten an ihrem Pathos gezweifelt oder gar es grotesk verbildlicht hätte“.

Gar kein Wunder, so will uns Holzberg nun belehren. Doch der Reihe nach. Soweit es in einem Buch dieses Formats möglich ist, führt der Münchener Klassische Philologe in die Stücke ein, erläutert Aufbau, wiederkehrende Elemente und Variationen, referiert den Gang der Handlung und deckt Anspielungen auf, die nur das athenische Publikum unmittelbar verstehen konnte. Besonders die Verweise auf die Tragödien zumal des Euripides haben es ihm angetan. Die zahlreich eingestreuten Übersetzungsproben können die aristophanische Lust an Sprachschöpfungen und am Spiel mit verschiedenen Stilebenen selbstverständlich nicht adäquat abbilden, doch Holzberg nimmt sich Zeit, wenigstens hier und da auch dem des Altgriechischen unkundigen Leser einen Einblick in das Handwerk des Gräzisten zu geben. Im Hörsaal ist es inzwischen oft leider auch nicht anders, wenn Vorlesungen auch für „Studierende ohne Griechischkenntnisse“ angeboten werden müssen. Leichter als vor einigen Jahrzehnten hat es der Autor ferner, den deftigen sexuellen An- und Kraftreden unverkrampft ihren angemessenen Rang zu geben. In summa: Wer im Detail nachvollziehen möchte, wie die Komödien des Aristophanes als Lachsäcke, Kunstwerke und Metatexte funktionieren, findet hier eine sachkundige Hinführung.

Leider jedoch schließt sich Holzberg auch in diesem Buch einem Trend an, der die altphilologische Dichtungsinterpretation seit einiger Zeit zu beherrschen scheint und zunehmend steril wirken läßt. Die Texte werden rein inwendig betrachtet; sie verweisen lediglich auf sich selbst oder auf andere Texte anderer Dichter, toter wie lebender. Das Dichter-Ich eines Catull, eines Ovid ist Fiktion, die Außenwelt poetische Konstruktion. Was für elitäre Kallimachos-Adepten hingehen mag, widerspricht im Falle von Aristophanes nun jeder Evidenz. Holzberg beharrt gleichwohl auf der Generallinie, indem er jeden politischen Gehalt der Komödien, vom Dichter her wie auch beim Publikum, schlicht leugnet: Das Publikum wollte demnach nur optimal erheitert werden; man „saß im Theater und wollte nichts als lachen, lachen und nochmals lachen, sogar über sich selbst“.

Nun wird kein ernstzunehmender Interpret mehr die den Krieg thematisierenden Stücke des Aristophanes als „Agitprop-Theater" oder Lehrstücke bezeichnen, und die politische Einstellung des Dichters zum demokratischen politischen System ist nach wie vor strittig. Aber warum wollten die Athener auch auf der komischen Bühne keine rein eskapistischen Stücke sehen, warum waren selbst der überbordende Genuß jeder Art und die verkehrte Welt so oft politisch ausgelöst und eingebettet? Übertreibung bis zum Absurden macht ja auch aus einem politischen Kabarett noch keinen Komödienstadel. In Holzbergs Sicht könnte man wohl selbst die Tragödien für politisch irrelevante Ethnographie halten, da sie überwiegend nicht in Athen und überdies in grauer Vorzeit spielen. Zumindest der historische Sokrates aber wußte und sprach in seiner Verteidigungsrede aus, wie leicht der gleichnamige Sophist der *Wolken* mit ihm verwechselt werden konnte.

Was Historiker längst herausgefunden haben, ist für diese verharmlosende Interpretation verloren: Im demokratischen Athen durchdrang und bestimmte das Bürgersein das Denken und Handeln in einem kaum mehr vorzustellenden Maße. Wer die Komödien des Aristophanes verstehen will, muß sie auch in Beziehung zum Politischen setzen, sonst fehlt eine wesentliche Dimension. Gewiß, Frauenherrschaft und ein durch Sexstreik bewirktes Kriegsende wie in der *Lysistrata* waren keine realistischen Optionen politischen Handelns. Aber dieses Stück und andere zeigen, wie eine leidvoll durchlebte, dabei intensiv erörterte Gegenwart in verschiedenen Formaten zugespitzte gedankliche Experimente und Revisionismen ermöglichte. Euripides, Thukydides, Aristophanes und Platon gehören in dieser Sicht eng zusammen, und die Dramatiker muteten dies, zusammen mit Sokrates, auch einer großen Zahl von Bürgern immer wieder zu. Holzberg indes durchbricht seine konsequent entpolitisierende und individualisierende Leseweise nur selten und dann mit kuriosem Ergebnis: Ausgerechnet Platon, der doch die komische Bühne aus seinem Idealstaat ganz verbannt wissen wollte, soll Praxagoras Idee einer Besitz- und Frauengemeinschaft in der *Frauenvolksversammlung* zum Vorbild für seinen Wächterstaat genommen haben.

Nicht zufällig klammert Holzberg die überreiche Rezeptions- und Interpretationsgeschichte fast völlig aus. Aus Friedrich Schlegels philosophischer Komödientheorie wäre zu lernen, wie Freiheit und Freude in Aristophanes' Stücken zusammengehören, und daß zwischen Wiener Kongreß und Reichsgründung alle elf Stücke als befreiende Texte gleich achtmal komplett ins Deutsche übersetzt wurde, dürfte auch kein bloßer Irrtum gewesen sein. Aristophanes wollte also ganz einfach amüsant sein und weiter nichts? Es stünde schlecht um eine Altphilologie, die sich so ganz abschneidet vom historischen Kontext, politischen Gehalt und der außerästhetischen Wirkungsgeschichte der von ihr verwalteten Texte.

8. Griechen gegen Griechen

Krieg und Großmachtpolitik: neue Weltordnungen

In der Spätzeit des Ost-West-Gegensatzes wurde das Nordatlantische Bündnis bisweilen mit dem Attischen Seebund verglichen; dies bezog sich auf die geopolitische Lage beider Bündnisse: eine demokratisch und freiheitlich verfaßte Vormacht und mehrere kleinere Staaten diesseits und jenseits des Meeres, verbündet gegen eine bedrohliche und tyrannische Landmacht im Osten. Sehr weit trugen die Analogien nie, denn die Vormacht Athen behandelte ihre Verbündeten ihrerseits als Vasallen; vollends ausgeblendet werden mußte der Peloponnesische Krieg von 431 bis 404 vor Christus, in dessen Verlauf Athens Griff nach der Weltmacht scheiterte und an dessen Ende der Zusammenbruch der Stadt stand.

Doch auch für die neue, eher in ihren Aporien als ihrem Grundriß erkennbare Weltordnung unserer Tage findet sich in der griechischen Geschichte der sogenannten klassischen Zeit unter der Fülle der Ereignisse ein Text, der lesbar gemacht zu werden verdient, auch wenn er keine frohe Kunde bringt. Zu Beginn seiner Kriegs- und Politikgeschichte der griechischen Ägäisanrainer im vierten Jahrhundert v. Chr. kontrastiert der amerikanische Althistoriker John Buckler die Hoffnungen vieler Zeitgenossen in der Stunde von Athens Niederlage mit einem Ausblick auf die Zukunft dieses Moments. Viele Griechen erwarteten, das Ende des Krieges und damit auch der Bipolarität zwischen Athen und Sparta würde nun die ersehnte Freiheit bringen. Aber tatsächlich bewirkte der Sieg Spartas nicht einmal einen dauerhaften Frieden, und der neue Hegemon mußte erkennen, daß es schwieriger war, eine Nachkriegsordnung zu gestalten, als den Gegner niederzuringen. Für die Rolle als einzige griechische Großmacht mangelte es den Spartanern nicht nur an Ressourcen, sondern auch an Knowhow und Phantasie. Sie kannten die Welt, die sie beherrschen wollten, zu wenig, ihre eigenen Institutionen waren kaum exportierbar, und es fehlte an einer hinreichend breiten Elite, mit der sich ein Reich regieren ließ. Hinzu kamen Probleme mit den eigenen Verbündeten und im inneren Gefüge des besiegten Feindes. Bucklers lakonische Analyse eröffnet, bewußt oder ungewollt, die Tür zu mehr als einer Geschichte.

Der Einschnitt des Jahres 404 war tief, aber zugleich führten viele Kontinuitätslinien über diese Urkatastrophe der griechischen Geschichte hinweg. Raimund Schulz macht beide Einsichten zur Leitlinie seiner auf Athen und Sparta konzentrierten Darstellung der griechischen Staatengeschichte zwischen 480 und 350. Das Buch orientiert sich an den Vorgaben der Lehrbuchreihe, in der es erscheint, es ist jedoch eine differenzierte und originelle Interpretation, die auch durch die Verknüpfung der inneren Strukturen und Entwicklungen beider Poleis mit deren Handeln nach außen überzeugt. Es war, um nur eine einleuchtend herausgearbeitete Linie zu nennen, das Bemühen beider Mächte, ihr jeweiliges Bündnissystem gegen partikulare und zentrifugale Bewegungen zu festigen und die eigene Hemisphäre zu sichern. Dies erzeugte eine Machtdynamik und rief immer wieder unabsehbare Folgeentwicklungen hervor. So machten die Athener im fünften Jahrhundert die Ägäis politisch zum Binnenmeer, und so wurde die angebliche Gerontokratie Sparta von den verbündeten Seemächten Korinth und Megara und gegen den Willen der meisten Älteren in den großen Krieg hineingetrieben. In der Redeweise klassischer Staatengeschichte läßt Schulz „die Athener“ und „die Spartaner“ agieren, macht aber zugleich die Strukturen und Politikstile beider Poleis transparent. Er betont mit Recht, daß beide vielfach strukturell ähnliche Antworten auf die außenpolitischen Anforderungen fanden. Besonders gelungen ist die Erörterung der Ursachen des Peloponnesischen Krieges.

John Bucklers Buch „Aegean Greece in the Forth Century BC“ ist trotz seines Umfangs keine Gesamtdarstellung im heute üblichen Sinn des Wortes. Der Autor verzichtet weitgehend auf struktur- und mentalitätsgeschichtliche Unterfütterungen ebenso wie auf einen kulturgeschichtlichen Überbau. Selbst Ranke würde bei der Lektüre frösteln. Denn in dieser Erzählung wohnt kein tröstender immanenter Sinn, und die griechische Welt ist 336 v. Chr. weder qualitativ anders noch gar sittlich besser als im Jahre 404. Doch die Darstellung der nackten Kriegs- und Diplomatiegeschichte, die erste Behandlung dieses Umfangs aus der Feder eines einzelnen Autors seit Karl Julius Beloch (1922), erscheint ihrem Gegenstand gerade deshalb vollkommen angemessen. Detailfragen der Chronologie von Kriegen und der Topographie von Schlachten beschäftigen angelsächsische Historiker traditionell sehr stark. In beeindruckender Weise backt Buckler diese Grundzutaten zu einem sehr dunklen, harten Vollkornbrot zusammen, das dafür mit hohem Nährwert belohnt.

In einem kurzen Epilog liefert der Autor zudem die Instrumente für ein generelleres Verständnis. Drei Ziele prägten das Handeln der Akteure, nämlich Hegemonie, Autonomie nach außen und Frieden; da sie unvereinbar waren, so der lapidare Kommentar, sei keines von ihnen erreicht worden. Jeweils zwei der Ziele konnten zusammengespannt werden, aber das dritte auf die verbindende Linie zu zwingen, war unmöglich. Mit den drei möglichen Gegensatzkonstellationen und ihrer unteleologischen Dynamik lassen sich die Phänomene auf der Ereignisoberfläche ordnen und erklären. Hegemonie und Autonomie konnten von großen und kleinen Staaten parallel verfolgt werden und wurden es auch, aber in ihrer polaren Opposition nur um den Preis des dauernden Unfriedens. Frieden und Hegemonie wären bei einer genügend starken und stabilen Dominierungsmacht vereinbar gewesen, aber ebendie gab es nach 404 nicht mehr, während die Idee der Autonomie stark blieb und durch den Aufstieg der Mittelmächte noch stärker wurde. Der reflexhafte Primat der Selbstbestimmung nach innen und außen destabilisierte sogar die aufstrebenden Bundesstaaten, deren föderative Konstruktion theoretisch einen Ansatz zur dauerhaften Konsolidierung und Befriedung der zwischenstaatlichen Beziehungen geboten hätte. Die Epoche wurde bestimmt durch immer neue militärische Konflikte und Anläufe zur Hegemonie, bis mit dem Aufstieg Makedoniens und der durch die Schlacht von Chaironeia (338) besiegelten Unterwerfung der Griechen eine dauerhaftere Konstellation Gestalt annahm. Autonomie und Frieden zu vereinigen war schließlich die Grundidee der sogenannten Allgemeinen Friedensschlüsse, aber die Bestrebungen und die Existenz hegemonialer Mächte waren damit nicht aus der Welt, und es war gerade die Forderung nach unbedingter Wahrung der Autonomie, was den „Garantiemächten" dieser Friedensinstitute, vor allem Sparta, mehrfach einen Vorwand zur militärischen Intervention gab.

Eine besondere Mischung aus Kontinuität und Neuerungen erwies sich für die griechische Staatenwelt des vierten Jahrhunderts als verhängnisvoll. Ungebrochen galten die alten Prioritäten: Macht, Prestige, Rache, materieller Gewinn. Ebenso die Bündnisinstrumentarien und die Überzeugung, daß die beste Form von Freiheit in Herrschaft über andere bestehe. Hinzu kamen alte oder neue Akteure an der Peripherie, allen voran die Perser. Der Zerstörungsapparat in dieser multipolaren Welt wurde professioneller, teurer und unübersichtlicher: Kriegsunternehmer suchten ihre Chancen, mit staatlicher Deckung, in fremden Diensten oder auf eigene Faust. Nachdem 362 vor Christus die beiden Hegemonialmächte Sparta und Theben bei Mantineia eine letzte große Schlacht gegeneinander geschlagen hatten, sagte der Geschichtsschreiber Xenophon resigniert, daß es keine klare Entscheidung gegeben habe; Verwirrung und Ratlosigkeit waren größer als zuvor. Das von Schulz betonte Nebeneinander von politischem Scheitern und technisch-kultureller Leistungsdynamik der Griechen im Jahrhundert von Demosthenes und Platon bleibt ein reizvolles Paradox.

Wettstreit und Lorbeerkranz: olympische Spiele

Das Zeusfest und die Sportwettkämpfe in Olympia bilden so etwas wie ein Leitfossil der antiken griechischen Kultur. Mehr als eintausend Jahre lang veranlaßten sie Athleten und Besucher, alle vier Jahre den kleinen Ort in der Landschaft Elis an der Westküste der Peloponnes aufzusuchen, zunächst nur wenige und aus dem engeren Umkreis, später zehntausende aus allen Regionen hellenischer Zunge und darüber hinaus. Der von einem antiken Gelehrten rekonstruierte und ins Jahr 776 v. Chr. gesetzte Beginn der Siegerliste für die Urdisziplin, den Stadionlauf, markierte in der neuzeitlichen Forschung lange Zeit den Einschnitt, der das mythische vom historischen Griechenland trennte; mit den ersten

Olympischen Spielen begann in dieser Sicht die antike Geschichte. Das vom christlichen Kaiser Theodosius I. Ende des vierten Jahrhunderts dekretierte Ende des Götterfestes konnte als einer der Endpunkte des paganen Altertums gedeutet werden. Danach verschwanden die Überreste der antiken Bauten unter einer meterhohen Schwemmsandschicht, doch bereits den Humanisten war der Ort wieder präsent.

Dafür sorgte in erster Linie Pausanias, der im zweiten Jahrhundert nach Christus in seiner „Beschreibung Griechenlands" die Bauten und Kunstwerke Olympias erheblich ausführlicher schilderte als selbst die athenischen. Was die griechischen Staaten in ihren Schatzhäusern und im Umkreis der Tempel an Weihgeschenken für Zeus und die anderen Götter aufstellten, wuchs so im Laufe der Zeit zu einem „Archiv der hellenischen Geschichte in Erz und Marmor", wie es der Historiker und Archäologe Ernst Curtius (1814–1896) idealisierend formulierte. Jacob Burckhardt nahm dieses wirkmächtige Wort des Mentors und Leiters der ersten deutschen Olympiagrabung bewußt auf, drehte es aber in eine ganz andere Richtung, indem er Olympia als „das große monumentale Museum des Hasses von Griechen gegen Griechen, mit höchster künstlerischer Verewigung des gegenseitig angetanen Herzeleids" charakterisierte. In der Tat sollten Denkmäler wie die berühmte Nike des Paionios an militärische Siege erinnern. Diese Verbindung des Heiligtums mit dem Krieg war schon eng, als Olympia in der Frühzeit zunächst als Orakelstätte Bedeutung erlangte; weil die Weissager aber meist im „Außendienst" auf den Schlachtfeldern tätig waren, hat diese erste Karriere des Platzes nur wenige Spuren hinterlassen. Daß andererseits später der Waffenlauf zu den weniger prestigeträchtigen Disziplinen gehörte, ist bisher noch nicht befriedigend erklärt worden. Möglicherweise mangelte es ihm an Schönheit.

Die Rückkehr der Olympischen Sommerspiele nach Griechenland im Jahr 2004 hat gleich vier Verlage veranlaßt, jeweils ein Buch über das antike Olympia herauszubringen. Bei allen Unterschieden ist ihnen eines gemeinsam: Der pseudo-aufklärerische, die Differenzen zwischen Antike und Moderne ebenso wie den geistigen Traditionszusammenhang einebnende Sensationsfuror, die antiken Spiele als unheilige zu entlarven, spielt keine große Rolle, und das mit Recht. Denn was hilft es zum Verständnis des Phänomens zu wissen, daß es „schon damals" Politisierung und Korruption, Starkult und Selbstzerstörung der Athleten gab? Daß einzelne prestigeträchtige Sportler als Startgeld angeblich eine Summe erhielten, für die ein Handwerker Jahrzehnte lang arbeiten mußte? Oder daß das Areal immer wieder eine Baustelle war, auch während der Spiele, weil es zum Beispiel mehr als zwanzig Jahre brauchte, den großen Zeustempel zu errichten? Eine derartige, als Denkmuster weit verbreitete Aktualisierung gehört deshalb überwunden, weil sie aus der Kammerdienerperspektive das

Geschichtliche zugunsten eines angeblich konstant Allzumenschlichen uniformiert und nichts als Langeweile produziert.

Alle vier Bücher ruhen stattdessen – bei sehr unterschiedlichen Schwerpunktsetzungen – auf einem kompositorischen Dreischritt. Aus den verhältnismäßig reichen Schriftquellen läßt sich zunächst zusammentragen und rekonstruieren, wie Olympia einst aussah und was sich dort während der festlichen Spiele, aber auch in der Zeit dazwischen, abspielte. So hat Rosmarie Günther ihre Darstellung „Olympia. Kult und Spiele in der Antike" ganz um den Bericht des Pausanias, den „Reiseleiter", herum gebaut – was sie nicht hindert, zugleich die „weibliche" Seite von Kult und Geschichte thesenfreudig herauszustellen und sogar Muttergottheiten an den Anfang des Heiligtums zu setzen. Das zweite Thema ist die archäologische Wiedergewinnung der gesamten Anlage durch die Grabungen des neunzehnten und zwanzigsten Jahrhunderts. Den höchst spannenden Subtext dieser Geschichte bildet die Transformation der Klassischen Archäologie als einer Wissenschaftsdisziplin, die an ihren ästhetisch-normativen Wurzeln zusehends irre wurde, ohne sich vollständig der reinen historischen Erkenntnis verschreiben zu können – schon wegen der öffentlichen Aufmerksamkeit, die dieser altertumswissenschaftlichen Disziplin weit mehr als anderen zuteil wurde und wird. Über den anderen Rezeptionsstrang in Gestalt der verschiedenen Ansätze zur Erneuerung der Spiele, von den „Olimpick Games" von Cotswold im England des frühen siebzehnten Jahrhunderts bis zu den mit dem Namen Pierre de Coubertin verbundenen Wettkämpfen seit 1896, orientiert Judith Swaddling in einem knappen Ausblick ihres informationsreichen Überblicks „Die Olympischen Spiele der Antike", für den auch ein neues Modell der Gesamtanlage angefertigt wurde. Am Ende des Dreischritts steht als Synthese idealerweise ein präzisiertes und historisch differenziertes Gesamtbild.

Michael Siebler gibt in „Olympia. Ort der Spiele, Ort der Götter" der Forschungsgeschichte breiten Raum, angefangen von Winckelmanns Hoffnung, unter dem Sand des Flusses Alpheios ließen sich originale Bildwerke aus der Blütezeit der griechischen Kunst in großer Zahl wiedergewinnen. Eine Grabung in Olympia war seit dem achtzehnten Jahrhundert im Gespräch, und es kam nur noch darauf an, wer als erster die zahlreichen Schwierigkeiten überwinden würde. Schließlich war es Ernst Curtius, der eine zufällige Nähe zum preußischen Hof und sein Talent zu einer öffentlichkeitswirksamen humanistischen Werbung für die Antike zu nutzen vermochte, damit das erste archäologische Großunternehmen des neuen Deutschen Reiches Wirklichkeit werden konnte. „Was dort in der dunkeln Tiefe liegt", so Curtius 1852 in einem programmatischen Vortrag, „ist Leben von unserem Leben", und Leo von Klenze wußte schon 1821, sobald „teutsche Forscher diese Entdeckungsfahrt nach dem geheiligten Boden Olympias antreten ..., werden die Kunstgebilde des Phidias und

Myron willig aus ihrem feuchten Grab erstehen und zu uns herüberwandern, wo ... unser Jubel diese Besieger der Jahrtausende empfangen soll".

Der 1874 mit Griechenland geschlossene Vertrag, der dem Deutschen Reich alle Kosten und dafür auch alle Publikationsrechte einräumte, die Fundobjekte aber bis auf wenige Ausnahmen Griechenland überließ, war aus heutiger Sicht eine „grabungspolitische Epochenwende" und zugleich ein zukunftsweisendes Stück auswärtiger Kulturpolitik, damals jedoch hochumstritten, da es zu wenig Prestige versprach, nur Papier und Abgüsse nach Hause zu bringen, nicht aber kostbare Schaustücke für die Berliner Museen, wie dies Carl Humann aus Pergamon und Heinrich Schliemann aus Troja und Mykene gelang. Bismarck, in dieser Hinsicht reichlich amusisch, wollte deshalb sogar der Abschlußkampagne die Finanzierung verweigern. Insgesamt war wohl keine archäologische Ausgrabung im Ausland so eng mit der deutschen Geschichte und mit deutschem Nationalbewußtsein verknüpft, auch im Wettbewerb mit den Franzosen, die sich schon früher um Olympia bemüht hatten, um dann seit 1892 die großen Ausgrabungen in Delphi durchzuführen. An Olympia entwickelte sich auch ein breitgefächerter archäologischer Wissenschaftsjournalismus, der die jeweils aktuellen Funde und Ergebnisse allen Interessierten bekannt machte.

Die hochgespannten Erwartungen an die Olympiagrabung und ihr Verlauf zeigen, wie aus Sieblers Bericht ebenfalls hervorgeht, eine Gemengelage in der Entwicklung der Archäologie: Auch Curtius und seine Mitstreiter waren vom Impuls der Schatzgräberei nach Meisterwerken der antiken Kunst, die sie an dem Laien Heinrich Schliemann so kritisierten, nicht ganz frei. Als dann aber die Ausbeute an Siegerstatuen und Statuenweihungen an Zeus und die anderen Götter des Heiligtums hinter den Erwartungen zurückblieb, weil die ursprünglich nach Hunderten zählenden Stücke offenbar schon in der Antike verschleppt beziehungsweise eingeschmolzen worden waren, trat das historistisch-positivistische Paradigma in den Vordergrund: „Wichtiger sind die Aufschlüsse, die die Wissenschaft in topographischer und architektonischer Hinsicht empfing", so machte Wilhelm Dörpfeld rückblickend im „Baedeker" von 1908 aus der Not eine Tugend, und der Würzburger Archäologe Ulrich Sinn schlägt in die gleiche Kerbe, wenn er aus heutiger Sicht von einer „wohltuenden Versachlichung" spricht. Die erste Olympiagrabung in den Jahren 1875 bis 1881, die insgesamt 761 000 Reichsmark gekostet hatte, war im Sinne einer historischen Erkenntnis jedenfalls auch deshalb ein Meilenstein, weil man hier erstmals konsequent nach der stratigraphischen Methode arbeitete, das heißt die Fundstücke genau nach ihrer Lage in datierbaren Schichten von oben (jung) nach unten (alt) verzeichnete. Nicht mehr das Einzelstück mit seiner künstlerischen Qualität, sondern die Kontexte und ihre historische Interpretation standen nunmehr im Vordergrund des Interesses.

Was an klassischer Kunst fehlte, kam aus anderen Epochen um so reichlicher zutage. So erschlossen die zahlreichen kleinen bronzenen Weihgeschenke aus geometrischer Zeit Archäologen wie Adolf Furtwängler ganz neue Welten, für die erst einmal eine Anschauung und ein methodisches Instrumentarium zu entwickeln waren. Heute konzentriert sich die Forschung von vornherein auf bislang eher vernachlässigte Epochen. Erst im Hellenismus und in der Römischen Kaiserzeit erhielt das Heiligtum, wie man nun weiß, eine angemessene Infrastruktur, während bis dahin vor allem die schlechte Trinkwasserqualität den Aufenthalt oft nicht nur strapaziös, sondern auch gefährlich gestaltet hatte.

Der bereits genannte Ulrich Sinn, gegenwärtig Leiter einer internationalen Forschergruppe in Olympia, hat unter dem Titel „Das antike Olympia. Götter, Spiel und Kunst“ eine sehr detaillierte, passagenweise geradezu handbuchgleiche Synthese vorgelegt. Gelungen ist sein Versuch, die Etappen der Geschichte des Heiligtums von der mythischen Vorzeit bis zur Millenniumfeier 224 nach Christus in einer Reihe von Vignetten zu beleuchten. Dennoch bleibt die politische Bedeutung des Heiligtums teilweise unklar. Dieses stand mitnichten immer unter der Verwaltung eines Stadtstaates, sondern es bildete das politische Zentrum der nicht-stadtstaatlich verfaßten Landschaft Elis und beherbergte daher auch etwa das Amtslokal der Ratsherren. Erst 472/71, bezeichnenderweise kurz nach einer Neuorganisierung des Zeusfestes, gründeten die Eleier eine Polis. Rosmarie Günther spricht mit Recht von einem enormen wirtschaftlichen und politischen Aufschwung, den das Heiligtum nach der endgültigen Unterwerfung zweier abhängiger Regionen durch Elis in den 470er Jahren nahm. Erst in dieser Zeit wurde der monumentale Zeustempel mit dem berühmten Kultbild des thronenden Gottes von der Hand des Phidias errichtet – in der Antike eines der Sieben Weltwunder –, nachdem der Herr des Heiligtums bis dahin wahrscheinlich in dem später der Hera gehörenden Bau residiert hatte.

Immerhin zeigen die von Sinn berichteten Beispiele eindrucksvoll, in welchem Ausmaß hier Erfolg und prangende Schau die gesamte Existenz nicht nur des Adels in Griechenland bestimmten und hochgradig politischen Charakter hatten. Olympia war die wichtigste Bühne der Selbstinszenierung vor einer panhellenischen Öffentlichkeit, und allein der Augenblick des Sieges zählte und verschaffte Unsterblichkeit, nicht die Objektivierung der Leistung in einem Rekord (der sich immerhin in einzelnen Disziplinen wie dem Diskuswurf hätte bestimmen lassen). Eine vergleichende historische Anthropologie hätte hier weiterzubohren und zuvörderst zu fragen, warum die Hellenen als einzige antike Kultur diese extrem ästhetisierte, reglementierte und zugleich verabsolutierte Form des sich untereinander Messens und der Überhöhung des Sieges entwickelt haben. Auch junge Perser wetteiferten miteinander im Reiten und Bogenschießen, aber Charisma und Autorität erwuchsen daraus niemandem, während ein Alkibiades auf seinen glanzvollen Olympiasieg verweisen konnte, um den athenischen Landsleuten Zuversicht für den Kampf unter seiner Führung einzuflößen. Huizingas „Homo ludens“ und der Verweis auf Sport als anthropologisch konstantes Phänomen sind jedenfalls ungeeignet, eine angeblich auf die Griechen verengte Sicht zu überwinden. Das Beste zu dieser Frage aller Fragen auch für Olympia sind immer noch Jacob Burckhardts Beobachtungen zum agonalen Prinzip als einer Achse hellenischer Mentalität und Lebensführung im vierten Band der „Griechischen Kulturgeschichte“. Gelehrte wie Victor Ehrenberg, Helmut Berve und Ingomar Weiler haben manches weitergedacht. Sieblers vier Seiten dazu sind zwar nicht eben tiefschürfend, doch die anderen Autoren setzen das hochgradig erklärungsbedürftige Phänomen umstandslos als gegeben voraus. In den Beuteweihungen in das Heiligtum, von denen schon die Rede war, nur etwas verschämt „den unheiligen Aspekt gewonnener Kriege“ (Günther) zu sehen, führt jedenfalls nicht weiter, wenn schon die „friedlichen“ Wettkämpfe mit einigem Recht als „war minus the shooting“ (Nigel Spivey) apostrophiert werden können.

Warlords und Elitetruppen: früher Hellenismus

Drehbuchautoren auf der Suche nach neuem Stoff für Serien vom Zuschnitt von „Game of Thrones“ ist ein Rückgriff in die Geschichte zu raten, genauer: in die Ereignisse nach dem Tod Alexanders des Großen. Johann Gustav Droysen nannte in seinem epochemachenden Werk über den Hellenismus diese Phase das Zeitalter der Diadochen. James Romm hat jetzt dessen erste Jahre unter dem Titel „Geist auf dem Thron“ neu erzählt. Er spannt den Bogen von den letzten Lebenstagen Alexanders im Juni 323 bis zum gewaltsamen Tod der letzten Blutsverwandten des größten der makedonischen Argeaden fünfzehn Jahre später.

Es ist eine von den Bedingungen her ungemein komplizierte, zudem nur in vielen Brechungen überlieferte Geschichte, die Romm in kurzen, mit Zeit, Ort und jeweiligen Hauptakteuren überschriebenen Kapitel faßbar zu machen sucht. Alexander hatte ein riesiges, heterogenes Reich hinterlassen, dazu ein dynastisches Vakuum mit zahlreichen Optionen: Es gab einen geistig behinderten Halbbruder, Philipp mit dem Beinamen Arrhidaios, dann seinen eigenen ungeborenen Sohn aus der Verbindung mit einer baktrischen Prinzessin, Alexander, eine leibliche Schwester Alexanders, Kleopatra, ferner Adea, eine junge, ehrgeizige Enkelin von Alexanders Vater Philipp sowie natürlich dessen Witwe Olympias, die Mutter des Welteroberers.

Vor allem aber hatten makedonische Tradition und die gemeinsam vollbrachte Eroberung Asiens eine Kriegerelite aus sieben adligen „Leibwächtern“ und einem weiteren Kreis von Offizieren hervorgebracht, die gelernt hatten, wie militärische Führungskraft, Skrupellosigkeit und Geld eine Welt zu stürzen und eine neue zu schaffen vermochten. Vielleicht um die historische Fallhöhe zu vergrößern, schreibt der Autor demgegenüber Alexander erneut die in der Forschung längst ad acta gelegte Vision eines einzigen multiethnischen Weltstaates zu, geprägt von dezentraler Herrschaft und kultureller Verschmelzung, die jedoch keiner seiner Gefährten geteilt habe. Doch das ist der einzige Schwachpunkt des Buches.

Geschichte wird unter Romms kundigen Händen zur puren Handlung: Schlachten und Scharmützel, Großmut und Gemetzel, große Szenen von Zerwürfnis und Versöhnung, gefälschte Briefe und gebrochene Versprechen, und immer wieder das Ringen um die Loyalität der zunehmend entwurzelten Soldaten. Für Mord als vorbeugende Gefahrenabwehr gab es sogar ein eigenes griechisches Wort: *prophtasia.* Illoyale Kämpfer werden von Elefanten zu Tode getrampelt; als bizarre Charge betritt ein gewisser Archias kurzzeitig die Bühne, seines Zeichens Kopfgeldjäger und Verbanntenjäger, der „Bluthund Antipaters".

Es ist unmöglich, den Gang der Dinge hier auch nur zu skizzieren. Sehr allgemein gilt: Die Idee einer gemeinsamen Herrschaft über das gesamte Reich, bis wieder eine dynastische Regierung möglich sei, wurde bald abgelöst von dem Bestreben der Akteure, größere Teile – bevorzugt ganz Europa oder ganz Asien – zu gewinnen und dann zu sehen, was noch im Lostopf war. Den im Rückblick erfolgreichsten Weg beschritt sehr früh Ptolemaios, indem er zielstrebig Ägypten an sich brachte – und den Leichnam Alexanders des Großen als symbolisches Kapital gleich dazu.

Im raschen Wechsel der Ereignisse und Schauplätze werden einzelne Akteure vertraut gemacht: Antipater und Antigonos der Einäugige, das umkämpfte und in zwei Parteien zerrissene Athen, die berühmten Silberschilde, eine Elitetruppe aus Veteranen, loyal in einer Zeit, in der Verrat Hochkonjunktur hatte, zugleich eine „unkontrollierbare Bande von Superkriegern".

Schließlich Eumenes, die vielleicht interessanteste Gestalt der Diadochen der ersten Generation. Als Grieche und anfänglicher Nichtmilitär doppelter Außenseiter, wurde er „aus Fortunas tiefstem Keller in die Beletage hinaufkatapultiert" und agierte im letzten Abschnitt seiner Laufbahn als einsamer und geschickter „Consigliere ohne Capo". Romm bescheinigt ihm den eigenartigsten, aussichtslosesten und unwahrscheinlichsten Griff nach der Macht, den irgendeiner von Alexanders Gefährten unternommen hatte. Ein griechischer Kommandeur, der mit einer asiatischen Reitertruppe das makedonische Königshaus gegen makedonische Rivalen verteidigte – auch das war eine der vielen Paradoxien in der neuen, vulkanischen Welt, die Alexander hinterlassen hatte. Die geniale Idee des Eumenes, in bedrängter Lage den leeren Thron des Königs und dessen Insignien in einem Zelt als Kultort zur Festigung von Loyalität und Zusammenhalt aufzustellen, gibt dem Buch seinen Titel.

Es ist dies auch die Geschichte der Achtzigjährigen, für die ein Altenteil kein Thema war, oder von Vätern und ihren scheinbar aus der Art geschlagenen Söhnen. Ohne die Flegeljahre des Hellenismus auf einen alles erklärenden Begriff bringen zu wollen, finden sich immer wieder erhellende Beobachtungen: wie sich Geld in Macht umsetzen ließ, welchen Regeln der Pokertisch der Heiratspolitik gehorchte, auch Kluges über die hellenistischen Armeen als professionalisierte, internationalisierte und überdimensionierte Klone des Alexanderheeres.

Wer in den Königsgräbern der Makedonen in Vergina tatsächlich liegt, bleibt umstritten. Doch Romms These dazu erscheint als Vollendung seines Gemäldes folgerichtig: Indem Kassander, der schon die Mutter Alexanders hatte töten lassen, wen auch immer zusammen mit den Insignien des alten makedonischen Königshauses begrub, zog er einen endgültigen Strich unter diese Dynastie. Die neuen Könige mußten ganz auf eigenen Füßen stehen und untereinander ausmachen, wem die Macht gehören sollte. Und niemand anders als Alexander soll in Babylon sterbend die Parole dazu ausgegeben haben: dem Stärksten.

9. Genderverschlingungen: Männer – Frauen – Leidenschaften

Fisch, Wein, schillernde Frauen: verzehrende Passionen der Männer

Den Achtundsechzigern gebührt das Verdienst, das Private für eine breite Öffentlichkeit aus dem Dämmerzustand des bloß Existierenden befreit zu haben. Die möglichen Denkfiguren waren vielfältig, sie oszillierten zwischen einer die Antithese zum Politischen im doppelten Sinne aufhebenden Gleichsetzung von beidem und dem Bekenntnis eines Kommunarden zur Priorität seiner sexuellen Selbstbehauptung vor der Weltrevolution. Die Konsumwellen seit den fünfziger Jahren galten als besonders verwerfliches Instrument zur Entpolitisierung der Massen, während man selber den individuellen Genuß als Weg zur Befreiung entdeckte. Lange Zeit waren die Folgen, die aus solchen Gemengelagen erwuchsen, noch einigermaßen überschaubar und im Schlagwort von der Toskana-Fraktion oder gelegentlichen Fragen nach den Konditionen für einen öffentlichen Amtsträger beim Bau seines Luxushauses zu greifen. Den medial vervielfachten Umgang der Amerikaner mit dem Körper ihres Präsidenten hat man in den 1990er-Jahren hierzulande eher mit fassungslosem Staunen verfolgt. Für Bill Clinton war dabei das Vergnügen kurz und geheim, die Reue quälend lang und sehr öffentlich. Im Gegensatz dazu hat Gerhard Schröder hierzulande dem Begriff des demonstrativen Genusses der Macht eine neue Qualität gegeben.

Die Dekonstruktion tradierter Differenzen von Ökonomie und Politik, privaten und öffentlichen Räumen verändert aber auch den Blick auf die Vergangenheit. Was das klassische Athen betrifft, so finden zwei in der Forschung eingeführte Unterscheidungen heute das erneuerte Interesse der Altertumswissenschaftler. Da ist zum einen die von Hannah Arendt vorgetragene, von Christian Meier weiterentwickelte und zu beinahe kanonischer Geltung gebrachte Abgrenzung eines politischen Raumes der bürgerlichen Gleichheit inmitten einer Fülle von gesellschaftlichen Ungleichheiten. Zum anderen steht die Annahme strikt getrennter Geschlechtersphären und -rollen auf dem Prüfstand, die Michel Foucault und andere zu einer omnipotenten phallozentrischen Unterscheidung von Penetrierenden und Penetrierten zugespitzt haben. Sexualität wurde in dieser Sicht zur Funktion eines Machtdiskurses. Für den Oxforder Althistoriker James N. Davidson ist die Schnittmenge der Räume von Oikos und Polis, Frauen und Männern dagegen mit verzehrenden Begierden nach Essen, Trinken und Sex gefüllt.

Nun vermochten die Athener ihre bedrohlichen Passionen weder asketisch abzutöten noch schamvoll zu verschweigen. Sie haben sie im Gegenteil mitunter ziemlich exzessiv ausgelebt und darüber auch immer wieder nachgedacht, gespottet, polemisiert und geschrieben, vor allem in der Alten Komödie, den öffentlichen Reden vor Gericht und vor der Volksversammlung sowie in der vielfältigen Symposion-Literatur von Xenophon bis Athenaios. Zusammen mit subtil und originell interpretierten Vasenbildern und anderen Kunstwerken erlauben es diese Texte Davidson, in seinem Buch „Kurtisanen und Meeresfrüchte“ eine reiche und zugleich überaus differenzierte Phänomenologie und Topographie der verzehrenden Leidenschaften zu entwerfen, bevor er ihre politischen Implikationen untersucht.

Beim Essen war es in erster Linie der Fisch, auf den sich die Begierden der Athener richteten. Das lag an seiner Modernität. Weil Fisch anders als Fleisch nicht in den rituellen Kontext des Tieropfers und des anschließenden egalitären Verzehrs – jeder bekam ein gleich großes Stück vom Opfertier, ohne Rücksicht auf die Qualität – eingebunden war, konnte er zum Objekt von Feinschmeckerei aufsteigen. Fleisch mußte verteilt werden, in Fisch konnte man sich verlieben und die besten Stücke für sich herausgreifen. Er bildete in den verschiedenen Preis- und Qualitätskategorien geradezu das Sinnbild der nicht sättigenden „Zukost“. Dem griechischen Wort *opson* widmet Davidson in diesem Zusammenhang eine instruktive philologische Analyse. Der außer Kontrolle geratene „Zukostesser“ (*opsophagos*) verzehrte nicht Riesenmengen und hielt auch nicht das Auffahren seltenster Leckerbissen für ein Statussymbol, sondern verriet haltlose Ergebenheit durch rasches Verschlingen von Fisch. Kein Wunder, daß Platon Fische und Meeresfrüchte von der Festtafel des Goldenen Zeitalters verbannte.

Noch deutlicher zeigen die Regelungen für das gemeinsame Trinken während des Symposions, wie ernst man die Bedrohungen durch ungehemmten Konsum nahm. Störungen im angemessenen Ablauf des Trinkens konnten auf allen Ebenen des sympotischen Rituals vorkommen, wie noch der sublimierteste Text zu diesem Thema zeigt: In Platons *Gastmahl* kommt Alkibiades stark angetrunken in eine noch intakte Gesellschaft und zwingt die Symposiasten, durch schnelles Trinken das Niveau seiner eigener Alkoholisierung in kurzer Zeit zu erreichen. In der Praxis gewann der Wein den Wettstreit mit der Konversation wohl meistens, und es kam zum Trinken um des Trinkens willen – mit unkalkulierbaren Folgen. Das von vornherein rauschorientierte, individualistische Trinken hatte seinen Platz in den Tavernen und wurde in den Texten meist mit dem einfachen Volk verbunden, bis hin zu einer binären sozialen Kodierung der beiden Arten des Alkoholkonsums.

Dies funktionierte auf beiden Seiten; dem elitistischen Vorurteil über die anonymen Trinker in der Kneipe entsprach das Mißtrauen des einfachen Volkes gegenüber den exklusiven Gelagen der Aristokraten. Debatten über die Trinksitten etwa der Spartaner konnten auch in hohem Maße politisch aufgeladen sein. Insgesamt lasen die Athener den Wein aber auch anthropologisch, als Droge oder als Katalysator für alle möglichen Transgressionen. Diese äußerten sich, einerlei ob in der Kneipe oder beim Symposion, immer in bestimmten

Praktiken. Ungemischten, körperreichen Wein aus großen und tiefen Bechern in langen Zügen und ohne Atemholen zu konsumieren war in dieser Sicht eine zerstörerische Bedrohung der fein austarierten Rituale der Geselligkeit.

Die Affinität des Buches zur „Neuen Kulturgeschichte" und die gleichzeitige Distanz zur Diskursgeschichte kommen am ehesten in den Abschnitten zur Sexualität zum Vorschein. Davidson verwirft alle antiken und modernen Versuche, die athenischen Frauen kategorial scharf in Ehefrauen, Konkubinen, Hetären und gewöhnliche Prostituierte zu trennen. Ihn interessiert im Gegenteil „die Verschiedenartigkeit und Komplexität des Sexmarktes von Athen", wodurch zugleich die Vorstellung von einer primär homosexuellen Ausrichtung der Gesellschaft ins Reich der Fabel verwiesen wird. Besondere Aufmerksamkeit widmet er der proteushaften Erscheinung der Hetäre, die kaum von der Konkubine (*pallakê*) zu unterscheiden war. Beide grenzten sich von der „einfachen" Prostituierten in erster Linie dadurch ab, daß die Beziehungen zu ihnen als Gabentausch, nicht aber als Warentausch interpretiert werden konnten.

Konstitutiv für den Status der Hetäre und Angelpunkt ihrer Strategie waren die bewußte Mißdeutung der Gabe und der Versuch, durch Erscheinung und Habitus die Käuflichkeit zu umgehen. Sie verhüllte ihren Körper und suchte den Zeitpunkt der sexuellen Vereinigung und ihren Partner dabei selbst zu bestimmen, während Huren jederzeit zur Verfügung standen und oftmals nackt angepriesen wurden, reduziert auf ihre Geschlechtsorgane. Die Hetäre („Gefährtin") hingegen beherrschte die Kunst der mehrdeutigen Konversation; das Vokabular der Freundschaft, der Gefälligkeiten und der Dankbarkeit nutzte sie, um Fremdbestimmung, Bemessung und Verwertung zu vermeiden. Ihr besonderer Reiz erwuchs aus ihrer Mittelposition auf der Skala der Sichtbarkeit und Verfügbarkeit.

Davidson entwickelt eine Ökonomie des stimulierenden Betrachtens, welches alle Frauen unterschiedlichen Graden und Stadien der Entkleidung zuweist. In Athen, so seine überzeugend belegte These, drehte sich heterosexuelle Erotik als Feld gesteigerten und perpetuierten Verlangens weder um Sex in der Ehe noch um kurze Bordellbesuche, sondern spielte sich im vagen, undeutlichen Bereich der Verführung und Versuchung von Frauen ab, deren Verfügbarkeit nicht eindeutig war. Meisterhaft wurde diese Ökonomie von einer der bekanntesten athenischen Hetären beherrscht: Phryne nackt zu sehen war nicht leicht, trug sie doch auch beim rituellen Bad im Meer ein dünnes, enges Untergewand und glich so, wie Davidson vermutet, wahrscheinlich am ehesten „einer Miss Wet-Shirt". Als der Redner Hypereides sie vor Gericht gegen den Vorwurf der Gottlosigkeit verteidigte, erreichte er, so wird berichtet, allein dadurch einen Freispruch, daß er ihre Brüste entblößte.

Weil die überwältigenden Verlockungen des Genusses in den Augen der Griechen nicht an bestimmte Genußmittel gebunden waren, konnte sich kein psychopathologischer Diskurs um Sucht und Abhängigkeit entwickeln. Die Wonnen der Sinnenwelt lauerten hinter der nächsten Ecke, immer bereit, Männer mit zu geringer Selbstbeherrschung zu überwältigen, sie ins gesellschaftliche Abseits und in den ökonomischen Ruin zu befördern. Esser und Trinker waren leicht zu erkennen, und der Mann, der nur an Frauen dachte, outete sich, indem er laut Aristoteles zur falschen Zeit am falschen Ort und mit der falschen Person Verkehr hatte. Ganz nebenbei räumt Davidson auch noch mit der zeitweise kanonisch gewordenen bipolaren Theorie von Foucault auf, bei der Bewertung der Sexualität als einer Machtbeziehung sei es einzig um die Rolle des Mannes bei der Penetration gegangen.

Für die Polisgemeinschaft bedeuteten genußergebene Mitbürger eine Gefahr, weil diese sich nicht mehr um ihre eigene Lebensgrundlage, den Oikos, kümmerten und überhaupt durch Gleichgültigkeit gegenüber allen Dingen außer ihrer eigenen Lust auffielen. Denn diese wuchs erst an, wenn der Kampf um sie lange dauerte und eine intensive Beziehung zwischen dem Begehrenden und dem Objekt seiner Begierde hergestellt wurde. Genau an diesem Punkt vereinigte sich die Luststeigerung des Konsumenten mit dem sphinxhaften Verhalten der Hetären zu einem endlos stimulierenden Ringen, das alle Normen und Pflichten zu verschlingen drohte. Dem konnte keine Tabuierung entgegengesetzt werden, allenfalls ein „Nichts allzu sehr!“, bewehrt durch Gesetze und soziale Kontrolle. Diese konnte freilich in der Offenheit der demokratischen Kultur Athens unberechenbare und tyrannische Züge annehmen, weil sich der Einzelne kaum gegen Gerüchte und Unterstellungen zu wehren vermochte.

Den egalitären Grundzug der athenischen Gesellschaft, in der Reichtum eher heruntergespielt wurde und keine dauerhafte Stratifizierung zu begründen im Stande war – zu rasch konnte er erworben werden und sich wieder verflüchtigen –, erklärt Davidson auch mit der prinzipiellen Egalität der Genüsse. Auf beinahe jeder Ebene des Wohlstandes gab es Möglichkeiten, seinen Gelüsten nachzugeben, jeder konnte, so eines der vielen schönen Bonmots, lernen, degeneriert zu sein, den Reichen fiel es nur leichter. In der verbreiteten Wahrnehmung ging es bei allen Unterschieden in Ort, Preis, Menge und Häufigkeit des Konsums letztlich immer um animalische Leidenschaften, die allen Menschen gemeinsam schienen, Verführungen, denen jeder erliegen konnte. Der Markt für Wein, Sex und gutes Essen war ein überaus komplexes System mit einem weiten Preisspektrum von sehr billig bis ganz teuer und dazwischen für jeden etwas. Und immer wieder versammelten sich die Athener im Theater und ließen sich von den Komödiendichtern darüber ins Bild setzen, daß die ganze Welt von den allen Menschen gemeinsamen Körperfunktionen des Füllens und Entleerens bewegt wurde, ebenso wie die Metaphorik des Genusses um das Füllen und Gefüllt-werden kreiste. Dem sozioökonomischen Kontinuum der athenischen Gesellschaft entsprach jedenfalls ein Kontinuum des Konsums, der allen Männern ebenso Lust bereitete, wie er sie bedrohte. Umgekehrt war damit die Möglichkeit gegeben, Vornehmheit durch Selbstbeherrschung als klassenloses Prädikat zu erwerben.

Das Gegenbild war natürlich der aus der Zwietracht erblühende und seinen Gelüsten nach Macht ergebene Tyrann. Konsequenterweise widmet Davidson das letzte Kapitel seiner politischen Geschichte der athenischen Begierden dieser Figur. In einer Gesellschaft, welche die Gleichheit in der Bürger- und Kultgemeinschaft immer wieder in der Verteilung des Opferfleisches zelebrierte, mußten etwa Anspielungen auf gierig essende Politiker automatisch Mißtrauen hervorrufen. Die gigantische Festtafel des Perserkönigs mochte weit entfernt sein, doch es traf die Polis ins Mark, wenn einem Alkibiades Begierden nachgesagt wurden, die größer waren als sein Vermögen. In diesem Punkt trafen sich „Privates" und Politik. Nicht die überdurchschnittlichen Genüsse an sich ließen einen Mann mit tyrannischem Lebensstil bedrohlich erscheinen, sondern die unabweisbare Tatsache, daß seine Begierden bald die Mittel eines noch so reichen Privatmannes übersteigen und ihn – mächtig, wie sie waren – zwingen mußten, den Weg des Umsturzes zu beschreiten. Der Dämon, der die Polis von innen her zu zerstören vermochte, schien im Oikos geboren zu werden, in der Gesellschaft Gleichgesinnter bei heißen Fischhäppchen, mächtig viel Wein und in der Begleitung von Hochpreishetären.

Das – übrigens vorzüglich übersetzte – Buch läßt den Streit zwischen Sozial- und Kulturgeschichte, zwischen Makro- und Mikrohistorie vergessen. Es eröffnet ordnende Blicke auf eine unendlich reiche Tafel von Geschichten, Bildern und Verhaltensweisen, die anschaulich dargestellt, glänzend interpretiert und souverän vernetzt werden. Mit bewundernswerter Trittsicherheit findet der Autor dieses subtilen Meisterwerkes auch seinen Weg im Labyrinth der methodologischen Ismen. Vor allem aber bietet „Kurtisanen und Meeresfrüchte" genußreiche intellektuelle Stimulation von der ersten bis zur letzten Seite – und dies fast völlig gefahrlos. Was gibt es über ein Werk mit diesem Thema Besseres zu sagen?

Kleopatra: Handlungsspielräume einer antiken Monarchin

Wenn Regisseure teurer Filme in Zeiten, als es weder die DVD noch einen „director's cut" gab, den Kampf um die künstlerische Hoheit über ihr Werk verloren, waren sie oft selbst schuld. Die sechs Stunden „Kleopatra", die Joseph Mankiewicz dem Verleih als Zweiteiler anbot, bedeuteten eine Zumutung, und auch an der vierstündigen Premierenfassung fand die Schere noch reiche Beute. Übrig blieb ein dramaturgisch fragmentierter, ziemlich dummer Film, dem man vor allem ansehen sollte, wie viel Geld er gekostet hatte.

Eine Schlüsselszene ist erst wieder in der rekonstruierten Fassung zu sehen. Sie verdichtet die Vision einer universalen, auf Frieden und Wohlstand ruhenden ägyptisch-griechisch-römischen Weltzivilisation in einem großen Dialog zwischen der Protagonistin und Caesar am Sarkophag Alexanders des Großen. William Tarn, ein seinerzeit einflußreicher Alexanderforscher, hatte die Verschmelzungspolitik des makedonischen Welteroberers im Geiste damals gängiger Hoffnungen auf die Vereinten Nationen und einen zu schaffenden Weltstaat interpretiert. Arnold Toynbee verlieh dieser Idee in einem Gedankenspiel nach dem Muster der Alternativgeschichte literarische Gestalt: Wäre Alexander nicht so früh verstorben, hätte eine solche weltumspannende Friedensordnung vielleicht über die Zeiten hinweg Bestand haben können.

Der Film trivialisierte solche Visionen insofern, als er die Liebe zwischen den Herrschern als treibende Kraft ausmalte – und dabei auch von der während der Dreharbeiten spektakulär begonnenen Beziehung zwischen den Stars Elizabeth Taylor und Richard Burton profitierte. Aber indem „Kleopatra" in dieser Szene hoffnungsstark über die von Herrschsucht und einseitigem Männlichkeitswahn geprägt erscheinende Wirklichkeit hinauswies, spiegelte er den Zukunfts- und Fortschrittsoptimismus seiner Zeit sehr genau.

Doch Geschichte ist mehr als Geschichtsbilder. Die letzte Pharaonin Ägyptens stellt jeden Historiker vor unüberwindliche Probleme. Denn nicht nur ist die literarische Überlieferung bruchstückhaft und spät, sondern auch das zeitgenössische Bild der Königin war vom Ringen um die Macht und die Deutungshoheit in den vierziger und dreißiger Jahren des letzten vorchristlichen Jahrhunderts in Rom dominiert. Kleopatra verlor gegen den späteren Augustus, und anders als die republikanische Sache fand sie keine beredten Fürsprecher. Die Niederlage und die einem Römer fremde Vorstellung von einer herrschenden Frau, dazu Orientklischees, die in Zeiten, als Augustus seinen Mitbürgern ihr Römersein neu einzuschärfen suchte, auf fruchtbaren Boden fielen, taten ein übriges.

Wolfgang Schuller zitiert in diesem Sinne Rudolf Borchardt: „Kleopatra liegt wie die Königsmumien des Landes, in dem sie herrschte, unausgegraben sechs Faden tief unter Sandmeeren der Vergessenheit und der Irrtümer. Unverrückbar und unzugänglich steht darüber die Pyramide der Schulbücher zweier Jahrtausende." Doch in seiner Biographie nimmt der Konstanzer Althistoriker den Charakter der Überlieferung ernst, indem er sie breit zu Wort kommen läßt und kommentiert, mit *common sense*, oder wie man früher gesagt hätte: taktvoll. Mit Recht hütet er sich davor, alle spektakulären und spekulativen Elemente ins Reich der Fabel zu verweisen und alle Kleopatra betreffenden Sachverhalte so zu entzaubern, daß „nur noch das Grau in Grau einer vermeintlichen Wissenschaftlichkeit übrigbleibt".

Manchem theoretisch anspruchsvollen Leser mögen hier und da die salvierenden Verfremdungsformeln fehlen: Kann man als fehlendes Glied im Motivationsgeflecht einfach eine aus Kleopatras Monogamie gegenüber Caesar und Marcus Antonius erschlossene, nicht historisierte Liebe einsetzen? Nun, der Autor ist ein viel zu guter Historiker, um nicht auf nüchterne Einbettung und der Zeit gemäße Erklärungen zu setzen, wenn er sich selbst auch wohl zu wenig Platz eingeräumt hat, um vor allem den römischen Hintergrund hinreichend verständlich zu machen.

Seine These zielt ohnehin in eine andere Richtung. Ohne es so plakativ zu formulieren, zeichnet er Kleopatra als eine sehr bewußt agierende Akteurin in einem erzwungenen Globalisierungsgeschehen, die am Ende scheiterte, und dies mit einer gewissen Wahrscheinlichkeit, aber nicht notwendigerweise. Ihr Selbstbewußtsein speiste sich aus der dreitausend Jahre alten und als Kontinuum erkennbaren Hochkultur Ägyptens, der sie als regierende Pharaonin vorstand und auf die sie sich auch einließ: Anders als alle ihre Vorgänger erlernte die gebürtige Makedonin die ägyptische Sprache und erwies der traditionellen Religion Respekt. Auch den Alltag des Regierens nahm sie ernst, wie sich aus Dokumenten ergibt, und Ägypten erwuchs keine erkennbare Schwächung aus dem Umstand, daß dort seit Alexander dem Großen Makedonen und Griechen herrschten und Alexandria eine multikulturelle Metropole war. Kleopatra wirkte zwanzig Jahre lang als eine tatkräftige Herrscherin und war insofern eine Zentralfigur der Geschichte.

Das Problem hörte auf den Namen Rom. Als Kleopatra im Jahr 69 vor Christus geboren wurde, hatte die Weltmacht am Tiber längst die gesamte östliche Mittelmeerwelt unter ihre Botmäßigkeit gebracht und beinahe alle Strukturen zerschlagen, ohne eine auf Dauer gestellte, eigene Ordnung zu begründen. Wenige Jahre später erhielten Kleinasien und der Levanteraum durch Pompeius eine halbwegs tragfähige Organisation. Doch Ägypten wollte man nicht zur Provinz machen; zu groß schienen die unwägbaren Sicherheitsprobleme und der absehbare Gewinn, der einzelnen Politikern aus diesem unermeßlich reichen Land zufließen mochte.

Zugleich nahm Rom massiven Einfluß auf die inneren Angelegenheiten, und die Hofparteien in Alexandria suchten ihrerseits schiedsrichterliche Hilfe bei den Mächtigen dort. Hinzu kamen die wirtschaftlichen Verflechtungen, die sich aus der Privilegierung einzelner Römer ergaben. Für beide Seiten komplizierten sich die Beziehungen noch mit dem Beginn der Bürgerkriege, als die römischen Parteien sich der Hilfsquellen des Landes am Nil vergewissern mußten, während man dort auf die richtige, das heißt am Ende siegreiche Seite zu setzen hatte.

Kleopatra gelang dies beim ersten Versuch, als sie sich an Caesar wandte und von ihm in den Sattel gesetzt wurde. Mit ihm hatte sie einen Sohn, Ptolemaios Kaisar, und was auch immer Caesars Pläne mit der Königin und seinem einzigen männlichen Nachkommen gewesen sein mochten – aus ihrer Sicht war damit die Grundlage für eine partielle, aber dauerhafte Souveränität Ägyptens im römischen Herrschaftsverband gegeben, einem Verband, der damals noch keineswegs rechtlich durchgestaltet und zum Reich vereinheitlicht war. Caesars Ermordung einen Tag vor dem Aufbruch zu einem neuen Ostfeldzug, der Kleopatras Bedeutung gewiß gestärkt hätte, machte ihre Chance zunächst zunichte.

Aber Rom war eben auch eine ganz andere Welt, und Schuller hält es für Kleopatras schwerstes Versäumnis, sich nicht in diese dritte, für ihr Überleben wichtigste Welt eingefunden zu haben. Vielmehr verstärkte „die Königin", wie Cicero sie abschätzig nannte, durch ihr Auftreten bei ihrem Besuch in Rom zu Caesars Lebzeiten die Fremdheit und Feindseligkeit noch. Was im Osten galt und Legitimität stiftete – üppige Prachtentfaltung, intime Nähe zu den Göttern, dynastische Verbindungen durch Heirat und männliche Erben –, das galt in Rom, trotz aller politischen Monarchisierungstendenzen (s. u. S. 170-171), noch recht wenig.

Gewiß, für lange Zeit konnte der durch die räumliche Entfernung gemilderte Spagat überbrückt werden, wie sich im zweiten Anlauf mit einem der Erben Caesars zeigen sollte. Marcus Antonius war in Rom Caesarianer, Amtsträger, Liebling der Soldaten und Schwager von Caesars Adoptivsohn, dem späteren Augustus, in Ägypten hingegen ein römischer Dynast, der für seinen Feldzug gegen die Parther auf die Hilfsquellen und das Wissen des Landes angewiesen war, der aber auch als Ehemann Kleopatras und Vater von Zwillingen, dazu als neuer Dionysos ganz und gar in die Welt dort eingebunden schien – oder versunken, wie Kritiker bemerkten.

Und doch war seine römische Anhängerschaft noch ein Jahr vor der Entscheidungsschlacht bei Actium prominenter und besser als die seines Rivalen. Ihren Zerfall löste Kleopatras Präsenz dann allerdings wesentlich mit aus, nachdem sich ihr maßgeblicher Einfluß auch auf die gesamtrömischen Dinge abzuzeichnen begann; Schuller spricht prägnant vom „Zug auf Rom". Doch der Ausgang der Schlacht vor der griechischen Westküste im Jahr 31 vor Christus war keineswegs ausgemacht, und in einem Imperium des Antonius hätte Kleopatra als privilegierte Klientelkönigin wohl ihren Platz gefunden, hätte vielleicht sogar Ägypten „aus der Position des nur noch gnadenhalber existierenden Bittstellers zum Teilhaber an der Weltherrschaft" erheben können, wie Schuller im Sinne der geschnittenen Filmszene spekuliert. Für den späteren Augustus war sie hingegen nur eine Beute, die er im Triumphzug zur Schau stellen wollte. Ihr Selbstmord verhinderte das. Auch ihr Sohn und Mitregent Ptolemaios Kaisar konnte nicht am Leben bleiben, denn er war der amtierende Pharao und stand deshalb den Plänen einer Einziehung Ägyptens als Provinz mit besonderem Status entgegen.

Am Ende gelingt es Schuller, die „feste, enge, dauerhafte Verbindung größter gegenseitiger Nähe, vielleicht sogar ohne Seitensprünge des männlichen Teils“ zwischen Kleopatra und Marcus Antonius plausibel in das dynamische Gefüge aus Strukturen, Optionen und Ereignissen einzubinden, aus dem sich die Dramatik dieser Epoche speist, aber auch ihr ungebrochenes Potential an intellektueller Herausforderung.

Kein Rotlicht brannte im Wolfbereich

Die Römer konnten, wenn die Rede auf die Gründungsgeschichte ihrer Stadt kam, bemerkenswert robust sein. So akzeptierten sie, daß Romulus und Remus Anführer einer Schar von handfesten Hirten waren und später die neue Siedlung zum Asyl für vielfältigen Zuzug machten, ohne lange nach der Herkunft der Ankömmlinge zu fragen. Und neben der später kanonischen Geschichte von der Wölfin, welche die am Tiberufer gestrandeten Zwillinge säugt, bis sie von dem Hirten Faustulus gefunden werden, gab es noch eine rationalistische Version: Danach vertraute Faustulus die Knaben seiner Frau Larentia an, die bei den Hirten „Wölfin“ (*lupa*) hieß, weil sie sich jedem Mann hingab. Daraus sei später die Wundererzählung geworden.

In der Tat war *lupa* in historischer Zeit eine gängige Bezeichnung für eine billige Prostituierte. Bettina Stumpp erwähnt in ihrer Studie zur Prostitution in Rom diese Variante in der Geschichte vom Anfang der Stadt eher beiläufig und verzichtet darauf, sie symbolisch zu überfrachten. Die neueren Versuche, die Ordnung des Geschlechterlebens und die Beziehungen zwischen Mann und Frau in der Antike im Sinne einer Weiterentwicklung von Foucaults „Sexualität und Wahrheit“ als sozialgeschichtlich eingebettete Diskurse zu verstehen, die um Konzepte wie aristokratische Würde, weibliche Keuschheit, Virilismus und Paternalismus kreisen (s. o. S. 53-56), kennt sie sehr wohl; das zeigen ihre Bemerkungen zum Zusammenhang von sozialem Status und sexuellen Verhaltensnormen ebenso wie die Überlegungen zur Pädophilie und zur phallozentrischen Konstruktion von Männlichkeit bei den Römern. Doch an die Stelle der theoretischen Prätention setzt sie eine systematische Phänomenologie aller empirisch faßbaren Dimensionen der Prostitution von Frauen, konzentriert auf die beiden ersten Jahrhunderte der Kaiserzeit.

Wegen der Quellenlage muß sich die Untersuchung weitgehend auf die Städte Rom und Pompeji beschränken. Eine Vermengung mit den anders gelagerten, teilweise besser überlieferten griechischen Verhältnissen sucht die Autorin zu vermeiden, was indes nicht immer gelingt, schon weil die für das Thema besonders reichhaltige römische Komödie bekanntlich beiden Welten angehörte. In beinahe handbuchartiger Manier wird dargelegt, was über die soziale

Herkunft und die Lebenssituation der Prostituierten, die ihnen zugeschriebenen (stets negativen) Verhaltensweisen und die medizinischen Aspekte der Prostitution, also Empfängnisverhütung, Abtreibung und Geschlechtskrankheiten, gesagt werden kann. Eine Topographie der Prostitution in Rom findet sich ebenso wie sorgfältige Erörterungen zu den Kunden und Nutznießern, den Preisen und dem Bordellbetrieb, dem es nie an Frauen mangelte, weil Sklavinnen zur Prostitution gezwungen werden konnten, während sie für freigelassene oder freie Frauen gerade in der Unterschicht eine der wenigen Verdienstmöglichkeiten darstellte.

Obwohl sich die Autorin bei der schwierigen Rekonstruktion jeder farbigen Ausmalung enthält, fördert sie viel Aufschlußreiches zu Tage, etwa die Einbindung der Prostituierten in die städtischen Unterschichten. So gab es in Rom keine Rotlichtviertel, wie überhaupt Wohnen und Arbeiten, Gewerbe und Vergnügen, Arm und Reich sozialtopographisch weit weniger voneinander getrennt waren, als in modernen Städten meist der Fall ist. Der Gang zur Prostituierten war wegen der fast durchweg sehr niedrigen Preise auch für die breite Masse der Männer erschwinglich. Welche (auch mit Gewalt verbundenen) Praktiken in den überwiegend primitiv ausgestatteten und schäbigen Bordellen im einzelnen geübt wurden, ist nur zu ahnen und ging gewiß über die an der sexuellen Norm orientierten Wandmalereien weit hinaus.

Die römische Konzeption der Ehe, in der eine eher nüchterne und phantasielose „Reproduktions-Heterosexualität" vorherrschte, und das Ideal der Keuschheit der Ehefrau begünstigten die Prostitution, weil darauf geachtet wurde, daß „ehrbare" Mädchen und Frauen keinen vor- beziehungsweise außerehelichen Verkehr hatten. Die einseitige Freiheit des Mannes, in der Jugend Erfahrungen zu machen und generell seine Bedürfnisse zu befriedigen, konnte sich so nur bei Prostituierten entfalten. Ihr Gebrauch stellte daher in vorchristlicher Zeit nie ein moralisches Problem dar. Die Prostitution war für die Wahrung der sozialen Stabilität und des Rollengefüges im Haus und in der Gesellschaft unentbehrlich. Zudem galten körperliche Bedürfnisse in der Antike generell als natürlich; sie wurden nur dann problematisch, wenn ihre Befriedigung die oberschichtspezifischen und androzentrischen Verhaltensideale bedrohte. Alle Mahnungen im philosophischen Diskurs zielten daher auf vernünftigen Lustgebrauch, also die Selbsterziehung des Mannes auch in sexueller Hinsicht; die Prostituierte als Subjekt geriet gar nicht in den Blick. Auch rechtlich unterlag das Sexgewerbe in Rom kaum Einschränkungen, zugleich waren alle, die auf diese Weise ihre Existenz sicherten, sozial verachtet – was nicht verhinderte, daß der Staat seit Kaiser Caligula eine ertragreiche Einkommenssteuer auf die Prostitution erhob. Sie wurde im Oströmischen Reich erst 498 n. Chr. abgeschafft.

Stumpps Studie beeindruckt durch ihren Materialreichtum und ist getragen von einem kaum jemals naiven, zugleich distanzierten *common sense*. Die Schlüssellochperspektive vergangener „Sittengeschichten" ist ebenso fern wie der antimaskuline Furor einer feministischen Geschichtsschreibung oder die ahumane Kälte der modischen Analyse von Diskursen und Praktiken. Leider hat die Autorin es versäumt, aus ihrer Dissertation durch Raffung im Text und Konzentration auf das Wesentliche im Anmerkungsapparat ein Buch zu machen. Es zeugt vor allem von einem bedauerlich antiquierten Verständnis von „Wissenschaftlichkeit", daß die zahlreichen und teilweise langen lateinischen und griechischen Quellenzitate meist ohne Übersetzung oder Paraphrase abgedruckt werden.

10. Auf der Suche nach den Griechen

Die Klassiker erkunden mit Karl Christ

Nicht viele äußerten sich später so selbstkritisch gegen alters- und zeitbedingte Überspanntheiten wie Hermann Strasburger im Rückblick auf eine frühe Studie aus dem Jahre 1934: „Jugendliche Heldenverehrung, die gerade auch Alexander dem Großen gegolten hatte und mich im Jahre 1926 den Entschluß zum Studium der Alten Geschichte fassen ließ, hat in der Gesamtbeurteilung (. . .) Spuren gedanklicher Unreife hinterlassen." Nach 1945 erkannte er die Energie und die Entschlossenheit des Makedonenkönigs auf seinem Welteroberungszug weiterhin an, betonte nun freilich auch die Kosten. Am Beispiel des opferreichen Gewaltmarsches durch die Gedrosische Wüste rückte er das Leiden und Leid derjenigen ins Bewußtsein, die – wie Strasburger selbst in der NS-Zeit – „bei den Spänen waren, als ‚Männer, die Geschichte machen', hobelten". Insgesamt aber waren es nahe liegender Weise nicht Brechts „Fragen eines lesenden Arbeiters", die von den maßgeblichen Althistorikern an die Geschichte der Griechen im Altertum gerichtet wurden.

Nach der Lektüre von Karl Christs unter dem schlichten Titel „Hellas" publizierten Cicerone durch die großen Gesamtdarstellungen und -deutungen aus der Feder deutschsprachiger Althistoriker auf dem Gebiet der griechischen Geschichte im neunzehnten und zwanzigsten Jahrhundert bleibt vor allem dies im Gedächtnis haften: Eindrucksvolle Gestalten waren sie, durch eine in ihrer Intensität wie ihrer Einseitigkeit heute kaum noch begreifbare Schulbildung gerüstet, an der Universität unbändig fleißig, asketisch, selbständig, intellektuell oft früh vollendet und dann von großen Lehrern eher inspiriert als geprägt, mit überwachen Sinnen den geistigen und politischen Bewegungen ihrer Zeit und zugleich passioniert ihrer wissenschaftlichen Sache zugewandt, einer Sache, die sie durch intimste Kenntnis der bekannten Zeugnisse, Erschließung neuer Quellenarten, starke Leitideen, Passion und Wesensschau zu bändigen suchten. Als Professoren wirkten sie unmittelbar durch eine auffallend häufig als faszinierend wahrgenommene Lehrtätigkeit und schrieben Bücher, die zugleich Spiegel ihrer Persönlichkeit waren und vielfach starke Beachtung beim gebildeten Publikum, vor allem aber in den gesellschaftlichen Eliten und bei den heute so genannten Multiplikatoren fanden.

Die Dominanz der deutschen Altertumswissenschaft im Konzert der internationalen Forschung über hundertfünfzig Jahre hinweg – Arnaldo Momigliano sprach 1967 gar von einer nunmehr erst beginnenden Entkolonialisierung der Disziplin – läßt sich zu einem guten Teil sozial- und bildungsgeschichtlich erklären, vor allem aus der „Verstaatlichung" der im ästhetischen Idealismus verwurzelten neuhumanistischen Idee sowie dem Zusammentreffen dieses Prozesses mit der disziplinären Ausdifferenzierung und Verwissenschaftlichung der Forschung an Universitäten und Akademien. Die stark auf das klassische Altertum fixierte Allgemeinbildung, der hohe soziale Status, die Autorität und die intellektuelle Freiheit des Professorenberufes, schließlich auch das hohe Wirkungspotenzial der rhetorisch häufig eindrucksvollen Gelehrten in einer noch ganz vom geschriebenen und gesprochenen Wort geprägten Gesellschaft, all diese Faktoren begünstigten die Entfaltung großer Begabungen. Unter dem Dach der Universität entwickelte sich ein stabiles und zugleich enorme Kräfte freisetzendes System, gespeist aus der geistigen Autonomie des einzelnen Gelehrten, der intensiven Kommunikation mit den Kollegen durch Lektüre, Korrespondenz und Rezensionen (zum Glück noch nicht so sehr durch Tagungen und gar Sonderforschungsbereiche), der Heranziehung von akademischen Schülern und der öffentlichen Aufmerksamkeit.

Zusammen mit dieser systemischen Kohärenz wirkte eine geistige. Über alle gesellschaftlichen Veränderungen und politischen Einschnitte hinweg waren es einige wenige grundsätzliche Perspektiven, Axiome und Kontroversen, die das Bild der griechischen Geschichte seit etwa 1850 und bis lange nach 1945 vor allem in den Gesamtdarstellungen prägten und die stets wertbetont behandelt wurden. Zu ihnen zählten das Verhältnis von Individuum und Gemeinschaft, die Idee des sittlichen Staates, der Einfluß des „Orients“ auf die Griechen, das angebliche Scheitern der Hellenen an der nationalen Einheit, die schöpferische Kraft des Geistes für die historische Entwicklung und die Frage nach ihrem Telos. Fachlich enger begrenzt, aber ebenso grundsätzlich waren etwa die Kontroversen um die Modernität der wirtschaftlichen Verhältnisse in Griechenland oder um den Zusammenhang zwischen „Stamm“, politischer Organisation und „Wesensart“. Sehr stark ausgeprägt war schließlich auch der Respekt vor originären Kulturleistungen und kraftvoller Machtentfaltung, der regelmäßig auch überzeugte Monarchisten zu Hymnen auf das demokratische Athen veranlaßte – solange diesem mit Perikles der unentbehrliche geniale Führer zur Verfügung stand.

Die heute unvorstellbare Nähe dieser Gelehrten zu den Griechen, in der lebendigen Anschauung wie in der verklärenden Abstraktion, war indes nicht politisch determiniert in dem Sinne, daß sie zu einer eindeutigen Position etwa gegenüber dem Nationalsozialismus geführt hätte. Darin lag die Verführbarkeit wie die fortdauernde, Identität stiftende Kraft dieser Nähe, die mitunter zur Verschmelzung von Person und Sache führen konnte. So vermochte – dies freilich ein Einzelfall – die Thermopylenschlacht noch Anfang 1945 als Sinngebung des längst Sinnlosen mobilisiert zu werden, so konnte aber auch der Althistoriker Alexander Schenk Graf von Stauffenberg, George-Jünger, Pindar-Übersetzer und Bruder des Hitler-Attentäters, im Frühjahr 1944 die Hoffnung erneut bei den Griechen suchen, als er in einem Vortrag in Athen sagte: „Wenn den Geist in den undeutbaren Schrecken einer Gegenwart das Schauern ankommt vor dem lichtlosen Dunkel, in das die Zukunft gehüllt ist, dann fühlt er sich bewogen, zurückblätternd in dem Buch der Geschichte nach einem festen Punkt zu suchen, um den er sich bewegen könne. Denn er will sich wieder aufrichten an einem großen Geschehen, in dem sich Sinn erfüllt hat und wo ihm der Standort angewiesen war, der ihm von Ursprungs und Rechts wegen zukommt in einer Welt der Geschichte, in der die feste Rangordnung der Dinge noch nicht in Auflösung geraten war." Vielleicht war es gerade das Potenzial der griechischen Geschichte, sie nebeneinander und in beinahe gleicher Intensität monumentalisch, antiquarisch und kritisch betrachten zu können, was lange Zeit ihre Vitalität, letztlich aber auch ihre politische und moralische Gefährdung ausgemacht hat.

Dies alles ist nun seinerseits Geschichte und als solche vom Vergessenwerden bedroht. Dem will „Hellas" entgegenwirken. Karl Christ hat ein bescheidenes, in seiner Zurückhaltung beinahe irritierendes Buch geschrieben. Der Marburger Emeritus will lediglich „an unsere Klassiker erinnern, Vergessene und Verdrängte wieder ins Licht führen, Zeitgemäßes und Unzeitgemäßes unterscheiden". Kurze Skizzen der allgemeinen Entwicklungstendenzen umrahmen die ausführlichen, von langen Zitaten geprägten Referate der Hauptwerke der einzelnen Forscher, die fast durchweg mit großem Respekt, vielfach auch mit warmer Zuneigung vorgestellt werden. Dies gilt für die „Großen" des Faches, die unzünftigen wie die zünftigen, also Jacob Burckhardt, Karl-Julius Beloch, Eduard Meyer und Helmut Berve, aber auch für weitgehend vergessene Gelehrte wie Adolf Holm, Robert von Pöhlmann oder Bernhard Knauss, der es wagte, in einem 1940 erschienenen Buch das Individuum mit seiner Freiheit und Menschenwürde als den Kern der griechischen Staatsidee aufzufassen.

Seinen Marburger Vorgänger Fritz Taeger nimmt Christ ausdrücklich gegen ideologiekritische Mißdeutungen seiner pathetischen Prosa und gegen „moralistische Besserwisserei" in Schutz. Auch wichtige Forscher aus anderen Ländern wie Gaetano de Sanctis und Michael Rostovtzeff werden ausführlich behandelt. Christ führt seinen Katalog von Autoren und Werken bis in die unmittelbare Gegenwart fort, kann dabei aber naturgemäß wenig mehr tun, als die vielfältige Überblicks- und Spezialliteratur zu rubrizieren.

Athen erfinden (Nicole Loraux)

Als man in den sechziger Jahren anthropologische Fragestellungen und strukturalistische Methoden in die Altertumswissenschaften einführte, war das Echo zunächst sehr verhalten. Zu assoziativ erschien es, räumliche Kategorien wie

Mitte, Grenze und Übergang auf das Soziale zu übertragen, zu diffus kam das „Imaginäre" daher, um sich neben bewährten Kategorien zu behaupten. Es waren Studien wie jene von Nicole Loraux, die einen neuen Zugang zu den Griechen öffneten. In „L'invention d'Athenes" (1981) entwickelte sie aus einer subtilen Lektüre der auf den ersten Blick so stereotypen öffentlichen Leichenreden für die Kriegsgefallenen in Athen das Selbstbild einer Bürgerschaft, die sich nicht nur in der täglichen politischen Praxis verwirklichte. Die immer wieder beschworene Imago der Polis bestand in der Transformierung der Macht, die sie ausübte, zu einem von allen anerkannten Rang im Namen ihrer eigenen Werte und ihrer durch nichts zu übertreffenden Ursprünge.

Dem Streben nach Einheit und Stabilität entsprachen die bewußt wahrgenommenen Brüche im eigenen Haus: In ihrem letzten Buch „La Cite divisée" (1997) führte Nicole Loraux vor, wie nach dem Bürgerkrieg von 403 vor Christus erst Amnestie und verordnetes Vergessen des Unrechts wieder ein Zusammenleben ermöglichten. Von prekärer Balance geprägt erschien in ihren Studien schließlich das Verhältnis von Männern und Frauen in der Familie und der Polis. Zwei ihrer Studien haben den Weg ins Deutsche gefunden, darunter „Die Trauer der Mütter. Weibliche Leidenschaft und die Gesetze der Politik" (1992).

In der französischen Tradition öffentlicher Wissenschaft übersetzte Nicole Loraux auch griechische Tragödien für Inszenierungen durch Bernard Sobel. Versuchen von ganz rechts, die Hellenen zu usurpieren, trat sie energisch entgegen. Ein Schlaganfall raubte ihr schon vor Jahren die Sprache, ließ aber ihre geistige Klarheit unberührt. Kurz vor ihrem sechzigsten Geburtstag ist Nicole Loraux, wie erst jetzt bekannt wurde, nun gestorben. (2003)

Die falschen Freunde muß man auch verstehen (Jean-Pierre Vernant)

Als sich 2014 der Geburtstag von Jean-Pierre Vernant zum hundertsten Mal jährte, fanden in Toulouse gleich zwei Kolloquien statt, die den Spuren des Gelehrten in der Religionsgeschichte beziehungsweise der Anthropologie und Ethnologie nachgingen. Der charismatische Vernant ist in Frankreich noch immer eine sehr gegenwärtige Gestalt; es gibt sogar eine linksintellektuelle Twitter-Gruppe seines Namens. Als Kommunist einst führendes Mitglied der Résistance, war sich der berühmte Professor am Collège de France bis ins hohe Alter – er starb 2007 – nicht zu schade, vor Schülern in den Pariser Vorstädten beeindruckende Vorträge über griechische Mythen zu halten.

Versuche, Vernant auch hierzulande einer breiteren Öffentlichkeit nahezubringen, gab es immer wieder, darunter seine intellektuelle Autobiographie „Zwischen Mythos und Politik". Vernant griff die in Frankreich seit Fustel de Coulanges traditionell starke Neigung, die antike Welt über die Religion zu erschließen und dabei rituellen Praktiken großes Gewicht beizulegen, produktiv auf, führte sie aber in eine bestimmte Richtung weiter: Ihm ging es zumal um die psychologischen Vorgänge im einzelnen Individuum, freilich stets zurückgebunden an soziale Zusammenhänge.

Griechische Vorstellungen über Raum und Zeit, Handlung und Arbeit, Willen und Erinnerung rekonstruierte er über eine das jeweilige Bedeutungsskelett freilegende, strukturalistische Interpretation der Mythen. Sie sollte ihm den Schlüssel bieten, um hinter der Vielfalt der Geschichten klare, ja geometrische Beziehungen zu erkennen – und damit die eigentümliche Rationalität der Hellenen. Ein oppositioneller Geist tat sich kund, wenn Vernant die griechische *mêtis*, die hinterhältige Klugheit, mindestens so interessant fand wie den Logos; seine Sympathien galten eher Hephaistos und Prometheus als Zeus und Achilles. Immer noch höchst lesenswert ist die Studie über Raum und politische Organisation im antiken Griechenland, in der die politische Neuorganisation Athens durch Kleisthenes mit Hilfe von Kategorien wie Zentrum, Symmetrie und Äquivalenz erklärt wird.

Zu seinen Paradeaufsätzen gehört die feine strukturale Analyse von Hesiods Mythos der fünf Weltalter, die mitnichten in einer beständig absteigenden Linie gereiht sind und in denen das Heroenzeitalter zwischen der bronzenen Epoche und der eisernen Gegenwart keine Anomalie darstellt. Man hat Vernants Denkstil bisweilen hermetisch und eher intuitiv als streng methodisch genannt, aber in diesem Stück wird der Mythos nach allen Kunstregeln seziert. Die „formale Analyse" ergänzt die Untersuchung des Inhalts und will sie nicht ersetzen.

Das abwertende Urteil über einen auf den ersten Blick inkohärenten antiken Text zu sprechen hielt Vernant für einen Akt der Bequemlichkeit: „Man bemüht sich um eine geduldige, immer wieder neu aufgenommene Lektüre, um die Berücksichtigung sämtlicher Details und zugleich um deren Einordnung in das Ganze." Verständnisschwierigkeiten „eher dem mangelnden Verständnis des Lesers als den Widersprüchen oder Nachlässigkeiten des Schöpfers" zuzuschreiben, diese Forderung an den philologischen Hermeneutiker könnten auch alte oder neue Antipoden der Pariser Schule unterschreiben.

Mit der idealistischen Tradition der Altertumswissenschaft teilte Vernant die Überzeugung, im Zweifelsfall sei das Denken wichtiger als die schiere Existenz. Deshalb verwendet er viel mehr Platz auf das Verstehen von Hesiods Bild des Heroenzeitalters als auf den tatsächlichen Heroenkult am Ende der Dunklen Jahrhunderte und betrachtet er die menschliche Arbeit unter dem Aspekt, wie sie Beziehungen zu den Göttern herstellt. Zugleich nimmt er die der Ethnologie entlehnte Warnung vor den Alten als falschen Freunden ernst, wenn er etwa zeigt, warum die Griechen Gedächtnis und Erinnern zur Göttin Mnemosyne erhoben: Deren Gegenstand war die schauende Wiedererinnerung an kosmologische und eschatologische Wahrheiten, nicht das Gekrümel individuell erfahrener, kontingenter Vergangenheiten und linearer menschlicher Zeit – den Abstand zwischen diesen ursprünglichen Formen des Gedächtnisses und dem heutigen Gedächtnis macht Vernant groß. Nicht zufällig ist der die Wirklichkeit als Schein negierende Platon immer wieder Fluchtpunkt seiner weitgespannten ideengeschichtlichen Bögen.

Das politisch-intellektuelle Erbe Vernants findet sich in einem feinen Essay über die Ursprünge der Philosophie wohl am klarsten ausgesprochen. Das Denken habe sich stets der Debatte zu stellen; es sei der *theoria* „aufgegeben, sich zu rechtfertigen; sie muß von dem, was sie behauptet, Rechenschaft geben, sich der Kritik und der Kontroverse ausliefern“. Genau an diesem Punkt gewinnt die hermeneutische Totalität des Philologen ihre republikanische Pointe: Es ist die „formale Strenge des Beweises, seine Identität mit sich in allen seinen Teilen, seine Kongruenz bis in seine feinsten Implikationen, die seinen Wahrheitswert herstellen“, nicht aber die scheinbare Übereinstimmung mit den natürlichen Gegebenheiten und sinnlichen Pseudoevidenzen.

Urtexte, orphisch (Martin L. West)

Martin Litchfield West hat wahrscheinlich nie einen Drittmittelantrag geschrieben und sicher nie vor einem Gremium die Exzellenz seiner Forschung als einer vernetzten dartun müssen. Den Balzan-Preis erhielt er als Einzelforscher, und 2002 zeichnete die Britische Akademie den Verfasser von mehr als zwanzig Büchern und zweihundert Aufsätzen als den „weltweit brillantesten und produktivsten Gräzisten seiner Generation“ mit der Kenyon-Medaille für Klassische Studien aus.

Das Studium der griechischen Dichtung von Homer bis Aischylos ist Wests Lebensaufgabe seit dem Studium in Oxford, wo er nach einer Lehrtätigkeit in London eine Forschungsfellowship innehatte. Mit pragmatischer Nüchternheit hat er es sich zunächst vorgenommen, das Trümmerfeld der Überlieferung aufzuräumen und unter Einbeziehung der zahlreichen Papyrusfunde Ausgaben zu schaffen, in denen der Text erklärt und seine Überlieferungsgeschichte transparent wird. So entstanden, begleitet von zahlreichen Einzelstudien, Standardeditionen zu den Werken Hesiods, den Iambographen, Elegikern und anonymen Dichtungen sowie der oft so rätselhaften orphischen Poesie. West hat dabei nie das Bedürfnis gehabt, namentlich bekannte Autoren wie Archilochos, Tyrtaios oder Solon zu großen Denkern oder gar Originalgenies zu verklären, doch an der neuerdings in seiner Disziplin beliebten sportlichen Übung, sie in einer Ursuppe mündlicher Überlieferung und diffuser Intertextualität aufzulösen, beteiligt er sich nicht. Seine Ausgabe der homerischen *Ilias* hat deshalb zu einer heftigen Kontroverse geführt, in der West darauf beharrte, daß antike

Autoren mit Hilfe der Schrift Texte verfaßt haben und der moderne Gelehrte mit den Grundtugenden der Philologie, Sprachkenntnis und Intuition, auch einen annähernd richtigen Text herstellen kann. Auch dem Tragiker Aischylos und den nur bruchstückhaft erhaltenen Epikern sind magistrale textkritische Ausgaben gewidmet.

Gegen eine Interpretation aus den sozialen Kontexten heraus zeigt sich West reserviert, wohl auch deshalb, weil diese nicht präzise genug bekannt sind und ein außertextliches Moment dort einführen, wo es doch zunächst darum geht, die formalen Bedingungen zu klären. Dieses Ziel verfolgen grundlegende Studien zur griechischen Verskunst und zur Musik. Doch die historische Urfrage, was vor dem, was vorliegt, gewesen ist, hat West auf seine Weise ebenfalls angenommen. Bereits in der Hesiod-Ausgabe firmiert Griechenland als ein Teil Asiens und griechische Literatur als eine Literatur des Vorderen Orients. Diese These untermauerte West in einer 1971 erschienenen Studie über orientalische Einflüsse auf die frühe griechische Philosophie sowie in einem vor zehn Jahren vorgelegten Inventar nahöstlicher Motive und Muster in der frühen griechischen Literatur. Jüngst erschien ein weiteres umfangreiches Buch, dessen eigentlich unauffälliger Titel in seinem Attribut doch eine kleine Provokation birgt: „Indo-European Poetry and Myth".

West verbindet mit diesem Interesse keine politische Agenda. Vielmehr dürfte eine Welt, in der polyglotte Migranten zwischen Indien, Syrien, Zypern, Kreta, Sizilien und Griechenland nicht allein Waren tauschten, sondern auch Geschichten, aus denen sich dann in jeder Sprache Verse machen ließen, auch ihn bezaubert haben – zumal dann, wenn es mit dieser Einsicht möglich ist, die oft so sperrigen Stücke „seiner" Hellenen besser zu verstehen. (2007)

Die Großen und die Genossen der Polis (Karl-Wilhelm Welwei)

Allgemein wider die Fiktion der historischen Notwendigkeit zu streiten ist eine Sache – der vermeintlich todkranken Römischen Republik im Zeitalter der „kolossalen Individualitäten" eine Überlebenschance zuzubilligen eine ganz andere. Karl-Wilhelm Welwei hat das gleichwohl getan, gegen die herrschende Lehre, und die „sogenannten Großen der Geschichte" als Verantwortliche benannt. Ob sich diese Sicht durchsetzen wird, bleibt abzuwarten; auf anderen Feldern hat der Bochumer Gelehrte längst mitdefiniert, was Stand der Diskussion ist.

Ein Großer der Althistorie wurde der in Witten geborene Welwei erst vergleichsweise spät. Die akademische Laufbahn schlug er aus dem Höheren Schuldienst heraus ein. Die Universität Bochum, wo er seit fast vierzig Jahren wirkt, verdankt ihm weit mehr, als sie ihm an äußerer Anerkennung zubilligen konnte oder wollte. Seine Schüler rühmen den Lehrer: Immer von den Quellen ausgehend, öffnete er weite Horizonte; die Vorlesungen behandelten alle Epochen des Altertums. Aber Welwei war nie Quellenpositivist und Faktenhuber, sondern hat stets über die formierenden Begriffe und Konzepte nachgedacht. Früh erkannte er die genossenschaftlichen und zugleich auf Willensakten beruhenden Grundstrukturen der Gesellschaft im frühen Griechenland. Was den Bürgerstaaten der Hellenen in all ihrer Verschiedenheit gemeinsam war, ist in „Die griechische Polis" (1983, überarb. 1998) nachzulesen.

Die Prozesse der politischen Selbstorganisation und Institutionalisierung hat Welwei freilich nie isoliert betrachtet, und so bildet der Faktor Macht den zweiten Brennpunkt seines historischen Blicks. Nicht zufällig gelten Athen und Sparta, den beiden klassischen Machtstaaten der griechischen Welt, drei große Monographien (zu einer davon s. o. S. 81-83). Sie sind in einer durchaus diskursiven Manier geschrieben, das Strittige hat Welwei zuvor jedoch in minutiösen Quellenstudien und Einzeluntersuchungen für sich geklärt. In der Darstellung gewinnt das Vorgetragene dann mit Adverbien wie „schwerlich" oder „gewiß" auktoriale Evidenz. Probleme tentativ zu umkreisen ist seine Sache nicht, und man kann Welweis Arbeiten nach Denkstil und Duktus auch als Alternative zu Christian Meier, dem ungleich Berühmteren, lesen. (2010)

Viermal für Thukydides (Jacqueline de Romilly)

Als Jacqueline de Romilly in die Académie française aufgenommen wurde, war sie – nach der damals bereits verstorbenen Marguerite Yourcenar – erst die zweite Frau im Kreis der vierzig Unsterblichen. Die Ehrung galt einer Gelehrten, die dem Feminismus hätte Vorbild sein können, wenn sie sich selbst so gesehen hätte. Doch, so bekannte sie einmal, eine Frau zu sein habe sie in ihrer Laufbahn nie behindert. Geboren ein Jahr vor Ausbruch des Ersten Weltkriegs, der ihr den Vater, den Philosophieprofessor Maxime David, rauben sollte, fand sie durch einen Lektürekairos ihren Weg. Die Mutter schenkte ihr eine zweisprachige Ausgabe des Thukydides als Ferienlektüre, und dieser Geschichtsschreiber, der am Beispiel des Peloponnesischen Krieges zeigte, wie intellektuelle Analyse und Sinn für das Tragische zusammengehen können, wurde zum Lebensthema.

Die durch kriegsbedingte Verzögerungen erst 1947 publizierte Dissertation untersuchte die Sicht dieses Geschichtsschreibers auf den athenischen Imperialismus; später übersetzte sie das Gesamtwerk für die renommierte Collection Bude und schrieb drei weitere Bücher über ihren Leitautor. Einer Professur in Lille folgte die Berufung an die Sorbonne, ehe die Sechzigjährige als erste Frau überhaupt einen Lehrstuhl am College de France erhielt.

Vielfach geehrt blieb Madame de Romilly bis ins hohe Alter literarisch produktiv, in ihrem Fach, aber auch als öffentliche Intellektuelle. Gegen das Schwinden des Reichtums der französischen Sprache setzte sie Wortgeschichten, gegen den Verfall des Bildungswesens und der Alten Sprachen veröffentlichte sie Streitschriften und Artikel, darunter „Contre la mort programmée des études classiques", dieses Büchlein zusammen mit Jean-Pierre Vernant (s. o. S. 113-115). Mit dem von Vernant vertretenen Bild der alten Griechen konnte sie allerdings nicht viel anfangen. In Hellas suchte sie nämlich nicht die prärationalen Wurzeln und das Fremdartige, das ihre durch Anthropologie, Religionswissenschaft und Nietzsche geschulten Kollegen an den Griechen so faszinierte. Ihre Aufmerksamkeit galt vielmehr dem, was auch später Bestand hatte, heute jedoch als Inhalt eines klassischen Langzeitgedächtnisses gegen das Diktat der Effizienz verteidigt werden muß. In den Sophisten sah sie in diesem Sinne Pioniere rationaler Argumentation, zu den Leistungen der Griechen zählte sie die Entdeckung der Freiheit.

Ihre mehr als vierzig Bücher handelten vom demokratischen Elan der Athener und – am Beispiel des Alkibiades – von den Gefahren des politischen Ehrgeizes, von den großen Tragikern und von den Anstrengungen der Griechen, die Gewalt einzuhegen, aber auch von ihr selbst und ihrer geliebten Montagne Sainte-Victoire. (2010)

Der Kenner der Rituale (Walter Burkert)

Wenn das Beil in den Nacken des festlich geschmückten Opferrindes fuhr, das Blut hoch emporspritzte und der Todesschrei des in die Knie brechenden Tieres vom Aufjauchzen der versammelten Kultgemeinde übertönt wurde, wenn anschließend Fett und Eingeweide als Gabe für die Götter verbrannt, das Fleisch aber gemeinschaftlich verzehrt wurde, dann war dies ein in der Antike tatsächlich unzählige Male ausgeübtes Ritual, das nicht recht zur gedämpften, marmorweißen „edlen Einfalt und stillen Größe" der Winckelmann'schen Hellenen passen will.

Der aus dem Fränkischen stammende Gräzist Walter Burkert hat den Blick auf diesen Teil antiken Lebens gerichtet, freilich nicht in dialektisch-apologetischer oder verfremdender Absicht. Vielmehr hat er in der Tradition der „Cambridge ritualists" und deutschsprachigen Bahnbrecher einer anthropologisch orientierten Religionswissenschaft, doch zugleich weit über diese hinausführend, das Opferritual zum Kern ursprünglicher religiöser Praxis gemacht und zugleich entharmlost. Denn nicht aus den Nöten des Ackerbauern, als Beschwören von Natur und Fruchtbarkeit, damit letztlich als Ausfluß magischen Denkens sei es zu verstehen. Vielmehr wurzele das Tötungsritual in altsteinzeitlichen Jägerkulturen. Hinter dem blutigen Opfer nicht nur der antiken Griechen steckten, so die These der bahnbrechenden Studie „Homo necans“ (1972), die Ängste und Schuldgefühle von Jägern, die gemeinschaftlich töten und das Tier essen mußten, um leben zu können, denen aber doch davor graute, weswegen die Griechen später die nicht eßbaren Teile den Göttern opferten und die Knochen in den Lebenskreislauf zurückgaben. Diese Religion war keine unaufgeklärte Spekulation über vermeintliche Wirkungszusammenhänge, sondern ein notwendiges Tun. Die Leistung jeder Kultur ist in der Einhegung von Gewalt und Schuld zu sehen.

Der seit 1969 in Zürich wirkende Burkert war in seinen disziplinübergreifenden Studien ein veritabler Ein-Mann-Sonderforschungsbereich. Er hinterläßt neben zahlreichen Monographien, darunter eine gewiß noch lange maßgebliche Geschichte der griechischen Religion, volle acht Bände gesammelter Aufsätze. Vom „Homo necans“ spannte er zwei große Bögen: Da blutige Opfer in beinahe allen antiken Kulturen zu Hause waren, lag es nahe, auch deren Wechselwirkungen nachzugehen. Ohne plakative Engführungen wies der polyglotte, auch für die Bilderwelten der Artefakte sensible Gelehrte immer wieder auf die von den Griechen aufgenommenen Anregungen aus dem Orient hin. Und zuletzt unternahm er das Wagnis, dem Tierischen im Menschen, genauer: den biologischen Grundlagen von Religion nachzuspüren, obwohl Konrad Lorenz und die Naturalisierung von Kultur mittlerweile politisch ziemlich unkorrekt sind.

Es sei, so bemerkte ein Rezensent einmal, ein guter Morgen, wenn man ein neues Buch von Walter Burkert in die Hand nehmen könne; selbst seine Irrtümer seien höchst anregend. Wer der hochgewachsenen Gestalt begegnete, den temperamentvollen Vorträgen und Debattenbeiträgen lauschte, spürte eine denkbar unradikal auftretende intellektuelle Radikalität. Burkerts stupende Gelehrsamkeit und sein Beharren auf philogisch präzise Methode schützten seine Thesen freilich vor jener Krawallaufmerksamkeit, die Schlagwörter wie Religion, Gewalt, Orient und Biologie heutzutage sonst gern auslösen. Dem frei flottierenden Konstruktivismus hielt er einmal entgegen, in der Wissenschaft gehe es nicht um ein Erfinden, sondern um ein Finden. Trotz oder wegen dieser Erdung war er für fast ein halbes Jahrhundert der Gräzist mit der wohl am weitesten über die Grenzen seines Faches hinaus reichenden Wirkung. (2015)

In Attika ganz bei sich (Hans-Joachim Gehrke)

Was nach einer langen Regentschaft an der Spitze des Deutschen Archäologischen Instituts (DAI) aussah, wurde am Ende eine der kürzesten. Zum Nachfolger von Hermann Parzinger, der Präsident der Stiftung Preußischer Kulturbesitz wird, hat die Generalversammlung den Freiburger Althistoriker Hans-Joachim Gehrke gewählt. Auf den Vor- und Frühgeschichtler folgt damit ein höchst renommierter Vertreter einer Disziplin, die sich in jüngster Zeit der Archäologie stärker geöffnet hat, ohne jedoch den Köhlerglauben mancher Ausgräber zu teilen, der Spaten allein fördere eine höhere Wahrheit zutage als das Studium der alten Texte.

Synthesetalent und die Lust an der klärenden Abstraktion teilt Gehrke, Jahrgang 1945, mit Alfred Heuß (s. u. S. 222-224), dessen letzter Schüler er in Göttingen war. Grundlegende Studien zu Rache und Bürgerkrieg bei den Griechen sowie zum charismatischen König und den kulturellen Wandlungen im Hellenismus verraten die hohe Schule. Doch anders als der Lehrer hat Gehrke frühzeitig die Autopsie der antiken Stätten gesucht. Das Land der Hellenen ist ihm zweite Heimat geworden, nicht allein das antike, sondern auch die Sonne, die Menschen, die Sprache, die Küche und die dionysischen Gaben des heutigen Griechenland. Gehrke hat in seinen Arbeiten zur Historischen Landeskunde Geschichte und Archäologie zusammengeführt; die Inschriften sind ihm ebenso vertraut wie die Reiseberichte des achtzehnten und neunzehnten Jahrhunderts. Vielen Jahrgängen von altertumswissenschaftlichem Nachwuchs eröffneten die von ihm maßgeblich geprägten Attika-Kurse einen ganzheitlichen Zugang zum antiken Hellas.

Die Geschichte, so eröffnet Gehrke seine „Kleine Geschichte der Antike“ (s. o. S. 14-15), beginne mit Gewalt, genauer, mit der Organisation von Gewalt. Er selbst hat sich nie gescheut, Führungsaufgaben anzunehmen, in Stiftungen, Beiräten und Berufungskommissionen, im Freiburger Sonderforschungsbereich oder bei der Deutschen Forschungsgemeinschaft. Wie er daneben noch so substantiell publizieren konnte und kann, ist beinahe rätselhaft. Dem wohl einflußreichsten Althistoriker seiner Generation wird ein gewisses Machtbewußtsein nachgesagt, ohne das aber in der auch die Geisteswissenschaften heute prägenden Gemengelage aus wissenschaftlichen Individualitäten, bürokratischen Regulierungen und organisierter Forschung nichts auszurichten ist.

In seinem letzten Leinwandauftritt rät ein anderer starker Mann, James T. Kirk, seinem Nachfolger, sich den Stuhl des Captains der „Enterprise“ nicht durch Beförderung oder Pensionierung nehmen zu lassen: Solange er auf diesem Stuhl sitze, könne er etwas bewegen. Wer Hans-Joachim Gehrke kennt, der weiß, daß er noch sehr viel bewegen wird. (2007)

11. Hellenische Charakterköpfe

Historiographische Doppelherme: Herodot und Thukydides

Der Jüngere der beiden arbeitete sich am Älteren ab. Beide tummelten sich auf dem selben Feld, der literarischen Vergegenwärtigung eines Krieges, gegen selektives Erinnern, parteiische Urteile und schlichtes Vergessen. Um sich abzugrenzen, warf jener dem Rivalen vor, sich mit hübschen Geschichten zum einmaligen Hören zu begnügen und Unverbürgtes ungeprüft weiterzuerzählen. Beide traten zugleich mit dem noch viel früheren Dichter eines zehn Jahre währenden Krieges in Wettbewerb, dessen Epos berühmter war, als jedes Geschichtsbuch in Prosa es je werden konnte. Beide grenzten sich von diesem uneinholbaren Archegeten ab: Über so alte Zeiten gebe es keine sichere Kunde, so der eine; Dichter pflegten mit Worten zu überhöhen, ohne begreifen zu wollen, so der andere.

Was aufgeschriebene Geschichte jenseits von Siegeschroniken und poetischer Überhöhung zu leisten vermag, haben Herodot und Thukydides mit ihren Darstellungen der Perserkriege beziehungsweise des Peloponnesischen Krieges innerhalb einer Generation aufgewiesen. Herodot aus dem kleinasiatischen Halikarnassos begann seine Arbeit Mitte des fünften Jahrhunderts, als die Erlebnisgeneration von Marathon und Salamis ins Alter kam, das Bild der Ereignisse zudem zunehmend durch Partikularismus und neue Konflikte zerrissen und begraben wurde. Herodot ordnete das Geschehen weniger Jahre zeitlich und räumlich in einen denkbar weiten Horizont ein. Zugleich ließ er die jeweils besonderen Erinnerungen der beteiligten Kollektive, aus deren Erzählungen sich sein Werk speiste, immer wieder zu Wort kommen. Ein genialer Zug, konnten sich die Hörer des fertigen Werkes doch in diesem wiederfinden – und zugleich erkennen, daß ihre kleinen Geschichten Teile eines großen Sinnzusammenhangs waren.

Der Athener Thukydides begründete dagegen den bis heute geübten Gestus des Historikers als des Herren über die Geschichte, beginnend damit, daß er seinen Gegenstand konstruierte: Niemand sonst nahm die Jahre von 431 bis 404 als Einheit wahr, hatte es doch davor schon Kriege mit den gleichen Akteuren gegeben und sollten diese auch danach weitergehen. Thukydides skizziert eine besondere Methode und begründet damit den Anspruch, über die Ereignisse wahrer und nützlicher sprechen zu können als alle anderen. Da er als Zeitgenosse und Mitakteur schrieb, fiel ihm eine exakte Rekonstruktion auch leichter. Doch stets spricht allein der Autor; die Tür zur Werkstatt bleibt verschlossen. Mit Entsagung und Disziplin ist das Werk entstanden; seine Lektüre, so die Botschaft des Atheners, erfordert die gleichen Tugenden.

Aus verschiedenen Gründen dürften heutzutage nur noch wenige Interessierte Herodot und Thukydides unmittelbar und von Deckel zu Deckel lesen (obwohl beide 2017 in neuen Übertragungen zu entdecken wären: Herodot im Kröner-Verlag, Thukydides in der Tusculum-Reihe bei DeGruyter). Um einen Weg zu ihren Werken zu öffnen, legt Wolfgang Will eine vortreffliche Einführung vor. Übersichtlich werden jeweils Stoff, Werk, Lebenslauf und der programmatische erste Satz vorgestellt; weitere Kapitel behandeln Methode, Sprache und Darstellungsmittel sowie die wichtigsten inhaltlichen Aspekte der Darstellung. Will schreibt als Historiker und rückt daher Gesellschaft, Verfassung und den Krieg ins Zentrum, doch auch dem Bild der Geschichtsschreiber von der Stellung des Menschen in der Welt und zu den Göttern gilt ein lesenswertes Kapitel. Als Höhepunkte analysiert Will exemplarisch den Kronrat, in dem Herodot die Perser windungsreich den Entschluß zur Invasion von Griechenland fassen läßt, sowie – natürlich – den Melierdialog des Thukydides.

Systematisch und kontrastiv zu berichten, wie es hier geschieht, mag auf den ersten Blick schulmäßig und etwas dröge wirken. Aber Will gewinnt seiner auf Übersichtlichkeit zielenden Disposition auch erhellende Einsichten ab, wenn er etwa das Lachen bei Herodot auf fünf Seiten vorstellt, um dann lapidar festzustellen, bei Thukydides werde nicht gelacht. Auch läßt dieser etwa vierhundert Männer namentlich auftreten, „aber keine in irgendeiner Weise tätige Frau". Demgegenüber handeln in Herodots Werk über zweihundert Frauen, und noch mehr werden erwähnt. Hier und da gibt es freilich auch eine Stabübergabe: Herodot führt den „Abgesang auf den Augenzeugen" vor – bissig kommentiert von Will: Das erste Auftreten des Augenzeugen in der abendländischen Geschichte hätte auch sein letztes sein müssen! Thukydides zog dann die methodische und historiographische Konsequenz aus dem Debakel.

Routiniertes Dozieren ist Wills Sache nicht. Er vermittelt die Ergebnisse der mittlerweile unübersehbaren Forschung, bewahrt sich aber einen immer eigenen Blick auf die alten Texte. Auf diese Weise gelingen ihm wiederholt kluge Beobachtungen, mit einer gewissen Neigung, Paradoxien aufzuzeigen. So konzipierte und deutete Thukydides den Peloponnesischen Krieg von Perikles her, der schon im dritten Kriegsjahr von siebenundzwanzig starb, und spielen Helden in seinem Werk eine wichtigere, nämlich analytische Rolle, während sie bei Herodot die Darstellung individualisieren und die Spannung erhöhen.

Wills Favorit ist wohl eher Thukydides, dem er zuvor schon eine umfangreiche Monographie gewidmet hatte und dessen auf knapp fünf Seiten verdichtete innere Biographie gegen Ende des Buches eine Perle ist. Denn auch dieser so distanziert erscheinende, intellektuelle Geschichtsschreiber stellt sich, dies die Pointe, in enge Verbindung zu seinen Lesern, indem er vorlebt, was er diesen anbietet: aus den geschilderten Leistungen und Leiden zu lernen, auch wenn dies Opfer verlangt. Ein erwachsenes Buch für erwachsene Leser.

Zu wenig gewundert: Perikles

Kann Perikles „aktuell“ sein? Die beiden zuletzt publizierten Biographien des athenischen Aristokraten, Strategen und Volksführers haben jedenfalls auf sehr verschiedene Weise versucht, den Mann, nach dem bisweilen immer noch ein Teil des fünften vorchristlichen Jahrhunderts benannt wird, zu einer exemplarischen Gestalt zu machen. Während Donald Kagan 1991 mit dröhnender Rhetorik den demokratischen Führer der Antike zum Vorbild für die der Führung bedürfenden neuen Demokratien Osteuropas erklärte, verband Wolfgang Will vier Jahre später Quellen- und Ideologiekritik zum Bild eines radikal entzauberten Perikles. Der Zeitgenosse Thukydides habe den zu Beginn des Peloponnesischen Krieges Verstorbenen zum Protagonisten einer nicht verwirklichten, besseren Geschichte gemacht, während Plutarch in ihm sehr viel später eine ideale Projektionsfläche für seinen eigenen aristokratischen Kulturpatriotismus gefunden habe. Von der historischen Figur blieb so wenig mehr als der für einige Jahre erfolgreiche Stratege und einflußreiche Demagoge, der einer imperialen Demokratie Arm und Stimme lieh.

Solche Indienstnahmen findet Gustav Adolf Lehmann wahrscheinlich schlicht unseriös. Kagan erwähnt er gar nicht, Will gelegentlich, fast immer sehr kritisch. Für die eigene Rekonstruktion folgt der Gelehrte meist Thukydides, unterfüttert mit zahlreichen Notizen aus meist nur fragmentarisch überlieferten zeitgenössischen Komödien, Geschichtswerken und einer früh entstehenden biographischen Tradition. Sein Perikles ist weder Übermensch noch Quasi-Monarch, sondern ein „erster Mann“, der es für eine gewisse Zeit verstand, gestützt auf die immer wieder gewonnene Zustimmung des Volkes, die Politik Athens „ebenso maßvoll wie kohärent und insgesamt mit beachtlichem Erfolg“ zu führen.

Gleichwohl entgeht auch Lehmann nicht dem bekannten Problem der Biographie, die Hauptgestalt wichtiger zu nehmen, als es aufgrund der spärlichen und unzuverlässigen Quellen gerade für die Zeit bis zur Jahrhundertmitte zu belegen ist. So macht er wie andere vor ihm aus der Not eine Tugend und erzählt die Geschichte Athens seit der Neugestaltung der politischen Ordnung im ausgehenden sechsten Jahrhundert und den Kämpfen gegen das Perserreich. In diesen Passagen ist der um 494 vor Christus geborene Perikles ein durch die aufregende Geschichte geschultes Kind, zugehörig der Erlebnisgeneration Perserkriege, die gelernt habe, den eigenen Kräften und dem kühnsten Plan zu vertrauen sowie den „heraufziehenden athenisch-spartanischen Dualismus ernsthaft ins Auge zu fassen“. Sicher zu Recht figurieren Marathon und Salamis als das entscheidende Moment für die imperiale und demokratische Beschleunigung der folgenden Jahrzehnte, die vom Ausbau des Attischen Seebundes sowie der bürgerstaatlichen Institutionen und Regierungspraxis geprägt waren.

Offene Fragen, Ambivalenzen und Widersprüche werden dem Leser nur selten zugemutet. Lehmann weiß beneidenswert viel und teilt dies dem Leser auch mit, vergißt darüber aber manchmal, sich zu wundern und ganz elementar zu fragen. Es irritiert ihn zum Beispiel nicht, wenn just in der Perserkriegszeit die athenischen Adligen von der ionischen Gewandtracht Abschied nehmen und sich der schlichteren dorischen Kleidung zuwenden, während Athen gleichzeitig seine Rolle als Führerin der Ionier entdeckt und die Distanz zum „dorischen" Sparta wächst. Hat sich die Aristokratie damit nur ins Glied der „kriegerisch hochmotivierten Schicksalsgemeinschaft" Athen eingeordnet?

Überhaupt: die Sprache. Wo, außer in Büchern mancher Historiker, findet man heutzutage noch eine „rangierte Seeschlacht", „erbittertes Ringen", „opferbereiten Einsatz" oder eine „Tagsatzung"? Auch gibt es hier noch eine Opposition und Parteienkämpfe, obwohl man sich die Politik in Athen ganz anders vorstellen muß. Einblicke in die vielgestaltige Kommunikation zwischen Elite und Volk, wie sie die neuere Forschung geöffnet hat, sind nur hier und da in den Bericht eingeflossen, und anstatt die sich selbst hervorbringende und stabilisierende Praxis der Selbstregierung des Demos in den Blick zu nehmen, schreibt der Autor Ephialtes, von dem wir fast nichts wissen, die „Politik einer konsequent fortschreitenden Demokratisierung der athenischen Verfassungsordnung" zu.

Auch weiß Lehmann von der ersten Ehe des Perikles zu berichten, daß sie trotz zweier Söhne nicht glücklich war. Erklärungen folgen auch sonst oft weder konsequent dem antiken Horizont noch modernen Fragestellungen, sondern einst zunftüblichen Rastern; so sollte durch das eigenartige Bürgerrechtsgesetz in der Jahrhundertmitte „mit bemerkenswerter staatsmännischer Weitsicht der Gefahr der Vermassung des geformten Staatsvolkes begegnet werden".

Lehmann folgt Thukydides auch darin, zwischen einem machtpolitisch gemäßigten Perikles und seinen hemmungslosen Nachfolgern Kleon und Alkibiades strikt zu trennen, doch habe bereits Perikles Horizonte geöffnet, die weitere imperiale Begehrlichkeiten wecken konnten. Das trifft gewiß zu. Aber die Personalisierung verdeckt zugleich, welche strukturellen Dynamiken die zwischen- und innerstaatlichen Beziehungen der Hellenen immer wieder in heftigste Konflikte führten. Die Fragen und Beobachtungen Jacob Burckhardts und Christian Meiers haben Lehmann jedoch offenbar weit weniger angesprochen als die pragmatischen Gewissheiten eines Eduard Meyer.

Diesem sorgfältig erarbeiteten Buch entsteigt mit Absicht kein aktueller Perikles. Auch als zuvor bemühtes Exempel für „nation building" oder falsche Helden blieb seine Strahlkraft begrenzt. Mit Geschichte, einer so alten zumal, im monumentalischen Modus zu leben funktioniert vielleicht am besten individuell, etwa so wie bei Boris Johnson, der als Bürgermeister London zu einem neuen Athen zu erheben hoffte. Eine Periklesbüste im Arbeitszimmer verkündete seine Agenda: die Verbindung von Stil und freiem Geist, Offenheit nach außen aus Selbstbewußtsein zu Hause und die Einsicht, daß Größe nicht allein aus Effizienz erwächst.

Mit imperialem Wissen gedeutet: Alexander der Große

Den Pappschuber der ersten Ausgabe dieses Buches zierte das Plakat zu Oliver Stones Alexander-Film, der 2004 ins Kino kam: Colin Farrell frontal mit entschlossener Miene, hinter sich einen Wald aus den gefürchteten Langspießen der makedonischen Infanterie, das Ganze im fahlen weiß-bräunlichen Farbton eines attischen Grabgefäßes, dies vielleicht ein subversiver Hinweis auf die Endlichkeit auch noch des größten Lebens – in der Sicht der Antike eine ertragbare Endlichkeit, wenn nur die Kunde vom Geleisteten nie aufhörte. Wissenschaftliche Historie, Literatur und Film sind gleichermaßen legitime Weisen, die Vergangenheit zum Sprechen zu bringen und sie so zu unserer Geschichte zu machen, und Robin Lane Fox ist ein Grenzgänger zwischen allen dreien.

Der Gelehrte diente Stones Filmteam nicht als das allzu oft sehr knappe Feigenblatt des gelegentlich konsultierten „Beraters“, sondern er war monatelang am Set und spielt – passionierter Reiter, der er ist – sogar eine kleine Rolle als Kavallerieoffizier. Doch streift man den Schuber des vorliegenden Bandes ab, erscheint auf dem Deckel ein Ausschnitt aus dem bekannten Schlachtmosaik aus Pompeji, wie es manche wissenschaftliche Alexanderbiographie ziert.

Diese hier gehört zu den besten. Denn der Film ist keineswegs die erste Begegnung von Lane Fox mit dem Makedonenkönig. Mit siebenundzwanzig Jahren – Alexander gründete in diesem Alter am Jaxartes gerade die östlichste der Städte, die seinen Namen trugen, und hatte nur noch sechs Jahre zu leben – legte der Oxford-Absolvent 1973 diese Biographie vor, die ein Jahr später auch eine deutsche Ausgabe erlebte. Da die Übersetzung zahlreiche Mängel aufwies, ist die Neuausgabe nun gründlich revidiert und enthält neben einem lesenswerten Nachwort von Wolfgang Will zu antiken und modernen Alexanderbildern auch ein ausführliches neues Vorwort des Autors.

Lane Fox hat seine Biographie vor allem dadurch zu einem kongenialen Buch gestalten können, weil er richtig gesehen hat, daß der Historiker bisweilen die Welle reiten und nicht brechen muß. Die Welle, das ist in diesem Fall Alexanders Selbststilisierung zur Reinkarnation eines homerischen Helden. Mythische Heroen hatten bei jeder Gelegenheit ihre Bestheit zu erweisen, auszutesten und an stets größeren Herausforderungen zu messen, und gerade der nüchternste und verläßlichste der erhaltenen antiken Alexanderhistoriker, Arrian, verweist regelmäßig auf dieses habituelle Verlangen des Erben von Achilles. Bei einem Akteur, der sich im Mythos wähnte, konnte dann aber selbst die Wirklichkeit nicht anders als „bigger than life“ sein: die Abstammung göttlich, die Taten singulär, die Aussprüche zum Behalten, die gesehenen Länder und Völker unermeßlich und märchenhaft. Die Kunde von Alexander enthielt somit bereits im Moment des Entstehens ihre eigentümliche Farbe, und es kann so auch nur im Einzelfall und versuchsweise gelingen, in der Überlieferung das bare Faktum von der Überhöhung zu trennen.

Dies gehört zum kritischen Routinegeschäft des Historikers. Sonderlich befriedigend fallen solche rationalisierenden Dekonstruktionen indes meistens nicht aus, weil sie trennen, was zusammengehört. Lane Fox hat das intuitiv erkannt und entfaltet seine Gelehrsamkeit fast ausschließlich in dem überreichen, freilich von Fehlern und Idiosynkrasien nicht freien Anmerkungsapparat am Ende. Der Lesetext aber bietet den ungeteilten Alexander, dessen Mythos einen wesentlichen Teil seiner Geschichte ausmacht, dabei nicht nur die Taten der Hauptfigur, sondern auch das ganze Panorama der Phänomene und Wirklichkeiten, die sich im Laufe des Zuges eröffneten, breit und in leuchtenden Farben ausmalend. Die Detailbesessenheit in der Schilderung bildet den Kosmos des Unerhörten, nie zuvor Gesehenen ab, wie es sich den Teilnehmern in jenem ungeheuer beschleunigten Jahrzehnt vom Aufbruch nach Asien im Jahre 334 bis zum verlustreichen Rückmarsch durch die Gedrosische Wüste 325 darbot. Herodoteische Neugierde ist für diesen Gegenstand in der Tat vielleicht angemessener als systematische Erörterungen. „Institutionen langweilen mich; an strukturgeschichtliche Betrachtungen glaube ich nicht“, so das Credo im Vorwort. Lieber übersetzt Lane Fox die Systemanalyse in Aperçus über monarchische Arkanstrategien: „Unter den Makedonen pflegte ein König, der, um sicherzugehen, abwartete, sich selbst als erste Leiche vorzufinden.“

Indem er die Selbsthervorbringung Alexanders als neuen Achilles ernstnimmt, findet Lane Fox zugleich einen Ausweg aus dem Dilemma jedes Biographen vormoderner Figuren, nämlich bis zu der Stelle, „wo alle diese Momente ihren Quell, ihren Impuls, ihre Norm haben“ (Droysen), gar nicht vordringen zu können, weil Akteuren und Beobachtern seinerzeit komplexe Motivierungen und Persönlichkeitsstrukturen als solche gänzlich unbekannt waren. Droysen hatte als Kompensation für diesen Mangel in der Charakterzeichnung einer Figur, den einfach kreativ auszugleichen allein dem Poeten erlaubt sei, die wirkmächtigen Folgen „ihres Verhältnisses zu den großen geschichtlichen Entwicklungen, ihres Anteils an überdauernden Leistungen oder Schöpfungen“ beschworen. Lane Fox dagegen benötigt einen weltgeistigen Beruf Alexanders für diesen Zweck nicht, denn Alexander als Demiurg seines eigenen Mythos genügt dem Biographen als unmittelbarer Zugang zur Seele des Porträtierten.

Ein anderer Vorzug ist sehr viel pragmatischerer Natur. Lane Fox vermag aus dem Reservoir einer kolonialen Tradition zu schöpfen. Diese schärfte seinen Blick für die schier unglaublichen Marsch- und Gefechtsleistungen der Truppen sowie die Dimension der geopolitischen Revolution, die der Alexanderzug auch war. Indem er den Wegen und Pässen, die Alexanders Heer zwischen Mittelmeer und Indus einst benutzt hat, und den Stämmen und Völkern, denen es begegnet ist, in den Quellen wie in der Landschaft nachspürt, vergegenwärtigt er das Abenteuer im doppelten Sinn. Sich außerdem so stark auf die Perspektive zumal der unterworfenen Perser einzulassen und die Orientalisierung Alexanders, der als Herrscher über ein Vielvölkerreich 323 ausgerechnet in Babylon starb, nicht als Zeichen von Dekadenz abzuwerten, erscheint heute zwar unauffälliger als bei Erscheinen des Buches, bleibt aber eine bedeutende Leistung.

Dieser Alexander ist weder Geschäftsführer des Weltgeistes, der den Hellenismus einläutet und damit einen Schoß für das Christentum schafft, noch Visionär multikultureller Völkerverbrüderung, er ist aber auch kein Alkoholiker, paranoider Tyrann oder pathologischer Totschläger, wie er zumal in Arbeiten aus jüngerer Zeit vorgestellt wurde. Lane Fox hat vielmehr eine glänzend geschriebene Synthese der biographischen Modelle Goethes und Hegels vorgelegt. Dieser Alexander ist am Ende das Produkt derjenigen Welt, die er selbst so machtvoll gestaltet hat.

12. Archäologisches: Trojanische und andere Verstrickungen

Was ich entschieden bestreite! Buchtalk zu Troja

Anfang der 2000er-Jahre entbrannte ein Streit um die Deutung der vielbeachteten Grabungen des Tübinger Prähistorikers Manfred Korfmann am Hügel von Hisarlık und die möglichen Folgerungen aus den Funden. Joachim Latacz, Altphilologe und Homer-Forscher, suchte in der stringenten Kombination der Resultate und Hypothesen verschiedenster Disziplinen wahrscheinlich zu machen, daß die *Ilias* kein Produkt dichterischer Phantasie war, die sich im achten vorchristlichen Jahrhundert allenfalls von einigen unverstandenen Ruinen aus grauer Vorzeit inspirieren ließ, sondern als erste Verschriftlichung einer ununterbrochenen Kette mündlich tradierter Hexameterdichtung die Erinnerung an einen historischen Krieg um Troja in der Bronzezeit bewahrt habe. Dieses Troja sei ein bedeutendes Zentrum im Machtgefüge des Vorderen Orients gewesen („Troia und Homer"). Der Archäologe Dieter Hertel konzentrierte sich weitgehend auf die archäologischen Überreste der verschiedenen Trojas und suchte die vor Korfmanns Grabungen überwiegende Ansicht, wonach die homerischen Epen nicht zur Rekonstruktion von Geschehnissen im zweiten vorchristlichen Jahrtausend benutzt werden können, erneut zu erhärten („Troia. Archäologie, Geschichte, Mythos"). Was freilich auffiel, war der mitunter beinahe missionarische Ton in den Büchern beider Gelehrter. Um so mehr schien es geboten, die Autoren in einen Dialog zu bringen.

WALTER: Für Sie, Herr Latacz, ist die Beschäftigung mit Troja und Homer nicht nur mehr als eine intellektuelle Spielerei, sondern geradezu ein Weg, den eigenen Ursprung zu ergründen und Helligkeit zu schaffen, wo vorher „dunkle Ungeordnetheiten" waren. Und auch Sie, Herr Hertel, fühlen sich aufklärerischem Denken verpflichtet, warnen aber zugleich vor neuen Mythen. Warum dieses Oppositionsmanifest im „Beck Wissen"-Format?
HERTEL: Korfmanns suggestive Rekonstruktionen aus dem Computer, die Troja VI – das ist die Zeitschicht von etwa 1700 bis 1300 vor Christus – als altorientalische Residenzstadt mit bis zu zehntausend Einwohnern und ein Zentrum des bronzezeitlichen Welthandels zeigen, standen ja sogar schon in der Bild-Zeitung. Das ist aber reine Phantasie. Die hohen Kosten, die medial verstärkte Fixierung auf positive, „vorzeigbare" Entdeckungen und die nicht zuletzt durch Schliemann begründete Erwartung, man könne die Geschichte wenn nicht des, so doch eines großen Krieges um Troja mit dem Spaten ausgraben, all dies führt dazu, minimale und unklare Befunde zu extrapolieren. Hinzu kommen die Rhetorik des Sensationellen und die Hoffnung auf den einen, alles entscheidenden Fund.

LATACZ: Warum schätzen gerade Sie als Archäologe die Erkenntnismöglichkeiten Ihrer eigenen Disziplin so skeptisch ein? Es sind ja nicht nur die große Unterstadt und deren eindrucksvolle, freilich in hellenistisch-römischer Zeit abgetragene Befestigungsanlage, die Troja VI in den Kreis anatolischer Residenz- und Handelsstädte rücken . . .
HERTEL: Was ich entschieden bestreite!
LATACZ: . . . sondern auch ein 1995 gefundenes Bronzesiegel, das nach Schrift und Sprache in den Kontext der hethitisch-luwischen Staatsbildungen mit dem Zentrum Hattusa gehört. Was die Griechen später als „(W)Ilios“ bezeichneten, hieß in hethitischer Zeit „Wilusa“, und dieses über lange Zeit durchaus eigenständige Teilreich ist durch Erwähnungen in Staatsverträgen gesichert, in denen übrigens als sein Fürst ein Alaksandu genannt wird; dieser Name ist in leicht veränderter Form dann in die griechische Sage eingegangen und steht bei Homer: Alexandros/Paris, der Entführer der Helena. Das besagte Siegel dürfte jedenfalls der Restbestand einer wilusischen Staatskanzlei sein.
HERTEL: Die Gleichsetzung von Wilusa mit (W)Ilios/Troja ist sprachgeschichtlich ebensowenig gesichert wie die von Alaksandu und Alexandros. Viel wichtiger aber: Das Bronzesiegel ist ein völlig isolierter Fund; es fehlt ansonsten jedes Indiz, daß die Bewohner von Troja VI und VIIa (1300 bis 1200 vor Christus) schreiben konnten, wie es dort überhaupt kaum hethitische, mykenische oder gar ägyptische Fundstücke gibt – etwas wenig für einen „Vormachtposten in einer Art Hanse-System“ an der Nahtstelle von Orient und Europa.
LATACZ: Sie argumentieren immer nur mit den Lücken und ignorieren die kontinuierlich größer werdenden Wissensinseln, die sich immer deutlicher vernetzen. Auch wenn die herkömmlichen sprachwissenschaftlichen Beweisverfahren den ansonsten vorliegenden Fakten (noch) nicht gewachsen erscheinen, führt die Integration der archäologisch und philologisch gewonnenen Indizien zu einem Resultat, das die methodisch anfangs vielleicht bedenkliche Hypothesenbildung nachträglich zu rechtfertigen vermag. Dagegen führt es einfach nicht weiter, wenn die Archäologen nur ihre Mauern und Scherben interpretieren, die Philologen ihren Homer als reine Phantasieschöpfung eines Originalgenies lesen und die Historiker sich weigern, Dokumente zur Kenntnis zu nehmen, nur weil diese nicht auf griechisch geschrieben sind. Fachliche Selbstisolation und Eurozentrismus können wir uns einfach nicht mehr leisten! Schon längst müßte anerkannt sein, daß auch die Bezeichnungen für die Angreifer bei Homer, die „Achaier“ oder „Danaer“, in hethitischen beziehungsweise ägyptischen Texten erscheinen, als „Achijawa“ und „Danaja“. Übrigens haben die Griechen immer geglaubt, daß es zwischen der griechischen Landschaft Argos und Ägypten eine alte Verbindung gab. Vielleicht enthält der Danaidenmythos tatsächlich einen historischen Kern.
WALTER: Also hat Martin Bernal doch recht mit seiner „Schwarzen Athena“?

LATACZ: Bitte bleiben Sie doch sachlich! Es geht darum, daß eine griechische Sage, der homerische Text und die mykenischen Burgen auf der Peloponnes durch unbezweifelbare außergriechische Dokumente verbunden werden können und gemeinsam plötzlich einen Sinn ergeben. Homers Handlungskulisse ist historisch, die *Ilias* kann, ja muß deshalb auch als Geschichtsbuch gelesen werden. Wie wir seit der Entzifferung der Linear-B-Täfelchen im Jahre 1956 wissen, sprachen die Bewohner der mykenischen Paläste ein frühes Griechisch, waren also Griechen, und . . .
WALTER: Ist diese Gleichsetzung von Sprache und Ethnizität überhaupt zulässig?
LATACZ: Also, wenn Sie das in Frage stellen, dann bricht alles zusammen! Von den Griechen des zweiten Jahrtausends bis zu den Griechen im achten Jahrhundert gibt es eine direkte Kontinuitätslinie. Zwar änderten sich die Siedlungsverhältnisse sowie die wirtschaftlichen, sozialen und politischen Verhältnisse zwischenzeitlich in den „Dunklen Jahrhunderten" tiefgreifend. Aber die menschliche Gemeinschaft, die Träger dieser Veränderungen war, blieb die gleiche.
WALTER: Ihr letzter Satz scheint mir unhaltbar, weil er Ethnien als kontextunabhängige und wandelresistente Entitäten voraussetzt.
LATACZ: Sie gehören zu diesen Unbelehrbaren, die Wissenschaft mit habituellem Skeptizismus verwechseln! Die Fakten sprechen eine deutliche Sprache. Im zweiten Teil meines Buches zeige ich durch eine immanente Interpretation der *Ilias*, daß die Troja-Geschichte mit all ihren Namen und genauen geographischen Angaben – denken Sie nur an den Schiffskatalog! – für Homer nur eine Kulisse war, vor der eine Erzählung entfaltet wird, deren Problemgehalt in die Zeit des Dichters und seiner Zuhörer gehört, also ins achte Jahrhundert. Viele der Hintergrunddetails aber waren damals gar nicht mehr verständlich, weil etwa die betreffenden Orte längst verschwunden waren. Homer hätte das gar nicht erfinden können, es wäre auch ein viel zu großer Aufwand gewesen für ein Werk, das vom Trojanischen Krieg nur 51 Tage, zentriert um vier Personen, erzählt. Zusammen mit vielen anderen Indizien beweist dies, daß die Troja-Geschichte noch in mykenischer Zeit zu einer Hexameterdichtung geformt und mündlich weitertradiert wurde, natürlich mit Veränderungen, aber im Kern authentisch. Darauf hat sich Homer dann bezogen. Wahrscheinlich gab es tatsächlich einen großen Militärschlag mykenischer Griechen unter Führung Thebens im dreizehnten Jahrhundert vor Christus. Das war Teil eines welthistorischen Ringens dreier Großmachtkreise, kurz bevor zwei von ihnen, die mykenischen Reiche und Hattusa, zusammenbrachen.
HERTEL: Ihr großes Szenario eines Krieges oder vieler Kriege scheitert aber schon daran, daß Troja VI nicht durch äußere Gewalteinwirkung, sondern durch ein Erdbeben zerstört wurde und danach gleich wieder besiedelt war. Dieses Troja VIIa fiel dann um 1200 einer viel schlimmeren Katastrophe zum Opfer,

aber keinesfalls zwingend einem Angriff. Das gleiche gilt für Troja VIIb. Ab etwa 1000 vor Christus, mit Beginn der Eisenzeit, sickerten dann Griechen in das nur noch schwach besiedelte Troja VIII ein. Wenn überhaupt etwas, dann bildet diese schubweise Landnahme „äolischer" Griechen den historischen Kern der Ilias.

LATACZ: Sie argumentieren auf einer viel zu schmalen Basis und im „Sagen-Teil" Ihres Büchleins ziemlich freihändig. Die mittlerweile kumulierte Wahrscheinlichkeit, daß hinter der Troja-Geschichte ein historisches Ereignis aus mykenischer Zeit steht, verschiebt die Beweislast auf die Seite der Skeptiker. Und die streng objektiv arbeitenden Vertreter aller beteiligten Disziplinen werden täglich neue Stollen in den alten Rätselberg hineintreiben. Ihre Ergebnisse sollten wir mit ahnungsvoller Spannung abwarten.

WALTER: Das war ein vorläufiges Schlußwort. Ob aber die Historizität oder Fiktionalität des Trojanischen Krieges die Bedeutung Homers für unser kulturelles Gedächtnis tatsächlich berührt und ob die Epen als politische Texte am Anfang der griechischen Bürgerstaatlichkeit nicht viel interessanter sind –diese Fragen bedürfen weiterer Diskussion.

Homer, der Hügel und die Phantasie

In der „Geschichte des Peloponnesischen Krieges" erhebt Thukydides den Anspruch, durch Wahrheitsethos und strenge Methode ein zutreffendes Bild der Vergangenheit zu bieten, überlegen der unreflektierten oder dichterisch überhöhten oder politisch deformierten Rede über sie. Geschichtsschreibung ist seitdem ein Feld von Distinktionen und Definitionskämpfen. Doch auch im eigenen Hause gab es bald Streit. Nur gut zweihundert Jahre später übte Polybios heftige Kritik an anderen Geschichtsschreibern, die für billige Effekte oder tagespolitische Interessen den Anspruch auf die verfügbaren strengen Verfahren der Tatsachenerhebung fahren ließen und allzu oft auch unzureichend geschult seien. Die polemischen Exkurse, dazu ein Hang zur Selbstgerechtigkeit und Pedanterie lassen Polybios nicht eben als Sympathieträger erscheinen, zumal er durchaus nicht immer seinen eigenen Standards genügt – und doch sähen die Gelehrten lieber sein wohlinformiertes und diszipliniertes Werk vollständig erhalten als das eines der Konkurrenten oder gar solcher Autoren, die in die älteste Zeit zurückgingen, um zur Unterhaltung fesselnde, aber unverbürgbare Geschichten erzählen zu können.

Die zweite Vorgeschichte: Just an Homer begann mit Friedrich August Wolfs „Prolegomena" die wissenschaftliche Historisierung eines klassischen Textes, und Heinrich Schliemann suchte am Hügel Hissarlık nicht nur Schätze und eine greifbare Bestätigung der *Ilias*, er brachte auch die Ausgrabungstechnik voran und trug zur Ausbildung der archäologischen Methode bei. Doch Homer, der Hügel, die Phantasie – sie gehörten weiterhin eng zusammen. In der Philologie wurde die Dichtung Objekt weitgespannter, oft gegensätzlicher Thesengebäude, und die Entdeckung mündlich tradierter Epik ließ ferne Zeiten erreichbar erscheinen, die sich zudem mit bronzezeitlichen Funden, ja Texten füllten. Der räumliche Horizont weitete sich, neue Grabungen und Paradigmen versprachen einen niemals endenden Zugewinn an Erkenntnis. Zum Selbstbewußtsein dynamischer Wissenschaftsdisziplinen trat eine seltsame, von Forschern und Publikum geteilte Mythomotorik des Realismus: Homer wäre ein größerer Dichter, die Ruinen und Artefakte in der Troas historisch bedeutsamer, wenn beide Überreste „des" großen Krieges um das heilige Ilion seien.

Frank Kolb zeichnet in „Tatort ‚Troia'. Geschichte, Mythen, Politik" nunmehr nach, wie der vorletzte in einer solchen Konstellation auf die Strecke gesetzte Fortschrittszug nach Troja entgleist ist. Seine Abrechnung kommt freilich spät. Manfred Korfmann starb 2005, sein Gefährte im Streit, der Philologe Joachim Latacz, von Kolb mit Epitheta wie „neuer Homer", „Korfmann Basler Barde" oder „Rhapsode der Troja-Grabung" bedacht, hat zwar 2001 ein höchst erfolgreiches Buch zum Thema vorgelegt, äußert sich aber seit längerem kaum mehr zu den im Streit vor fast zehn Jahren verhandelten Fragen. Dem Tübinger Ajax sind also die Feinde abhandengekommen, und so richtet sich sein gleich zu Beginn freimütig eingestandener Zorn nicht nur auf diese, sondern grundsätzlich „gegen die Vermischung von Wissenschaft mit Politik und wirtschaftlichen Interessen, gegen die Verletzung wissenschaftlicher Standards, gegen den Versuch, wissenschaftlichen Diskurs durch öffentliches Deutungsmonopol zu ersetzen, gegen komplizenhaftes Schweigen". Im Schlußkapitel wird nachgelegt: Mit der Pseudowissenschaft und ihrer Bereitschaft, willkürlich zu glauben, verbinde sich die postmoderne Irrlehre, alle wissenschaftlichen Aussagen für bloße Meinungen und Validität für irrelevant zu halten. Eine fehlgeleitete Wissenschaftspolitik habe überdies die Universitäten korrumpiert, Dilettanten ins Rampenlicht gestellt und Wissenschaftler daran gewöhnt, Ankündigungen für Ergebnisse, Drittmittel für Erfolge auszugeben. Als eher innerwissenschaftliche Mode betrachtet Kolb hingegen die „dem Zeitgeist des Postkolonialismus huldigende, übertriebene Tendenz zur Herleitung von Anregungen aus dem Orient" in der griechischen Literatur und Kultur.

Doch der streitbare Althistoriker hat zum Glück ein nicht nur zorniges, sondern auch kluges und geradezu spannendes Buch geschrieben. Kenntnisreich und sorgfältig wird entfaltet, daß „Troja" kein historischer Ort ist, sondern ein Konstrukt, Ergebnis poetisch-literarischen, (pseudo-)wissenschaftlichen und politisch-ideologisch motivierten Tuns. Schon das Kapitel über die Instrumentalisierungen des Troja-Mythos seit der Antike fördert Aufregendes zutage. Hektor als anatolischer Nationalheld, Seite an Seite mit Atatürk, nachdem das humanistische Europa schon im Spätmittelalter die Türken aus dem trojanischen Sukzessionsgeflecht entfernt hatte, worauf pananatolische Humanisten der modernen Türkei Homer als einen der ihren beanspruchten, das ist nur eine dieser Volten. Kolb bringt auch eine Fülle von Beobachtungen bei, wie sich geschichtspolitische Konstruktionen dieses Kalibers mit den Hauptakteuren verbanden, neigt aber dazu, diesen Begegnungen ihre Spontaneïtät zu nehmen und rein interessengeleitete Netzwerke zwischen einem geltungssüchtigen Korfmann und den hochrangigen Befürwortern eines baldigen Beitritts der Türkei zur Europäischen Union aus beiden Ländern in den Vordergrund zu rücken. Sogar die Kleidung wird symbolisch gedeutet: War Schliemanns Tropenhelm Ausdruck einer Kolonialmentalität, so trug Korfmann einen Indiana Jones-Hut – Symbol für Archäologie als großes Abenteuer, aber auch „Appell an eine ahistorische Gutmenschen-Sicht" in Gestalt einer Identifikation mit den Interessen der angeblich benachteiligten Türken.

Geduldig sortiert der Autor sodann auseinander, wie die von Homer beschriebene Siedlung Ilios in der Landschaft Troiê schon in der Antike mit den Ruinen auf dem Hissarlık in der Troas identifiziert wurden. Als dann das von antiken Chronographen errechnete, ganz fiktive Datum der Auslöschung von Priamos' Stadt zufällig mit einem möglichen archäologischen Datum einer Zerstörung der von Schliemann freigelegten Burgsiedlung scheinbar übereinstimmte, war auch in der Moderne die Grundlage für die folgenreiche Identifizierung gelegt. Poetische Schilderung und antike Datierung leiteten die Deutung der Grabungsbefunde und sollten ihrerseits von diesen bestätigt werden. Das brachte nun wiederum die Homer-Forschung ins Spiel, in Gestalt von Latacz, der zu zeigen suchte, daß die homerische *Ilias*, obwohl im achten Jahrhundert oder etwas später verfaßt, konkrete und genaue Informationen aus der späten Bronzezeit gut vierhundert Jahre zuvor enthalte, etwa in Gestalt des Schiffekatalogs im zweiten Gesang. Akribisch zerpflückt Kolb die Argumente und stellt eine eigene Hypothese vor: Was Homer an dem bekannten Ort im nordwestlichen Kleinasien spielen ließ, der in der Bronzezeit weder Ilios noch Troja hieß, dürfte dichterische Spiegelung von Verwicklungen auf dem mittelgriechischen Festland und im Zuge der Migrationen an die kleinasiatische Küste kurz nach dem Ende der Bronzezeit sein. Der Ort Ilios aber lag, wie ein ägyptisches Dokument nahelegt, entweder auf Kreta oder an der Südküste der Peloponnes und wanderte erst in der mythopoetischen Fiktion in die Troas. Orts- und Personennamen in der Ilias gehören jedenfalls ins griechische Kernland, und Homer verrät keine Kenntnis von spezifisch orientalischen oder kleinasiatisch-anatolischen Gegebenheiten.

Auch von der zeitweise so intensiv diskutierten Annahme, die Siedlung auf dem Hissarlık sei in einen bronzezeitlichen hethitisch-luwischen Hintergrund einzuordnen und als Wiluša zu identifizieren, hat nichts der Prüfung standgehalten. Für eine Materialisierung der *Ilias*-Geschichte bieten die hethitischen und sonstigen altorientalischen Texte keine Handhaben, weder Informationen über einen Krieg gegen eine große Stadt noch auch nur eine Kulisse für einen solchen. Über die Hintergründe der Zerstörung von „Troja VIIa“ wissen wir nichts.

Die Grabungen auf dem Hissarlık vor Beginn von Korfmanns Kampagne 1988 resümierend stellt Kolb alte, problematische Muster heraus: die Verführung, voreilig sensationelle Ergebnisse zu melden und so im Publikum einen Erwartungshunger nach mehr auszulösen, ferner die Neigung, greifbare Bodenfunde „für sich sprechen zu lassen“, obwohl selbstverständlich die Ausgräber und Historiker auch sie interpretieren müssen, wie dies die philologisch-historische Quellenkritik gegenüber den Texten hält. Doch seine Durchschlagskraft gewann Korfmanns neuer Troja-Mythos erst aus zwei Ereignissen: dem Bündnis mit Latacz, dessen Beginn dieser selbst reichlich kitschig dargestellt hat, und der großen Troja-Ausstellung, die zunächst in Stuttgart, dann in Braunschweig und Bonn zu sehen war.

Die wichtigsten Behauptungen der Ausgräber selbst können rasch abgemacht werden – sie sind allesamt widerlegt. Nichts bleibt nach den dürftigen Funden ganz überwiegend lokaler Keramik übrig von der angeblichen Handelsmetropole an den Toren zum Schwarzen Meer. Die schriftlose Siedlung auf dem Hügel Hissarlık entwickelte keine Hochkultur; sie war allenfalls ein politisches und militärisches Zentrum für einen Teil der Troas, an Größe und Bedeutung etwa mit dem zeitgenössischen Milet nicht zu vergleichen. Für die Existenz einer ummauerten und dicht bebauten Unterstadt, die Homers Schilderung nahekäme und die zweiundvierzig Grabungskampagnen seit Schliemann rechtfertigte, gibt es keine tragfähigen Indizien, und Kolb spricht unter Verweis auf das in der Ausstellung gezeigte, suggestive Modell und – schlimmer noch – die Planzeichnung eines Mauerstücks von Fiktion und Fälschung. Ein angeblicher Verteidigungsgraben vor der Siedlung entpuppte sich als eher unbedeutendes Bauwerk zur Wasserregulierung.

Doch Korfmann war es, wie er selbst einmal einräumte, ohnehin einerlei, ob man Troja als Stadt, Dorf oder sonst etwas bezeichne – Hauptsache, man grabe und die Karawane ziehe weiter. Darin liegt vielleicht ein Schlüssel für das ganze Desaster. Kolb spricht von einem strategischen Netzwerk und unterstellt Planung und Absicht. Doch interessanter ist der sich selbst beschleunigende Prozeß, der gegen kritische Einreden immunisierte, um am Ende Korfmann und Latacz eine ausgeprägte Wagenburgmentalität an den Tag legen zu lassen. Die Grabung wurde von Anfang an maßgeblich vom Daimler-Chrysler-Konzern (vormals Mercedes Benz AG) finanziert, und diese Seite benannte die politischen Impulse für „große“ Ergebnisse sehr deutlich, zumal vom Konzernchef Edzard Reuter. Auch der Unternehmenssprecher lobte Korfmann freimütig:

Weil dieser es verstehe, „die Geschichte Troias auch immer wieder als ‚anatolische' Geschichte zu erzählen, fällt auch auf den Sponsor Daimler-Chrysler ein Gewinn an Glaubwürdigkeit, der angesichts des wirtschaftlichen Engagements des Konzerns in der Türkei, aber auch angesichts von drei Millionen in Deutschland lebender Türken gar nicht hoch genug eingeschätzt werden kann". Die „Image-Affinität" zwischen Projekt und Konzern öffnete dessen Taschen für organisierte Journalisten-Reisen und Event-Management. Erwartungen zogen Erfolgsmeldungen nach sich, jede Kampagne mußte bestätigende Erkenntnisse produzieren. Bedenken können in einer solchen Konstellation als bloße Störversuche erscheinen, ihr Ton und nicht der Inhalt zum Gegenstand von Abwehr und Entlastungsangriff werden.

Selbstverständlich behandelt Kolb breit die auch im Feuilleton der F.A.Z. ausgetragene Debatte, die indes stark abebbte, als die öffentliche Tagung in Tübingen Anfang 2002 zeigte, wie unzureichend Argumente und Performanz der Anhänger von Groß-Troja waren. Gleichwohl behauptete sich dieses in weiten Teilen der Medien, stabilisiert durch ständige Wiederholung und wohl auch, weil es dem Publikum ein gleichsam positives Bild bietet, das zudem für Weiterungen offen zu sein scheint. Ob Kolb dieses Publikum erreichen kann? Bei den gelehrten Kollegen rennt er in der Sache ganz überwiegend offene Türen ein, an sie richtet sich eher die Warnung vor Verharmlosung eines Wissenschaftsskandals. Doch selbst wer aus dem „Tatort Troja" nicht gleich die Allgegenwart des Verbrechens folgern möchte und dem Autor etwas mehr Nachdenklichkeit wünscht, wird aus der Lektüre dieses klar formulierten und profund dokumentierten Buches reiche Erkenntnis und geschärfte Sinne mitnehmen.

Seemannsgarn muß man aufzudröseln wissen

Welche Art von Wirklichkeit oder gar Wahrheit die homerischen Epen in sich bergen, ist seit der Antike umstritten. Zuletzt stand dabei die *Ilias* im Mittelpunkt, die Frage nach der Größe des bronzezeitlichen Troja, dem historischen Kontext der Schilderungen und der Heimat des Dichters. Der räumliche Horizont der Debatte blieb notwendig beschränkt, es geht um den nordwestlichen beziehungsweise den südöstlichen Rand Anatoliens. Doch die frühe griechische Welt war viel größer (s. u. S. 145-147), und der *Ilias*-Dichter kannte nur einen kleinen Teil von ihr. Da kommt „Homers Reise" gerade recht. Der gelernte Mittelalterhistoriker Armin Wolf hat vor über vierzig Jahren zusammen mit seinem inzwischen verstorbenen Bruder Hans-Helmut, einem Architekten, den „Weg des Odysseus" zu rekonstruieren versucht, über mehrere Bearbeitungen entstand schließlich die vorliegende, stark überarbeitete Neuausgabe „Homers Reise. Auf den Spuren des Odysseus".

Die Ideenspur des Buches ist lang. Man bemühte sich bereits in der Antike, die zentralen Episoden der Irrfahrt des Odysseus mit einzelnen Orten zu verbinden. Seit die kartographische Erfassung zur gewohnten Art wurde, die Welt anzuschauen, hat man auch die Route als ganze nachzuzeichnen versucht. Doch die Debatte fiel auseinander, mit weitreichenden Folgen: Die um Texttreue und Genauigkeit bemühten Rekonstruktionen etablierter Gelehrter vermochten an entscheidenden Stellen scheinbare Widersprüche nicht auszuräumen, weswegen das ganze Bemühen außer Kurs kam. Das Vakuum füllten Laien oder Fachleute anderer Disziplinen mit wilden Spekulationen; Odysseus mutierte als Umsegler Afrikas, Erkunder der Ostsee oder Entdecker Amerikas zur Märchenfigur.

Derlei Absurditäten erleichterten es der zünftigen Wissenschaft, die Frage nach der Geographie der *Odyssee* insgesamt als falsch, als „aussichtslosen Unfug“ zu brandmarken. Doch diese Argumentation hat ihrerseits einen Webfehler: Ein wissenschaftliches Problem wird nicht zum „Phantom“, nur weil es viele abwegige Lösungsversuche gibt. Die Varusschlacht wurde, um ein bekanntes Beispiel zu bemühen, an Hunderten von Orten lokalisiert; dennoch hat sie unbestritten im Jahr 9 n. Chr. an einer bestimmten Stelle stattgefunden, und nicht alle Vorschläge können nach den Kriterien der beteiligten Wissenschaftsdisziplinen gleiches Gewicht beanspruchen. Das betont auch Wolf in seinem lesenswerten, bisweilen sogar amüsanten Spaziergang durch den Irrgarten der Hypothesen, deren Grundoptionen übrigens allesamt schon in der Antike formuliert wurden.

Der etwas hochmütige Agnostizismus der (älteren) philologischen Homerforschung hat sich überlebt. Es war, so bemerkte Uvo Hölscher schon vor gut zwanzig Jahren mit Recht, „eine falsche Ehrenrettung des Dichterischen, wenn man die Abenteuer ins Nirgendwo des Märchens verwies“. Die *Odyssee* entstand wahrscheinlich im frühen siebten Jahrhundert, mithin in einer Zeit, da griechische Seefahrer als Siedler, Söldner, Piraten oder Händler von den Gewässern zwischen Hellas, der libyschen Küste und Mittelitalien schon ziemlich genaue Kenntnisse erworben und Griechen in dieser Region zahlreiche Städte gegründet hatten. Die Aristokraten waren mobil, wagemutig und oft gezwungen, das Weite zu suchen; das Wissen der Kapitäne und Steuerleute zirkulierte von vielbesuchten Tauschplätzen aus.

Wolf fügt seine Rekonstruktion nun genau in diesen Kontext ein, indem er alle Atlantik- oder Schwarzmeertheorien verwirft: Sein „Odysseus“ bewegt sich im westlichen Mittelmeer, einer nautischen Erfahrungswelt, deren vorherrschende Windrichtungen, Meeresströmungen sowie Küsten mit ihren Ankerplätzen und Gefahrenstellen bekannt waren. Natürlich geht es nicht darum, eine tatsächliche, womöglich noch bronzezeitliche Fahrt des mythischen Odysseus zu „beweisen“. Aber die zahlreichen nautischen und topographischen Angaben erlauben es durchaus, eine Route zu rekonstruieren, deren wesentliche Teile zur

Zeit des *Odyssee*-Dichters bekannt waren, befahren wurden und aufgezeichnet werden konnten.

Aus den zahlreichen Angaben im Epos destilliert Wolf zunächst rein geometrisch eine abstrakte Route vom Kap Maleia an der Spitze der Peloponnes bis Ithaka, den zwölf erzählten Streckenabschnitten folgend, und legt sie gleichsam über eine moderne Seekarte. Dadurch ist die Zahl der Möglichkeiten, bestimmte Orte zu lokalisieren, bereits erheblich eingeschränkt und sind willkürliche Identifizierungen aufgrund einzelner markanter Merkmale nicht mehr so leicht möglich. Die in Frage kommenden Orte werden im nächsten Schritt an den epischen Angaben überprüft. Starkes Gewicht wird schließlich darauf gelegt, die jeweils zurückgelegten Strecken möglichst genau zu ermessen und dabei realistische Fahrtgeschwindigkeiten anzunehmen.

So entsteht ein Netz aus Gesichertem und Plausiblem, und selbst wenn eine kritische Prüfung im Detail ergibt, daß der Autor mitunter zu optimistisch ist oder sich zu sehr einer rationalisierenden Lesart der homerischen Schilderungen hingibt, so wird das Netz doch nur etwas weitmaschiger, zerreißt aber nicht. Die vom Dichter vorgestellte Fahrt führte über die Kleine Syrte (Lotophagen, Kyklopen) über Malta (Aiolos-Insel) bis fast nach Ithaka, von da im Uhrzeigersinn um Sizilien herum durch die Straße von Messina, wo schon die Antike Skylla und Charybdis ihr Unwesen treiben ließ. Wolf deutet die epische Schilderung als Mythifizierung der dort nicht ganz seltenen Erdbeben und Tsunamis. Die Phäakenstadt ließ der Dichter auf keiner Insel, sondern in Kalabrien an der Stelle des heutigen Tiriolo erstehen, an einem Landweg zwischen zwei Meeren, wie er bei Korinth prominent ist.

Hier und da ist Wolf von Naivität nicht frei, wenn er etwa versucht, die Blindheit Homers in der antiken Tradition, die doch symbolisch zu verstehen ist – nur der in den Augen Blinde vermag als Dichter so zu schauen –, als eine spätere Erblindung herunterzuhandeln oder aus der Autopsie des Ich-Erzählers den Kern einer Autobiographie des Dichters zu machen. Dafür hilft er anderswo, schwierige Stellen im Epos besser zu verstehen. Vor allem aber regt sein Buch dazu an, aus den Schützengräben um Troja herauszuklettern und die frühgriechische Welt anzusehen, wie ihre Entdecker sie damals gesehen haben.

Gegen Schufte und Heuchler

Lange bevor Vergil in augusteischer Zeit das römische Selbstbild in die Figur des Troja-Flüchtlings Aeneas projizierte, war die Abstammung der Römer von den Trojanern ein etablierter Mythos. Es erscheint daher als eigenartige Fügung, wenn nach dem Abflauen des hitzigen Troja-Streites nun ein umfangreiches Buch zur Vorgeschichte Roms und Latiums erscheint, dessen Autor sich mit

Verve und kreativer Phantasie daranmacht, aus Mythen und Mauerresten Historie zu machen.

Der Archäologe Andrea Carandini führt in seiner zunächst 1997 auf Italienisch publizierten Studie „Die Geburt Roms“ einen Kampf gegen Minimalisten, Primitivisten, Spätdatierer und „Hyperkritiker“ jeder Couleur, die er dann auch schon einmal als Masochisten, Schufte oder Heuchler bezeichnet. Ebenfalls aus der Troja-Debatte geläufig ist der Vorwurf an die Historiker, „in schattigen Bibliotheken weit von den Monumenten“ fänden sie sich vorschnell und leicht mit einem Nicht-wissen-Können ab, während Archäologen, offenbar erleuchtet von der Sonne der Ausgrabungsplätze, mehr Möglichkeiten hätten und weniger rasch aufgäben.

Carandinis leidenschaftliches Bestreben, vom Leben und der Vorstellungswelt der Bewohner des späteren Rom in der ausgehenden Bronze- und frühen Eisenzeit eine konkrete Anschauung zu gewinnen, berührt zunächst sympathisch. Seine stupende Kenntnis der antiquarischen, historiographischen und poetischen Überlieferung sowie der in jüngster Zeit sehr vermehrten Reste früher Besiedlung zumal am Palatin hätte den Stoff für einen gewaltigen Roman über Romulus abgeben können, jenen Gründer Roms, der in Wahrheit der Erbe einer vielhundertjährigen Tradition gewesen sei und dem des Autors ganze Passion gilt. Romulus hätte von seinen Vorfahren berichten können, den göttlichen Königen Janus, Saturnus, Volcanus und Cacus, von den Aboriginern und der Auswanderung des Siculus nach Sizilien und davon, wie sie und alle übrigen Götter, Herrscher und Heroen in der sakralen Topographie der Berge und Hügel ihre Spuren hinterlassen haben, lange bevor seine Nachfolger, die Tarquinier, das authentische alte latinische Mythengefüge durch Figuren wie Herakles und Aeneas griechisch überformten.

Doch unglücklicherweise vertraut auch Carandini allein dem Sinnpotential der historischen Wissenschaft, die er freilich zunächst neu modeln muß, unter anderem auch, um seinen Romulus als unzweifelhaft reale Person vorstellen zu können. Mit kulturkritischem Furor wagt er den Salto mortale zurück zu Gerlach und Bachofen: „In der Vorgeschichte haben die Sagen eine vorantreibende Kraft, und unser Materialismus, Rationalismus und Laizismus machen uns blind dafür, daß gerade das, was uns als Magie erscheint, der eigentliche Mutterboden des menschlichen Handelns der damaligen Zeit war. Unter diesen Umständen ist der Mythos die Wirklichkeit, und die Geschichte ist nichts anderes als ihre Metapher.“ Damit ist die Grundunterscheidung zwischen traditionaler Erzählung und kritischer Historie rückgängig gemacht, die seit Thukydides und dann wieder seit der Neuzeit Geschichte als Disziplin konstituiert hat. Heuristische Voraussetzung für Carandinis Verfahren ist die Annahme, daß sich Reste von mündlich weitergegebener lebendiger Erinnerung – mögen sie im Laufe der Zeit noch so sehr verändert worden sein – auch noch in spätesten Texten finden ließen. Sie könnten mit strenger stratigraphischer Methode aufeinanderfolgenden Schichten zugeordnet werden. Doch die Imago der Exaktheit, flankiert noch von anthropologisch-komparativen Vergleichen, verhüllt nur, daß der Autor den Weg zu einer Hebung des gereinigten römisch-latinischen Mythos und der ebenso komplexen Siedlungsgeschichte nur durch betäubende Assoziationskaskaden findet. Immunisierende Passepartout-Argumente finden sich häufig, gehe es doch um eine durch das „Ineinander von Wirklichkeit und kollektiver Imagination" bestimmte Totalität.

Mag die Rekonstruktion der einzelnen Entwicklungsstufen von Mythologie und Theogonie für sich genommen noch diskutabel erscheinen, so wird sie durch die Zuordnung zu den verschiedenen bronzezeitlichen Horizonten zwischen 1600 und 900 v. Chr. absurd: Die Herrschaft des Cacus auf dem Cermalus etwa scheine von den Mythographen der ausgehenden Republik durchaus richtig um 1230 vor Christus angesetzt worden zu sein, weil die frühesten archäologischen Zeugnisse auf diesem Hügel „wahrscheinlich in die Spätbronzezeit zu datieren sind".

Generell folgt Carandini der etablierten methodischen Regel, literarische Tradition und archäologische Daten nicht kurzschlüssig zu kombinieren, nur so lange, wie „sie nicht zu extrem und hinderlich wird" – obwohl man angesichts der Traditionsgenese und der unsicheren Datierungen der Funde gar nicht von Daten sprechen darf. An anderer Stelle heißt es dann wieder, der mythische Diskurs müsse sich „frei entfalten können, ohne sich a priori und in einer mechanischen Weise mit einer völlig unabhängigen Dokumentation messen zu müssen, die oft unzureichend ist und sich in ständiger Entwicklung befindet wie die, die von der Archäologie versorgt wird". Im Labyrinth der Äquivalenzen und Doppelbedeutungen, wo alle Gründer und göttlichen Könige zugleich identisch und untereinander verschieden sind, ist jeder Weg gangbar und keiner zwingend.

Im zweiten Teil des Buches entwickelt Carandini – wiederum mit der Rhetorik der kumulativen Hypothesen – ein komplexes und detailreiches Bild der Entwicklungsstufen von Siedlung und Bewohnerschaft des künftigen Rom vom neunten Jahrhundert an. Bei aller Skepsis bedeutet das Konzept einer protourbanen Siedlung auf römischem Boden als „politische" Voraussetzung der Stadt- und Staatwerdung in der Königszeit einen Gewinn, zumal sich der Autor mit den einschlägigen Debatten etwa um das Verhältnis von Zentrum und Peripherie oder um die Gliederung der Bewohner in Personenverbände vertraut zeigt. Allerdings reichen die unzusammenhängenden Reste von Mauern am Palatin in keiner Weise aus, um einen „Staatsstreich" des Romulus und die Errichtung einer staatlichen Zentralgewalt anzunehmen.

Spezialisten für latinische Mythologie und Religion und für frührömische Topographie werden sich mit Carandinis Thesen auseinandersetzen müssen und von vielen klugen Beobachtungen profitieren. Aber als „große Erzählung" über die Vorgeschichte Roms ist das monomane Buch ein völliger Fehlschlag, unter anderem deshalb, weil es nichts erzählt und weil es grundverschiedene Diskurse ineinandermengt. Als Produkt aus intellektueller Abenteuer- und Schaulust und dem unbedingten Glauben an die Überlegenheit der eigenen Methodologeme stellt es zugleich ein seltsames, aber nicht singuläres Dokument zeitgenössischer Wissenschaftskultur dar.

Schnurgerade Wege für die Legionen

Aus den festgefügten Steinplatten der römischen Straßen, aus ihren unzerstörbaren Chausseen, so bemerkte Theodor Mommsen einmal, rede die unverwüstliche Solidität, die energische Tüchtigkeit des römischen Wesens. Als es mit dieser Solidität und Tüchtigkeit vorbei war, als es in Rom keinen Kaiser und an den einstigen Grenzen keine Legionen mehr gab, verschwanden die Römerstraßen in Italien nicht sofort. Aber unzerstörbar waren sie auch nicht. Was mit ihnen geschah, als Goten, Langobarden, Byzantiner und Franken, die Päpste, die Kommunen, die Kaiser von jenseits der Alpen und die Borgia sich in die Geschichte Nord- und Mittelitaliens einschrieben, erzählt aus souveräner Gelehrsamkeit Arnold Esch in „Zwischen Antike und Mittelalter. Der Verfall des römischen Straßensystems in Mittelitalien und die Via Amerina".

Der Leser bekommt eigentlich zwei Bücher, verbunden durch die vorzüglichen Fotos, die der als Historiker wie als Archäologe des Mittelalters gleichermaßen ausgewiesene Autor überwiegend selbst aufgenommen hat. Zunächst führt er an Beispielen aus der gesamten Region vor, wie sich das Ende der Antike von der Straße aus gesehen darstellte. Die Römer hatten ihre großen *viae publicae* möglichst schnurgerade durch die Landschaft geschlagen. Das von Rom aus angestrebte Ziel, ein Hafen oder eine rasch mit Truppen zu entsetzende Kolonie, bestimmte die Ratio der Trassenführung. Die Landschaft wurde dem unterworfen.

Diese Fixierung, früh auch Ausdruck eines herrscherlichen Gestus, machte viele Kunstbauten erforderlich: Brücken, Geländeeinschnitte, befestige Böschungen zum Hang hin, nach unten Substruktionen. Alle diese Bauten bedurften der Inspektion und Instandhaltung; man brauchte Geld und mußte die Anwohner zwingen können, Ressourcen bereitzustellen.

Theoderich der Große bemühte sich darum noch einmal, am Ende des sechsten Jahrhunderts hörte dann jedoch jede staatliche Fürsorge für das Straßennetz auf. Durch Unterspülung oder Erdrutsch unpassierbare Stücken wurden nun umgangen. Während die antike Straße Hindernisse bewältigte, so spitzt Esch zu, geht die mittelalterliche Straße Hindernissen aus dem Weg. Das römische Basaltpflaster als solches erwies sich zwar als enorm widerstandsfähig, wurde aber selbst in den Abschnitten, die benutzbar blieben, nicht immer geschätzt, da es glatt und für Zugtiere gefährlich war.

Doch entscheidend für die Weiterbenutzung war nicht der Zustand des Pflasters, sondern die Frage, ob die monumentale Verbindung noch als solche gebraucht wurde. Das Imperium Romanum vermochte nicht zum wenigsten durch seine Straßen global zu agieren. Im frühen Mittelalter jedoch gab es zwar immer noch weit marschierende Heere, doch entscheidend für das Straßenwesen waren nun entschieden regionale und lokale Interessen. Die Straßen hatten die größeren Siedlungen zu bedienen, sie oft gar zu durchziehen, um den Nahhandel zu erleichtern und Landgüter anzubinden. Wo Städte und Magnaten den Wegebau an sich zogen, wurden die römischen Geraden verlassen und paßte man die Trassenführung dem Gelände an. Nur streckenweise, wo die einstigen Magistralen noch nützlich und benutzbar waren, gebrauchte man sie weiter, ihrem ursprünglichen Zweck nach, aber auch als nicht bepflügbare Grenzmarkierung, als Damm oder hochbebuschte Hecke. Die Transformation vollzog sich nicht nur in Trassenführung und Baukörper, sondern auch im nahen Umfeld der einst von Gräbern, Meilensteinen und Nutzbauten dicht gesäumten Römerstraßen. Antike Bauten wurden abgetragen, um Material für Kirchen und Kapellen zu gewinnen.

Historiographisch ist dem Autor ein kleines Wunder gelungen. Der große Bruch zwischen Antike und Mittelalter, die vielen kleinen Veränderungen, die das Leben der Menschen an und mit den Straßen als kontinuierlichen Prozeß der Umgestaltung erscheinen lassen – sie erscheinen hier als zwei Seiten derselben Medaille. Methodisch gesehen liegt hier ein Musterbeispiel integraler Geschichtsforschung vor, ohne große Geste, mit feinem Pinsel und Blick für lebensweltliche Kontexte. Esch liest antike Meilensteine und nachantike Geschichtsschreiber, mittelalterliche Urkunden, frühneuzeitliche Kataster und Itinerare aus allen Epochen, die spätantike Tabula Peutingeriana und Karten im Maßstab 1:25000 aus der Zeit Mussolinis.

Vor allem aber ist sein Buch ein Aufruf, die Straßen selbst im Gelände zu erkunden. Zu den praktischen Hinweisen gehört, die vegetationsarme Zeit zu wählen und genau, sehr genau hinzusehen, auf kleinste Auffälligkeiten zu achten und die Gesetze der einfachen Physik zu bedenken: Wenn die konisch behauenen Basaltpflastersteine verstürzen, liegen sie auf der glatten Oberseite, weil die größer und daher auch schwerer ist.

Im zweiten, längeren Teil des Buches begibt sich Esch auf die Spuren der Via Amerina, die von Baccano nach Amelia führte. Weil sie in der Antike nur eine schmalere und weniger bedeutende Parallelstraße zur Via Flaminia war, konnte diese von Anfang an regionale Straße – gegen die allgemeine Entwicklung – im Mittelalter an Bedeutung zunehmen. Zugleich ist ihr Verlauf nicht in allen Abschnitten gesichert.

Esch hat hier also echte Pionierarbeit geleistet. Allerdings richtet sich dieser Teil des Buches wirklich in erster Linie an Nachforscher, denen festes Schuhwerk und ein robustes Auto empfohlen werden. Im Lehnstuhl sieht man sich trotz der vielen, bisweilen etwas klein reproduzierten Bilder und Skizzen von der Fülle der Informationen rasch erschlagen. Angenehmer Grusel kommt immerhin auf bei der Annäherung an eine aufgegebene Kirche: „Vorsicht, einbrechender Boden, einbrechendes Dach". Die lapidare Anweisung, „man überschreite irgendwie das Gewässer", wird Hardcore-Wanderer herausfordern, und beim Abstieg in ein „feuchtes Dunkel aus bemoostem Fels und Mauerwerk" mag sich eine Seilsicherung empfehlen.

13. Moden und Methoden

Erinnerungen

Gemessen am hegemonialen Erfolg seiner Begriffsprägung hat Pierre Nora einen Volltreffer gelandet. Seine „Erinnerungsorte“ (lieux de mémoire) haben ihren festen Platz in den Debatten um Geschichtskultur und Geschichtspolitik gefunden, und unter den Dickschiffen im historischen Sachbuchprogramm eines großen Verlags paradieren hierzulande neben einer übersetzten Auswahlausgabe des am Ende siebenbändigen französischen Werkes auch drei Bände „Deutsche Erinnerungsorte“ und deren zwei zur griechischen und römischen Antike.

Offenbar trägt das Konzept enzyklopädisch oder essayistisch angelegter Inventare tatsächlich begehbarer oder bloß metaphorisch verräumlichter Gedächtnisorte gerade deshalb sehr weit, weil die theoretischen Voraussetzungen eher allgemein bleiben. Nora ging von der Nation als Träger des gemeinschaftlichen Erinnerns aus, und bei ihm spielte die Intention eine wichtige Rolle. Denn selbst wenn ein Gedächtnisort unübersehbar als Monument noch dasteht, bedarf es doch, so seine fraglos zutreffende These, der dauernden Anstrengung, ihn mit einem Sinn anzufüllen und diesen dann so weit verbindlich zu machen, daß man sich durch und über ihn verständigen kann. Im Hintergrund stand bei Nora aber gewiß auch Melancholie über den „Verlust der Geschichte“ (Alfred Heuß) durch Moderne und Wissenschaft. Die Historiker wiederum befinden sich in diesem Prozeß in einer eigentümlichen Doppelrolle: Als professionelle Kritiker beteiligen sie sich an der Zerstörung von Mythen, als Forscher und Erzähler sind dagegen zumindest einige von ihnen bemüht, den Verlust durch neue Sinnkonstrukte zu kompensieren.

Gleichermaßen als Realereignisse wie durch ihre Mythisierung gehören drei antike Schlachten der Perserabwehr auf griechischem Boden zum Gedächtnisinventar Europas. Marathon galt John Stuart Mill auch mit Blick auf die englische Geschichte für wichtiger als 1066, Salamis war nach Christian Meier ein „Nadelöhr der Weltgeschichte“, und weil lange Zeit Siege durch heroische Opfer noch größer zu werden schienen, erhielt auch der militärisch zumindest umstrittene Tod von dreihundert Spartanern – die dabei in größerer Zahl gefallenen Verbündeten fielen weitgehend dem Vergessen anheim – literarische Prominenz von Schiller über Böll bis Frank Miller. Demgegenüber wurde die endgültige Vertreibung des persischen Invasionsheeres bei Plataiai im Jahr 479 vor Christus nur noch als ein nachholender Kehraus angesehen, weswegen diese Schlacht Sache der Gelehrten blieb.

Doch nicht die neuzeitliche Rezeptionsgeschichte bildet das Thema der Dissertation „Marathon und Plataiai“ von Michael Jung, sondern die gestiftete und in Gang gehaltene Erinnerung an beide Schlachten während der Antike. Spektakulär kann eine solche Arbeit kaum sein, denn die trümmerhafte Überlieferung nötigt einen Doktoranden generell zur Vorsicht, und gefragt wird nach den üblichen Verdächtigen, nach Medien, Akteuren, Praktiken, politischen Einflüssen und erkennbaren Wirkungen. Allerdings hat Jung die für sein eigenes Untersuchungsfeld neuralgische Voraussetzung in Noras Konzeption, nämlich die Nation, treffend erkannt. Denn im antiken Hellas dominierte die Zugehörigkeit zur jeweils eigenen Polis, und selbst der Appell an einen Panhellenismus unter Verweis auf die Perserkriege diente meist hegemonialen Interessen.

So wurde der Marathonsieg, von den Athenern 490 vor Christus fast im Alleingang errungen, später zur Begründung von Ansprüchen herbeizitiert, und bot der Sieg einer Koalitionsarmee bei Plataiai den besten Nährboden für einen Streit um den größten Anteil am Ruhm. Erst als die Macht endgültig dahin war, unter römischer Herrschaft, deutete man den ganzen Perserkrieg panhellenisch, um den Respekt des neuen Herren zu gewinnen. Doch ein kritischer Zeitgenosse wie Plutarch hielt auch das für Kinderei: Wer in die Schuhe der Eltern steige, bekomme dadurch keine größeren Füße.

Kulte und Opferrituale, Feste und Wettkämpfe, teils alt und nur umgedeutet, teils auch neu gestiftet, prägten die Kommemoration der beiden Schlachten. Hinzu kamen bauliche und literarische Monumentalisierungen; letztere waren freilich von untergeordneter Bedeutung, wie mit Recht gegen Jan Assmanns Kanonisierungsmodell betont wird. Jung zeichnet die innen- wie außenpolitisch motivierten Umdeutungen und Neuformierungen, die gerade im Fall Marathon zur Vergangenheitsutopie geraten konnten, präzise nach.

Ein Resultat der Untersuchung, eher gegen die Absicht des Autors gewonnen, könnte indes zu einer peinlichen Schlußfolgerung nötigen: Vielleicht hat das ganze so inbrünstig gehegte Geschichtskultur-, Gedächtnisort- und Memorialparadigma seine besten Tage längst hinter sich, und zwingen die harten Zeiten wieder zu den harten Tatsachen von Macht, Furcht und Interessen zurück. Denn wann immer selbst bei diesen doch prominenten Beispielen nach dem handfesten Einfluß von gestalteter, polarisierter, okkupierter und manipulierter Erinnerung auf das Handeln eines politischen Gegenübers gefragt werden kann, jedesmal fällt das Ergebnis negativ aus. Eine antagonistisch neutralisierte und derart als macht- und erfolglos entlarvte Geschichte taugt wohl noch dazu, sich in Ansprüchen und Selbstbildern einzurichten, die aber im Konfliktfall so gut wie jedesmal an der Wirklichkeit zerschellen. Doch im Wissen um die eigene, bessere und durch die Vergangenheit gerechtfertigte Sache zu verlieren, das ist ja auch etwas.

Verflechtungen

Als er die Göttin Hera einmal rasch vom Berge Ida zum Olymp aufbrechen läßt, illustriert Homer die Rasanz des Fluges: „schnell wie ein wunsch, die phantasie eines dichters vielleicht der bereits weit und lang gereist ist und sich mit einemmal denkt ‚ah, wenn ich schon da wäre‘ – und sich ausmalt, wie es dort ist.“ Raoul Schrott hat sich auch in dieser Passage des fünfzehnten Gesangs der *Ilias* eine poetische Lizenz erlaubt, die im Kommentar eingeräumt wird: Im Original ist es schlicht der Sinn eines Mannes (*noos anêros*), der sich auf den Weg macht.

Robin Lane Fox eröffnet mit den Versen sein Buch „Reisende Helden“, das den Leser auf eine noch viel weitere Reise mitnimmt als vom Berg in der Troas zum thessalischen Göttersitz. Sie berührt große Teile der Küsten den Mittelmeers und führt damit auch heraus aus den Pulverdämpfen der gelehrten Stellungskriege um die Frage, ob die Geschichte des finalen Kampfes um Priamos' Feste einst in Kilikien und der Welt der Assyrer beheimatet war oder wir den Kontext in der Geschichte des hethitischen Anatolien suchen müssen. Troja ist hier kein Tatort von erstem Rang – und wird nicht vermisst. Mit Understatement äußert der Autor im Vorwort zur deutschen Ausgabe seines zuerst 2008 erschienenen Buches die Hoffnung, ein Blick von außen könne vielleicht Bewegung in die festgefahrenen deutschen Positionen bringen.

Das Werk liegt nur bei oberflächlicher Betrachtung weit entfernt von der Gesamtschau auf die Alte Welt von Homer bis Hadrian (s. o. S. 11-14). Gewiß, dem Leser werden hier weit mehr als dort Konzentration und allgemeine Orientierung abgefordert, um der mit ungeläufigen Namen, Orten und Details gespickten Argumentation folgen zu können. Doch das selbstbewußt vorgetragene Axiom des Autors ist das gleiche: Ohne sich krümmen zu müssen vor den Geßlerhüten der anti-eurozentrischen, anti-klassizistischen, postkolonialen und multikulturellen Diskurse, wie sie hierzulande von Gutachtergruppen vor Antragstellern kniefallheischend aufgepflanzt werden, sagt er in seiner siebten umfangreichen Monographie, was Sache ist: Homer war das erste „griechische Wunder“, dem so viele andere folgten, bis hin zum logischen Denken und der Pflicht, rational Rechenschaft zu geben. In keiner der Gesellschaften des Vorderen Orients, auch in Judäa nicht, war dergleichen möglich.

Man kann „Reisende Helden“ nicht nur als Gegenentwurf zur räumlich wie konzeptionell verengten Troja-Debatte lesen, sondern auch als Vorgeschichte und Komplementärstück zu „Kultur, um der Freiheit willen“, Christian Meiers Neubesinnung auf das archaische Griechenland (s. o. S. 61-64). Wie Meier weigert sich Lane Fox, ursprungsmythisch eingeschnürt nach fremden Impulsen zu fahnden, und wo Entlehnungen behauptet werden, setzt er *common sense* dagegen: Als die Söhne des Kronos um ihre Anteile an der Welt losten, mußte Homer diese Idee nicht einem akkadischen Epos entnehmen – die Sitte griechischer Söhne, die zuvor definierten Erbteile zuzulosen, genügte als Vorbild vollkommen. Und für die Lehre von den mit Metallen verknüpften Weltaltern stellt Hesiod den bei weitem ältesten Beleg dar; wer ihn zum Leihnehmer erklärt, ist gezwungen, eine ältere Quelle anzunehmen, von der es jedoch keine Spur gibt.

Die historiographische Pointe der Methode, Akteure, Routen, Artefakte, Fertigkeiten und Mythen so eng und so dynamisch miteinander zu verknüpfen, besteht darin, daß auf diese Weise Kulturtriftmodelle und „Wir sind Kinder des Orients"-Fanfaren statisch und eindimensional erscheinen. Lane Fox sucht die Stationen und Zielorte dieser enorm mobilen Menschen auf – und die Welten, die räumlichen wie die mentalen, die zu erschließen Homers Gedichte, selbst die *Odyssee*, nicht viel beitragen können, sind fürwahr groß. Der Bogen spannt sich von Sargons prachtvoller Residenz Dur Sarrukin (bei Khorsabad im heutigen Irak) bis nach Huelva an der spanischen Atlantikküste nördlich von Cadiz. An beiden Orten waren Phöniker aktiv.

Die reisenden Griechen in Lane Fox' Panorama waren nicht an der kleinasiatischen Westküste oder in den während der Bronzezeit dominanten Zentren auf der Peloponnes ansässig, sondern auf Euböa, der östlich von Attika und Mittelgriechenland wie angeklebten Insel, mit ihren Hauptorten Lefkandi, Chalkis und Eretria. Sie wagten sich ab dem frühen neunten Jahrhundert in das dynamische Dreieck zwischen Kilikien, Zypern und Syrien bis hinab nach Gaza, in Orte und Regionen, von denen Homer so gut wie keine Kunde hatte, und sie faßten über die Routen phönikischer Seefahrer an der Westküste Italiens Fuß. Euböische Trinkgefäße des achten Jahrhunderts fand sich in einer Siedlung an der Tibermündung und in zwei Gräbern am Esquilin in Rom.

Die Ankömmlinge trafen nicht auf leere Räume, sondern auf ein Netzwerk aufstrebender Siedlungen, aber sie brachten bemerkenswerte Innovationen mit, allen voran die kurz zuvor von den Phönikern übernommene, durch hinzugefügte Vokale jedoch entscheidend alltagstauglicher gemachte Schrift. Um sich die neu erschlossenen Regionen und ihre Traditionen verstehend anzueignen, kam ihnen die schier grenzenlose Geschmeidigkeit ihrer mythischen Erzählung zugute, ob es galt, einen kilikischen Herrscher namens Muksas oder Mopsu mit dem berühmten wandernden Seher Mopsos zu identifizieren, oder sich auf Erdstöße und vulkanische Phänomene einen Reim zu machen, indem man dort Zeus unter der Erde mit dem Schlangenungetüm Typhon ringen ließ.

Fern und zugänglich zugleich erscheint unter der Feder von Lane Fox die Welt der reisenden Helden, die nicht als Händler, Siedler, Söldner, Handwerker oder Abenteurer anzusprechen sind, weil sie alles dies neben- und nacheinander sein konnten. Gegen Schmerzen und Gestank kämpften sie mit Drogen und wohlriechende Öle an. Die Süße des Honigs und die Klänge von Musik waren allgegenwärtig – und Kenner früherer Bücher des Autors werden sich nicht wundern: Gärten und Pferde spielen auch hier wieder eine prominente Rolle.

Trotz aller Imaginationskraft, ohne die der Versuch, aus Keramikfunden, Ortsnamen und Mythen eine überzeugende Geschichte zu machen, zum Scheitern verurteilt wäre: Das gelehrte Buch mit seinen hundert Seiten Anmerkungen und polyglotter Bibliographie wird die Debatte um das archaische Griechenland, dessen Anfang und Signatur, neu beleben. Lane Fox verwirft mit guten Argumenten die modische Spätdatierung Homers ins frühere oder gar spätere siebte Jahrhundert. In seinem achten Jahrhundert passiert viel, aber er rekurriert nicht auf die alte Vorstellung von einer demographisch verursachten Renaissance, die auf dem griechischen Festland diverse Formierungsprozesse auslöste und die Polis hervorbrachte. Seine Euböer sind zu wenige, zu neugierig und zu unstet, um Väter der organisierten politischen Egalität sein oder werden zu wollen.

Freilich gab es Instanzen, die aus den gesammelten Erfahrungen und Deutungen einen größeren Sinn zu generieren imstande waren: das delphische Orakel (s. o. S. 22-24), wo seit dem achten Jahrhundert ihren Apollon verehrende Kreter mindestens präsent waren, und der Dichter Hesiod, der erstmals Götter, Geschichte und Gerechtigkeit in einem einzigen Ordnungsentwurf zusammenbrachte. Was in seinem Werk „orientalisch" war, stammte indes nicht aus zeitgenössischen nahöstlichen Texten, sondern aus mündlichen Erzählungen, die auf ihrem Weg über Zypern und Kreta längst eine eigene Prägung erhalten hatten.

Für die unleugbaren Kongruenzen setzt Lane Fox an die Stelle der Genealogie ein ebenso einfaches wie bedenkenswertes Modell ähnlicher Lebenswelten: Wenn nahöstliche Schriftkundige, griechische Dichter und ihre euböische Zeitgenossen einen gewissen Stil des Denkens teilten, so lag dem keine Orientalisierung zugrunde, sondern es ergab sich aus dem parallelen Versuch, der Welt des achten Jahrhunderts einen Sinn zu geben.

Euböa war von Hesiods Askra in Böotien nicht weit entfernt, und an klaren Tagen reicht der Blick bis nach Chios, wo vielleicht Homer gedichtet hat. Lane Fox hat seine „dritte", von den beiden Dichtern am Anfang der europäischen Literatur nur gestreifte Welt, die er mit suggestiven Assoziationen, stupender Detailkenntnis und vielfachem „es könnte sein" lebendig werden läßt, selbst kreuz und quer bereist. In gewisser Weise ist er selbst zu jenem Hipposthenes – „stark durch Pferde" – geworden, der am Ende des Buches auf den Routen der reisenden Helden sein unstetes, reiches Leben durchläuft – ein erfundenes, gleichwohl wahres Leben.

Überspachtelungen

„Pimp my ride" hieß eine populäre TV-Doko-Soap, in der ein Tuning-Unternehmen in Kalifornien alte, vernachlässigte Autos in schicke Poserschlitten verwandelt. Gezeigt werden dabei nur Arbeiten an der Peripherie: Lack, Räder,

Innenraum, Entertainment. Nie wird die Substanz, werden Fahrwerk, Motor, Bremsen und Getriebe überholt. Ähnlich liegt der Fall bei der Neuausgabe des „Lateinisch-deutschen Handwörterbuchs“ von Karl-Ernst Georges, „auf der Grundlage der achten, verbesserten und vermehrten Auflage von Heinrich Georges“, die ihrerseits 1913 herauskam und lange Zeit das am weitesten verbreitete Werk dieser Art für anspruchsvolle Arbeit mit antiken lateinischen Texten darstellte. Die digitale Erfassung des mittlerweile auch im Internet kostenfrei greifbaren Zweibänders ermöglichte eine Neugestaltung. Das größere Format verbessert die Lesbarkeit, formale Unebenheiten wurden bereinigt, die Bände liegen gut in der Hand, man liest sich gern fest. Doch es fehlten die Kapazitäten für mehr als ein Überspachteln. Zwar ist die einst für den deutschen Textanteil verwendete Frakturschrift beseitigt, aber bei den Übersetzungen hat man nur hier und da modernisierend eingegriffen; manche Angaben bedürften längst selbst der Erklärung, etwa das „Hintertreffen“ (*ab novissimis*: nicht „Nachteil“, sondern die hinterste Abteilung eines militärischen Verbandes). Immer noch tummeln sich hier Genossen und Gunstbezeigungen, Beischläferinnen oder Buhlen.

Das Unterfangen kann bei jedem Freund des Wortes und der lateinischen Sprache auf Sympathie rechnen. Gleichwohl erscheint es zweifach verfehlt. Wissenschaftlich arbeitende Benutzer werden nach wie vor gerade für die antiken Hauptautoren die Belegstellen vermissen, wie sie das (teurere) „Oxford Latin Dictionary“ durchgehend bietet, und wünschen, die vorhandenen Nachweise wären systematisch auf einen neueren Stand gebracht worden. Auch fehlt eine Liste der Werkabkürzungen und benutzten Textausgaben. Für Studierende kommt der Zehnpfünder inzwischen zu reichhaltig und komplex daher; mancherorts wird die Arbeit mit dem „Georges“ erst gar nicht mehr verlangt oder empfohlen. Die allzu beschränkt ausgefallene Neuausgabe wird daran, so ist zu befürchten, nichts ändern können.

Nutzungen

Die europäische Aufklärung war ein tintenklecksendes Säkulum und ein Kommunikationsvulkan – unendlich viel wurde geschrieben, übersetzt, erwidert, kritisiert. Bücher konnten sentimentale Verzückung oder höchste Empörung auslösen. Doch wenige Autoren trafen den Nerv der Zeit so wie Edward Gibbon (1737–1794) mit seinen zunächst drei, am Ende sechs Bänden „Decline and Fall of the Roman Empire“ (s. u. S. 215-217), erörterte das Werk doch in monumentaler, zugleich ironisch gebrochener Prosa eine der wenigen wirklichen Hauptfragen der Weltgeschichte. Verhandelt wurde in ihm nicht weniger als das Unbehagen in der Kultur, die historische Rolle der christlichen Religion, die komplexe Verschränkung von Fortschritt, Zivilisation und Barbarei, der angemessene Stil von Geschichtsschreibung und vieles mehr. Gute Gründe also für eine Sammelband „Edward Gibbon im deutschen Sprachraum. Bausteine einer Rezeptionsgeschichte“.

Rezeptionsgeschichte in der hier präsentierten Form ist attraktiv. Sie macht das nirgends endende Gewebe des Geistigen in der Breite und Tiefe der Zeit sichtbar; sie erlaubt es, intelligente Texte zu verfassen, ohne vom Sachgegenstand des Ausgangsautors, dem spätrömischen Reich und der nachantiken Welt im Osten des Mittelmeerraumes, vertiefte Kunde haben zu müssen, sie gestattet disziplinübergreifendes Arbeiten auf der Basis einer Minimalhermeneutik, sie ist der ideale fächerübergreifende Tagungsgegenstand. Evident Irriges wird selten produziert; die Gretchenfrage zielt eher auf die Relevanz des Erhobenen, und die kann leicht als ungehörig zurückgewiesen werden.

Doch in der Tat ergeben die Tiefbohrungen zu den einzelnen Autoren oft genug, wie dünn der Faden sein konnte. „Wer wird nicht einen Klopstock loben? Doch wird ihn jeder lesen? Nein. Wir wollen weniger erhoben und fleißiger gelesen sein.“ Was Lessing über ein dichterisches Werk befand, gilt noch mehr für „Decline and Fall“: Sich auf die einundsiebzig Kapitel, gut dreitausend Druckseiten wirklich einzulassen erfordert sehr viel Lese- und damit Lebenszeit; die Gibbon-Lektüre war daher seit jeher anfällig für Reduktionismen aller Art.

Für die Althistoriker degenerierte er zu einem im doppelten Wortsinn unbefragten Klassiker oder erhielt, schlimmer, im Lichte der kanonischen Gründungserzählung vom Aufbruch zur echten Wissenschaft erst um 1800 einen Nischenplatz in der Vorhalle. Schon die zeitgenössische Diskussion reduzierte das kurz vor Ausbruch der Französischen Revolution vollendete Werk nicht selten auf die scheinbare Verdammung des Christentums im fünfzehnten und sechzehnten Kapitel. Immerhin, Gibbons vorzügliche Übersicht des Römischen Rechts im vierundvierzigsten Kapitel erschien schon 1789 in einer kommentierten deutschen Separatausgabe und konnte so auf das Narrativ der juristischen Romanistik einwirken – eine gelungene Teilrezeption, in ihrer „zeitlosen Modernität ungeheuer anregend und begeisternd“. In einem anderen Beitrag wird hingegen Nietzsche bei einer Gibbon-Kenntnis im Modus Schavan ertappt: Nicht das Original hatte der eilige Jungstar gelesen, sondern ideengeschichtliche Überblickswerke, mit deren Destillaten er dann sehr freihändig umging. Die Rede von der Spätantike als Dekadenz kann man „Restgibbonianismus“ nennen; im Original liest sich der Sachverhalt viel differenzierter. Aber Originallektüre verhindert Zuspitzungen – der radikale Christenfeind und Verfallsdenker Nietzsche vollzog im „Antichrist“ eine „Re-Gibbonianisierung ohne Gibbon“.

Rezeption als Kette von zufälligen Begegnungen, interessegeleiteten Rosinenpickereien, mehr oder minder produktiven Mißverständnissen, das ist der kaum überraschende Befund in den meisten Beiträgen zu einzelnen Autoren, von der Weimarer Klassik über Wagner und Dahn bis Dilthey. Der institutionelle Rahmen der Aufklärung, zumal Übersetzungen und Zeitschriften, kommt zu seinem Recht, ebenso der Geniekult um den Autor. Schiller und Goethe blieben indes reserviert, Börne zufolge war Gibbon „reich, fett, glücklich und wußte die Religiosität der armen Teufel nicht zu schätzen". Es gab viele Gründe für das 19. Jahrhundert, Gibbon so oder so zu beurteilen, ohne ihn wirklich zur Kenntnis zu nehmen. Anregender lesen sich die Beiträge, die Gibbon über seine späteren Exegeten oder Rivalen für unsere Zeit erneut aufschließen und dabei Fortschrittsannahmen unterminieren. So legte Michael Bernays schon vor über hundert Jahren die scheinbare Eindeutigkeit von Gibbons auktorialem Erzähltext als ein Spiel dar, das nur verstehen kann, wer auch die Fußnoten als gleichberechtigtes Textelement ernstnimmt. Der wenig bekannte Karl Gutzkow (gestorben 1879) brachte Gibbon mit guten Argumenten gegen die Konsistenz verheißenden Geschichtsmodelle des deutschen Idealismus und der Romantik in Stellung. Patrick Bahners zeigt, wie Jacob Burckhardts Bild der Kaiser Diokletian und Konstantin als Nur-Machtmenschen, die aus einer rein rational-agnostischen Position agierten, hinter Gibbons ältere, komplexe Diskussion historischer Handlungsbedingungen und religionspsychologischer Momente zurückfällt; des Baslers „Programmatik der Profanierung schmeckt viel stärker nach dem achtzehnten Jahrhundert als alle blasphemischen Spitzen bei Gibbon". Die „Entdeckung der Vielsinnigkeit oder Widersprüchlichkeit historischer Vorgänge und Gestalten", wie Gibbon sie an Julian entfaltet, zeige, so ein weiterer Beitrag, wie der Autor überhaupt erst im Schreiben die Geschichte entdeckte.

Der Mitherausgeber Till Kinzel spricht realistisch von einer schleichenden Entkanonisierung Gibbons nicht nur in der englischen Literaturgeschichtsschreibung. Einen der schon genannten Gründe wandelt der gebeutelte Philologe listig in eine therapeutische Pointe um: „Decline and Fall" zu lesen wirke entschleunigend; „im Zeitalter der Collage und des Fragments, der Medienwechsel und vielfältigen Appropriationen alles möglichen Kulturguts dürfte auch das Potential Gibbons noch bei weitem nicht ausgeschöpft sein". Wenn da nur nicht der nächste zu schreibende Antrag für Tagungsmittel und Druckkostenzuschüsse bei der Thyssen-Stiftung dazwischenkommt!

Verfremdungen

Jacques Derrida hat das Wort „Mundialatinisierung" geschöpft, als er von einer imperialen Mission der lateinischen Sprachen fabulierte. Aber tatsächlich benötigt die Sprache Latein heute beinahe schon Artenschutz. Das sagt indes noch nichts über die Spuren, die Rom als Zentrum der lateinischen Sprache und des römischen Denkens in den Gedächtnissen Europas hinterlassen hat. Sammelbände wie „Latein und Europa“, „Rom als Idee“ oder „The Legacy of Rome“ stehen im Bücherschrank von Bildungshumanisten. Mit „Rom Rückwärts“ erhalten sie literaturwissenschaftlich-postmodern grundierten Zuwachs.

Der Titel kommentiert ironisch Peter Sloterdijks beiläufigen Satz, die sogenannte Geistesgeschichte beruhe auf der Illusion der Rückwärtskompatibilität von Ideen. In Form einer kommentierten Anthologie werden hier gut dreißig Textpassagen aus der europäischen Literatur und Philosophie von Ovid bis Kittler, die auf Rom rekurrieren, auf je vier bis neun Seiten interpretiert, dazu einige Bilder und Filme. Dabei muß sich der Begriff Interpretation strecken lassen: Einige Autoren erschließen die Vorlage (Prudentius beziehungsweise Lucan) schulmäßig und nachvollziehbar, andere assoziieren und verfremden ebenso lustvoll wie ungezügelt. Die großen Bögen der Rezeptionsgeschichte sind in diesem Format ohnehin nicht zu spannen, doch die Neigung mancher Deuter, Wortspielen, Spiegelungen und Inversionen, von *Roma* über *amor* zu *mora* (Aufschub; Verzögerung; Zeit), tiefe Bedeutung abzugewinnen, überschreitet bisweilen die Grenze zum hermeneutischen Dadaismus. Wenn die Herausgeber außerdem das Feld der Referenz Rom zwischen Institution und Traum, Übersetzung und Übertragung, Grammatik und Anagrammatik zu bestimmen suchen oder sich gegen die im Dispositiv der Macht angeblich behauptete Lückenlosigkeit und Kontinuität verwahren, so wirkt der Aufstand gegen eine genealogische Meistererzählung eher müde: Aus Freud und Foucault als epistemologischen Säulenheiligen lassen sich kaum noch zündende Funken schlagen.

Allzu leicht abgetan oder angeklagt wird Rom als angeblich kühl-abstrakte Ordnungs- und Rechtsmacht. Der Brudermord des Romulus in der Gründungsgeschichte habe die exklusive und monogame Vaterschaft als Herrschaftslegitimation begründet. Den Rivalen Remus zu töten und eine gesetzliche Ordnung zu schaffen seien für die Römer zwei Seiten derselben Medaille gewesen: Da das Rechtliche im Sinn einer Reduzierung der Zweiheit auf eine Einheit abziele, sei der Mord als eine „vorjuridische Szene des Juridischen“ zu lesen. Solche Gedankenakrobatik fasziniert, verkennt aber einen zentralen Unterschied: Die Welt der Ideen und Deutungen liebt Ambivalenzen und Pluralitäten, während ein Richter am Ende entscheiden muß.

Diskutabler erscheint da schon die Exegese von Augustinus’ Lesart des Brudermords: Gespalten-Sein im Gleichen, Figur des gesellschaftlichen Körpers und unhintergehbare Hypothek der Weltgeschichte. Simone Weil verallgemeinerte den Gedanken, als sie in finsterer Zeit Rom als den historischen Knoten identifizierte, von dem aus immer wieder Gewebe von Macht und Gewalt geknüpft würden. Eine Variante war da nur das Schreckgemälde päpstlichen Allmachtsbegehrens, das Émile Zola kulturkämpferisch ausmalte. Differenzierte urteilte Paul Valéry: Rom als ewiges Vorbild des organisierten und stabilen Machtstaates widerstand eben auch lange dem Schicksal der Zivilisation, sterblich zu sein – und es schuf über seinen Tod hinaus die Idee einer Übertragung (*translatio*) als Option der Späteren, über ein definiertes Erbe verfügen zu können. Die Krise des Geistes manifestiert sich in einem Überangebot von gleich Gültigem – wer vermöge zu sagen, was in Literatur, Philosophie, Ästhetik morgen noch lebendig sein werde? Die in der römischen *translatio* gesicherte Organisation ist einer namenlosen Kontingenz gewichen, die Heterogenität zum Chaos geworden.

14. Macht, Ordnung, politische Kultur: die Römische Republik

Dreimal für die ganze Republik

Seit Montesquieus „Considérations sur les causes de la grandeur des Romains et de leur décadence“ (1734) wird die Geschichte der Römischen Republik als philosophische Geschichte geschrieben. D'Alembert benennt in seiner Lobrede auf den Verfasser im fünften Band der „Encyclopédie“ als Grundaufgabe einer solchen Historiographie, die Ursachen für Aufstieg, Blüte, Verfall und Niedergang großer Reiche zu ermitteln. Besonders klar erkennbar seien sie in der Geschichte der Römer, zeige diese doch „eine von der Vernunft beherrschte Politik und ein bestimmtes System in der Machterweiterung, das nicht erlaubt, das Glück dieses Volkes dunklen und untergeordneten Triebkräften zuzuschreiben“. Die Ursachen der römischen Größe seien in der Geschichte zu finden, den Philosophen komme es zu, diese Ursachen aufzudecken.

Wenn sich auch bald ausschließlich die Historikerzunft dem Enthüllungswerk widmete, so konnten die Meistererzählungen ihrer besten Vertreter doch stets den Anspruch erheben, im Horizont ihrer Zeit die gültigen Antworten zu geben. So sah der noch nicht vierzigjährige Theodor Mommsen den Sinn der republikanischen Geschichte in der Synthese von Volkssouveränität und Monarchie sowie in der Einigung der italischen Nation durch Rom. Joseph Vogt, der 1932 im Alter von siebenunddreißig eine ebenfalls immer wieder aufgelegte Darstellung vorlegte, suchte den römischen Ruhm in Staatskunst und Völkerregiment. Vogt konnte mit der verbreiteten Überzeugung operieren, daß dem unübersichtlichen Gewebe, welches Personen und Ereignisse knüpften, einheitliche Wirkkräfte zugrunde lagen, in diesem Falle „der dem römischen Volk eingeborene Wille zur Macht“. Solange der Machtwille durch „rechtlichen Sinn“ gebändigt wurde, konnte er nicht in Willkür ausarten; erst als durch griechische und orientalische Einflüsse die alten Bindungen gelockert und die altrömische Lebensordnung aufgelöst wurden, kehrte sich die Macht nach innen, stürzte sie Rom und sein Reich in Chaos und Bürgerkrieg, bis schließlich Augustus eine monarchische Ordnung begründete, in der sowohl das Reich mit seinen Bedürfnissen und kulturellen Angeboten als auch die republikanische Tradition aufgehoben waren, wenn auch auf ganz verschiedene Weise.

Die großen Sinnmodelle eines von verborgenen Kräften bestimmten, paradigmatischen Geschichtsverlaufes mögen schal geworden sein; ihr implizites Fortwirken ist indes unbestreitbar. Kontingenz und Wandel zwischen der Begründung der Römischen Republik um 500 v. Chr. und ihrem definitiven Ende, das meist in der Schlacht von Actium im Jahre 31 v. Chr. gesehen wird, finden sich üblicherweise in ein ehernes Periodisierungsschema eingezwängt, das letztlich auf antike Geschichtsmodelle zurückgeht und so attraktiv war, weil es Lehren für die Diagnose der jeweils eigenen Zeit bereitzuhalten schien. Mochte die schlichte organische Abfolge von Aufstieg, Blüte und Verfall auch eher zum Hinnehmen des Unausweichlichen mahnen, so bildete das Wechselspiel zwischen Konsens und Konflikt zwischen Adel und Volk sowie innerhalb des Adels selbst einen variablen Faktor von erheblicher Geschichtsmächtigkeit. Antike Geschichtsschreiber und moderne Historiker schenkten ihm große Aufmerksamkeit, während moralische und religiöse Erklärungsmodelle bei letzteren bald außer Kurs kamen. Auch der geographische Raum als Lebensraum, von Mommsen und Vogt lange vor der Annales-Schule als buchstäblicher Grund der römischen Geschichte erkannt, scheint unter Ideologieverdacht geraten zu sein.

Klaus Bringmann eröffnet seine „Geschichte der Römischen Republik“ statt dessen mit dem Hinweis, daß die Gründung Roms aus heutiger Sicht nicht mit einem Datum verbunden werden kann, um dann die frühesten Siedlungs-, Gesellschafts- und Herrschaftsstrukturen zu erläutern. Bewußt stellt sich der Frankfurter Emeritus in eine lange Kontinuität, sieht er doch die Aufgabe jeder Darstellung dieses Gegenstandes darin, die alte Frage Montesquieus im Licht der Ergebnisse der modernen Geschichtswissenschaft neu zu beantworten. Hinzuzufügen wäre: natürlich und wiederum zeitgemäß ohne jede teleologische Immanenz.

Das Buch weist alle Vor- und einige Nachteile einer in langen Jahren gereiften Überblicksvorlesung auf. Faktenreich und -sicher, schnörkellos und auktorial bietet Bringmann in erster Linie Instruktion entlang der gängigen Epochengliederung, bei der die institutionellen und legislativen Umwälzungen mit der äußeren Expansion verbunden werden. Dieser räumt der Autor deutlichen Vorrang ein. Der Aufstieg Roms zur einzigen Weltmacht des Mittelmeerraumes fand unter der Führung einer weltgeschichtlich einzigartigen Aristokratie, der Nobilität, statt. Wer in Rom Politik trieb, gehörte zum Adel, und wer zum Adel gehörte, trieb Politik, so formulierte es Christian Meier einmal. Reichtum war Bedingung, aber kein Distinktiv; Abstammung war von Vorteil, aber jeder Nobilis mußte sich immer wieder durch Leistung profilieren, um von der Volksversammlung in eines der begehrten Führungsämter gewählt zu werden.

Bringmann spricht von den äußeren Herausforderungen, welche von der Nobilität seit dem Ende des vierten Jahrhunderts gemeistert wurden, und er schildert die jeweiligen Kriegsanlässe und Kriegsausbrüche ausführlich, um zu zeigen, daß den Römern jeder imperiale Masterplan fehlte. Wegen der begrenzten Verwaltungskapazitäten der stadtstaatlichen Institutionen und wegen der aristokratischen Furcht vor zu großer Unabhängigkeit einzelner Standesgenossen hat man in der Tat lange gezögert, die Eroberungen in Herrschaft zu überführen und Verantwortung zu übernehmen.

Ganz aus der Ferne klingt die ebenso heftige wie sterile Debatte seligen Angedenkens um den römischen Imperialismus nach, und Bringmann formuliert eine wohletablierte Auffassung, daß sich der Siegeszug Roms aus der Dynamik einer Entwicklung ergab, die durch eine ganze Kette von siegreich bestandenen Herausforderungen bestimmt wurde. Doch gewiß allzu beiläufig werden Beutegier und Ruhmsucht einer Aristokratie erwähnt, deren Angehörige in den Werken des Krieges das wichtige, ja beinahe einzige Mittel im Konkurrenzkampf um Ämter und Prestige sahen. Bringmanns Modell eines weitgehend konsensorientierten, vom Senat als Kollektiv dominierten politischen Systems unter dem Primat der Außenpolitik stehen neuere Forschungen gegenüber, nach denen die – nicht zufällig oft als Klassische Republik bezeichnete – Epoche von den Samnitenkriegen vor und nach dem Jahr dreihundert bis zu den Gracchen gerade im inneren Gefüge der Nobilität und der Institutionen aufregende Veränderungen und Konflikte erlebte. So bildeten sich etwa Karriereregeln heraus, wurden suspendiert und durch Gesetze wieder eingeschärft; das Volk suchte seine spirituellen Bedürfnisse aus vielen Quellen zu befriedigen, und oft gelang es der Führung nur mühsam, durch Gewährenlassen, Eindämmen und Integrieren das Heft in der Hand zu behalten.

Ausgelöst wurden solche Verwerfungen meist durch kontingente Ereignisse und Rückschläge. Sie waren die vielleicht deutlichsten Anzeichen für die strukturellen Aporien und Konfliktpotentiale der Nobilitätsherrschaft schon lange vor dem Jahr 133. Einige Fallstudien, etwa zur Auseinandersetzung um die Kriegserklärung an Makedonien kurz nach dem Ende des Hannibalkrieges oder zu den religiös-kulturellen Rupturen der einhundertachtziger Jahre hätten den Umfang des Buches kaum vermehrt und vieles problematisiert, was ansonsten im Gleichschritt der folgerichtigen Ereignisschilderung unterzugehen droht.

Das Volkstribunat und der gewaltsame Tod des Tiberius Gracchus im Jahr 133 markieren den Beginn der offenkundigen politischen Desintegration, die mit einer gängigen Formel als Krise der Republik bezeichnet wird. Aus der von den Aufgaben des Reiches überforderten – Bringmann spricht mehrfach vom „unbewältigten Reformstau" –, dabei zugleich immer weniger konsens- und kompromißfähigen Nobilität erhoben sich Einzelpersönlichkeiten wie Marius, Sulla, Pompeius und Caesar, die ihre Machtinteressen auch mit militärischer Gewalt durchsetzten und so der monarchischen Alleinherrschaft den Weg bahnten.

Krise und Untergang der Republik nehmen schon wegen der besseren Quellenlage etwa zwei Drittel des Buches ein, und hier ist der Autor erkennbar in seinem Element. Lesenswert ist die Darstellung der Reformversuche von Tiberius und Gaius Gracchus, und der ansonsten meist irenisch gestimmte Verfasser brandmarkt später auch schon einmal die Torheit und Eigensucht der politischen Klasse. Die Kapazitätsgrenzen der republikanischen Verfassung benennt Bringmann klar: Nicht die Institutionen hatten die Stabilität garantiert, sondern der prekäre Konsens der regierenden Klasse bei der Bewältigung äußerer Herausforderungen hatte ein politisches System am Leben gehalten, das ansonsten „die beste Handhabe dazu bot, sein Funktionieren bei ernsten Konflikten über Sach- und Machtfragen zu sistieren, und ihre gewaltsame Austragung anstelle des Ausgleiches und des Kompromisses begünstigte". Der Rest waren Blockade und Bürgerkrieg, unterbrochen von Phasen trügerischer Normalität und begleitet von einer erneut beispiellosen und diesmal offenkundig vom Primat der Innenpolitik bestimmten Expansion, die mit dem Parvenü Pompeius begann und in der Eroberung Galliens durch den Super-Nobilis Caesar gipfelte.

Einem jüngeren Autor wie Michael Sommer, der seine Version der Geschichte der Römischen Republik als ersten Band einer Gesamtgeschichte Roms mit Anfang Vierzig vorlegt, mag es leichter fallen, sich zu wundern, zumal er sich diese Epoche in großen Zügen neu erschließen mußte. Schon Alfred Heuß bemerkte vor mehr als einem halben Jahrhundert in der „Propyläen Weltgeschichte", gerade das Gewohnte enthalte für den historischen Verstand die Aufforderung, es in seiner scheinbaren Selbstverständlichkeit in Frage zu stellen. Das meint zum einen, das etablierte Bild dort zu modifizieren, wo die Forschung neue Perspektiven gesucht hat, zum Teil angestoßen durch Orientierungsbedürfnisse der Gegenwart. In Sommers Sicht hat eine Alte Geschichte, die eurozentrische Verengungen überwinden wolle, herauszuarbeiten, wie vielfältig die Mittelmeerwelt in ethnischer, sprachlicher, kultureller und religiöser Hinsicht stets gewesen sei. Kapitel über den italischen und den mediterranen Kontext der römischen Geschichte tragen dem Rechnung. Und während Theodor Mommsen die zunächst herrschaftliche, dann kulturelle Einigung der Halbinsel durch Rom zur Nation als Weg zu einem immanenten Ziel beschrieb, hält Sommer diese für einen historischen Sonderfall, abgerungen einer ausgeprägten ethnischen und politischen Fragmentierung und nicht zu halten, nachdem die Kaiser nicht mehr für die Integrität zu sorgen imstande waren.

Wie Mommsen und Heuß behandelt auch Sommer die Geschichte Roms bis etwa zum Anfang des dritten Jahrhunderts als ein Konglomerat von Gegebenheiten, die sich nur langsam wandelten, während er die folgende Epoche mit Recht von beschleunigten Prozessen und katalytischen Ereignissen bestimmt sieht. Anders als die beiden großen Vorgänger betrachtet er das, was die Römer von den ersten Jahrhunderten ihrer historischen Existenz zu wissen glaubten, nicht als Mythen, denen man mit Quellenkritik zuleibe rückt, soweit sie nicht ganz ignoriert werden, sondern als Dauerbaustelle von Erinnerungen und Konstruktionen, die für das Handeln der Römer in späterer Zeit formativ waren – ebenso wie die Struktur der Familie oder das Oben und Unten der Gesellschaft.

Die Ergebnisse der neueren Forschungen zur politischen Kultur mit ihrem magischen Viereck aus Konsens, Wettbewerb, Öffentlichkeit und Mobilisierung sind souverän verarbeitet, aber der bekennende Weberianer und Luhmann-Kenner Sommer löckt auch einmal wider den Stachel, wenn er sich weigert, Religion als System oder Subsystem anzusprechen: nein, „Religion war schlicht da, das Leben mit ihr war den Römern selbstverständlich". Und dankbar nimmt man entgegen, wie hier endlich der immer noch gern akzeptierten Appian-Erzählung von einer allgemeinen Agrarkrise Mitte des zweiten Jahrhunderts auf wenigen Seiten eine differenzierte Analyse entgegengestellt wird, die regionale Unterschiede und demographische Entwicklungen in den Vordergrund stellt.

Eine Gesamtdarstellung hat stets das Chaos zu bändigen, damit daraus Geschichte wird. Sommer leistet das, bricht die Ordnung der folgerichtigen Etappen aber auch immer wieder auf. Die ersten Jahrhunderte galten schon immer als Flegeljahre, aber in solcher Deutlichkeit war in einem Buch dieser Art noch selten von der Anarchie im archaischen Italien oder einer gesamtitalischen Krise um das Jahr 500 die Rede. Das ingeniöse Bündnissystem in Italien? Sommer macht sich den Vergleich mit einem Verbrechersyndikat zueigen, „das seine Opfer entschädigt, indem es sie zu Komplizen seines nächsten Coups macht". Von der stabilen „klassischen Republik" zwischen dem Ende der Ständekämpfe und den Gracchen bleibt wenig übrig; die innerfamiliären, sozialen und vor allem demographischen Verwerfungen, welche im Jahr 133 und danach die Gewalt so rasch eskalieren ließen, hätten gut noch stärker akzentuiert werden können. Im letzten Teil des Buches schließlich weisen Zwischenüberschriften wie „Krisenmanagement", „Abenteuer", „Vabanque" und „Agonie" den Weg.

Ein anderes Moment hängt mit dieser Akzentuierung zusammen. Heuß hatte in der Selbstverständlichkeit, die einem so vielfach untersuchten Gegenstand innezuwohnen scheint, noch eine weitere Gefahr gesehen. Man müsse sich immer wieder vor Augen führen, wie wenig die römische Geschichte in ihren Voraussetzungen und Anfängen auf das von ihr Erreichte hin angelegt war. Roms Aufstieg zur universalhistorischen Größe gebe vielmehr zum Staunen Anlaß. Sommer nimmt den Ball auf – und spielt Doppelpaß mit einem Kameraden, den früher die meisten Historiker wohl nicht gern in ihrer Mannschaft gesehen hätten: dem Zufall. Doch ganz auf der Höhe der theoretischen Diskussion nutzt er den Zufall nicht etwa als willigen Ausputzer, um Lücken in Erklärungsketten zu schließen. Vielmehr gibt der Autor den damaligen Akteuren ihre Freiheit zurück, indem er die Konstellationen so unbestimmt erscheinen läßt, wie sie sich für jene darstellten – und öffnet ihnen dadurch überhaupt erst ein Feld zum Handeln. Komplementär dazu betont er das Experimentieren der römischen Politik während der Expansion in Italien und über den Mittelmeerraum hinweg, als der Gesamtwille der politischen Klasse zwar stets in die gleiche Richtung wies, zugleich aber die Konkurrenz in dieser Führungselite zusammen mit den Profilierungschancen, die durch die kurze Dauer der Ämter und Kommanden ebenso vervielfacht wie begrenzt wurden, ein breites Spektrum tatsächlichen Handelns und Ergehens erzeugte.

Auch am Schluß des Buches streut Sommer, wenngleich etwas halbherzig, Sand ins Getriebe einer prozeßfixierten Historie: Zwar sei die Republik als kollektive Herrschaft der Aristokratie unter Zustimmung des Volkes am Ende klinisch tot gewesen; nur über den Todeszeitpunkt werde bisweilen noch gestritten. Doch auch der Stellenwert des Bürgerkriegs zwischen Pompeius und Caesar stehe nicht fest: Einbruch des Verhängnisses oder Exekution des Wechsels zur unvermeidbar gewordenen Monarchie, die auch bei einem anderen Ausgang von Pharsalos, Philippi oder Actium gekommen wäre, weil sie in Wirklichkeit schon da war oder wenigstens im großen Trend lag?

Historiker, so gibt Sommer zu bedenken, neigten dazu, die Wirksamkeit von Kontingenz zu unterschätzen, weil sich diese gegen alle Bemühungen zur Systematisierung und Rationalisierung sperre – und damit gegen den Kern der wissenschaftlichen Beschäftigung mit Geschichte. Sein glänzend geschriebenes Buch zeigt, wie ein moderner Zugriff die Probleme einer Struktur- und Prozeßanalyse meistern kann, ohne gleich die Waffen zu strecken oder mit einer bloß virtuosen Komposition von Einzelszenen und Bildern als Surrogat von Folgerichtigkeit einen historischen Sinn lediglich zu suggerieren.

Der konzeptuellen Tradition verpflichtet, aber mit wachem Blick auf die neuen Ansätze schreibt auch Wolfgang Blösel in seiner – freilich auf knapp 300 Seiten begrenzten – Gesamtschau „Die römische Republik" mit dem Untertitel „Forum und Expansion". Den Verlauf der zahlreichen Kriege schildert er relativ ausführlich; die Rechtfertigungsklimmzüge früherer Generationen um Kriegsschuldfragen und Imperialismus schiebt er indes entschlossen beiseite: Seine Römer brechen Verträge, führen Kriege mindestens präventiv, wenn auch ohne *grand strategy*, und folgen dem Ruf des Ruhms und des Goldes. Doch allenfalls implizit, in manchen Akzentuierungen, geht Blösel das immer offenkundiger werdende historiographische Kernproblem an: Wie kann man die Geschichte der Römischen Republik einer Leserschaft nahebringen, die Leistungen und Leidensfähigkeit im Krieg längst nicht mehr für selbstverständlich oder gar bewundernswert hält, sondern eher postheroisch befremdet und verstört darauf schaut, wie sich die Römer – höchst aktiv und immer bereit, fremdes wie eigenes Blut zu vergießen – zu Herren der antiken Welt machten, ohne lange Zeit die daraus abzuleitende Verantwortung zu übernehmen?

Blösel erklärt die atemberaubende Dynamik der Expansion und den nahezu unersättlichen Eroberungsdrang der Römer aus der bis zum Ende der Republik verbindlichen stadtstaatlichen Struktur der Republik und der Konstruktion der politisch führenden Aristokratie, der Nobilität. Alle Wege führten tatsächlich nach Rom, nur hier, auf dem Forum, dem Comitium und bei den jährlichen Wahlen der Amtsträger auf dem Marsfeld, wurden Ämter, Rang und Prestige vergeben, nur hier fanden die Triumphzüge statt, wurde die Beute zur Schau gestellt und verausgabt.

Die Ausweitung des Herrschaftsgebietes führte also nicht zu einer Dezentralisierung der soziopolitischen Prozesse in die Peripherie; es gab weder einen Reichsadel noch eine föderale Vertretung oder Organisation. Als die Verbündeten der Römer in Italien einmal in diese Richtung vorstießen, führte das zu einem recht kurzen, aber heftigen Krieg, der die Hemmschwelle gegenüber der Anwendung von Gewalt im an sich befriedeten Binnenraum nochmals erheblich senkte und für die Generation Ciceros zum prägenden Trauma werden sollte.

Je mehr Erfolge Rom aber in der weiten Fläche errang, desto schärfer wurde der Wettbewerb um Ämter, Rang und Status im Zentrum und desto schlechter funktionierte in der Tat das ohnehin höchst labile politische System, das durch das Veto von Volkstribunen leicht paralysiert werden konnte und von allen Beteiligten viel Disziplin und Aushandlungsbereitschaft verlangte. Dieser Zusammenhang ist geläufig. Aber Blösel kann aus eigener jüngster Forschung einen wichtigen neuen Akzent setzen: Die Konzentration militärischer Kompetenz und Machtmittel auf wenige Einzelpersonen wie Marius, Sulla, Pompeius, Caesar und am Ende Oktavian ergab sich keineswegs systemnotwendig, weil etwa „das Reich“ neue Formen und Dimensionen militärischer Vollmachten erfordert hätte oder weil diese ambitionierten Führernaturen so rücksichtslos waren. Vielmehr schoß sich die lange so breit gelagerte und erfolgreiche Nobilität selbst aus dem Rennen, indem sie seit dem zweiten Jahrhundert ihre Aktivität verstärkt auf die Metropole konzentrierte und, plakativ gesagt, über dem Rhetorikstudium das Kriegführen verlernte.

Die zweite Hälfte des Buches bietet die kühle Pathologie eines Elitenversagens, das auch schon bei Bringmann und Sommer anklang und das bereits Mommsen in seiner „Römischen Geschichte“, sensibilisiert durch die Verfassungs- und Legitimitätskämpfe des neunzehnten Jahrhunderts, so scharf wie keiner formulierte: „Wenn aber eine Regierung nicht regieren kann, hört sie auf legitim zu sein und es hat wer die Macht, auch das Recht sie zu stürzen.“ Blösel nennt Wahrnehmungsdefizite, „politische Arroganz“, einen starrsinnigen Senat und „dramatischen Verlust an zentralen Leitungskompetenzen“. Er zitiert die Quellen sparsam und berichtigt sie gern, aber in dieser Zuschreibung tatsächlicher und persönlicher Verantwortung liegt er näher bei Sallust als bei Montesquieu. Wie das alles zusammenhing, die rasante Expansion Roms unter Führung der Nobilität, deren militärische Dequalifizierung und Legitimitätsverlust sowie die Überwältigung des republikanischen Systems durch wenige Militärs, die aber aus der Wertemitte der römischen Gesellschaft kamen, all das wird hier präzise und gedankenreich entwickelt, vieles auch, was vielleicht noch halbwegs geläufig ist, etwa die Ständekämpfe, der alte Cato oder die Gracchen, neu und originell beleuchtet.

Warum weint der Feldherr?

Die längste Zeit haben immer neue Generationen von Gelehrten im Gefüge der Römischen Republik nach den Geheimnissen von Stabilität und Selbstbehauptungsfähigkeit gesucht. Der Utilitarismus Machiavellis fand sie in der Staatsklugheit und den Tugenden der Römer; die fest im Ordnungsdenken und der Umsturzfurcht des neunzehnten Jahrhunderts verwurzelte Staatsrechtslehre Theodor Mommsens setzte auf die Amtsgewalt als rechtsförmige Basis und auf die Volkssouveränität, eine politische Imagination.

Auch nachdem die althistorische Forschung die aristokratische Gesellschaft als Achse und Fundament der *res publica* ausgemacht hatte, ging sie, einer unausgesprochenen Wertentscheidung folgend, von einer prästabilen Ordnung aus, was sich auch in der Rede von der „klassischen Republik" ausdrückt. Die sich anschließenden einhundert Jahre vor Augustus erhielten demgegenüber Überschriften, die eine negative Dynamik ausdrücken: Krise, Revolution, Erosion, Verfall, Untergang.

Es ist wohl auch dem Abschied von solchen Wertperspektiven geschuldet, wenn sich in Egon Flaigs unter dem Titel „Ritualisierte Politik" versammelten Studien über die politische Kultur der Römischen Republik die Bemerkung findet, nicht so sehr die Veränderungen seien analysebedürftig, da sie sich im Wandel der Generationen von allein einstellten; viel schwieriger sei Stabilität zu erklären. Für den in politischer Philosophie und französischer Soziologe versierten Althistoriker sind weder der unerschütterliche Gehorsam der nichtadligen Römer gegenüber der aristokratischen Elite noch der Konsens innerhalb der doch hochgradig auf Rang- und Prestigewettbewerb ausgerichteten politischen Elite selbstverständlich. In Rom zu herrschen, so macht die Lektüre rasch klar, hatte mit individueller Freiheit nichts zu tun.

Trotz Überlegenheit und großer sozialer Distanz lernten römische Adlige seit ihrer Kindheit, wie sie sich vor dem Volk zu benehmen und ihm Respekt zu erweisen, ja mitunter auch affektive Nähe an den Tag zu legen hatten. Wurden die erwartbaren Codes aus Gesten, Zeichen und Worten mißachtet, kam es rasch zu Gehorsamsverweigerungen, gelegentlich auch Gewaltakten; diese waren weder bedauerliche Ausnahmen noch Zeichen von Anarchie, sondern anerkannte Reaktionen einer wertkonservativen Plebs. Die Frage, ob man das reiche Ensemble der Habitusregeln und Kommunikationspraktiken, die hier mit Hilfe des von Pierre Bourdieu bereitgelegten methodischen Instrumentariums durch dichte Interpretationen aussagekräftiger Quellenzeugnisse rekonstruiert werden, noch unter dem Begriff der „Verfassung" subsumieren sollte, würde Flaig wohl verneinen.

Eher könnte man von einer zusätzlichen, dynamikstiftenden Dimension sprechen; aufgewiesen wird nämlich, wie sich die anderen Bestimmungsfaktoren der politischen Ordnung, etwa gesetzliche Regelungen, Kompetenzen der Ämter und Gremien oder die als *mos maiorum* bezeichneten Konventionen des Handelns, in grenzwertigen Situationen zur Geltung brachten oder eben gerade nicht ausgeschöpft wurden und welche Rolle erwartbares wie unerwartetes Verhalten der Akteure dabei spielte. In Flaigs subtilen Analysen eröffnet sich ein ungemein vielfältiges „Inventar von Differenzen"; vormals unverstanden Ignoriertes bekommt plötzlich Sinn. Warum weinten römische Feldherren bisweilen? Warum trugen sie keine Bärte, zeigten aber unter Umständen ihre Narben? Warum waren Volksversammlungen keine Entscheidungsorgane und gleichwohl politisch äußerst bedeutsam? Ob sich die ermittelten Zusammenhänge zu einer „Grammatik der römischen Politik" verdichten lassen, muß einstweilen offenbleiben; gerade der mikrohistorische Blick zwingt auch den Historiker zu einer Einsicht, die einst viele Senatoren und Tribune, die in einer Versammlung im Stich gelassen wurden, unmittelbar und schmerzhaft erfahren mußten: „Gesten wirkten nicht immer; Performanzen mißlangen."

Flaigs Sondagen in den komplexen Schichten der kulturellen Semantik und Pragmatik der Römischen Republik sind auch für die Makrogeschichte von größter Bedeutung, wie ein Beispiel belegen mag: Der Gehorsam und die schier grenzenlose Opferbereitschaft der Bürgerschaft waren eine wesentliche Voraussetzung für den Siegeszug Roms in der Mittelmeerwelt. Doch die dadurch nach Italien strömenden Reichtümer kamen weitgehend nur einem Teil der Elite zugute und zerstörten so die Mechanismen des fairen Wettbewerbs. Diesen seit langem bekannten sozialgeschichtlichen Zusammenhang ergänzt Flaig durch eine Analyse der Verhaltens- und Erwartungsdispositionen, wie sie sich im Ritual des Triumphzuges verdichteten. Ob der Triumphzug tatsächlich eine semantische Übereignung des Sieges allein an den Feldherrn darstellte, mag fraglich bleiben. Wichtiger ist die Beobachtung, daß einzelne senatorische Gruppen bis zum Ende der Republik darum kämpften, den Feldherrn und die Beute unter die Kontrolle der *res publica* zu bringen. Der Versuch, den Umtausch des semantisch eindeutig positiv besetzten Sieges in eine soziale und militärische Überwältigungsmacht zu verhindern, scheiterte am Ende. Das hätte man gern weiter ausgeführt gesehen.

Flaig hat in früheren Aufsätzen die wissenschaftstheoretische und politische Substanz des Historismus mit überschießender Polemik verworfen. Davon wird kein Iota zurückgenommen. Aber der Autor weiß um die beiden Arcana des etablierten Modells, die sich mit den Stichwörtern ästhetische Evidenz und konstruktive Kreativität fassen lassen. Die „denkende Konstruktion" von Hergängen nennt er mit Max Weber das maßgebliche Merkmal, das Historie zu Wissenschaft mache. Die dafür unverzichtbare Phantasie freilich habe mit Kunst nicht das geringste zu tun, ihr Produkt nichts mit mimetischer Abbildung. „Wenn die Eule der Minerva einen nächtlichen Ausschnitt im Trümmerfeld der

Vergangenheit überfliegt, formt sich in ihrem Auge kein Abbild der Geschichte. Was sie erblickt, erinnert am wenigsten an die mitreißende Abfolge ergreifender Szenen in einem Farbfilm, sondern lockt mit der logischen Schönheit von Gebilden fraktaler Geometrie." Möglicherweise bleiben mathematische Fraktale, unbehelligt von jedem Überrest geronnener Wirklichkeit, die vollkommeneren Figuren. Wer aber nach zweihundertsechzig Seiten voller stringenter, disziplinierter Analyse solche Sätze schreibt, hinterläßt beim reich beschenkten Leser eine Gewißheit: Die so eindringlich angeschaute Geschichte verschafft auch dem Autor Glück, weil sie auf ihre Weise schön ist.

Tuchfühlung mit dem Tribunen

Der Historiker der Römischen Republik hat es mit einer ungleichmäßigen und lückenhaften Quellenlage zu tun, vermag aber andererseits alle Zeugnisse zu überschauen. Doch Erkenntnis erwächst allein aus diesem Verfügen über das Material nicht, wie ein Blick in die positivistischen Handbücher des neunzehnten Jahrhunderts lehrt. Theodor Mommsen, der die Überlieferung kannte wie kein zweiter, bediente sich für die sinngebende Durchdringung deshalb der starken Kategorien seiner Zeit: Nation und Caesarismus in der „Römischen Geschichte", Begriffsjurisprudenz und Verfassung im „Staatsrecht". Matthias Gelzer gründete seine Rekonstruktion der Nobilität als der politischen Klasse Roms auf eine eindringliche Lektüre Ciceros.

Die enge Tuchfühlung mit der Tradition kann aber auch dazu verführen, deren Begriffe und analytische Kategorien als vermeintlich gegenstandsnah zu übernehmen, selbst wenn erwiesen ist, wie grobschlächtig diese im Vergleich mit modernen politologischen und soziologischen Instrumentarien sind. Dessenungeachtet hat der britische Althistoriker Fergus Millar unter Berufung auf das Urteil des Polybios, mit Mut zur klaren Aussage und die schrecklich komplizierten Bemühungen zumal seiner deutschen Kollegen souverän mißachtend, die politische Ordnung der Römischen Republik als Demokratie im Sinne der athenischen angesprochen, weil auch auf dem Comitium und dem Marsfeld über Anträge abgestimmt und die Amtsträger gewählt wurden.

Das ist dreist, denn in Athen zählte jede Stimme gleich viel – nicht so in Rom. Das versammelte Volk bestimmte selbst über seine Agenda – in Rom hatte der Versammlungsleiter das Sagen. Und die athenischen Amtsträger agierten als schwache Beauftragte des Volkes nicht selten in Furcht vor ihrem Herrn – der Glanz und die Machtfülle eines Konsuls, gar eines Dictators waren fern. Eine solche Einebnung fundamentaler Unterschiede nach den Leitmaßstäben Gleichheit, Freiheit, Kontrolle und Partizipation stellt ihrerseits ein Politikum dar, und die Debatte darüber verdiente breitere Resonanz.

Die fällige wissenschaftliche Widerlegung Millars sowie eine Bündelung der vielfältigen Forschungen zur politischen Kultur Roms vor Augustus bietet nunmehr Karl-Joachim Hölkeskamps dichte Studie „Rekonstruktionen einer Republik“, die über diese beiden Ziele hinausreicht und eigene Akzente setzt. Bildet Millar für den Kölner Gelehrten den negativen Referenzpunkt, so trägt der positive den Namen Christian Meier, dessen vor fast vierzig Jahren vorgetragener Neuansatz, die „politische Grammatik“ der *res publica* aus ihrem Versagen zu rekonstruieren, einen Durchbruch bedeutete. Hölkeskamp greift Meiers Kritik an einem statischen Verfassungsbegriff auf und fragt seinerseits nach Abgrenzung, Verhältnis und relativer Gewichtung von formaler und realer, symbolisch-ritueller und inhaltlich-praktischer Teilhabe in den Entscheidungszentren der Republik. Nobiles und Volk waren ungleiche, aber aufeinander angewiesene Akteure in einem Beziehungsfeld, in dem es auch darum ging, welche Themen politisiert werden konnten (die wichtigen am Ende gar nicht mehr), wer die Regeln interpretierte und worauf Autorität und Gehorsam beruhten.

Im Sinne der kulturalistischen Wende wird der Selbstkonzeptualisierung der Römer und ihren Inszenierungen von Macht, Wettbewerb und Konsens große Bedeutung beigemessen. Durch eine originelle Applikation von Georg Simmels soziologischer Analyse von Konkurrenz vermag Hölkeskamp zu erklären, warum die Reproduktion der Nobilität als einer politischen Klasse, in der nur Chancen vererbbar waren, über ergebnisoffene Volkswahlen für die Akzeptanz von Sieg und Niederlage durch die Mitglieder der Elite unverzichtbar war und blieb.

Die Römische Republik kann weiter als aristokratisch-oligarchisches System gelten, freilich von nunmehr sehr viel klarerer, singulärer Eigenart. Der systematische und theorieorientierte, dabei tendenziell alles mit allem vernetzende Zugriff ist nicht ohne Probleme. Daß die Denkmäler- und Bilderwelt Roms mit ihren Themen, Topoi und Texten so einheitlich, allgemein akzeptiert und für jedermann lesbar war, bleibt zunächst Postulat, und die kontingente Ereignishaftigkeit von Geschichte, die fortwährend neue Handlungsvorbilder produzierte, kreative Lösungen erforderte und bestehende Konsense in Frage stellte, kann in diesem Zugriff kaum angemessen konzeptualisiert werden. Dasselbe gilt für die Bedeutung einzelner Persönlichkeiten, deren unvorhersehbares Ausscheiden oder Überleben nicht selten eine entscheidenden Druckspannung auch auf die politische Architektur der Republik ausübte.

In diesem Sinne betont Jürgen von Ungern-Sternberg in einem Essay über die Krise der Republik die Bedeutung des Volkstribunats von Tiberius Gracchus im Jahr 133 v. Chr.: Das Festhalten des Tribunen und der Senatsmehrheit an ihren Positionen lag nicht in der Funktionslogik der Verfassung, war aber durch sie gedeckt. Vor allem war es der Einbruch roher physischer Gewalt, der einen Damm brechen ließ. Das Nebeneinander, Nacheinander und Ineinander von Eruption und Normalität wies auf neuzeitliche Revolutionen voraus.

Der Essay findet sich im „Cambridge Companion to the Roman Republic“. Harriet Flower, in der deutsch- wie der englischsprachigen Altertumswissenschaft zu Hause, schiebt als Herausgeberin in der Einleitung mutig modische akademische Alteritätsobsessionen beiseite: Die politische Kultur dieser vitalen, kreativen, raubgierigen und grausamen Republik zu kennen ist relevant auch für die politischen Probleme und Herausforderungen der Gegenwart. So ist der Band aufgebaut: Nachdem wesentliche Aspekte von Politik und Gesellschaft, Militär und Expansion, Religion und Kultur in vierzehn Essays von eher einführendem Zuschnitt umrissen sind, skizziert ein abschließender Beitrag die Bedeutung der Römischen Republik für die Französische und die Amerikanische Revolution.

Die politische Rhetorik Roms hatte das Gemeinwohl betont, die Verderbnis einer Monarchie gegeißelt sowie die Autorität des Senats, die ausgeglichene Verfassung und die Souveränität des Volkes gepriesen. Sie hat damit die Angelpunkte jedes republikanischen Diskurses bestimmt und dafür gesorgt, daß die politisch reflektierte wissenschaftliche Rekonstruktion der Römischen Republik noch immer eine lohnende Herausforderung darstellt.

Schön, ihr seid so schön! Wir alle sind schön!

Es war eine unverschämt lange Zeitspanne von fünf Jahrhunderten, in der die Römer Geschichte machten, ohne sie in gehöriger Form aufzuzeichnen. Erst in der finsteren Zeit des Krieges gegen Hannibal begannen Senatoren, die wechselvolle Erfolgsstory der Stadt am Tiber niederzuschreiben. Ihre Werke sind als ganze verloren. Greifbar ist die historische Tradition erst in umfangreichen Darstellungen aus der frühen Kaiserzeit. Woher aber hatten die Geschichtsschreiber von Fabius Pictor bis Livius ihren Stoff?

Wie der Torso den Ästheten vermag das Fragment den Gelehrten zu inspirieren. So erging es auch den verzweifelt wenigen Bezeugungen und Bruchstücken der römischen Historiendramen, die einst Stoffe aus der formativen Frühzeit wie die Romulusgeschichte und die Vertreibung des Königs ebenso vergegenwärtigten wie solche aus der Gegenwart der Dichter, meist glanzvolle Siege römischer Feldherren im dritten und zweiten Jahrhundert. Fast immer betrafen die geschilderten Ereignisse das ganze Volk. Knapp ein Dutzend Werktitel und nur etwa siebzig Verse aus sieben, vielleicht auch neun Stücken sind aus republikanischer Zeit erhalten, die frühesten entstanden am Ende des dritten Jahrhunderts. Daher können über Handlungsverlauf und Handlungsführung in den einzelnen Stücken ebensowenig sichere Aussagen gemacht werden wie über die Verteilung der Fabel auf Akte und Szenen, die Anzahl der Akteure, die genauen Schauplätze, die Verwendung von Leitmotiven oder die Einhaltung der

Einheit von Ort und Zeit. Ihren Namen bezogen diese Dramen, die aus der Feder von Dichtern wie Naevius und Ennius stammten, von der Kleidung ihrer Hauptakteure: Könige, hohe Amtsträger und Feldherren konnten ein mit einem Purpurstreifen gesäumtes Gewand (*toga praetexta*) tragen. Ihre Eigenart gegenüber den eng nach griechischen Vorbildern gestalteten römischen Tragödien mit ihren fernen Schauplätzen, Göttern und mythischen Figuren lag wahrscheinlich eher im Stoff und im Personal, kaum in der Form der Dramatisierung.

Die Überreste der Praetexten regten Gelehrte im neunzehnten Jahrhundert aus mehreren Gründen an. Man wollte bei der Dekonstruktion der legendenhaften und vielfach kontaminierten späten Tradition nicht stehenbleiben, sondern zur ältesten, im Volksleben verwurzelten und damit wahrsten Überlieferung hindurchstoßen. Außerdem war die Bühne als eine Produktionsstätte geschichtlichen Bewußtseins noch sehr lebendig und prägte die Wahrnehmung historischer Vorgänge – und das in Konkurrenz zu Historienbildern und einer reichen Literatur für alle Alters- und Bildungsstufen. Konnte, mußte das für die Römer nicht ebenso gelten, wo es diese Konkurrenz zudem gar nicht gab?

Niebuhr, der bekanntlich alte „Heldenlieder“ als Medium der Traditionsbildung und -weitergabe ansah, ging nur in einer Fußnote seiner „Römischen Geschichte“ auf die Praetexten ein; sein stetes Streben nach konkreter Vorstellung drückte sich darin aus, daß er die Fragmente mit der Poetik Shakespeares als Historien las. Es blieb Leopold Ranke vorbehalten, 1849 in einem Akademievortrag die Geschichte von Romulus und Remus auf ein Bühnenstück zurückzuführen. Kreative Epigonen konstruierten dann aus dramatisch gestalteten Episoden in der Historiographie komplette Szenenfolgen literarischer „Römerdramen“, bei allem Scharfsinn gewiß eine eher spielerische Tätigkeit.

Man suchte Wege aus der Sackgasse. Die vor allem von Timothy P. Wiseman vorgetragene These, es habe schon lange vor den ersten schriftlich fixierten Theaterstücken in Rom bei bestimmten religiösen Festen szenische Aufführungen mythisch-historischen Inhalts gegeben, kann sich zwar nur auf wenige Indizien stützen. Der dahinterstehende wissenschaftliche Diskurs ist aber nicht mehr quellenkundlich oder rein literarisch ausgerichtet, sondern kulturell und politisch: Gefragt wird nun nach Dispositionen wie der Freude am Mimetischen, nach den Orten der Formierung von Mythen, die für eine ganze Gemeinschaft oder große Teile von ihr verbindlich werden, und nach Akkulturationsprozessen zwischen Griechen, Italern und Etruskern. Mag der implizite Fluchtpunkt solcher Bemühungen auch ein multikulturelles, quicklebendiges, experimentierfreudiges Rom mitten in Italien und der ganzen Mittelmeerwelt und damit ein Spiegel der Sehnsüchte postmoderner Metropolen-Intellektueller sein: Mit den Altvorderen teilt Wiseman das Streben nach Anschauung, die Lust am Kombinieren und daran, aus den Trümmern etwas zu machen – wahrscheinlich mehr, als sie hergeben.

Dieser lange Vorspann war nötig, weil Gesine Manuwalds gelehrte Studie „Fabulae Praetextae“ zum römischen „politisch-nationalen Historiendrama“ von solchen antiaporetischen Leidenschaften und Wagnissen ganz frei ist. Der Konstituierung und Geschichte des Problems von 1830 bis heute, von Wiseman in einem brillant-parteiischen Essay skizziert, schenkt sie konsequenterweise keine Aufmerksamkeit. Vielmehr sucht die Studie in erster Linie den literarischen Gattungscharakter der Praetexta auf der sicheren Grundlage der Nachrichten und Fragmente genauer zu bestimmen. Auf eine systematische Erörterung wichtiger Einzelaspekte, etwa der zeitlichen Verteilung der Stücke, der Entstehungs- und Aufführungsbedingungen oder der offenbar geringen Zahl der Praetexten, folgt der gewiß nützlichste Teil des Buches: eine erschöpfend dokumentierte, philologisch akribische Präsentation und Interpretation der überlieferten Textstücke. Allerdings wird sich selbst mancher lateinkundige Leser eine Übersetzung der manchmal schwierigen, weil poetischen und altertümlichen Verse wünschen; sie fehlt leider.

Die Autorin spricht mehrfach von der politischen Direktheit der Praetexten, scheint diese aber für die republikanische Zeit primär in der allgemeinen Absicht einer Stärkung des römischen Selbstbewußtseins zu sehen, während sie in den kaiserzeitlichen Stücken eher tyranniskritische Akzente erkennt. Die Sprengkraft dieser Dramen ist damit aber keineswegs ausgeschöpft. Denn in der Republik waren sie nicht durch die – kaum ermittelbare – Intention des Autors politisch, sondern durch die Reaktionen des Publikums. So enthielt ein Stück des Accius aus dem zweiten Jahrhundert über Brutus, unter dessen Führung die Römer ihren letzten König vertrieben und die Freiheit erlangt hatten, einen preisenden Vers auf den guten König: „Tullius, der den Bürgern die Freiheit gesichert hatte“. Als im Jahre 57 v. Chr. eine Wiederaufführung stattfand, unterbrach das Publikum an dieser Stelle und zwang den Schauspieler, diesen Vers mehrmals zu deklamieren – eine Sympathiebekundung für den gerade aus dem Exil zurückberufenen Marcus (Tullius) Cicero. Bei anderer Gelegenheit mußte der Vers „Durch unser Unglück bist du groß (*magnus*)“ vielfach wiederholt werden; die Zuschauer drückten durch die radikale Entkontextualisierung und Aktualisierung ihren Protest gegen Pompeius „den Großen“ (Magnus) aus. Die Initiative ging in beiden Fällen nicht vom Schauspieler aus. Weil sich im Theater idealtypisch das ganze Volk versammelte, waren derlei Akte der Kreativität viel politischer als der gewollte und sicher auch wirksame patriotische Gehalt der Fabel.

Überhaupt Brutus. Als der Caesar-Mörder nach den Iden des März eine weitere Wiederaufführung des Accius-Stückes wollte, ging es nicht darum, das Attentat „wegen der Namensgleichheit mit der eines früheren Befreiers von der Tyrannis in Beziehung“ zu setzen. Vielmehr hatte dieser Brutus schon lange vorher seine Abstammung vom ersten Konsul der Republik behauptet und sich zum Tyrannenfeind stilisiert. Nach der Befreiungstat machte er sich mit der übereindeutigen Wiederaufführung des alten Stückes erneut zu dessen Wiedergänger. Bedenkt man diese politischen Potentiale, wird die geringe Zahl der bezeugten Praetexten verständlicher als durch die Erklärungen der Autorin. Zugleich wird klar, warum die kaiserzeitlichen Stücke eines Curiatus Maternus oder die *Octavia* als „kritisch“ verstanden werden konnten: Diese Dramen kursierten in senatorischen Zirkeln, in denen als letzte Bastion prätendierter Unabhängigkeit gegenüber dem Monarchen ein pseudorepublikanischer Diskurs gepflegt wurde.

Fallende Würfel und Pfadabhängigkeiten

Viel schwerer als die selbstgesetzte Aufgabe, Gallien zu erobern und anschließend die eigene Ausnahmestellung in Rom durch einen reichsweiten Bürgerkrieg zu etablieren, lagen Julius Caesar die Lasten auf den Schultern, welche die Nachwelt ihm aufbürdete. Friedrich Gundolf hat Caesars Ruhm zum Strahlen gebracht, Karl Christ das Nachleben sorgfältig geordnet. Geschäftsführer des Weltgeistes soll er gewesen sein, der „ganze und vollständige Mann“, der Volkswillen und Monarchie glücklich vereinte. Der große Staatsmann wurde gesucht, solange man Staatsmännern noch Großes zutraute; als es damit vorbei war, betrat der kriegerische Schlagetot, der zynische Machtmensch und egomane Republikzerstörer die Bühne. Vollends als Chimäre erwies sich der „demokratische Diktator“ Luciano Canforas. Und selbst Christian Meiers magische Formel von einem Politiker, der unbeschränkte Macht in den Verhältnissen, aber keine Macht über die Verhältnisse besaß, ist von einem Punkt aus angreifbar: Hätte sich Caesars Stellung nicht vielleicht konsolidieren lassen, eine längere Gewöhnungsphase, zeitweise Abwesenheit und einen allmählich aufzubauenden Nachfolger einmal vorausgesetzt? Denn tatsächlich gelang es dem Adoptivsohn Augustus ja – freilich bei erheblich geschwächten Gegenkräften –, nur ein halbe Generation später mit Glück, Geschick und Geduld die monarchische Alternative, die indes nicht so genannt werden konnte, aufzubauen.

Alle gewichtigen Interpretationen der Laufbahn und Persönlichkeit Caesars haben zur historischen Erkenntnis beigetragen und sich zugleich als zeitbedingt erwiesen. Martin Jehne hat zur Diskussion über ihn maßgeblich beigetragen, indem er vor dreißig Jahren zeigen konnte, daß dieser bei seinem geplanten Aufbruch zum Partherkrieg in Rom keineswegs ein wackeliges Provisorium hinterließ, sondern eine durchaus gefestigte, naturgemäß ganz auf seine Person ausgerichtete Ordnung, einen „Staat des Dictators Caesar“. Doch dieser Staat war eine Monarchie, und ihn zu konsolidieren hätte folglich nur die Beschleunigung eines Prozesses bedeutet, den schon Montesquieu als unvermeidlich klassifizierte. Spannender erscheint also die Frage, ob dieser Prozeß der Erosion und

Selbstzerstörung eines den Anforderungen nicht gewachsenen stadtstaatlich-aristokratischen Regimes und die sich anschließende Monarchie tatsächlich unvermeidlich waren.

Freilich bewegt sich die Debatte um diese Frage längst nicht mehr auf der Ebene der „ungeschehenen Geschichte", des anregenden, manchmal auch nur amüsanten Gedankenspiels also, was gewesen wäre, wenn Caesar im Jahr 48 bei Pharsalos besiegt worden wäre oder wenn das Attentat an den Iden des März nicht stattgefunden hätte und so weiter. Vielmehr geht es darum, das Spannungsfeld von Struktur, Prozeß, Varianz und Ereignis auszumessen. Bei diesen Bemühungen brechen Persönlichkeit und Individualität nicht länger als unerklärliche, die „Freiheit" repräsentierende Urgewalten in das historische Geschehen ein. Vielmehr gilt es, das Handeln in bestimmten Situationen am Radius erwartbaren Verhaltens zu messen und, ausgehend von der tatsächlich gewählten Option mit ihren Folgen, den unmittelbaren wie den längerfristigen, das geschichtliche Geschehen schrittweise weiterzuentwickeln.

Es gelingt Jehne in seinem neuen Buch „Der große Trend, der kleine Sachzwang und das handelnde Individuum. Caesars Entscheidungen", dieses intellektuell anspruchsvolle Modell historischer Erklärung in eine Kette von glänzend geschriebenen, glasklaren Essays zu schmieden, die sich an einem langen Nachmittag genießen lassen. Sieht man einmal ab vom Chiliasmus, Marxismus oder aktuellen Bemühungen, die globale Erwärmung in Zeiträumen von fünfzig oder mehr Jahren durch Reduktion von Treibhausgasemission zu verringern, ist der „große Trend" einer sozialen und politischen Entwicklung, also der autonome, durch kein Handeln auf Dauer aufzuhaltende Prozeß, eher eine Sache der Historiker als der Akteure, weil letztere selten wissen, ob sie in einem solchen Prozeß stecken und es sich also gar nicht lohnt, bestimmten als negativ erachteten Entwicklungen entgegenzuwirken. Handelnde sind eher mit Strukturen, Routinen und lenkenden Vorentscheidungen – Jehne nennt sie vereinfachend Sachzwänge – konfrontiert, die ihre Optionen definieren. Dabei werden immer wieder bewußt und aus den Optionen auswählend Entscheidungen getroffen, die ihrerseits beabsichtigte Hauptfolgen und unbeabsichtigte Nebenfolgen haben und die das Entwicklungstempo eines Trends stark beeinflussen können.

Den großen Trend zur Monarchie in Rom hält Jehne freilich für unabweisbar. Auch bei einem etwas anderen Ereignisverlauf hätte man die strukturellen Aporien nicht lösen, sondern allenfalls weiterwursteln können, ohne Perspektive auf grundlegende Besserung. Viel mehr interessieren ihn daher die Entscheidungen, die Caesar im Laufe seines Lebens getroffen hat. So widerstand der noch nicht Zwanzigjährige dem Befehl des gefürchteten Dictators Sulla, sich von seiner Frau, einer Tochter von Sullas Bürgerkriegsfeind Cinna, scheiden zu lassen. Auch mit der Bewerbung um das angesehene Priesteramt des Pontifex Maximus gegen zwei ältere und daher näherliegende Kandidaten ging Caesar ein hohes Karriererisiko ein, offenbar, weil er an den Erfolg glaubte. Jehne hält die Kandidatur gegen die Präferenzstruktur der damaligen Situation für eine Fehlentscheidung Caesars, weil sie die konservative Kerngruppe im Senat gegen ihn aufbrachte und künftige Konflikte zu verschärfen geeignet war. Das zeigte sich bereits drei Jahre später, als seine Gegner ihn zwangen, zwischen dem erstrebten Triumphzug und der Bewerbung um das Konsulat zu wählen. Wieder entschied sich Caesar gegen das Wahrscheinliche und ließ den Triumph fahren, obwohl eine weitere Gelegenheit dazu viel ferner lag als eine neuerliche Konsulatsbewerbung im folgenden Sommer. Aber für ein erfolgreiches Amtsjahr war das Zeitfenster schmal; nur durch eine schnelle Wahl zum Konsul konnte er dem mächtigen, jedoch vom Senat mattgesetzten Pompeius Hilfe anbieten und im Gegenzug Rückendeckung für den erwartbaren Konflikt mit den Wortführern der Aristokratie erhalten. Das Kalkül ging auf, die Nebenfolgen indes waren erheblich: Schon während seines großen Kommandos in Gallien – dieses spezielle Ziel der großangelegten Eroberung hatte sich eher zufällig ergeben – zeichnete sich ab, daß Caesars Rückkehr in die Innenpolitik zu einer gefährlichen Eskalation führen konnte. Um den absehbaren Konflikt bestehen zu können, mußte er ein Maximum an Macht und Ansehen erwerben, um sich unangreifbar zu machen. „Er konnte nur noch weiter steigen oder fallen." Das bestimmte auch Politik und Kriegführung in Gallien.

Für den Vorabend des Bürgerkriegs Ende des Jahres 50 v. Chr. konstatiert Jehne eine rechtlich und moralisch uneindeutige Lage. Beide Parteien hatten gute und weniger gute Gründe; zu einem Kompromiß zu gelangen erwies sich am Ende als unmöglich. Besonders schlecht sah dabei freilich die Senatsseite aus, denn sie hatte Caesar für völlig skrupellos gehalten, „und als er dann das tat, was genau dieser Einschätzung entsprach, war man völlig überrascht". Nach der Schlacht von Pharsalos, so Jehne überzeugend, hätte allenfalls ein lebendig gefangener Pompeius die Chance zu einer Befriedung geboten, weil Caesar zu diesem Zeitpunkt noch nicht die Alleinherrschaft anstrebte. Den hilfeheischenden Pompeius ermorden zu lassen mochte aus der Sicht des ägyptischen Königs aktuell eine rationale Entscheidung sein; zugleich aber machte sie den reichsweiten totalen Bürgerkrieg unvermeidlich.

Caesars Begegnung mit Kleopatra und sein Agieren in Ägypten – „wie ein Elefant im Porzellanladen" – werden durch Jehnes Options- und Handlungsanalysen ebenso originell beleuchtet wie die folgenreiche Entscheidung des Dictators, auf eine Leibwache zu verzichten. Noch einmal, in diesem Fall wohl aus Verachtung gegenüber der „Meute von Kriechern und Duckmäusern" im Senat, denen er ein Attentat nicht zutraute, wählte Caesar die strukturell unwahrscheinlichere Handlungsvariante – und bezahlte seine bis dahin immer wieder durch Erfolg belohnte Neigung zum Abweichen vom Strom des Naheliegenden am Ende mit dem Leben.

Jehne hat dieses Buch als ein politisch höchst wacher Zeitgenosse geschrieben. So erklärt er Patronage am Beispiel des (bald wieder aufgehobenen) Petitionsbüros für die Ehefrau des sächsischen Ministerpräsidenten und hält ein Plädoyer für die republikanische Praxis der öffentlichen, kontroversen, auch zeitaufwendigen Diskussion und gegen den verbreiteten Bonus für das „Machen". Die so ferne scheinende Welt der nach Ruhm strebenden, traditionsbewußten, rachsüchtigen, ihre Ehre und ihre Republik verteidigenden Aristokraten erscheint in diesem Buch faszinierend aktuell, weil politische Kommunikation und Entscheiden zwischen verschiedenen Optionen epochenunabhängige Erscheinungen bilden. Mit leichter Hand und gründlichem Nachdenken sind hier der Historie nicht nur für Rom neue, spannende Wege gewiesen.

Monarchie ja, Monarch nein

In das Räsonnieren über Caesar Neues einzubringen, das nicht den Stempel des Abseitig-Gesuchten auf der Stirn trägt, erscheint unmöglich. Dem Tübinger Althistoriker Mischa Meier ist mit „Caesar und das Problem der Monarchie in Rom" eben dies gelungen, vielleicht gerade weil er bislang nicht mit Arbeiten zur Römischen Republik hervorgetreten ist. Als Historiker der Kaiserzeit und Spätantike betrachtet Meier die Alleinherrschaft als Normalfall, andere politische Ordnungen bedürfen ihm hingegen der Erklärung. Folgerichtig denkt er Caesar von der Kaiserzeit her und entwickelt die These, der Handlungsrahmen, in dem Caesar und seine Zeitgenossen agierten, sei letztlich bereits ein monarchischer gewesen, während ihr Bewußtsein und der herrschende Diskurs dem Stand der Entwicklung hinterherhinkten. Die Monarchie bestimmte schon das Handeln, die Köpfe waren noch nicht so weit. Das ist nun keine ganz neue Erkenntnis. Sie steckt bereits in Christian Meiers Formel von der „Krise ohne Alternative" – die alte Ordnung funktionierte nicht mehr, aber eine andere blieb undenkbar. Und indem Augustus für seinen Bau des „Prinzipats" auf Elemente, Formeln und Traditionen der Republik zurückgriff, obwohl deren politische Träger ausgelöscht waren, bestätigt er ihre Richtigkeit.

Meier möchte mit seiner These einer Inkongruenz von Handlungsrahmen und Diskurs besser erklären, warum ausgerechnet die ausdrücklich unter republikanischen Vorzeichen erfolgte Tötung des ersten Monarchen in Rom letztlich zur Etablierung einer dann bemerkenswert stabilen Monarchie führte. In der Tat kann er einige schwierige Probleme der Caesarforschung auf diese Weise einer Lösung näherbringen. So hatte Caesar in seiner faktischen Stellung als Alleinherrscher keine andere Wahl, als besiegte Gegner zu begnadigen oder die meisten ihm angetragenen Ehrungen anzunehmen, andere abzulehnen oder die Ämter für die Zeit seines geplanten Ostfeldzuges auf Jahre im voraus zu vergeben – gleichzeitig wurde ihm all dies eben als „tyrannisches" Verhalten angekreidet. Das erklärt auch, warum er sowohl in Sachen *clementia* als auch beim Königstitel den Ball so flach wie möglich zu halten suchte. Alle seine Versuche, Handlungs- und Diskursebene zur Deckung bringen, scheiterten letztlich; was er tat, konnte er nicht begründen oder erklären, nur durchsetzen.

Handlungsrahmen und Diskurs lagen nun, wie Meier mit Recht betont, vor allem aus der Sicht der bis dahin herrschenden republikanischen Elite auseinander; die Soldaten, die stadtrömische Plebs und die geschundenen Bewohner der Provinzen waren längst bereit, dem Befehl eines einzigen Mannes zu gehorchen, wenn dieser ein guter war.

Der entscheidende Einwand gegen Meiers ingeniöse These ist freilich nicht zu Caesars Lebzeiten zu suchen. Für diese ist sein Befund unabweisbar: Caesar agierte höchst konsequent und umsichtig zugleich, ließ diese Tugenden jedoch auf der Diskursebene vermissen. Interessanter sind die offenen Monate nach den Iden des März: In ihnen deutet wenig darauf hin, in der politischen Ordnung Roms schon eine fertige Monarchie zu sehen, die nur auf ihr Alphatier wartete. Antonius war es jedenfalls nicht. Erst der ganz unerwartbare Auftritt von Caesars Adoptivsohn und die vielen, jeweils höchst kontingenten Ereignisse ab dem Sommer 44 formierten die Dinge zu einer Polarisierung, die strukturell erst in den Bürgerkrieg, dann in die Alleinherrschaft führte. Doch auch der Zerfall des Herrschaftsgebietes blieb lange möglich.

Selbst Meier muß an einer Stelle zur doppelt verräterischen Formulierung eines „in Richtung einer Monarchie sich transformierenden Handlungsrahmens" Zuflucht nehmen. Seine luzide geschriebene Erörterung führt letztlich auf die Frage, ob die Römische Republik nicht eine historische Anomalie darstellte – freilich eine mit sehr langen Schatten.

15. Über die augusteïsche Schwelle: wie ein Imperium funktioniert

Die Christen machten alles noch viel komplizierter

Die Geschichte des Imperiums der Römer, so bemerkte José Ortega y Gasset vor gut siebzig Jahren, sei schon die erste Schicht der Geschichte Europas. Der Essayist bescheinigt diesem Reich nicht nur „die Wirklichkeit von größter Transzendenz" in der bisherigen Menschheitsgeschichte; provozierend stellt er, mitten im Zweiten Weltkrieg, während des mörderischen Ringens um eine neue Gesamtordnung des Kontinents, mit Blick auf Rom Eintracht (*concordia*) und Freiheit (*libertas*) als Leitgedanken heraus. Nicht zuerst an die Marschtritte der Legionen, die Grenzwehr am Limes, den Kampf gegen Aufständische und Barbaren oder die Ausbeutung der Sklaven zu denken erfordert in der Tat einen Perspektivwechsel.

Greg Woolf kennt selbstverständlich die Positionen der alten und neuen Debatten. Etwa Theodor Mommsens Wort von der ruhigen Arbeit der Kaiserzeit: Rom habe damals „den Frieden und das Gedeihen der vielen vereinigten Nationen länger und vollständiger gehegt als es irgendeiner anderen Vormacht je gelungen ist". Die „Ausbildung der städtischen Gemeindeverfassung, die allmähliche Einziehung der barbarischen oder doch fremdartigen Elemente in diesen Kreis" wurden seitdem auf der Basis der Monumente und Inschriften als eine Geschichte des Gelingens erzählt.

Dagegen setzt eine postkolonial inspirierte Forschung viele Geschichten des Leidens, des Widerstandes und der hybriden, das Alte zäh bewahrenden Zivilisationsformen. Mit dieser Richtung teilt Woolf die Unbefangenheit, das einst paradigmatische Römische Reich mit anderen Imperien der Geschichte, vom Alten Orient bis zum British Empire, zu vergleichen, um sein Funktionieren erklären zu können. Zugleich kehrt er die alte Kardinalfrage des europäischen historischen Denkens um: Nicht warum dieses Reich am Ende untergegangen ist, gilt es zu ergründen, sondern wie es so lange bestehen konnte.

Woolf beantwortet die Frage in „Rom. Biographie eines Weltreichs" präzise und unaufgeregt: Wie alle erfolgreichen Imperien übten die Römer zunächst vor allem Gewalt aus. Aber es gelang ihnen von Anfang an, die Eliten der Besiegten zu Verbündeten zu machen, so daß die römische Herrschaft den Besitzenden nicht als Unterdrückung, sondern als durchaus vorteilhafter Zustand erscheinen konnte. Es gab auch deshalb keine allzu großen Hürden zu überwinden, weil Rom in einen ökologisch wie ökonomisch verhältnismäßig einheitlichen Raum hinein wuchs. Auf diesen Feldern bewirkte das Reich eine Intensivierung, keine Umwälzung.

Von der Expansion über Italien hinaus während der Republik kann freilich auch dieser Autor nur wenig Erbauliches berichten. Rom übte in dieser Zeit vor allem unbemäntelte Macht aus, stützte sich auf klientele Strukturen und zweifelhafte Verbündete und zeigte ansonsten wenig Verantwortung. Als Reaktion auf die Folgen zerstörter Sicherheitsstrukturen fiel der regierenden Nobilität kaum mehr ein, als rohe Gewalt anzuwenden. Solcherart auf Expansion und Ausbeutung statt auf Integration und gemeinsamen Wohlstand ausgerichtete Eroberungsmächte waren historisch gesehen meist kurzlebig, und Rom hätte fast zu diesem Typus gehört.

Die republikanische Ordnung, so pointiert Woolf, war unfähig, über den Wirkungsradius eines einzelnen Heerführers mit einem überdimensionalen Ego hinaus zu funktionieren. Hinzu kam, daß das von Rom dominierte Mittelmeergebiet zwar vergleichsweise homogen, aber kein abgeschlossenes System war: Jedes gewonnene Stück Küste, ob in Spanien, Südfrankreich, Nordafrika oder Kleinasien, hatte ein schwer zu kontrollierendes Hinterland.

Doch republikanische Potentaten wie Pompeius, Caesar und Oktavian waren es auch, die dem militärischen und politischen Handeln Roms für kurze Phasen Richtung und Klarheit gaben. Daran ließ sich anknüpfen, wenn die Machtfrage im Innern einmal geklärt war. Die Rückkehr zur Monarchie rettete das Reich, paradoxerweise auch und gerade deshalb, weil die Kaiser in ihren Gestaltungsmöglichkeiten insgesamt schwach blieben. Woolf gebraucht das Bild vom Herrscher als Schlußstein einer Kuppelkonstruktion.

Indes, manche Principes bemühten sich auch, wirklich zu regieren und etwas zu bewegen. Dazu gehörte der allmähliche Aufbau einer Finanzorganisation, die das Beute- und Eroberungsreich Rom in ein stabiles Abgabenimperium überführte. Das ermöglichte, trotz einer strukturellen Überdehnung der Grenzen und Ressourcen, der römischen Außenpolitik die Optionen Expansion und Sicherung. Manches Detail mag man anders sehen; so löste Mark Aurel die Markomannenkriege wohl aktiv aus und reagierte nicht nur auf ein Vordringen der Barbaren – und Kalkriese ist als Ort der Varusschlacht keineswegs so gewiß, wie Woolf es hinstellt.

Richtig bleibt aber die generelle Beobachtung: Das Reich überstand die Krisen und Bedrohungen seit der Mitte des zweiten Jahrhunderts bemerkenswert gut, weil die Führungsschicht und auch viele einfache Leute an seiner Rettung mitwirken wollten. Das aber war nur möglich, weil Rom politisch, ökonomisch und vor allem kulturell auf Integration und Identitätsangebote setzte. Das Bürgerrecht etwa nutzten die Römer nie, um eine scharfe Grenze zwischen sich und den Fremden zu ziehen; stattdessen diente es in seinen Abstufungen dazu, eine Reihe von sozialen Stellungen und Beziehungen zu bezeichnen, über die der Einzelne differenziert in die Gemeinschaft eingebunden wurde. Hinzu kamen die Attraktionen der Hochkultur, die hier einmal wirklich tiefgreifende politische Folgen zeitigten.

Die vielbehandelte Krise des dritten Jahrhunderts, die Konstantins Regierung noch einschloß, sieht Woolf als großes Labor zur Erprobung neuer Möglichkeiten. Viele der Veränderungen vollzogen sich ungeplant, beileibe nicht alles glückte. Das Christentum machte alles noch viel komplizierter. Und Roms Begabung oder Glück, sich von Krise zu Krise neu zu erholen, versagte am Ende. Woolf betont wie zuvor Bryan Ward-Perkins und Peter Heather (s. u. S. 217-221), wie katastrophal sich der Zusammenbruch des Reiches für die Betroffenen in den Städten und Provinzen darstellte. Aber Auseinanderfallen, Invasion und Schrumpfung hinderten doch nicht, daß in den neuen Einheiten Rom auf vielfältige Weise gegenwärtig blieb: im kleiner werdenden Byzantinischen Reich, in den Völkerwanderungsreichen und Bischofsstädten des Westens, am wenigsten freilich in der rasch expandierenden islamischen Welt.

Ortega y Gassets Arcana des Römischen Reiches lassen sich leicht in Woolfs Analyse übersetzen: Nicht die Gewalt, die Existenz von Sklaverei oder die göttliche Stellung des Kaisers machten den Unterschied; in diesen und vielen anderen Hinsichten war das Imperium Romanum ziemlich normal. Aber welche Könige der Könige, Söhne des Himmels oder Zaren hatten Untertanen, die sich auch als Mitbürger fühlen und im Besitz städtischer Freiheit die Ordnung des Reiches so bemerkenswert lange einträchtig als die ihre verteidigen wollten? Woolf erzählt diese Geschichte nicht als erster. Aber in seinen Händen und seiner luziden Prosa sind das Römische Reich und die Denkaufgaben, die es weit über die Alte Welt hinaus stellt, wieder eine aufregende Angelegenheit.

Ein Wunder, daß die Unterworfenen so willig waren

Als Géza Alföldy (s. u. S. 243-245) 1975 seine „Römische Sozialgeschichte“ vorlegte, war dies nur auf den ersten Blick ein Versuch, die Althistorie nachholend in einen damals aktuellen Trend einzufädeln. Gewiß, an der Ruhruniversität Bochum, wo der aus Ungarn Geflohene damals lehrte, mochte das Fehlen eines solchen Grundrisses stärker als anderswo wahrgenommen worden sein. Doch der junge Autor erkannte auch die Chancen des Unternehmens: Die überall sichtbar ausgeprägten Hierarchien als Hauptmerkmal der römischen Gesellschaft legten es nahe, deren soziale Strukturen als Organisation akzeptierter Ungleichheit zu fassen und davon ausgehend die einzelnen Gruppen, ihre Beziehungen zueinander, die Durchlässigkeit der Schichtung und die stabilisierende oder destabilisierende Wirkung des politischen Rahmens in den Blick zu nehmen.

Da Römer verschiedenster Stellung, zumal seit der frühen Kaiserzeit, immer wieder ihre Position in der jeweiligen Hierarchie markierten, konnte der Kenner der lateinischen Inschriften die häufig vorgebrachte Ausrede, für eine römische Sozialgeschichte im modernen Sinn fehle es an Quellen, als nicht fundiert zurückweisen. Das gilt heute noch viel mehr als damals.

Hinter der relativ konventionellen Epocheneinteilung steckte eine klare historische Anschauung. Zu Beginn der römischen Geschichte und in der Kaiserzeit mündete jeweils eine Expansion in Neuformierungen, gegen Ende der Republik und im dritten Jahrhundert n. Chr. wirkten erodierende Kräfte zeitweise sehr stark, ohne jedoch die Grundstrukturen angreifen zu können. Dies geschah erst, als der äußere Rahmen der politischen Ordnung zerbrach und das, was ihn ersetzte, anders als zum Ende der Republik nicht mehr römisch war. Der Preis für diese Konzeption liegt in einer bisweilen teleologischen Sichtweise; daß Augustus und Diokletian nicht nur die Macht erobern, sondern auch die Ordnung für vergleichsweise lange Dauer stabilisieren konnten, war jedoch keineswegs abzusehen und nicht einmal wahrscheinlich.

Die Neuausgabe des zwischenzeitlich in acht Sprachen übersetzten Buches ist auf den doppelten Umfang angewachsen; der aus Vorlesungen entstandene Grundriß ist zum Handbuch (mit leider zu vielen Druckfehlern) geworden, das auf über fünfzig Seiten die neuere Literatur verzeichnet. Für die Zeit der Republik liegen die Fortschritte der Forschung eher außerhalb von Alföldys Radar, dafür konnte er das Bild der Kaiserzeit – maßgeblich auf der Basis eigener wie angeleiteter Arbeiten – noch erheblich reicher und differenzierter gestalten. Sich auf die „klassische" Sozialgeschichte zu beschränken ist begründungsbedürftig geworden, da sich das Gebiet ausgeweitet hat und inzwischen auch Themen wie Geschlechterbeziehungen, Familie, Sozialisation oder Randgruppen umfaßt. Alföldy liefert die Begründung implizit, durch eine Monographie mit klaren Linien und aus einem Guß. Das erscheint wesentlich überzeugender als eine gelegentlich aufblitzende Fußnotensottise gegen „die heute modischen Fragen der Sozialanthropologie".

Alföldys Stände-Schichten-Modell der römischen Sozialstruktur in der Kaiserzeit, suggestiv in eine graphische Pyramide übersetzt, kann als weitgehend akzeptiert gelten, weshalb sich sein Schöpfer gelassen und offen mit den Einreden auseinandersetzen kann; die zwanzig Seiten dazu zählen zu den besten des Buches. Gewiß spielte die Einbindung des Einzelnen in Familie und Gemeinde eine wesentliche Rolle für den Zusammenhalt der Gesellschaft, doch es war eben nicht gleichgültig, ob man arm oder reich war, Macht ausüben konnte oder nicht und ob man angesehen war oder zur großen Masse gehörte. Und auf der Ebene des Gesamtreiches wurde die Integration lokaler Eliten durch die strikte soziale Hierarchie gefördert, da die Bereitschaft, sich anzupassen, berechenbar belohnt wurde. Daß die zuvor blutig Unterworfenen das soziopolitische und soziokulturelle System der Römer so weitgehend akzeptierten, erscheint Alföldy „fast wie ein Wunder" römischer Staatskunst. Was davon zu erklären ist, findet sich in diesem Buch vorbildlich ausgebreitet.

Latein von oben

„Ben Hur", einer der klassischen Monumentalfilme, die das gängige Bild vom Römischen Reich am meisten geprägt haben, erzählt auch die Geschichte einer zwischen imperialem Machtgefälle und kultureller Differenz aufbrechenden Todfeindschaft. Der jüdische Aristokrat und der römische Offizier, in der Jugend unzertrennliche Freunde, begegnen sich nach Jahren wieder, nunmehr als Vertreter zweier Welten. Der Mächtige wittert Aufruhr der Unterworfenen und ist nur zu bereit, ihn blutig zu unterdrücken. Im einstigen Gefährten vermag er nur noch den nützlichen, weil einflußreichen Kollaborateur oder den künftigen Anführer der Aufständischen zu sehen. Der emotionalen Überhöhung des Konflikts zuliebe wird eine verkehrte Welt skizziert: Nähe sieht sich in Entfremdung verwandelt, welche zur totalen Konfrontation führt. Verkehrt, denn in Wirklichkeit verlief der Prozeß genau andersherum.

Helga Botermann überhört in „Wie aus Galliern Römer wurden" die Schreie der von Caesars Legionen massakrierten, ausgeplünderten und verschleppten Gallier keineswegs. Der Marschtritt der Truppen setzte zu Zeiten der Römischen Republik eine Macht- und Eroberungsideologie um, die nicht von patronalem Verantwortungsgefühl für die Unterworfenen geprägt, sondern weitgehend vom innenpolitisch motivierten Streben der römischen Großen nach Ruhm und Beute gesteuert war. Doch die Qualen der ersten Generation und das Zähneknirschen in der zweiten sind eine sich wiederholende Begleiterscheinung solcher Vorgänge quer durch die Geschichte und als solche eher ein Gegenstand der Empörung als historischer Erkenntnis. Staunenswert und höchst erklärungsbedürftig ist dagegen, was sich nach der Unterwerfung vollzog, in diesem Fall: wie es nach wenigen Generationen dahin kam, daß Zeitgenossen zumal den Süden Galliens in seinem Erscheinungsbild kaum noch von Italien unterscheiden konnten. Die Romanisierung, längst zur Handbuch- und Reiseführerformel erstarrt und zugleich strittiger Orientierungsrahmen für vielfältige Spezialforschungen, gewinnt in dem ungewöhnlichen Buch der Göttinger Althistorikerin auf einmal Farbe und Kontur.

Südgallien ist für eine solche Demonstration – neben Kleinasien – besonders gut geeignet, weil eine vergleichsweise reichhaltige Überlieferung es gestattet, hier die politischen, wirtschaftlichen und vor allem kulturellen Prozesse über das gesamte Altertum hin zu verfolgen, von der Gründung von Massalia (Marseille) durch Griechen um 600 vor Christus bis zur Transformation der ganzen Region durch Christentum und fränkische Herrschaft mehr als ein Jahrtausend später.

Den Schwerpunkt bildet dabei die Zeit ab der römischen Intervention am Ende des zweiten Jahrhunderts v. Chr., die zur Einrichtung der Gallia Narbonensis als Provinz führte; was nach aktuellem Forschungsstand über die Kelten und Griechen der Zeit davor zu sagen ist, bündelt ein Kapitel.

Immer wieder zeigt die Autorin an konkreten Zeugnissen und durchexerzierten Problemen, wie Historiker zu ihren Einsichten über das Altertum kommen. Ein Name, eine kurze Notiz beginnen so, plastisch vor ihren Hintergrund gestellt, zu sprechen. Wenn vierzig Jahre nach der Unterwerfung Galliens durch Caesar der Häduer Gaius Iulius Vercondaridubnus zum ersten Priester des von Augustus begründeten Kultes für Roma und Augustus in Lyon ernannt wurde, so steckt darin eine zentrale These des Buches: Die römische Herrschaft stützte sich auf einheimische Eliten, die bereit waren, für die Nähe zur Macht, den Status und die Annehmlichkeiten, welche eine mediterran geprägte Stadt bot, ihre alten Lebensformen über Bord zu werfen und dabei anfangs auch ein Risiko auf sich zu nehmen. Ein Ausdruck wie ein Instrument des soziopolitischen Aufstiegs war das am Namen ablesbare römische Bürgerrecht. Die Römer schufen mit diesem Kult bewußt den Kristallisationspunkt für eine gesamtprovinziale Identität der zuvor in rivalisierende Stämme zerfallenen Bewohner. Diese Identität war von Beginn an eine römische, vermittelt auch durch eine Bildung, wie sie im Imperium Romanum überall den Standard darstellte; an ihrem Anfang stand das Erlernen der lateinischen Sprache. Von oben wurde hier also ein Rahmen gesetzt und wurden die Wege der Integration vorgezeichnet, aber ohne eine robuste Bereitschaft, die Angebote anzunehmen, wäre der Erfolg ausgeblieben. Natürlich ging es für die Magnaten in den neuen Städten, in Arles, Nîmes oder Vienne, auch um lokale Macht, doch erst die objektiven Segnungen, die aus der *pax Romana* und einer zurückhaltenden Administration erwuchsen, bildeten den Mehrwert, der es allen Provinzbewohnern nahelegte, freiwillig, ja im Wettbewerb untereinander in das Projekt Römersein zu investieren.

Römische Eigennamen anzunehmen und so spätestens in der vierten Generation jeden Anklang an die unaussprechlich gewordenen keltischen Namen zu tilgen, die Kinder in eine Schule zu schicken, die Toten römisch zu bestatten und ihnen Grabsteine mit Inschriften zu setzen, die angestammten Götter unter dem weiten Himmel des Polytheismus mit römischen zu identifizieren, das Land geometrisch präzise zu katastrieren, Wein und Fischsauce für den Export zu produzieren, Tempel und Wasserleitungen, Theater und Arenen zu bauen, Rhetorik zu studieren, in den nach römischem Vorbild errichteten Rathäusern die ebenso kostspieligen wie ehrenvollen Ämter der städtischen Selbstverwaltung zu versehen, bei vielen Gelegenheiten den Kaiser als lebenden Gott anzurufen oder für sein Wohl zu beten – diese und andere Facetten wachsen unter Botermanns kundiger Führung einem Bild des säkularen Prozesses der Selbstromanisierung in allen Lebensbereichen zusammen.

Die „Alt-Römer" belohnten diese Bemühungen unter anderem mit rechtlich feindifferenzierten Privilegierungen für einzelne Städte, und hundert Jahre nachdem der Himmel über den Kriegern des Vercingetorix bei Alesia am doppelten Befestigungsring von Caesars Militärmaschine zum Einsturz gebracht worden war, setzte Kaiser Claudius durch, daß die Besten der Besten aus der provinzialen Oberschicht Galliens in den Senat in Rom eintreten konnten. Dabei war die Ehre, war die öffentliche Anerkennung der Schmierstoff der Kommunikation in jede Richtung, wie die Autorin zumal an den zahlreichen Inschriften anschaulich demonstriert.

Neben dem mikrohistorischen Blick kommt auch der universalhistorische Zusammenhang zu seinem Recht. Die nachantike europäische Geschichte wurde von der tiefgreifenden Romanisierung Südgalliens nachhaltig geprägt. Denn während im fünften Jahrhundert in Mittel- und Nordgallien mit dem Ende der römischen Präsenz auch die antike Kultur zum großen Teil wieder verschwand, bildeten im Süden die eingewanderten Goten und Burgunder im Bunde mit der christianisierten einheimischen Aristokratie eine Staatlichkeit aus, an die das fränkische Merowingerreich anzuknüpfen vermochte.

„Wie aus Galliern Römer wurden" ist kein konventioneller Reiseführer, obwohl die Autorin aus langjähriger Autopsie zahlreiche Hinweise auf Sehens- und Erkundenswertes gibt, die sonst kaum irgendwo zu lesen sind. Eine akademische „Einführung in die Alte Geschichte" pflegt auch anders daherzukommen, ebenso eine „Geschichte Südgalliens im Altertum". Die Verfasserin vermittelt vielmehr alle Voraussetzungen dafür, zu erkennen, was der (römischen) Welt Zusammenhalt und Stabilität verlieh. Ein aufregendes Buch.

Wie in Rom die Post abging

Personentransport und Nachrichtenübermittlung in vormodernen Großstaaten haben Schriftsteller inspiriert und Mythen hervorgebracht. Michael Strogoff und der Pony-Expreß stehen für alle Wagemutigen, die unter Gefahren den weiten peripheren Raum durchmaßen, um seine Erschließung durch Herrschaft und Zivilisation vorzubereiten.

Auch im Römischen Reich gab es kein geregeltes System der administrativen Nachrichtenübermittlung, vielmehr wurden jeweils bei Bedarf subalterne Boten oder Soldaten in Marsch gesetzt. Immerhin war es der kaiserlichen Zentrale und ihren Beauftragten in den Provinzen aber darum zu tun, das Reisen von Funktionsträgern und die Nachrichtenübermittlung im Binnenraum des Imperiums auf eine sichere und berechenbare Grundlage zu stellen. Anne Kolb untersucht vor allem den sogenannten *cursus publicus*, der bis in jüngere Arbeiten immer wieder als „Staatspost" oder Kurierdienst mißverstanden worden ist.

In Wirklichkeit, so zeigt „Transport und Nachrichtentransfer im Römischen Reich“, war der *cursus publicus* ein Infrastruktursystem, das berechtigten Funktionsträgern auf Dienstreisen über größere Entfernungen Transporttiere und -fahrzeuge zur Verfügung stellte. Systematisch und handbuchartig beschreibt die Studie alle relevanten Aspekte des Themas. Spannend wird sie immer dort, wo aus der normativen Prosa der Kaiseredikte und -gesetze nicht nur die Funktionsweise des Apparates rekonstruiert, sondern auch die Wirklichkeit menschlichen Fehlverhaltens sichtbar wird. Der *cursus publicus* mit seinen Wechselstationen und Rasthäusern war überaus mißbrauchsanfällig; fehlende oder mangelhafte Kontrollen, aber auch gutmütige, ängstliche oder bestechliche Stationsleiter ermöglichten es Reisenden immer wieder, die Ressourcen des Systems ohne Berechtigung zu nutzen – und es damit natürlich zusätzlich zu belasten.

Gerade diesbezüglich verstellt der Organisationsdiskurs leider bisweilen den Blick, indem er Differenzen konstruiert, wo es keine gab. So wurde der Unterhalt des *cursus publicus* durch Sach- und Dienstleistungen der lokalen Bevölkerung finanziert. Die Kaiser waren bemüht, diese Lasten nicht zu groß werden zu lassen, um einen Zusammenbruch des Systems zu verhindern. Die Autorin weist nun nach, daß daher die Getreideabgaben nicht durch den *cursus publicus* zu den Abgabestellen transportiert wurden. Aber für die provinziale Bevölkerung, in erster Linie die Grundbesitzer, war die Unterscheidung irrelevant, weil sie für beide Transportaufgaben aufzukommen hatte.

Was das Imperium Romanum im Innersten zusammenhielt, diese Frage ist mit einer Systemanalyse auf der Ebene institutioneller Organisation jedenfalls nicht zureichend zu beantworten. Im letzten Kapitel ist der Leser für eine übersichtliche Zusammenstellung der aussagekräftigen Zeugnisse zu Reise- und Übermittlungsgeschwindigkeiten dankbar.

16. Römische Charakterköpfe

Immer wieder: Cicero

Cicero hat zuletzt einem Magazin für neue Bürgerlichkeit den Namen gegeben, einer Romantrilogie von Robert Harris den Helden und der prallen TV-Serie „Rome“ eine unsympathische Nebenfigur. Zeit also, ihn wieder für die historische Wissenschaft zu reklamieren. Doch auch Gelehrte sahen sich – gewiß auch durch die oft so vulkanisch daherkommenden erhaltenen Reden und Briefe des Mannes aus Arpinum – gern veranlaßt, den politischen, und das heißt: den aktuellen Kern von Ciceros Existenz und Wirken zu konturieren. Die letzte aus Geist und Gelehrsamkeit des Humanismus geschriebene Biographie dieses Römers war zugleich die erste, die ihn als Vorbild für ein modernes, parlamentarisches System vorstellte. Conyers Middleton, Bibliothekar der Cambridge-University, sah den Redner, Konsul und Literaten als Vorkämpfer gegen Gier, Gewalt und Tyrannis. Cicero erwies sich als ideales Vorbild in einem Gestalt gewinnenden politischen System, dessen Vertreter Bildung, Umgangsformen, Kraft des Wortes, taktische Finessen und Prinzipienfestigkeit im Grundsätzlichen in sich zu vereinen suchten. Cicero, so Middleton, log bisweilen, haßte sich aber immerhin dafür und bot insgesamt ein leuchtendes Beispiel für die englische Nation, die infolge der Freiheit in entgegengesetzte Parteien zerfallen sei und in der die Freundschaft mit bestimmten einflußreichen Männern auch die besten Bürger bisweilen zu Handlungen zweifelhafter Qualität zwang.

Middletons 1741 erschienenes Werk führt die chronologische Liste der Cicero-Biographien im Anhang der vorläufig jüngsten an, die der spanische Althistoriker und Republikkenner Francisco Pina Polo unter dem Titel „Rom das bin ich“ vorgelegt hat. Die Fragen an eine Lebensbeschreibung lauten heute selbstverständlich anders. Ist der Protagonist eher Produkt seiner Zeit oder hat er ihr maßgeblich seinen Stempel aufdrücken können? Für diese Unterscheidung bietet Cicero ein schillerndes Beispiel. Offenbar sehr früh richtete sich sein Ehrgeiz darauf, in die Gruppe der gestaltenden Akteure aufzurücken. Daß dies eine bewußte Wahl darstellte, zeigt der ganz anderes verlaufende Weg seines lebenslangen Freundes Atticus, der durch seine guten Verbindungen in die oberste Etage der römischen Politik hätte Karriere machen können, dies aber ausschlug.

Unermüdliches Kommunizieren, rhetorisches Talent und eine günstige Konstellation ebneten Cicero den Aufstieg ins Konsulat des Jahres 63 v. Chr. Gegen ein Ansiedlungsgesetz und die wenig deutlichen Umtriebe Catilinas konnte er sich profilieren, leitete daraus aber einen Anspruch ab, der schon in der guten alten Republik kaum je zu verwirklichen war: den Anspruch auf dauerhafte Prominenz und politischen Einfluß. Cicero tat alles, um beides zu gewinnen. So hatte er erkannt, wie sehr Rom der Ort war, auf den es ankam, und folgerichtig verließ er die Stadt und ihr näheres Umland nur, wenn es nicht zu vermeiden war, am längsten während der Verbannung Anfang der Fünfziger Jahre und als Provinzstatthalter in Kilikien am Ende dieses Jahrzehnts. Doch diese Fixierung auf Rom war ihrerseits längst zum Problem geworden, da die eigentliche Macht in den Feldzügen an der Peripherie des römischen Herrschaftsgebietes gewonnen wurde. Ein wie Cicero auf das Forum fixierter Mann konnte, so scheint es, einen Pompeius oder Caesar gar nicht mehr erfassen, auch wenn die Kinderstube der aristokratischen Kommunikation diese Kluft zu überdecken half.

Außerhalb der eigenen Selbststilisierung war Cicero aber nur ein einziges Mal wirklich ein entscheidender Akteur, entscheidend in dem Sinne, daß die Geschichte vielleicht ganz anders verlaufen wäre, dächte man ihn weg. Das war in den Monaten nach der Ermordung Caesars im März 44 v. Chr., als der Alt-Konsular einem paralysierten, unentschlossenen und großenteils aus politischen Novizen bestehenden Senat für eine gewisse Zeit seine Agenda aufnötigen konnte: die unbedingte Feindschaft zu Marcus Antonius und das Bündnis mit Caesars Adoptivsohn Oktavian. Und just in dieser einzigen Situation, so wird man mit aller Vorsicht vermuten können, hat er die – zugegeben winzige – Chance vertan, den Tod des Tyrannen zu einer Befriedung der Verhältnisse zu nutzen. Vertan auch durch die im Laufe eines langen Lebens eingerastete Identifizierung des Wohls der *res publica* mit dem eigenen Standpunkt und der eigenen Person.

Der an einen angeblichen Ausspruch Ludwigs XIV. angelehnte Titel von Pina Polos Buch ist deshalb einfach genial. Ansonsten stand der Autor vor der gleichen Aufgabe wie alle Biographen von Persönlichkeiten der Römischen Republik. Der Lobpreis republikanischer Tugend wie die Aufrechnung politischer Fehler wirkt längst schal; es geht vielmehr darum, das Handeln der Gestalten erst einmal verständlich zu machen, indem Traditionen benannt, Muster skizziert, Situationen analysiert und Alternativen aufgezeigt werden. Pina Polo stellt die gut überlieferten Ereignisse in den Vordergrund und läßt Cicero selbst ausgiebig zu Wort kommen. Aber die einmontierten Zitate sprechen doch nicht immer für sich selbst, und Ciceros Rhetorik zu rühmen ist das eine, einmal an Beispielen zu zeigen, wie sie funktionierte, könnte das Behauptete erweisen. Die vielleicht weniger geläufigen Fundstücke nimmt man aber doch dankbar zur Kenntnis, etwa den ebenso sarkastischen wie zutreffenden Satz aus einem Brief zwei Monate nach den Iden des März: Seine Milde sei Caesar schlecht bekommen; wenn er diese nicht geübt hätte, wäre ihm dergleichen nicht passiert.

Zugleich durchbricht der spanische Gelehrte immer wieder die rein chronologische Darstellung und schiebt an passender Stelle essayartige Kapitel zu Leitthemen der Biographie ein. Das gelingt vielfach sehr gut, etwa zu den „Finanzen eines Intellektuellen“, zum Problem der politisch motivierten Gewalt oder zur Rolle von Religion und Priestertümern, aber auch mal weniger, etwa in dem Stück über die Traditionsbildung durch historische Literatur. Als guter Kenner der politischen Kultur der Republik achtet Pina Polo auf die symbolische Bedeutung von Orten, an denen etwas passiert. Treffend erkannt ist ferner die Dialektik in Ciceros Selbstdarstellung nach Erreichen des Konsulats: Indem er die Tatsache, das höchste Amt der Republik trotz seiner unprominenten Herkunft erreicht zu haben, derart hervorhob, machte der *homo novus* seine Schwäche und seine politische Unterlegenheit gegenüber den Aristokraten zu einem Zeichen seines sozialen Erfolgs. Trotz mancher begrifflichen Schwächen kann man diese Biographie als eine Abbreviatur auf die Republik insgesamt lesen, ihre Stärken wie ihre Blindstellen.

Am Ende erscheint Ciceros hauptsächliche Fixierung einfach antiquiert. Pina Polo unterstreicht dies mit einer glänzenden Beobachtung: Als Prokonsul in Kilikien hatte Cicero offensichtlich kein Interesse daran, die Menschen aus der Nähe kennenzulernen, über die er zu herrschen hatte. In den Briefen findet sich nichts zu Land und Sitten, Bauten oder anderen Besonderheiten. Er hat nur Rom und seine Rückkehr dorthin im Sinn. Die Politiker-Feldherren, denen er sich überlegen fühlte, waren da schon weiter.

Auch Klaus Bringmann läßt in seiner gediegenen Biographie gelegentlich aufschlußreiche Details aufblitzen. Als Cicero von Arpinum aufbrach, um in Rom Karriere zu machen, tat er dies gleichsam nachholend; sein offenbar ambitionierter Onkel Lucius war indes gestorben, ohne eine Spur im Verzeichnis der Amtsträger hinterlassen zu können. In seinem Konsulat war Cicero überlastet und litt an Schlaflosigkeit. Hier und da folgt Bringmann vielleicht zu sehr der Egozentrik des Hauptakteurs. So hatte Clodius gewiß auch gute politische Gründe, Feind des Konsuls von 63 zu sein, und der Rückruf aus dem Exil war für die Gegner von Caesar und Clodius eher eine Machtprobe mit diesen als ein Freundschaftsdienst am wenig geschätzten Cicero. Am Ende kann sich auch der um Verstehen bemühte Autor eines zwiespältigen Eindrucks nicht erwehren, zumal sein „Held“ sich am Ende, im Kampf gegen Antonius, genau der Mittel zur Rettung der *res publica* bediente, die sie zuvor schon erodiert hatten: der Zuteilung außerordentlicher Kommandos, des Rechtsbruchs und des Bürgerkriegs.

Durch die vergleichsweise gute Überlieferung hat der Autor viel damit zu tun, die Akte auf der Bühne zu schildern. Zu erklären, wie die Akteure dachten, sprachen und handelten, um all das auch wirklich verständlich zu machen, hätte den Umfang wohl leicht auf das Doppelte anschwellen lassen. Hin und wieder suggerieren Ausdrücke älterer oder aktueller Zeitgenossenschaft Nähe, wo vielleicht keine ist: Machtergreifung, Ermächtigungsgesetz, Prekariat, Schlüsselqualifikation. Doch das Buch hält unter der Oberfläche der Ereignisse und der Reflexionen der immer wieder ausgiebig zitierten Titelgestalt auch eine Pointe bereit. Bringmann sieht, den Regeln der Reihe „Gestalten der Antike" folgend, ganz ab von der langen Rezeption Ciceros, der seit dem Renaissancehumanismus als einer der geistigen Väter Europas galt, sofern sich dieses als Ort und Produkt des Wortes verstand. Dabei ergibt sich eine Hauptfrage der Biographie Ciceros nicht aus der Lebensgeschichte allein, sondern aus zwei einander scheinbar entgegengesetzten Eindrücken.

Cicero sei, so ist in einem altertumswissenschaftlichen Standardlexikon zu lesen, „der unbestrittene Meister der lateinischen Rede von säkularer stilprägender Kraft, als Politiker (aber als Antipode eines Caesar!) gescheitert, als Philosoph zu gering eingeschätzt von den Systematikern". Bringmann, als Altphilologe und Historiker ein Gelehrtenleben lang mit dem *homo novus* aus Arpinum befaßt, will diese bequeme Trennung zwischen dem Politiker und dem Geistesmenschen nicht mitmachen. Weit mehr als seine Standesgenossen hatte Cicero, vertraut mit der griechischen Bildung seiner Zeit, das Bedürfnis nach gedanklicher Klärung der öffentlichen Rolle, die zu spielen sein höchstes Ziel war. Er neigte jedoch dazu, sein Idealbild dieser Rolle und des politischen Betriebs in Rom überhaupt für die Wirklichkeit zu nehmen oder umgekehrt diese nach Maßgabe der Nähe oder Ferne zum Ideal zu beurteilen – was die gelegentliche Hellsicht, man lebe nicht in Platons Idealstaat, sondern im Schlamm des Romulus, keineswegs ausschloß.

Gewiß verschaffte die literarische Produktivität Cicero in Phasen erzwungener politischer Untätigkeit einen Ausgleich und sollte sie ihm, der abgesehen von seiner rhetorischen Meisterschaft über keine der damals gängigen Machtressourcen verfügte, einen Rang sichern, den ihm niemand streitig machen konnte. Wichtiger erscheint aber etwas anderes: Die griechischen Vorbilder boten etwa in der Lehre von der Mischverfassung oder der planvoll-umfassenden Gesetzgebung Modelle, mit denen sich die disparate und widersprüchliche Wirklichkeit der gewucherten Verfassung Roms scheinbar ordnen ließ. Bringmann deutet zumindest an, wie umgekehrt diese Modelle Cicero zu der irregeleiteten Vorstellung führten, die römische Wirklichkeit müsse sich – auch ohne gewaltsame Eingriffe wie den des verhaßten Sulla – ähnlich konsistent darstellen und gestalten lassen: die „gute alte Zeit", die formierte Gesellschaft der Gutgesinnten, eine Gesetzgebung aus einem Guß, Einbindung der militärischen Macht, die Gestalt des allgemein anerkannten „Lenkers" (*rector*). Anders gewendet: Blieb der im Alltagsgeschäft so versierte Cicero nicht nur durch sein Aufsteigertum und seine – meist unfreiwilligen – taktischen Volten oft Außenseiter in der politischen Klasse, sondern auch durch seine intellektuelle Kohärenzfixierung? An der alten Idee von Cicero als Vorbereiter des Prinzipats ist ja etwas dran: Zwar dachte der prinzipielle Caesargegner dabei gewiß nicht an eine Monarchie als Regierungsform in Rom, aber seine Vorstellungen von einer konsistenten Regierung durch den Senat und die „Guten" mußten solange Illusion bleiben, bis einer diese mit Nachdruck anweisen konnte, was sie zu tun und was sie zu unterlassen hatten. Augustus, dem dies gelang, begründete in Rom eine stabile Monarchie.

Tonnenideologie eines selbstbewußten Aufsteigers: Pompeius

Ein Buch, in dem so viel von Feldzügen, Flottenoperationen und Schlachten die Rede ist, vielleicht die Rede sein muß, könnte auch Aufschlußreiches über das Verhältnis eines Feldherrn zu seinen Soldaten berichten. Das gilt zumal dann, wenn der Krieg ein Bürgerkrieg und der Feldherr ein 23 Jahre junger Warlord war, amtlos an der Spitze von eigenmächtig aufgestellten Truppen und nur notdürftig legitimiert durch ein außerordentliches Kommando. Als Gnaeus Pompeius (106–48 v. Chr.) nach dem Sieg in Nordafrika den Befehl seines Parteiführers Sulla erhielt, das Heer zu entlassen und einen Nachfolger zu erwarten, ereignete sich eine bizarre Szene, von der Plutarch berichtet: Pompeius selbst hielt seinen Ärger zurück; „ganz offen aber empörten sich die Soldaten, und als Pompeius sie bat, den Rückmarsch anzutreten, schimpften sie auf Sulla, erklärten, sie würden ihren Anführer nicht im Stiche lassen und warnten ihn, dem Tyrannen zu trauen. Zuerst versuchte Pompeius, sie zu beruhigen und ihnen gut zuzureden. Als er sie aber nicht zu überreden vermochte, stieg er vom Tribunal herab und ging weinend in sein Zelt. Doch die Soldaten holten ihn zurück, stellten ihn wieder auf sein Tribunal, und so wurde ein großer Teil des Tages damit hingebracht, daß sie ihn aufforderten, zu bleiben und das Kommando weiterzuführen, und er sie bat, zu gehorchen und nicht zu meutern, bis er, da sie heftig in ihn drangen und ihn niederzuschreien begannen, schwur, er werde sich töten, wenn sie Gewalt gegen ihn brauchten, worauf sie dann endlich abließen."

Die gängige Rede über die spätrepublikanische Militärklientel, die überwiegend materiellen Interessen folgte und ansonsten Wachs in den Händen ihres jeweiligen Kommandeurs gewesen sei, weicht bei näherer Betrachtung einer Szene wie dieser zumindest einer Irritation. Doch Sondagen in die Tiefenschichten der politischen Kultur der Römischen Republik, wie sie etwa Egon Flaig vorgenommen hat (s. o. S. 160-162), und in die mentalen Dispositionen ihrer Akteure sind Karl Christs Sache nicht. Im Sinne des klassischen Historismus fragt er in seiner kleinen Pompeius-Biographie nach Leistungen, Grenzen und Persönlichkeit eines Mannes, dem nach den Maßstäben seiner Zeit das Prädikat eines Außenseiters gewiß eher zukam als Caesar. Denn dieser hatte bis zu seinem Konsulat, das er mit Anfang vierzig bekleidete, eine äußerlich normale Karriere durchlaufen und kannte die Spielregeln der aristokratischen Politik in Rom genau. Der aus Picenum stammende Pompeius hingegen wurde mit fünfunddreißig Jahren zum Konsul gewählt, ohne vorher irgendein reguläres

Amt bekleidet zu haben oder je Senator gewesen zu sein. Das Protokollarische seiner neuen Würde mußte er sich von einem Gelehrten in einer Handreichung zusammenfassen lassen; ein Mann der vielen wohlgefügten Worte wurde er nie.

Eher lagen ihm starke Aussprüche, in denen sich die Tonnenideologie eines selbstbewußten Aufsteigers ausdrückte, dessen Erfolge auf umsichtiger Arbeit und geduldiger Organisationsfähigkeit beruhten. Die aufgehende Sonne werde mehr geliebt als die untergehende: Diesen auf sich und Sulla gemünzten Satz des Pompeius aus der frühen Zeit des römischen Alexander hätte auch Caesar sagen können. Aber man kann sich nicht vorstellen, daß dieser bei der Musterung laut kundtut, er habe alle vorgeschriebenen Feldzüge mitgemacht und alle unter seinem Kommando. Eine Primusnatur, die ihre Leistungen immer wie ein Schulzeugnis vor sich hertrage, so hat Alfred Heuß deshalb einst Pompeius genannt, und es ist ein Vorzug auch dieses Buches von Karl Christ, daß die antiken und die neueren Stimmen über den „Feldherrn Roms“ in einem eigenen Kapitel ausgebreitet werden.

Von den Kategorien der historischen Größe und des vorausschauenden Genies, die Generationen von Historikern das Gewichtsmaß bei der Wägung von Persönlichkeiten vor dem Gericht der Geschichte waren und die zugleich den Draht zum Publikum bildeten, weil dieses ähnlich konditioniert war, ist der insgesamt betont nüchterne Autor indes vielleicht weniger weit entfernt, als er selbst meint. Denn auch Matthias Gelzer, Verfasser der wissenschaftlich noch immer maßgeblichen Monographie über Pompeius, hätte ohne Zögern Christs Urteile unterschrieben: daß Pompeius im politischen Bereich kein Systematiker war, überhaupt kein genuiner Politiker und erst recht kein Staatsmann.

Woran liegt es, daß solche Sätze heute schal und leer wirken? Vielleicht, weil es scheint, als führe hier immer noch der doch längst dekonstruierte Maßstab Caesar die Feder. Aber den positiv gestaltenden Staatsmann Caesar hat schon Hermann Strasburger als Phantom erwiesen, wie niemand besser weiß als Christ, der dem Caesarbild der modernen Althistorie ein eindrucksvolles Buch gewidmet hat. Und der einzige politische Systematiker in dieser Zeit war der schreckliche Sulla gewesen. Es zeugt von der Verlotterung der politischem Moral in der nachsullanischen Ära, daß im Jahre 62 die Erwartung nahezu einhellig war: Pompeius werde sich nach seiner Rückkehr vom Ostfeldzug, der ihn fast so viele Länder betreten ließ wie einst Alexander, den er aber anders als dieser mit einer funktionierenden Raumordnung beendete – der ersten, die der imperialen Verantwortung Roms wenigstens im Ansatz gerecht wurde –, in Rom mit Gewalt nehmen, was immer er wolle. Daß er es nicht tat, daß er stattdessen für die Würdigung seiner überragenden Verdienste auf das Funktionieren traditioneller Werte wie Dankbarkeit und Ehre setzte, weist ihn möglicherweise – bei aller Ungeschicklichkeit – als einen traditionelleren Römer aus, als es Lucullus, Clodius und Caesar waren. Ehrgeizig und ruhmredig mußten sie ohnehin alle sein.

Christ aber nennt die Entscheidung, das Heer in Brundisium zu entlassen und die Anerkennung seiner Regelungen im Osten nicht zu erzwingen, verhängnisvoll und sieht in ihr die Grenzen von Pompeius' Persönlichkeit aufscheinen: „Ihm fehlten nun einmal die Dynamik, Rücksichtslosigkeit und machtpolitische Konsequenz Caesars."

Angesichts der Fülle der zu referierenden Ereignisse bleibt kein Raum, solche Urteile einmal versuchsweise umzuwenden, gar mit ein wenig historischer Phantasie ein Rom zu denken, wie es Pompeius gern gesehen hätte. Oder ein Römisches Reich, in dem Seeräuber nicht wie einmal durch Caesar mit beschlagnahmten Schiffen verfolgt und am Ende gekreuzigt, sondern wie von Pompeius mit einer ordentlich beschlossenen Reichsflotte besiegt und dann in Städten angesiedelt werden. Immerhin wird deutlich, daß der „Organisator des Imperiums" am Ende seiner Karrierebahn, obwohl nun endlich halbwegs anerkannter Feldherr des Senats, den Bürgerkrieg gegen seinen ehemaligen Schwiegervater Caesar nicht wollte. Aber gegen dessen absolutes Vorrangstreben und gegen die optimatischen Ultras und Vabanquespieler im Senat hatte er keine Chance.

Gerissener Geduldsfaden: Caesar

Denen, die in dieselben Flüsse steigen, strömen andere und andere Wasser entgegen. Verknappt auf die Formel „Alles fließt", wird dieser Satz Heraklits gern als Ausdruck der Vergänglichkeit und des raschen Wechsels gelesen. Zu Unrecht, wie vor Jahren der Göttinger Philosoph Günther Patzig gezeigt hat. Denn es sind dieselben Flüsse, die immerfort andere Wasser haben; sie sind nichts anderes als dauernd wechselnde Fluten. Bliebe das Wasser stehen, so wäre der Fluß kein Fluß mehr. So ist es immer derselbe Caesar, den der Bonner Althistoriker Wolfgang Will zunächst (1992) in einer „Bilanz", dann in einer schmalen Studie über den Selbstdarsteller (2008) und jetzt in einer schlanken, dichten Biographie vorgestellt hat. Zwischen dem ersten und dem jüngsten Buch liegt ein längerer Zeitraum als zwischen Caesars Konsulat und den Iden des März, fast zwanzig Jahre. Wie Caesar mit seinen Standesgenossen, so scheint Will im Laufe der Jahre mit dem Ungeliebten die Geduld verloren zu haben. Das erste Buch war noch mit spürbarem Zorn geschrieben, zumal auf Historikerkollegen, die dem großen Mann auf den Leim gingen, ihn zum Außenseiter stilisierten und dabei die Summen unter dem Strich ignorierten, die der Opfer und die der zusammengerafften Gelder.

Der neue Caesar mobilisiert nicht mehr, jedenfalls nicht mehr Brecht gegen Christian Meier. Trotz aller schönen Sentenzen und Sottisen liegt ein wenig Resignation über dem Buch, verbunden wohl auch mit einem Aufatmen nach Abwerfen einer drückenden Last – der Band ist Teil einer Reihe, in der Caesar nicht fehlen durfte. Es sei unmöglich, so resümiert Will seine in zwei Jahrzehnten gewonnene Einsicht, Caesar gerecht zu werden. Das Einzige, was wir tun könnten, sei, eine begründete Meinung über ihn zu haben. Die Debatte um Caesars Entscheidungen und die Handlungsspielräume der historischen Akteure in den bewegten Jahrzehnten der ausgehenden Republik (s. o. S. 167-170) scheint Will nicht sehr zu interessieren. Lieber folgt er klassischen biographischen Mustern, indem er etwa, wo es geht, nach frühen Prägungen fragt. Die Lehrjahre des späteren Diktators findet er in der Schreckenszeit unter Sulla, als die überkommenen Übungen der Politik nichts mehr galten, Glück und Gewalt dagegen sehr viel, wenn sie nicht im Übermaß bemüht wurden. In der Logik der Biographie liegt es auch, nach Konstanten in Caesars Leben zu fahnden. Will findet die wichtigste im Kriegführen, das den Verfasser zweier Bücher über seine eigenen Feldzüge die letzten dreizehn Lebensjahre in Anspruch nahm.

Will kennt keine Helden mehr. Die historische Dynamik zum Exitus ergibt sich nicht länger aus einem Kampf zwischen Gut und Böse, Fortschritt und Reaktion, Größe und Beschränktheit, Legitimität und Rechtswidrigkeit. Den Widersachern, von Cicero über Bibulus bis Pompeius, wird nicht mehr oder weniger an Einsicht und historischem Recht zugestanden als Caesar selbst; des Jüngeren Cato größte politische Leistung war demnach sein Selbstmord. Eher erscheint das ganze politische System mit seinen Routinen und Belohnungsstrukturen als ein riesiges Hamsterrad, eine absurde Maschine wie in Fritz Langs „Metropolis", die immer mehr Macht generiert und am Ende das Bedienungspersonal verschlingt. Den Krieg in Gallien mußte Caesar, anders als mitunter angenommen, vor niemandem rechtfertigen, und nirgends reklamierte er ein *bellum iustum* für sein Tun.

Und der Bürgerkrieg, der im Januar 49 v. Chr. begann? Caesar wollte ihn nicht, er wich ihm aber auch nicht aus. Wer es so knapp sagen möchte, kann es kaum anders ausdrücken. Und vermutlich gibt es auch nicht viel anderes darüber zu sagen. Am Ende ist Wills Caesar nach einem Wort von Georg Büchner nicht viel mehr als ein glücklicher Catilina. Indem sein Tod von den Zeitgenossen nicht anders denn als Scheitern gesehen werden konnte – erst die kaiserzeitlichen Biographen und dann das neunzehnte Jahrhundert feierten das Genie als Wegbereiter –, legte er Augustus und dessen Nachfolgern nahe, mit der Macht anders umzugehen.

Zwei Bücher, zwei Gesichter: Augustus

Fortuna begünstigte das Erinnern, als man den zweitausendsten Geburtstag des Augustus beging. In Rom wurde das „Bimillenario della nascita di Augusto" durch eine monumentale Ausstellung gefeiert, die vom 23. Sept. 1937 an für ein

Jahr im Palazzo di Via Nazionale zu sehen war. Die „Mostra Augustea della Romanità“ nahm das Jubiläum zum Anlaß, die antike römische Geschichte in ihrer Gesamtheit darzustellen. Die Perspektive war klar: In Rom und seinem Reich manifestierten sich nicht allein die „größten Errungenschaften der antiken Welt“, sondern auch die Schöpfung aller Grundwerte der Moderne, wie es im Vorwort des dickleibigen Katalogs heißt. Der Duce, dort direkt angesprochen, hatte das Projekt eines umtriebigen Archäologen und Politikers großzügig unterstützt, parallel zu den buchstäblich einschneidenden Ausgrabungen im Stadtzentrum, durch die das Rom der antiken Weltmachtepoche wiedererstehen sollte. Eine Briefmarkenserie rückte die Botschaft des alten und des erneuerten Imperiums vor aller Augen. Die Schau selbst gab sich als organisatorische Glanzleistung des faschistischen Regimes. Mit ihren Modellen und Repliken konnte sie in der Tat museumsdidaktisch als vorbildlich gelten.

Unter der müßigen Ideologiekritik begraben liegt die kluge Prämisse der Ausstellung: Was „Römersein“ – Romanità – eigentlich ausmacht, ein spezifisches Ensemble von Strukturen, Wissen, Einstellungen und Ausdrucksformen, gewann in der Tat erst mit der beinahe fünfundvierzig Jahre währenden Regierung des Augustus Gestalt. Dessen Herrschaft löste einen umfassenden Formations- und Definitionsprozeß aus, durch den auch die Römer selbst zu einem ausgeprägteren Bewußtsein ihrer eigenen Identität jenseits einer engen lokalen und schichtenspezifischen Zuordnung gelangten. Das „Römersein“ wurde erst jetzt zum Eigentum aller Bürger; es eröffneten sich Felder der Teilhabe an den öffentlichen Angelegenheiten für einen viel größeren Kreis von Menschen, als das in der oligarchischen Republik möglich (und nötig) gewesen war. Und erst als „Rom“ in Politik, Verwaltung, Wirtschaft und Religion, aber auch in Bereichen wie der alltäglichen Objektwelt und dem Konsum, der Zeitrechnung und der historischen Erinnerung, der Urbanistik und der ästhetischen Formensprache klare Umrisse gewonnen hatte, konnte es prägend auf die Peripherie, in die Provinzen und darüber hinaus, ausstrahlen. Anders gewendet: Bevor *Romanum* nicht genauer bestimmt war, hatte *Imperium Romanum* kaum mehr dargestellt als die jederzeit aufzurufende Machtprojektion einer Handvoll rivalisierender Warlords im Modus des Befehls (*imperium*), wie es sich in den letzten Jahrzehnten der Republik dargestellt hatte (s. o. S. 172-174). Und erst mit der Errichtung der Monarchie durch Augustus erhielt Rom auf Dauer, was zuvor, unter dem kollektiven Regime der Aristokratie, eigentlich gar nicht oder allenfalls für sehr kurze Phasen existiert hatte: eine Regierung mit einer Politik.

Als sich der zweitausendste Todestag am 19. August des Jahres 2014 jährte, stand Augustus erkennbar im Schatten anderer Gedenkanlässe: des Todes von Karl d. Gr. und natürlich dem Beginn des Ersten Weltkrieges. Immerhin: Wer sich gut orientieren wollte, war (in sehr verschiedenen Formaten) mit den Bücher von Dietmar Kienast, Werner Eck, Jochen Bleicken und Werner Dahlheim

(s. u. S. 191-193) gut versorgt. Gleichwohl hat der Beck-Verlag den Althistoriker Martin Zimmermann, den Klassischen Archäologen Ralf von den Hoff und den Latinisten Wilfried Stroh beauftragt, zum Jubiläum ein etwas anderes Augustus-Buch zu schreiben. Leider hat man nicht den Mut aufgebracht, die sphinxhafte Vielgestaltigkeit des Protagonisten in einer Serie von Essays zu spiegeln oder die augusteischen Plätze, Objekte und Texte im Format von „Erinnerungsorten" originell zu beleuchten. Festgehalten wird in „Divus Augustus. Der erste römische Kaiser und seine Welt" statt dessen am chronologisch organisierten Bericht in sechs Kapiteln, wobei in jeweils drei Unterabschnitten jeder der Autoren in fester Reihenfolge zu Wort kommt. Das führt zu Wiederholungen und vielen Querverweisen. Vor allem aber unterscheiden sich Duktus und Ausführlichkeit der einzelnen Elemente erheblich voneinander, was das Buch unruhig macht, ohne unter der Oberfläche der durchlaufenden Darstellung die differenten Temperamente und Perspektiven für die Erkenntnis fruchtbar machen zu können. Von den Hoffs schöne Interpretation des bekannten Caelius-Steines in Bonn zeigt jedenfalls, was ein Strauß von Miniaturen hätte leisten können.

Der althistorische Anteil gefällt sich in routinierter Distanziertheit. Ansätze und Möglichkeiten von Augustus' Selbstdarstellung bestimmt kaum zureichend, wer diese als von Anfang an vor allem durch „Geschichtsklitterung und politisch motivierte Lügen" geprägt sieht, und es streift den Zynismus, wenn den Zeitgenossen bescheinigt wird, angesichts des Erfolgs der neuen Ordnung in Sachen Wohlstand, innerer Sicherheit und Expansion bereitwillig die Geschichtsfälschungen und das verordnete Vergessen akzeptiert zu haben, wenn nur der Profit stimmte und die Oberen „ihren Reichtum indessen wieder rundum genießen konnten". Präzise Begriffe wären gerade vonnöten, wenn es darum gehen soll, das schrittweise vorangetriebene und stets prekäre Experiment des Herren über die Heere zu fassen, der es unternahm, die Aristokratie zu disziplinieren und zugleich zum aktiven Mitherrschen über das Reich zu motivieren. Doch Zimmermann wärmt lediglich die alte Fassadentheorie auf, wenn er von der „Camouflage senatorischer Teilhabe an der Politik" spricht. Und Augustus schlicht als Kaiser zu bezeichnen, leuchtet weder im Lichte antiker Vorstellungen, die kein Kaisertum kannten, noch herrschaftstypologisch ein. Auch die spannende Frage, ob der berühmte Staatsakt im Januar 27 v. Chr. nun eine Zäsur bedeutete, wird nur indirekt aufgeworfen. Ein paar Seiten weiter sind der Staatsstreich und „die verlogene Formel der *res publica restituta*" jedenfalls zum Kompromiß mutiert und wird Aloys Winterlings Modell der paradoxen Kommunikation aufgegriffen, die dem Herrscher wie der Aristokratie so viel abverlangte (s. u. S. 193-195). Interessanterweise wurde bereits in der antiken Geschichtsschreibung die Frage nach möglichen Alternativen aufgeworfen. Nichts davon hier. Dafür kluge Bemerkungen, wie Augustus durch institutionelle Maßnahmen zur erhöhten sozialen Durchlässigkeit der römischen Gesellschaft beitrug und seine Politik bei allem Experimentieren doch in den großen Zügen einem großen Ziel verpflichtet gewesen zu sein scheint. Derlei Inkonsistenzen kann man anregend finden, muß es aber nicht.

Die Abschnitte aus der Feder von den Hoffs geben hingegen einen reichhaltigen Einblick in die Resultate der archäologischen Forschung der letzten Jahrzehnte, mag diese von der Entwicklung des Augustus-Porträts handeln oder allgemeiner von der „Macht der Bilder" (Paul Zanker), aber auch der monumentalen Inschriften, mit denen der Princeps nunmehr sich und seine neue Ordnung in das Stadtbild Roms wie auch einzelne Orte an der Peripherie einschrieb. Doch auch das Hinausdiffundieren der Botschaft in vielfältigen anderen Medien wird anschaulich beschrieben, und wie bereitwillig Eliten in den Provinzen das Angebot angenommen haben, auf der Höhe der Zeit zu sein und in leitender Position an einem großen Werk mitzubauen. Die Überhöhung des Augustus war, so die bündige Bilanz, „wesentlich auch ein Werk seiner Untertanen"; man arbeitete dem Herrscher entgegen. Daß die Ausrichtung auf das Zentrum politisch das Subsidiaritätsprinzip auszuhöhlen begann, indem sich die Städte bei Rechtsproblemen, Mißwirtschaft und Engpässen selbst in die Rolle eines Verwaltungsobjekts und eine „freiwillig gewählte Unmündigkeit" begaben, wie Zimmermann an anderer Stelle treffend vermerkt, steht auf einem anderen Blatt.

Eine ungebrochen teleologische Großerzählung schimmert auf, wenn Stroh von dem großen, in der augusteischen Zeit kulminierenden Unternehmen spricht, „eine nationalrömische, lateinische Literatur zu schaffen", und anläßlich der Zäsur von Ciceros Tod die noch offenen Genres aufzählt. Und muß es wirklich „jeden Freund der lateinischen Literatur schmerzen, daß die Philippiken, dieser Höhepunkt der Prosakunst, einem Verräter zugute kamen" und danach kein einziger Schriftsteller es wagte, die Zustimmung zu Ciceros Ermordung zu erwähnen, diese „Schandtat des späteren Augustus"? Doch das Grundsätzliche ist auf den Punkt gebracht, wie sehr nämlich die augusteischen Dichter, aber auch der Geschichtsschreiber Livius ihre eigene Stimme behielten und „nicht etwa von einem Maecenas gleichgeschaltet wurden".

Was hat uns Augustus heute noch zu sagen? In Spielbergs Spielfilm „Lincoln" ist zu lernen, wie ein großes humanes Ziel mit höchst unlauteren Mitteln erreicht wurde. Ambivalenzen dieser Art ohne Aufrechnen auszuhalten und auseinanderzulegen stellt eine nach wie vor auch von Augustus gestellte Aufgabe dar, wenn nur richtig gefragt wird. Und was Bildende Kunst und Literatur angeht, so geht von der augusteischen Zeit immer noch eine produktive Verunsicherung aus: Wie konnte ein kulturpolitisches System, das Kreativität eigentlich hätte behindern müssen, indem es formierte und forderte, gleichwohl die Schöpfung von Werken anregen, die klassisch blieben, als die Bedingungen ihrer Entstehung längst entfallen waren? Da mag man vom „Haltbarkeitsdatum" der

Bildsymbolik sprechen – unbestreitbar und weiterhin ein Anstoß bleibt „die Intensität, mit welcher sich der historische Augustus nicht nur als erster Princeps, sondern als Inbegriff des Herrschers schlechthin in die historische Erinnerung eingeschrieben" hat. Wie ambivalent und komplex das Resultat ausgefallen ist, bietet auch weiterhin reichlich Anlaß zum Denken.

Um die Lebenden mit den Toten ins Gespräch zu bringen, so bemerkte Karl Schlögel einmal, müsse der Historiker seine ganze Lebensenergie aufwenden, ja in dieser Anstrengung verbrennen. Und sein Ziel dürfe nicht die Abstand schaffende Generalisierung sein, sondern eine Vergegenwärtigung und Erschließung des Zeit- und Erfahrungshorizontes derer, die nicht mehr von Gleich zu Gleich mit uns sprechen können. Abgesehen von der suizidalen Grenzerfahrung würde Werner Dahlheim diesen Maximen wohl zustimmen, aber auch darauf beharren, zu Augustus einen durchaus selbstbestimmten Weg zu finden. Dabei mit Caesar zu beginnen, zuvor schon Gegenstand zweier Biographien aus der Feder des Berliner Althistorikers, liegt aus zwei Gründen nahe: Nach Caesar gab es, so die herrschende Lehre, keinen Weg mehr zurück in die Oligarchie der Senatoren, und zugleich legte die Ermordung des Diktators dem Sieger im Erbfolgekrieg nahe, einen anderen Weg zu suchen als jener, um seine Herrschaft und den Erhalt der Dominanz Roms über einen Großteil der Welt zu sichern.

Welchen Stempel drückt Dahlheim seinem Protagonisten auf? Zum Glück versucht er nicht, durch extravagante Thesen hervorzutreten: Über Augustus hat sich so etwas wie ein wissenschaftlicher Konsens herausgebildet. Dahlheim klammert deshalb die strittigen Fragen aus, bietet eine durchaus konventionelle Gliederung und vermeidet die verfremdende Intellektualisierung. Sein Hauptinstrument ist die Sprache. Der friedlosen, heroischen, von höchsten Ansprüchen und grenzenloser Egomanie ihrer Führer gekennzeichneten Welt einer Republik, die sich vulkanisch verausgabente und dabei die halbe Welt in Brand setzte, verwandelt er den Stil an. Er schreibt hart, nüchtern, wie für die Ewigkeit und zugleich gespickt mit brillanten Aperçus über ein Rom, „das ein Weltreich gewonnen, aber die Fähigkeit verloren hatte, sich darin zurechtzufinden". Die kenntnisreichen, doch narrativ nicht ausufernden Kapitel folgen zunächst den Etappen der Machteroberung und Machtsicherung durch alle Krisen hindurch; daran schließen sich eher thematische Stücke: „Die Gesichter der Macht", „Die Wiederkehr des Goldenen Zeitalters", „Herr über Krieg und Frieden", „Das Reich und seine Diener". Ein kurzes Stück berichtet von den letzten Jahren, dann weitet sich der Blick wieder. Dahlheim, der immer wieder den Princeps als Heiland – im Horizont dessen, was der Begriff für Menschen der damaligen Zeit bedeuten konnte – herausgestellt hat, skizziert nun, wie die Christen aus dem zeitlichen Zusammenfallen von Augustus' Herrschaft und Jesu Geburt einen Sinn destillierten, der dem Begründer der römischen Monarchie einen Platz in der Heilsgeschichte sicherte.

Dahlheim urteilt als ein Historiker, der sein herrscherliches Temperament gegenüber der Geschichte weder verleugnen kann noch will. Nicht verschwiegen wird die Bigotterie des monarchischen Sittenwächters, dessen stets waches Mißtrauen biographisch erklärt: Augustus habe „vom ersten Tag seines politischen Aufstiegs an lernen müssen, Haken zu schlagen, Mord und Totschlag zu planen, kalten Herzens Terror zu üben und zu lügen und zu betrügen, wann immer es ihm nützlich erschien". Die Geschichte saß ihm im Nacken, weil die alte Ordnung zwar gescheitert, aber keine neue denkbar war, der die alte nicht mindestens als Referenz diente. Deshalb war die rechtliche Einkleidung der Herrschaft auch „kein Akt mildtätiger Heuchelei".

Am Ende eines Herrscherlebens Bilanz zu ziehen, also die Zeit kurz anzuhalten, ist gewiß nicht weniger willkürlich, als dies in einem beliebigen anderen Moment zu tun. Es ist aber auch nicht unvernünftig. Doch die Wertungen, die Tacitus als Sprecher einer in seinen Augen gekrümmten Aristokratie im bekannten „Totengericht" den Zaungästen von Augustus' Begräbnis in den Mund legte, verfehlen den größten Teil der Wirklichkeit. Dahlheim hört auf die Vielen in Rom, Italien und dem Reich, die am Ende den zu den Göttern erhobenen Princeps ehrlich betrauerten, und spricht in ihrem Namen von einem mit menschlichem Maß kaum auszumessenden Erfolg, nämlich der lange währenden Befriedung der römischen Welt, welche die Usurpation der Macht auf lange Sicht annehmbar machte. Immer weniger Menschen zweifelten daran, daß der Friede und das allgemeine Glück für immer auf die Erde zurückgekehrt waren. Dieses Maß an Zustimmung beantwortet für den Autor die Frage nach der Legitimität der Herrschaft des Augustus eindeutig. Doch bevor solche Urteile *sub specie aeternitatis* formuliert werden, entfaltet Dahlheim ein Leben, dessen einzige gerade Linie der nie zu brechende Wille des Hauptakteurs war, sich zu behaupten.

Gar keine Einwände? Doch. Bestrebt, den Akteuren möglichst nahezukommen, zugleich dann aber doch die Urteilssouveränität eines wenn nicht Alles, so doch Vieles wissenden Historikers beanspruchend, vergaloppiert sich der Autor hier und da. „In der Brust des kaltschnäuzigen neuen Caesar begann in seinem 28. Lebensjahr ein Herz zu schlagen, das sich für das Wohlergehen seiner Mitbürger erwärmte." Woher weiß er das? Den kleinen Leuten räumt er wenig Ehre ein. Vor Zeiten hatten bürgerliche Historiker vielleicht noch Anlaß, in den Massen vergangener Epochen das rote Gespenst oder die entfesselte Soldateska ihrer eigenen Zeit zu bekämpfen. Aber heute? Bei Dahlheim gibt es noch Soldaten- und Offiziersräte, und als der Lärm der Waffen nach dem Bürgerkrieg verstummt war, hörte man „über lange Jahre hin das Schmatzen der Sieger, die ihren Raub verzehrten". Das hauptstädtische Proletariat „war überzeugt, Kaiser, Senatoren und Notabeln seien dazu da, ihm das Leben angenehm, unterhaltsam und sorgenfrei zu machen" – abgesehen davon, daß diese Behauptung sachlich unhaltbar ist, liest sie sich vor dem Hintergrund aktueller Debatten seltsam.

Doch dann wieder mit das Beste, was ein Historiker beim Leser auslösen kann: Stutzen, spontanes Nicken, Nachdenken, am Ende geklärte Zustimmung: „Von der Sonne Andalusiens bis zu den Nebeln des Nordmeeres hatte das römische Schwert nicht die stolzen Pforten eines Paradieses, sondern die morschen Türen eines Armenhauses gesprengt." Genau. Aber ist das nicht ein ideologischer Satz, der jeden Imperialismus zu rechtfertigen vermag? Stimmt auch wieder. Aber falsch ist es trotzdem nicht. Für solche Moment der Irritation verdient Dahlheim großen Dank. Zumal er ihn fand, ohne zu verbrennen.

Nicht monströs: Caligula

Der Begründer des Königtums bei den Medern erkannte das Problem klar: Wie sollte er, vordem ein Großer unter Großen, gefahrlos auch jene beherrschen, die beanspruchen konnten, seine Standesgenossen zu sein, zugleich aber auch für ihn unentbehrlich waren? Deiokes, so der Name des ersten medischen Monarchen, löste das Problem, indem er ein striktes Hofzeremoniell einführte und sich dem Verkehr mit seinen Adligen entzog. „Sie sollten nicht Groll gegen ihn hegen und Böses im Schilde führen, sondern ihn für ein Wesen von anderer Art halten", so begründet es der Geschichtsschreiber Herodot. Ein das ganze Land überziehendes Spitzelsystem schuf zusätzlich Sicherheit. Der Erfolg rechtfertigte die Strategie; Deiokes war unangefochten dreiundfünfzig Jahre lang König.

Dem römischen Kaiser stand eine solche Lösung anfangs nicht zur Verfügung. Seine Herrschaft, der Prinzipat, gab sich als Wiederherstellung der aristokratischen Republik aus, die in Rom ob ihrer langen Dauer und trotz ihrer langen Agonie im Bürgerkrieg ohne Alternative zu sein schien. Der neue Herr, der alle Sieghaftigkeit, alle Soldaten, Geldmittel und Klientelen an sich gebracht hatte, knüpfte bewußt an die Begriffe, Werte und Zeichen der traditionellen Verfassung an – die rechtliche Form des Prinzipats war Teil einer bewußten Selbstbindung, die nach dem Scheitern der selbstherrlichen und unverhüllten Machtausübung Caesars in einem Angebot des Augustus an die von ihm selbst teilweise neu gebildete senatorische Aristokratie bestand: Im Konsens mit ihr und nach Regeln, die in der republikanischen Tradition verankert waren, wolle er die Herrschaft in berechenbarer Manier ausüben. Freilich forderte diese hochgradig labile Konstruktion beiden Seiten erhebliche kommunikative Kompetenz und Konzentration ab.

Aloys Winterling spricht in seiner Biographie Caligulas, der als dritter Kaiser nur knapp vier Jahre lang, von 37 bis 41 n. Chr., regierte, mit Recht von einer systemimmanenten Doppelbödigkeit, ja Paradoxie: Die Senatoren hatten so zu handeln, als besäßen sie eine Macht, die sie in Wirklichkeit nicht hatten, der Kaiser mußte so mit ihnen umgehen, als stünden sie grundsätzlich auf gleicher Augenhöhe mit ihm. Alle wußten, daß es in Wirklichkeit nicht so war. Die Verhältnisse wurden noch komplizierter, weil die weitverzweigte Familie des Prinzeps wegen der stets virulenten Nachfolgefrage hochgradig politisiert und zugleich durch Heiratsverbindungen eng mit dem Adel verflochten war.

Das produzierte konkurrierende Fraktionen im Kaiserhaus und im Senat; deren Instrumente waren Intrigen, Majestätsprozesse gegen Standesgenossen und Verschwörungen gegen den Kaiser. Ohne einer billigen Milieutheorie zu huldigen, beschreibt Winterling präzise die sechs Lehrjahre des Germanicus-Sohnes in der Nähe seines Adoptivgroßvaters Tiberius, der durch seine Übersiedlung nach Capri den Verkehr mit dem verachteten Senat beendet hatte. Anders als seine Mutter, seine Brüder und andere Mitglieder des Kaiserhauses konnte sich Caligula durch Zurückhaltung und kluge Verstellung in der drückenden Atmosphäre von Angst, Mißtrauen und Haß behaupten.

Einmal Kaiser geworden, versuchte sich der mit viel Sympathie begrüßte Caligula zunächst an einer Kopie des Augusteischen Prinzipats, ohne die Sicherung gegen mögliche familieninterne Konkurrenz und andere mögliche Gegner zu vernachlässigen. Das schloß finsterste Mordtaten ein, lag aber in der Logik der Verhältnisse und festigte, zusammen mit sachpolitischen Maßnahmen, die Stellung des Herrschers. Unkonventionell, nach dem Maßstab des Augustus auch unsicher war indes sein Umgang mit dem Adel, den er mal mit unerwiderbarer Luxusentfaltung kompromittierte, dann wieder durch unaristokratische Zirkusbegeisterung irritierte. Der Bruch jedoch kam erst, als eine Verschwörung hochrangiger Senatoren gegen das Leben des Kaisers aufgedeckt wurde.

Caligula ging danach nicht wieder zur Tagesordnung über, sondern tat etwas Unerhörtes: Er konfrontierte die Senatoren in einer Rede mit ihrem Verhalten in der Tiberius-Zeit, als diese den verhaßten Kaiser mit einander überbietenden Ehrungen und Schmeicheleien überhäuft und zugleich Todesurteile über denunzierte Standesgenossen ausgesprochen hatten, um anschließend den toten Herrscher zu schmähen. Und er hielt ihnen vor, daß dieses Gemenge aus heuchlerischer Unterwürfigkeit, Haß und Verschwörungsbereitschaft nach wie vor ihr Handeln diktiere. Das war nach den offenkundigen Tatsachen nicht zu leugnen, aber zustimmen konnten die Senatoren dem Kaiser natürlich auch nicht. Er hatte sie damit zum Verstummen gebracht. Zugleich verzichtete er durch diese brutale Aufklärung auf die Anerkennung seiner Stellung durch die Aristokratie und sagte voraus, diese werde ihr Verhalten dennoch nicht ändern.

Damit hatte Caligula in der Tat das Ende des Augusteischen Prinzipats verkündet und zudem jegliche Normalisierung ausgeschlossen. Die doppelbödige Kommunikation war jedenfalls für die Dauer seiner Regierung kollabiert. Das Furchtbare daran war, daß dem Adel gar nichts anderes übrigblieb, als sie dennoch fortzusetzen, mit absurden Konsequenzen. Nach einer dritten Verschwörung wurden etwa für den Kaiser ein separierter Sitz im Senat und eine Leibwache beschlossen: Besorgnis um die Sicherheit der Majestät und zugleich Eingeständnis, daß jeder Besorgte zugleich ein potentieller Attentäter war.

Der Kaiser ließ nun konsequent keine Gelegenheit aus, die Senatoren zu demütigen und lächerlich zu machen. Die Zeit seiner sardonischen Witze brach an. So stattete er sein Lieblingspferd mit allem Prunk eines adligen Hauses aus und erwog sogar, es zum Konsul zu machen. Diese Verrücktheit ist vielleicht seine bekannteste, sie diente aber nur dazu, Lebensform und Lebensziel der Adligen dem Spott preiszugeben und zugleich deutlich zu machen, daß die Stellung jedes einzelnen von ihnen in seinem Belieben lag. Der Rest waren Variation und Eskalation, ein Zurück gab es nicht mehr. Caligula verstand es dabei, die Zustimmung der stadtrömischen Bevölkerung und vor allem des Heeres zu behalten. Die Rolle des Kaisers mußte er nach dem, was geschehen war, natürlich neu definieren – der paradoxe Prinzeps in der imaginären Republik war tot. Aufleben sollte ein offen absoluter Monarch nach dem Vorbild der Perserkönige und Alexanders des Großen. Zur letzten Demütigung geriet, daß der Adel Gelegenheit bekam, Caligula als Gott nicht nur anzureden, sondern auch zu verehren.

Als ein einfacher Mann einmal darüber lachte, blieb es für ihn bezeichnenderweise folgenlos. Auf längere Sicht aber mußte der Herrscher aus dem Hause der Iulier und der Claudier erkennen, daß Inversion und Persiflage ihn nicht aus der Verstrickung in die gebrochene Aristokratie und die gemeinsamen Traditionen zu befreien vermochten. Wahrscheinlich plante er daher, all dies durch die Verlegung der Kaiserresidenz nach Alexandria abzustreifen. Als sich jedoch Furcht und Mißtrauen bis in seine engste Umgebung durchgefressen hatten, wurde Gaius Caesar Augustus Germanicus, genannt Caligula, am 24. Januar 41 von Prätorianern ermordet.

Vom pathologischen Caesarenwahn und vom irrationalen Monster, das die interessierte Nachwelt von Sueton bis Ludwig Quidde aus Caligula gemacht hat, bleibt nach Winterlings subtiler und vor allem konstruktiver Quellenkritik nichts übrig. Die Monstrosität war viel schlimmer, weil sie im System steckte und nur von außerordentlich begabten Akteuren und unter sehr günstigen Umständen neutralisiert werden konnte. Kein Nachfolger der nächsten Zeit, auch Domitian nicht, folgte Caligula im demonstrativen Demolieren der brüchigen Fundamente des römischen Kaisertums – es wundert nicht.

Als Imperator sollte man lieber andere singen lassen: Nero

Zum menschenmordenden Monstrum läßt sich Nero nicht stilisieren. Die schiere Zahl seiner Opfer ist überschaubar. Anders als Augustus oder Trajan hat er keine raumgreifenden Kriege geführt, sondern seinen Feldherren begrenzte Unterwerfungen unprovozierter Aufstände überlassen. Im Vergleich mit Julius Caesar erscheint er geradezu als barmherziger Humanist durch Unterlassung, waren bei dessen Eroberungszug doch ein Viertel bis ein Drittel der Bevölkerung Galliens auf der Strecke geblieben, erschlagen, versklavt, verhungert.

Doch Neros wenige Opfer waren prominent. Seine Mutter Agrippina sollte bei einem raffiniert eingefädelten Schiffsunfall im Golf von Neapel umkommen. Als es ihr gelang, an Land zu schwimmen, mußte ein vom Sohn entsandtes Mordkommando das Werk mit Knüppel und Schwert vollenden. Sechs Jahre später wurde Seneca, der als Berater des jugendlichen Kaisers über längere Zeit an einer ordentlichen Regierung mitgewirkt hatte, der Beteiligung an einer aufgedeckten Verschwörung geziehen und zum Selbstmord gezwungen. Als wortgewaltiger Mann des Geistes und gerade im Tode seine Autonomie reklamierendes Opfer der Macht war er wie gemacht zum Heros der schreibenden Zünfte. Und dann natürlich die Christen, von Nero für den Brand Roms verantwortlich gemacht, den gelegt zu haben das Gerücht dem Kaiser zuschrieb. Sie wurden mit den „ausgesuchtesten Martern" zum Tode befördert, wie Tacitus im berühmten Christenkapitel seines Geschichtswerks für alle Zeiten festhielt.

Holger Sonnabend referiert in seiner Biographie Neros selbstverständlich die Überlieferung, neben Tacitus vor allem die Biographie von Sueton. Doch voyeuristischer Schauer wird hier nicht bedient. Vielmehr liest der Autor die farbenprächtigen Berichte mit dem herrschaftssoziologisch geschulten Blick der neueren althistorischen Forschung. Sie zeichnet die von Augustus begründete, eigentümliche Art der Monarchie als ein höchst komplexes kommunikatives System, das im Grunde alle Beteiligten, vor allem aber den Mann an der Spitze, heillos überforderte. Der Kaiser mußte, das wissen wir spätestens seit Egon Flaigs Studien, von den relevanten Gruppen Armee, stadtrömischem Volk und senatorischem Adel akzeptiert werden, wobei letzterer dem Kaiser nicht blockartig gegenüberstand, sondern qua Patronage mit dem Herrscher, durch Verwandtschaft aber konfliktträchtig mit dem Hof und dem kaiserlichen Haus insgesamt verflochten war.

Es geht um Erklärung, nicht Ehrenrettung. Die von Sonnabend umrissene Deutung markiert einen klaren Fortschritt gegenüber Ansichten wie der Theodor Mommsens, Nero habe schlicht kein Interesse an der Politik gehabt, oder er sei, wie andere glaubten, in einem psychopathologischen Sinn defekt gewesen. Bei quellenkritischen Abwägungen wählt der Autor die pragmatische Mitte: Nein, Nero hat Rom nicht angezündet und seinen langjährigen Prätorianerpräfekten Burrus nicht ermorden lassen, wohl aber seine Mutter Agrippina, denn diese „störte ihn dabei, sein Kaisertum zu zelebrieren". Nero, so die These des Buches, war nicht verrückt und er hörte auch nie auf, Kaiser sein zu wollen, um stattdessen ganz Künstler zu werden. Vielmehr habe er die von Augustus so erfolgreich vorgelebte Einsicht, der Kaiser müsse stets repräsentieren und sich selbst als Machthaber inszenieren, konsequent fortgesetzt. Nero sei als Sänger aufgetreten, doch weil alle wußten, daß da der Kaiser auf der Bühne stand, siegte er in allen Wettbewerben, an denen er teilnahm. Nero sei ein Kaiser gewesen, der sich „der Kunst bediente, um herrschaftspolitisch verwertbare Wirkung zu erzielen, um sein politisches Programm, das auf den einzigen Punkt ‚Nero' reduzierbar war, zu präsentieren".

Aus den Interpretationen der einzelnen Handlungen Neros heraus, zumal der langen Griechenlandreise gegen Ende seiner Regierungszeit, ist das durchaus plausibel. Allerdings fragt der Autor nicht konsequent genug, ob denn ausgerechnet das Auftreten auf einem Feld, das agonal, also egalitär strukturiert war und auf dem sich noch dazu sozial verachtete Gestalten tummelten, irgendwie geeignet erscheinen konnte, Neros Position zu stabilisieren. Schon bald brauchte der Kitharaspieler im Purpur Claqueure, jedenfalls in Rom, wo die Zuschauer bei seinen Auftritten ihren Kaiser vermißten. Wahrscheinlich erschienen Nero die üblichen Rollen des Kaisers als Feldherr, Patron und Erster im Senat als nicht ausreichend, als langweilig oder konventionell. Aber wer sie wie Nero mit zunehmender Herrschaftsdauer immer mehr ignorierte, zeigte wohl nur, daß er das römische Kaisertum nicht verstanden hat.

Dem kenntnisreichen, klugen und eingängig geschriebenen Buch fehlt leider eine Stammtafel für die höchst verwickelten Verwandtschaftsverhältnisse. Seine Grenzen sind zugleich die des ganzen Erklärungsansatzes. Psychologisieren und mentale Introspektion gelten mit Recht als verpönt, und Sonnabend vermeidet sie weitgehend, wenn auch nicht gänzlich. Aber das Handeln eines Herrschers, der alles tun konnte, was er sich nicht selbst verbot, ließe sich nur dann vollständig systemfunktionalistisch und rationalisierend erklären, wenn Platons Philosophenkönig seinem Grab entstiege. Das historische Wunder des Römischen Reiches liegt in einer bemerkenswerten Einhegung von Kontingenz: Es bestimmte seine Herrscher auf suboptimale Weise und erlaubte ihnen, sehr verrückte Dinge zu tun, ohne daß dies seine Existenz gefährdet hätte.

Rosen für zwei Kaiser: Konstantin und Julian

Die Szene taugt für den Spielfilm: Der pensionierte Kaiser versucht, noch einmal den Thron zu besteigen, und gerät dabei mit seinem Schwiegersohn aneinander, der ebenfalls Kaiser ist. Doch die Einwohner der Stadt, in der er sich verschanzt, wollen sich nicht schlagen für einen alten, vielleicht verwirrten Mann, dessen Zeit offenbar abgelaufen ist. An den Sieger ausgeliefert bekommt dieser sein Sündenregister vorgehalten, bleibt aber am Leben. Als er später seine Tochter zum Verrat an ihrem Mann aufzustacheln sucht, geht diese zum Schein darauf ein und verspricht, nachts die Schlafzimmertür offenzulassen. Doch sogleich berichtet sie von dem geplanten Anschlag, worauf sich ein Eunuch in das Bett ihres Mannes legen muß. Nachts schleicht sich der Alte persönlich in das Schlafzimmer und hackt dem Platzhalter den Kopf ab. Den vermeintlichen Triumph genießt er nicht lange: Der Schwiegersohn tritt ihm, geschützt durch Wachen, entgegen. Der Attentäter darf sich, letzter Ertrag seiner einstigen Stellung, die Todesart aussuchen und erhängt sich.

Für den Historiker interessant ist die Geschichte durch die beiden Hauptakteure: aus dem Ruhestand zurückgekehrter Kaiser der eine, zuvor systemwidrig selbsternannter, aber inzwischen anerkannter Kaiser der andere. Der ältere, Maximian, war Oberkaiser (Augustus) gewesen, zusammen und gleichrangig mit Diokletian, der seinerseits mehr als zwanzig Jahre zuvor den zunächst erfolgreichen Versuch unternommen hatte, dem Römischen Reich aus einer Verlegenheit herauszuhelfen: Wegen der vielen Brandherde an den überlangen Grenzen mußte es eigentlich mehrere Kaiser geben, aber irreguläre Erhebungen und Nachfolgekämpfe waren völlig aus dem Ruder gelaufen. Diokletian, wie Maximian selbst ein „Soldatenkaiser", etablierte die sogenannte Tetrarchie; in ihr standen den beiden Augusti zwei ernannte „Unterkaiser" (Caesares) zur Seite, die planvoll jenen zu gegebener Zeit gleichzeitig nachfolgen und ihrerseits neue Caesares ernennen sollten.

Doch die ingeniöse Vernunftkonstruktion zerschellte am Zufall des menschlichen Lebens und dem ehernen dynastischen Gesetz der Monarchie, wie es zumal die Soldaten verinnerlicht hatten: Wenn dem Herrscher ein vorzeigbarer Sohn geschenkt ist, hat dieser und kein anderer das Recht auf die Nachfolge. Und hier kommt der Schwiegersohn aus dem eingangs skizzierten *family plot* ins Spiel. Als der 305 planmäßig zum Augustus avancierte Constantius Chlorus schon ein Jahr später in York starb, erhoben die Truppen dort seinen Sohn Konstantin zu seinem Nachfolger, obwohl dieser im tetrarchischen Automatismus gar nicht vorgesehen war.

Klaus Rosen nimmt sich in seiner Konstantin-Biographie Zeit, die heillos komplizierte Geschichte der Tetrarchie Schritt für Schritt zu entwickeln. Anschließend zeigt er, wie der Usurpator von 306 zunächst seinen Platz im System fand, dessen Zerbrechen er zugleich aber beförderte, wie er sich dann gegen Maxentius die Macht im Westen des Reiches erkämpfte, anschließend eine Koexistenz mit Licinius, dem Augustus des Ostens pflegte, um am Ende 324 in einer der größten Schlachten der Spätantike die Alleinherrschaft zu erringen. Um im Chaos der dynastischen Rochaden und Kämpfe, die bruchlos in eine ebenso blutige und unübersichtliche Ereigniskette in der constantinischen Familie übergingen, einen roten Faden zu finden, ruft der Autor gleich zu Beginn einen antiken Gewährsmann auf, der den Sinn des Ganzen im Charakter des *last man standing* fand: Ein brennendes Verlangen nach Herrschaft habe Konstantins gewaltigen und machtvollen Geist schon im Kindesalter angetrieben. Für Rosen ist dies ein Schlüsselsatz.

Doch die historiographische Pointe des Buch liegt in einem filigran ausgestalteten Entwurf von Kontingenz. Jeweils naheliegende Entscheidungen, gestützt von Strukturen und Traditionen, führen zu einer Pfadabhängigkeit, durch die bestimmte weitere Entscheidungen und anschließende Handlungsresultate wahrscheinlicher werden als andere – wenn die sonstigen Bedingungen es zulassen. Einem Kaiser als Sohn nachfolgen zu wollen, das aber zunächst zu verbergen war perspektivisch vernünftig, sich in den Waffen und in der Rede auszubilden ebenso. Das tetrarchische Nachfolgesystem mußte Konstantin aus seiner Sicht unterlaufen, und um sich von dessen Frontleuten zu distanzieren, lag es für ihn nahe, sich von den Christenverfolgungen abzusetzen, die zumal Diokletian aus Überzeugung betrieben, Constantius Chlorus aber in seinem Sprengel nur halbherzig bis gar nicht exekutiert hatte.

Indem er pfadabhängige Rationalitäten herausarbeitet, kann Rosen mehrere konstantinische Wenden plausibel erklären, ohne Zuflucht zur Introspektion des unergründlichen herrscherlichen Herzens nehmen oder den Protagonisten mit Jacob Burckhardt zum habituell kalten Machtpolitiker stempeln zu müssen. Im Zentrum der Rekonstruktion steht dabei natürlich die Religionspolitik. Weit eher als der alten Staatsreligion, die noch einmal gewaltsam durchzusetzen so viel Unfrieden in ein an sich stabilisiertes Reich getragen hatte, schien einem zunächst unscharf bleibenden Monotheismus die Zukunft zu gehören, der auch das mehr und mehr um sich greifende Christentum integrieren zu können versprach.

Überzeugend verwirft Rosen aber die verbreitete Ansicht, Konstantin sei schon 312 im Kontext der Schlacht an der Milvischen Brücke (die gar nicht dort stattfand, sondern in einer benachbarten Ebene oberhalb des Tiber) oder sogar noch früher zum Christen geworden. So forderte der Kaiser auf Anweisung eines Traumgesichts vor der Schlacht – wenn es ihm denn tatsächlich zuteil geworden sein sollte – die Soldaten lediglich auf, das himmlische Zeichen eines Gottes auf ihren Schilden anzubringen; jeder konnte den Gott wählen, dem er sich besonders verbunden fühlte, so auch die (noch wenigen) Christen im Heer. Erst spätere christliche Legendenbildung formte daraus und weiteren Vorzeichen ein geschlossenes Narrativ. Um die Loyalität der Christen zu gewinnen, mußte der Kaiser 312 nicht Christ werden.

Geduldig zerpflückt der Autor alle Indizien, die für ein frühes Bekenntnis Konstantins angeführt werden. Als dieser 321 in einem nicht-öffentlichen Brief an die nordafrikanischen Christen als Glaubensbruder sprach, suchte er damit primär eine zusätzliche Autorität, um endlich den innerkirchlichen Streit mit den unnachgiebigen Donatisten zu beenden. Drei Jahre später focht er im Endkampf mit Licinius einen lupenreinen Bürgerkrieg aus, seinem Wunsch nach den letzten in einer langen Kette. Nun konnte die Idee „ein Reich, ein Kaiser, ein Gott“ Wirklichkeit werden. Aber sie war weder Wende noch Vision, sondern wiederum Ergebnis eines Lernens aus der Geschichte und einer rationalen Hochrechnung: Der Ewige Friede und die Einheit des Reiches setzten ein Ende der religiösen Disharmonie voraus; zugleich breitete sich das Christentum trotz zeitweiliger Verfolgung immer weiter aus. Sobald aber, so der zwingend erscheinende Schluß, alle Römer den christlichen Glauben angenommen haben würde, konnte es nie wieder ein Bürgerkrieg geben. Das würde dauern, aber die alte Religion schien bankrott.

Subtil stellt Rosen das gedanklich zentrale Kapitel über die Idee eines religiös einheitlichen und damit befriedeten Reiches vor die Schilderung von Konstantins Versuch, zwischen Arianern und Orthodoxen zu vermitteln. In diesem Konflikt zeigte sich nämlich, woher die nächsten, mindestens ebenso gravierenden Spaltungen kommen sollten: aus einer strukturell partikularen Kirche, deren Spaltungen aus ihrem neuen Status als einheitsfixierte Reichskirche resultierten.

Kontingenz ist vom Nebeneinander von Erfolg und Scheitern her zu denken. Der Rest des Buches ist folgerichtig den Mühen der Ebene gewidmet, die Konstantin in den dreizehn ihm verbleibenden Jahren als Alleinherrscher und Oberkaiser von am Ende drei für die Nachfolge vorgesehenen Söhnen zu durchmessen hatte. Als knapp dreißig Jahre später mit Julian (s. gleich) der letzte Sproß der constantinischen Dynastie den Tod gefunden hatte, bilanzierte ein Redner und Philosoph, „eine so große und vielköpfige Familie“ habe sich „aus dem Drang nach Alleinherrschaft selbst zugrunde gerichtet“.

Damit ist eine Brücke zum Anfang des Buches geschlagen. Es folgt noch ein Epilog zum Attribut „der Große“, für den Autor charakteristisch in Form einer genauen Befragung der Zeugen, von den Zeitgenossen bis zur Karolingerzeit. Die Rezeptions- und Deutungsgeschichte bleibt hier außen vor. Das liegt in der Ökonomie des vorliegenden Werkes: Dem Kampf mit dem tausendäugigen Monster der Konstantinforschung entgeht der Bonner Emeritus, indem er sein Buch ganz aus den Quellen aufbaut und diese ausführlich zu Wort kommen läßt. Das daraus entstehende Stimmengewirr ist nicht immer leicht zu durchdringen, und so sehr der Autor sich auch bemüht, zu gruppieren und anachronistische Umdeutungen Schicht um Schicht abzutragen, wird dem Leser doch einige Konzentration abverlangt. Aber er fühlt sich ernstgenommen und wird außerdem entschädigt durch eine klare, reife und stilistisch makellose Prosa, die dieses in vielerlei Hinsicht eindrucksvolle Alterswerk auszeichnet.

Neben Konstantin hat auch der andere wirklich prominente Kaiser dieses Jahrhunderts, Julian „der Abtrünnige“, immer wieder Biographen gefunden. Sowohl Konstantin als auch sein Stiefneffe und Schwiegersohn, den man sich als letzte, unerfüllte Hoffnung auf eine pagane Gegenoffensive vorstellen konnte, nachdem er im Jahr 363 nach nur knapp zweijähriger Regierungszeit bei einem Feldzug gegen die Perser umgekommen war, haben leidenschaftliche Großdeutungen provoziert. Die Allgegenwart des Religiösen in dieser Zeit, welche die Christenverfolgung wie die Christenprivilegierung durch die Kaiser seit dem dritten Jahrhundert erst verständlich macht, erschien Voltaire und Gibbon anstößig, ihre Instrumentalisierung für politische Zwecke provozierte den Machtskeptiker Jacob Burckhardt.

Die ebenfalls von Klaus Rosen verfaßte Julian-Biographie läßt sich mit einer durchaus gegenwartsberogenen Frage lesen. Nicht die Wiederkehr intensiverer Religiosität bildet eine der zentralen Herausforderungen unserer Zeit, sondern ihre eruptionsträchtige Verknüpfung mit der Politik. Die westlichen Gesellschaften, militanter religiöser wie politischer Praxis längst entwöhnt, zeigen sich verwirrt. Sie vermissen Ansprechpartner für den Dialog, doch statt Hierarchien und Geduld finden sie auf der Gegenseite die unberechenbare Dynamik der spontanen wie der orchestrierten Tat. Mancher Staat fragt sich zögernd, ob er von denen, die seine Bürger sein wollen, Bekenntnisse zu seinen Grundwerten verlangen darf, während er zugleich anrät, beim Gebrauch der Grundrechte an mögliche unerwünschte Konsequenzen zu denken. Typisch westlich scheint auch der Appell zu sein, in der Geschichte nicht Blutzeugen, Vorbilder und Ansprüche zu suchen, vielmehr auf die Macht der Historisierung zu setzen: Waren im frühen Islam nicht Bilder auch des Propheten erlaubt? Kann es nicht eine breite islamische Aufklärung geben? Das vierte nachchristliche Jahrhundert war eine Epoche, in der die Glaubensobservanz für die Menschen eine Lebensfrage bildete, in der sich die staatliche Macht in Gestalt des römischen Kaisers für die Religion verantwortlich fühlte und in der die Christen von einer verfolgten Minderheit zu expandierenden Privilegierten im Reich wurden, ohne jedoch in Glaubensfragen ihrem Protektor immer den geschuldeten Gehorsam zu erweisen oder mit einer Stimme zu sprechen. Als missionierende Religion mit Ausschließlichkeitsanspruch unterschied sich das Christentum grundlegend von den Mitbewerbern, den Kult-, Mysterien- und Geistesreligionen, die sich im Rahmen des antiken Polytheismus nicht anders als plural verstehen konnten.

Rosens Lebensbild Julians ist als Geschichtsschreibung ein ganz eigener Entwurf. Einem theoriefesten Leser mag die auktoriale Sicherheit nicht munden, die es dem Biographen erlaubt zu wissen, wann dem Hauptakteur das Schicksal seines Bruders Gallus durch den Kopf schoß und wie die neue Herausforderung, Gallien gegen plündernde Alemannen zu verteidigen, in Julian Trotz und Entschlossenheit die vorherige Angst und Unruhe verdrängen ließ. In der Prosa des Bonner Emeritus tummeln sich auch Jünglinge, und ein Heer leidet nicht unter Versorgungsengpässen, sondern dort ist Schmalhans Küchenmeister. Doch Rosen gelingt es, die dramatischen Wendungen in Julians Leben, das nicht länger währte als das Alexanders des Großen, den langen Weg der philosophisch-religiösen Suche sowie die Fülle der Selbst- und Fremddeutungen in einer vielschichtigen Erzählung zu verflüssigen und sich so – wie auch in seinem „Konstantin“ – mit dem Kontingenten ins Benehmen zu setzen. Denn der Biograph verfügt zwar über das Leben des Porträtierten, doch wo dieses dem Unverfügbaren begegnet, muß es mitunter genügen, dieses zu vermerken. Ein Beispiel: Nachdem weniger gestaltender Wille als ein Netz aus Erwartungen und Optionen den beargwöhnten Juniorkollegen des Kaisers Constantius vom Caesar zum Augustus befördert hatte, der Kaiser aber seinen auf den Schild gehobenen Vetter nicht als gleichberechtigten Partner, sondern als zu bekriegenden Usurpator betrachtete, verfiel der sonst tatkräftige Julian in Passivität. Weder gute Planung des kommenden Krieges noch die Wendung an höhere Wesen oder einen Weisen nahmen ihm nach eigenem Bekunden die Angst, „wenn die Entscheidung in einer Schlacht fallen sollte, alles der Fortuna und den Göttern anheimzustellen und abzuwarten, was ihrer Menschenfreundlichkeit als richtig erscheint“.

Rosen zieht die reich überlieferten Selbstzeugnisse Julians – Briefe, Reden, Traktate – ausgiebig heran, denn diese waren nicht bloß Masken oder Medien von Stilisierungen, sondern in einer Epoche, welche Bildung als Selbstformung pflegte, authentischer Ausdruck einer Persönlichkeit, einer bisweilen ironischen Persönlichkeit, die gelegentlich sogar neben sich selbst zu treten vermochte.

Der unerwartete Tod des Kaisers, der zwei Herausforderer besiegt und Julians Bruder Gallus als einen möglichen dritten beseitigt hatte, verhinderte den Bürgerkrieg und machte den Dreißigjährigen zum Alleinherrscher in einem Reich, dessen religiöse Märkte in heftiger Bewegung waren. Die langen Jahre als Student bei charismatischen Rhetoren, Philosophen und Mantikern, fern vom Hof des entschieden christlichen Kaisers, hatten Julian keine klare Entscheidung abgenötigt. Der Sonne konnten sich Christen und Pagane zuwenden, und wie dem frühen Konstantin leuchtete auch Julian ein deutungsoffener solarer Monotheismus buchstäblich ein. In der Philosophie dominierte ohnehin der Neuplatonismus, und die Kluft zwischen dem Gott der Philosophen und dem Gott der Christen erschien nicht unüberwindlich.

Doch der kampflose Sieg über den Sohn Konstantins erschien Julian als das Signal zur Revision der vergangenen fünfzig Jahre. Wir leben, so rief er aus, von den Göttern gerettet. Rosen datiert die endgültige Konversion spät, nämlich auf diesen Moment des Triumphes, nimmt sie aber zugleich sehr ernst: Tatsächlich die Reinigung des Reiches vom Christentum habe der Kaiser, in dieser Rolle nun Entscheider, angestrebt. Dem diente die Weisung, den Kult der Götter wiederherzustellen, ebenso wie die Rückführung verbannter Bischöfe in ihre Heimatgemeinden – Julian wußte, wie unversöhnlich sich die christlichen Glaubensbekenntnisse gegenüberstanden und wie wenig selbst der große Konstantin durch Debatten und Machtsprüche gegen Donatisten und Arianer hatte ausrichten können.

Durch die Schilderung der religiösen Gemengelagen wird auch klar, warum die traditionellen Kulte in ihrer Vielfalt für einen regelrechten Kampf nicht mobilisiert werden konnten. Die Unbedingtheit, mit der Julian zu Werke ging und etwa die Christen von der höheren Bildung abzuschneiden suchte, irritierte auch seine philosophische Umgebung und Bewunderer. Auch wenn der Gegenkonstantin länger gelebt hätte, so Rosens einleuchtende These, wäre das sozial und spirituell tief verwurzelte Christentum nicht zu verdrängen gewesen. Eine dauerhafte Koexistenz wäre vielleicht möglich gewesen, und sie hätte das Gesicht beider ansonsten so ungleicher Seiten sicher verändert. Eine Kirche ohne Staat wäre etwa wohl kaum einheitlich orthodox geblieben.

Ein breites Panorama liefert Rosen vom Nachleben Julians. Der Kaiser, der am Ende militärisch gescheitert war, der kaum tiefere politische Spuren hinterlassen hatte und auf dem Totenlager den Sieg des Galiläers eingeräumt haben soll, war nie vergessen. Die Beschimpfungen, die Männer geistlichen Standes auf ihn häuften, könnten eine Wortkunde des Unflats füllen, und als mit der Wiederentdeckung von Julians Schriften auch seine Person im Geist des Humanismus neues Interesse fand, konnte der Kaiser zur Projektionsfläche aller Debatten um Religion und geistige Freiheit in der europäischen Neuzeit werden.

Mit Schiller begann eine Julian-Renaissance in Dramen, Romanen und Traktaten, und im Vergleich mit Alexander, Caesar oder Augustus lieferte der Kaiser, der auch Krieger und Philosoph war, zahlreiche Projektionsflächen: als Gottsucher und Apostat, als kaiserlicher Rollenträger und selbstironischer Intellektueller, als Mystiker und Machtpolitiker, als jugendlicher Held und Idealherrscher, als Vergötterter und Verfluchter. Rosen unterschlägt auch die gespenstische Wertschätzung nicht, die Julian im Nationalsozialismus und bei Hitler genoß. Und im Internet verkündet die „Julian Society“ einer weltweiten Jüngerschaft, es gelte das Werk des Kaisers fortzusetzen und einem gereinigten Heidentum den gebührenden Platz „as a major world religious system“ zu verschaffen. Wenigstens diese Facette der Wiederkehr des Religiösen wird uns wohl erspart bleiben.

Im Hexenkessel der Liebe reifte der Kirchenstar: Augustinus

Augustinus war in seinem ersten Leben Professor für lateinische Rhetorik, im zweiten der wohl prägendste Kirchenvater des Abendlandes. Das mag Klaus Rosen bewogen haben, das Lebensbild dieses Mannes mit einer *captatio benevolentiae* und in christlicher Demut zu beginnen: Über fünf Millionen Wörter habe Augustinus hinterlassen, mehr als dreimal so viel wie Platon und Aristoteles zusammen. Kein Biograph wird alle gelesen haben, obwohl Lebensgeschichte und Theologie bei einem Denker dieses Zuschnitts nicht zu trennen sind.

Erleichtert wird die Aufgabe freilich durch die von der höchst produktiven Augustinus-Forschung bereitgestellten Hilfsmittel. Überdies bieten die *Confessiones* ein detailreiches Bild davon, was der gerade zum Bischof im nordafrikanischen Hippo Regius Aufgestiegene um das Jahr 400 für sein Leben bis dahin halten wollte. Es liegt nahe, den *Bekenntnissen* zu folgen, bieten sie doch eine in der Antike einzigartige Introspektion. Rosen nutzt auch die knappen Selbstaussagen zum Privatleben, etwa zum „Hexenkessel der Liebeslaster", den der aus einer beschaulichen Kleinstadt stammende Student in der Metropole Karthago vorfand, und unterfüttert sie dezent aus einer reichen Kenntnis der antiken Lebenswelt. Seine ersten christlichen Gottesdienste etwa besuchte der durch Krawallmacherei auffallende „Frischling", um mit Mädchen anzubandeln. Möglicherweise wird der autobiographische Quellenwert der „Bekenntnisse" aber auch überschätzt, denn die einzige Referenz der dort ausgebreiteten Selbstprüfung ist der Gott, der für Augustinus lange keine Rolle gespielt hat. Für Zufälle ist in diesem konsistenten Entwurf kein Platz.

Eher implizit plastisch wird die Vielzahl der religiösen Lebenswelten im ausgehenden vierten Jahrhundert, wo sich neben den verschiedenen Christentümern, Altgläubigen, Neuplatonikern und philosophischen Kommunen auch die Manichäer tummelten, denen Augustinus lange anhing. Konfession war für Gebildete, die in der Lage waren, auch einmal „probehalber zwei Wahrheiten miteinander zu vergleichen", damals in hohem Maße ein Produkt von Leseerlebnissen, persönlichen Begegnungen mit religiösen Führern und immer wieder der Austausch mit Freunden. Letztere standen Augustinus zeitlebens zu Gebote; bei aller intellektuellen Überlegenheit war er zugleich ein Kommunikationsgenie, mit zunehmender Prominenz auch eine Art Rockstar: Selbst unfertige Schriften rissen ihm Glaubensbrüder förmlich aus den Händen, seine Debattenbeiträge wurde mitstenographiert und dann veröffentlicht.

Trotz der Kürze des Buches sind die Kapitel über den etablierten Bischof und unermüdlichen Schriftsteller von Längen nicht frei. Weil Augustinus' Werke vielen Lesern nicht mehr geläufig sein dürften, referiert und interpretiert Rosen die wichtigsten unter ihnen ziemlich ausführlich, vor allen natürlich die Einführung in das Christentum (*De doctrina christiana*) und den „Gottesstaat" – gewiß mit Recht. Doch dabei schließt er sich zugleich allzu sehr der Sicht seines zur unbestrittenen Autorität aufgestiegenen Helden auf die Welt und die Kirche an. Hier und da scheint es, als fechte der Autor die theologischen und dogmatischen Kontroversen von einst noch einmal durch. Peter Brown, der 1967 eine legendäre Augustinus-Biographie vorlegte, erhält in einer Endnote als „Pelagius-Freund" einen kleinen Hieb wegen einer mißverstandenen Quisquilie. Zu erklären wäre aber doch gerade in einer historischen Biographie der Handlungsrahmen, in dem Auseinandersetzungen wie etwa der von Augustinus so inbrünstig geführte Pelagius-Streit aufbrachen.

Von der Struktur einer Kirche, die aus mehreren regionalen Christentümern hervorgegangen, durch führungsfreudige Bischöfe und meinungsstarke Theologen geprägt war, um dann durch Konstantin auf Einheit eingeschworen zu werden, sollte schon ein Bild haben, wer die Dinge hier durch Augustinus' Augen zu sehen gedrängt wird. Warum mußten Bischöfe in dieser Welt Politiker sein? Wie ist die Gehässigkeit zu verstehen, mit der auch der Menschenfischer Augustinus wider „konfuse Heiden, häretisches Geschmeiß, schwächliche Ketzer und blinde Juden“ wetterte?

Entschädigt wird der Leser freilich durch subtile Aktualisierungen. Ein „Hochschulgesetz“ Kaiser Valentinians angesichts von orientierungslosen und faulen Studenten zitiert der Bonner Emeritus mit merklicher Freude ausführlich; auch läßt er sich eine Episode aus der Spätzeit des Augustinus nicht entgehen: Dieser hatte einen gewissen Antonius aus kleinen Verhältnissen rasch zum Bischof der früheren Donatistenhochburg Fussula gemacht. Doch sein Protegé begann, mit einer kleinen Gefolgschaft die Stadt zu tyrannisieren; die Bewohner wurden erpreßt und beraubt, ja der Kirchenfürst ließ ihre Häuser abreißen, um Baumaterial für einen neuen Bischofssitz zu gewinnen. Nach Protesten wurde Antonius zu Schadenersatz verurteilt, doch die Diözese wehrte sich heftig gegen seine Rückkehr. Eine Ersatzdiözese zu finden erwies sich als schwierig; wie die Sache ausging, bleibt unklar. Fussula ist nicht Limburg. Aber in solchen kleinen Miniaturen gewinnt Augustinus' spätantike Lebenswelt Profil.

17. Jenseits von Athen und Rom: Antike war auch außerhalb

Im Bann der reitenden Kriegerinnen

Die Moderne, der gefräßige Fleischwolf antiker Bilder und Geschichten, hat ihnen die Namen Wonder Woman, Xena oder Katness Everdeen gegeben. Selbst die Hightech-Amazone Lara Croft bedient mit ihrer Körperlichkeit und Agilität die von einer kriegerischen Frau ausgehende Faszination. Doch schon lange zuvor hat ein Heinrich von Kleist das Potential des Penthesilea-Mythos erkannt. Die Amazonenkönigin stellt sich vor Troja Achilles zum Zweikampf, an dessen Ende ihr Tod und beider Liebe miteinander verschmelzen. Bei Kleist erhält die Geschichte eine politische Dimension und wird zugleich entpsychologisiert.

Mehr als dreizehnhundert Vasenbilder mit Amazonendarstellungen sowie die nimmermüde Mythomotorik der antiken Dichtung legten es lange nahe, die Amazonen in erster Linie als Projektion und Diskurs griechischer Männer zu lesen, als Platzhalter für das „Andere", als Gegenbilder zur eigenen, geordneten Geschlechterwelt, die Frauen ihren Platz im Haus und am Webstuhl zuwies. Dagegen erhebt nun Adrienne Mayor Einspruch. Zwar ist „The Amazons. Lives & Legends of Warrior Women Across the Ancient World" als eine veritable Enzyklopädie angelegt, die kaum eine Frage unbeantwortet, kein Quellenzeugnis unberücksichtigt läßt, und künftig wird stets dankbar zu diesem Kompendium greifen, wer sich mit Amazonen beschäftigt.

Doch die Gelehrte will (und leistet) mehr. Ihre Studie kann zugleich als Indiz und Impuls einer Umorientierung in den Wissenschaften vom Altertum gelesen werden. Denn letztlich haben die in jüngerer Zeit so dominanten Forschungen über Identität, Alterität, Macht und Gender den idealistischen und isolierenden Zugriff des klassischen Neuhumanismus auf die Griechen lediglich reproduziert, nunmehr mit einem „kritischen" Akzent versehen. Gefragt wurde, was sich in den Köpfen abspielte und welche Auswirkungen das auf die sozialen Beziehungen hatte. Kultur gilt als Konstrukt. Die Zeugnisse werden demgemäß nicht als Referenzen auf eine außermediale Wirklichkeit gelesen, die Amazonen als Erfindungen, als „symbolische Nischen" hellenischer Männer erscheinen spannend genug. Tatsächliche historische Räume und ihre Wechselwirkungen erscheinen auf den imaginären Gegensatz zwischen Griechen und Barbaren reduziert. Doch allzu viele Züge selbst der griechischen Vorstellungen fallen bei solchen Vereinfachungen unter den Tisch.

Die Hellenen verstanden unter Amazonen ein Volk kriegerischer Frauen, deren Herkunft und Lebensraum sie bei den „Skythen" vermuteten. Diese waren ein Sammelbegriff für teils nomadisch lebende und kriegerische Stämme des Nordens. Das meist eher beiläufig referierte Wissen antiker Ethnographen und

Geschichtsschreiber über diese Regionen gewinnt in Mayors Buch eine neue Dignität, weil die Autorin parallel auf der Basis von archäologischen Befunden und mündlichen Überlieferungen die wirkliche Welt der Steppennomaden zwischen Schwarzem Meer und Chinesischer Mauer rekonstruiert. Das macht die Mythen und Bilder der Griechen nicht „wahrer", sie bleiben ein Amalgam aus Wissen, Halbwahrheiten, Plausibilitäten, Spekulationen und purer Fantasie. Aber viele Einzelzüge etwa der berichteten und bildlich dargestellten Bekleidung und Bewaffnung ruhten doch auf handfesten Informationen und historischen Fakten. Forensische Untersuchungen belegen, wie oft Waffen in Gräbern auch Frauen beigegeben wurden. Sarmatische Kriegerinnen dienten sogar in der römischen Armee. Die auf Vasenmalereien bezeugten Tätowierungen sind kein Symbol eines vorgestellten Andersseins, sondern belegbare Praxis bei den ansonsten bild- und schriftlosen Reiternomaden. Nicht zufällig wurden die Darstellungen und Berichte reicher und genauer, als die Athener im 5. Jahrhundert den Schwarzmeerraum und das Hinterland stärker durchdrangen als zuvor.

Im längsten Kapitel des Buches werden die auffälligen Züge antiker Amazonenvorstellungen und tatsächlicher kriegerischer Frauen der weiten Räume des Nordens und Ostens miteinander abgeglichen: Tänze, Hosen und Doppeläxte, Tiere, Sprachen und Namen. Mayor bietet eine doppelte Ethnographie. Ohne in die Falle älterer Dogmen von einer durch Steppenvölker ausgelösten historischen Mechanik zu tappen, betont sie die weitreichenden Wirkungen elementarer Umstände: Die Lebensform berittener Nomaden begünstigte, ja erforderte eine Gleichberechtigung von Männern und Frauen; sie legte auch Mädchen nahe zu lernen, geschickt und treffsicher mit Pfeil und Bogen umzugehen. Weil aber solche Nachrichten griechischen Gepflogenheiten so sehr widersprachen, wurde die kognitive Lücke mit Erklärungen und Spekulationen ausgefüllt und entstand etwa die Rede von den Amazonen, denen die rechte Brust entfernt worden sei, damit sie besser mit dem Bogen schießen könnten – was sachlich wie etymologisch absurd ist. Weil sich Griechen Sexualität nur als dominiert vorstellen konnten, wurden die Amazonen zu Frauen, die Knaben und Männer entweder töteten oder – wie Penthesilea – selbst im Kampf getötet wurden.

Nicht nur neues Interesse für Realitäten prägt die hier vorgestellte Historie, sondern auch Sinn für weitere Räume. Mayor berichtet von den Sedimenten kriegerischer Reiterinnen in der chinesischen Tradition und endet mit der auch hierzulande aus einem Disney-Animationsfilm bekannt gewordenen Gestalt der Mulan, die einer Ballade zufolge als Mann verkleidet Siege für den Kaiser errang. Ihr Name bedeutete in einer alten zentralasiatischen Turksprache „Hirsch" oder „Elch". Griechen blickten nach Osten ins Skythenland, Chinesen nach Westen in die Weiten von Xiongnu, und beide fanden sie dort den Männern ebenbürtige Reiterkriegerinnen, deren Leben und Taten zugleich Schrecken, Bewunderung, Furcht und Sehnsucht auslösten.

Der dunkle Drang der Stämme

Zum festen Inventar des Orientalismus, der seit geraumer Zeit als angebliche Projektion „des Westens" zur Heiligung seiner eigenen Rationalität und Überlegenheit enttarnt ist, gehört die Vorstellung, im Morgenland seien die politischen Verhältnisse unübersichtlich, im steten Fließen befindlich. Keinen Leser von Karl May kann diese Entdeckung überraschen, agieren in dessen Reiseerzählungen doch Statthalter des ausgehenden Osmanischen Reiches, die nicht imperial auftreten können, vielmehr ihre Machtlosigkeit durch Einfädeln in die Beziehungsgeflechte einer auch geographisch höchst uneinheitlichen Großregion zu kompensieren suchen, ferner lokale Machthaber und nomadische Räuber, Vettern und Charismatiker.

Michael Sommer durchmißt in „Roms orientalische Steppengrenze" die Region zwischen Armenien, Arabien und der Levante zwischen 64 vor Christus und etwa 300 nach Christus, also fern von Karl Mays oder unserer Gegenwart, in der Zeit vor dem Siegeszug des Islam. Kein Leser wird in der bisweilen von Soziologismen durchsetzten Sprache der Studie die Breitwandmalerei literarischer Orientimpressionen erkennen. Wenn das Buch dennoch zu gedanklichen Bögen einlädt, dann aus zwei Gründen. Zum einen hat sich Sommer von dem universalhistorischen Ansatz inspirieren lassen, der von Imanuel Geiss entwickelt wurde, um die unendliche Fülle der Weltgeschichte zu bändigen: Nicht durch die Konstruktion zielstrebiger Großprozesse sei diese zu erfassen, sondern in epochen- und regionenübergreifend wiederkehrenden Konstellationen und Mechanismen; eine von diesen ist die Begegnung von Nomadentum und Seßhaftigkeit, wie sie seit Ibn Khalduns „Muqaddimah" geläufig ist.

Zum anderen zeugt das Buch von einem generellen Perspektivenwechsel, dessen Folgen nicht absehbar sind: Es gilt nicht länger als geboten, in der unübersichtlichen, widersprüchlichen, ja chaotischen Tatsächlichkeit der stets unvollständigen geschichtlichen Befunde mittels starker Begriffe und Kategorien das Einheitliche herauszustellen und damit auch die unbestreitbar vollzogenen Neuorientierungen und Normierungen zu privilegieren. Interessanter erscheinen das fortbestehende Alte und seine Verbindung mit dem Neuen, die zu vielgestaltigen, bisweilen vexierbildhaften dritten Phänomenen führt. Längst wurde für die Geschichte neuerer Epochen die Modernisierung als löchriges Konstrukt entlarvt, der Absolutismus fast verabschiedet.

Auch die Avantgarde der Althistoriker beginnt unter dem Einfluß der kulturalistischen Wende, die einst mächtigen Planierraupen stehenzulassen und Komplexität nicht im großen Modell, sondern in „allgegenwärtiger politischer und kultureller Uneindeutigkeit" zu suchen. Die alten konzeptuellen Caterpillars hörten und hören auf die Namen „Hellenisierung" und „Romanisierung" des Randes beziehungsweise – in pessimistischer Wendung – „Orientalisierung" von

Hellas und Rom. Auch die neue Unübersichtlichkeit will freilich auf Begriffe gebracht werden, und Sommer adaptiert mit „Frontier" sowie „Creolite" zwei Paradigmen, mit denen er die höchst vielgestaltigen Gemengelagen dieser Grenzregion zwischen alten und neuen Reichen und Kulturen im Sinne einer „postnationalstaatlichen Geschichte der römischen Peripherie" zu bändigen sucht. Wo aber findet er das dynamische Moment, wenn das Modell einer homogenisierenden, damit Bewegung auslösenden Leitkultur auch für das Imperium Romanum obsolet sein soll?

An dieser Stelle verbindet der Autor den Pointillismus der dichten Beschreibung mit historischen Gesetzen von eherner Wucht: „Die gesamte Weltgeschichte läßt sich, allen historischen Paradigmenwechseln zum Trotz, immer noch am besten als Machtgeschichte deuten, als Aufstieg und Niedergang großer und kleiner Mächte, mit Machtvakuen, die am Rande alter Machtzentren allmählich zu neuen Machtzentren heranreifen." An der Seite dieser überraschenden Paarung steht das weiterführende Modell der „integrierten Stammesgesellschaft"; diese bildete in einer Region, die nicht Küste und nicht Wüste war, mit ihren auf Klientel und Verwandtschaft ruhenden Vergemeinschaftungsformen gleichsam als Bipol die Brücke zwischen der nomadischen und der urbanen Lebensform und sicherte den Städten, die mangels agrarischer Überschüsse in der Steppe nicht nach dem Vorbild der mediterranen Polis funktionieren konnten, die lebensnotwendige Kontrolle über weite Landstriche.

Sommer faßt die verstreute Detailforschung und die entwickelten methodischen Neuansätze zu einer Gesamtschau zusammen, die kaum einen Aspekt ausspart. Das militärische und diplomatische Wechselspiel zwischen dem Römischen Reich und seinen östlichen Widersachern, zuerst den Parthern, dann den Sassaniden, war für diese offene Grenzregion ebenso wichtig wie die naturräumlichen Voraussetzungen, die Handelswege, die familialen, rechtlichen und politischen Binnenstrukturen und die mitunter so schwer greifbaren, von asymmetrischen Machtbeziehungen geprägten Identitäten, wie sie sich in Bauten und Inschriften, Tempeln, Synagogen und Kirchen ausdrückten.

Daß ein Großreich mit kulturellen Differenzen zwischen den auf seinem Gebiet zusammengeführten ethnischen, sprachlichen und religiösen Gruppen leben kann, ist nicht neu. Sommer interessiert sich daher auch besonders dafür, was mit den lokalen Sinnuniversen unter dem Einfluß der prestigereichen Manifestationen imperialer Kultur geschah. Obwohl er das Modell der Romanisierung ablehnt, kommt er nicht umhin, beim Bauen und Inschriftensetzen den Willen der lokalen Eliten zu erkennen, wenn nicht Römer zu werden, so doch zum Reich zu gehören. So wäre, um ein Beispiel zu geben, das Aramäische nie über den Status eines Idioms im mündlichen Alltag gelangt, wenn nicht Griechen und Römer vorgemacht hätten, wie man Sprache – jede Sprache – für hohe Literatur und inschriftliche Repräsentation verwenden kann.

Sommer übt eine Art ökologischer Historiographie, indem er seinen Gegenstand immer wieder als ein komplexes System vorführt, dessen prekäres Gleichgewicht durch Umweltveränderungen oder politische Ereignisse leicht zu stören war. Die Frage nach dem Primat von Politik, Wirtschaft oder Kultur hat nicht nur in diesem klugen Buch längst einer Braudel'schen Totalität Platz gemacht, die auch die Akteure wieder zu ihrem Recht kommen und Strukturen als hochgradig wandelbare, deutungsoffene und paradoxe Größen ans Licht treten läßt.

Nicht jeder Druide ist ein Kelte!

Mit den Kelten hat es eine merkwürdige Bewandtnis. Seit James Macpherson mit seinem „Ossian" dem gebildeten Europa der Goethezeit einen zweiten Homer schenkte, gehören sie zu unserer kollektiven Vorstellungswelt. Das aktuelle Spektrum reicht vom nationalen Freiheitshelden Vercingetorix, der in Alesia ein Museum erhalten hat, über den faszinierend-rätselhaften Fürsten vom Glauberg bis hin zum Mystizismus um Druiden, weise Frauen und tapfere Führerinnen in den diversen von Romanen, Spielen und Internetgemeinden gespeisten Subkulturen. Es wird viel gefragt, spekuliert, geträumt – und die seriöse Forschung muß mit der ihr eigenen Aporie leben: Je mehr sie weiß, aus der Lektüre der griechischen und römischen Schriftsteller, dem Studium der (spärlichen) Sprachdenkmäler und den schier zahllosen Einzelbefunden der Ausgräber, desto weniger sieht sie sich in der Lage, allgemeinere Aussagen zu machen.

Fast trotzig hält Bernhard Maier in seiner Bilanz von beinahe zwei Jahrhunderten Forschung am Begriff „die Kelten" als zusammenfassende Bezeichnung für die eisenzeitlichen Kulturen West- und Mitteleuropas in ihren vielfältigen Wechselbeziehungen mit der antiken Mittelmeerwelt fest. Doch noch mehr als bei der Rede von „den alten Griechen" oder „den US-Amerikanern" handelt es sich um Konvention und Konstruktion. Und um ein Vexierbild, je nach dem, welche Quellengruppe betrachtet wird: Zeigen die Bodenfunde in Frankreich und Süddeutschland, in der Schweiz, in Österreich, Tschechien, der Slowakei, Ungarn und Slowenien, auf der Iberischen Halbinsel und auf den Britischen Inseln mit Irland sowie die Überreste der „keltischen" Kriegermigranten in Norditalien und Anatolien uneinheitliche, kleinteilig gegliederte, nirgendwo scharf begrenzte und sich zudem über gut sechs Jahrhunderte hinweg deutlich verändernde Regionalkulturen, ergibt sich aus den Sprachzeugnissen eine ziemlich homogene, klar definierte und von vielfältigen Übereinstimmungen gekennzeichnete Keltizität – obwohl noch unklar ist, wie man sich die innere Gliederung des keltischen Sprachraumes und den Zusammenhang der keltischen Sprachen miteinander im Detail vorzustellen hat. Und wann und unter welchen Umständen das Keltische nach Britannien gelangte, weiß man auch nicht.

Die Kelten als einheitliche Größe anzusehen war lange Zeit vor allem dem Bild geschuldet, das antike Ethnographen, Geographen und Geschichtsschreiber nicht zuletzt aus Versatzstücken der Barbarentopik ge- und verzeichnet haben – wiederum mit Unschärfen, denn in diesen Schriften werden die Bewohner der Britischen Inseln nie als Kelten bezeichnet, wiewohl es dort Druiden gegeben habe. Strittiger denn je erscheint der Zusammenhang zwischen Sprache, materieller Kultur und Ethnizität. Naheliegende Kräfte der Vereinheitlichung waren Migrationen und Netzwerke lokaler Eliten. Da ein Großteil der Überreste der sogenannten materiellen Kultur aus Gräbern von Angehörigen just dieser Eliten stammt, kann die Verbreitung bestimmter Kulturmarker durchaus ein verzeichnetes Bild ergeben.

Dem verbreiteten Eindruck einer einheitlichen und weitgehend statischen keltischen Kultur tritt Maier entgegen, indem er in handbuchartiger Manier jedem der genannten Großräume je ein Kapitel widmet, das einheitlich aufgebaut ist: Geschichte, Wirtschaftsformen, Siedlungswesen, Handwerk und Kunst, Handel und Verkehr, Gesellschaft, Religion und Sprache. Der rote Faden ist methodischer Natur: Immer wieder geht es gegen Verallgemeinerungen, Analogieschlüsse und die Verschaltung von Befunden unterschiedlicher Gattungen und Zeitstellung. Der hermeneutische Zirkel, so die Botschaft, muß hier als falscher Freund gelten.

Was kann man vermissen? Ungestellt bleiben übergreifende Fragen, die sich nicht aus dem Material ergeben, aber einem aufmerksamen Laien vielleicht aufdrängen. Warum gelang Griechen und Römern eine politische Konzentration zu Polis und Imperium, den Kelten aber nicht, obwohl sie jenen an Kampfkraft, technischer Kunstfertigkeit und naturräumlichen Begünstigungen nicht grundsätzlich unterlegen waren und es auch Ansätze zu einer Zentralisierung und Urbanisierung gab? Immerhin besaß das durch Caesar bekannte Bibracte einen sieben Kilometer langen Mauerring. Verschenkten die Fürsten ihr Potential, dauerhaft Macht zu formieren, indem sie in jeder Generation die mühsam erworbenen Reichtümer mit sich im Boden vergruben, während Griechen und Römer diese zu öffentlich sichtbarer Repräsentation nutzten oder vererbten? Waren es die geographische Lage ihrer Siedlungsräume und die zu frühe Konfrontation mit den Mächten der Mittelmeerwelt, was den Kelten die nachholende und nachahmende Formierung einer erfolgsfähigen Ordnung verwehrte – die den Germanen viel später gelingen sollte?

Mohammeds Nachfolger sprachen Latein

Dem Feldpredigersohn Johann Gustav Droysen stand das Urmoment aller Geschichte klar vor Augen, als er die Einleitung zu seinem Erstlingswerk, der

„Geschichte Alexanders des Großen" schreib: So wie Gott Abend und Morgen schied, um aus beiden zusammen den ersten Tag zu machen, „so hat der erste Tag der Geschichte die Völker aus Abend und Morgen zum ersten Mal geschieden zu ewiger Feindschaft und dem ewigen Verlangen nach Versöhnung". Darum „ringen die Völker aus Abend und Morgen den Kampf der Vernichtung, sie sehnen sich nach endlicher Ruhe". Doch das Paradies und die Goldene Zeit der geschichtslosen Ungeschiedenheit bleiben auf unabsehbare Zeit verloren, und bis zur Entscheidung des letzten Kampfes seien die Völker Asiens und des Abendlandes beständig ineinander verkeilt. Immerhin fand auf der Ebene der geschichtlichen Vorläufigkeit Droysen im Hellenismus, dem Alexander den Weg bereitete, den ersten Versuch eines Ausgleichs, einer Synthese, wenngleich unter der Herrschaft des Griechentums. Für den strenggläubigen Historiker mündete diese erste wirklich universale Fügung dann mit Notwendigkeit in das Christentum und reichte der Hellenismus mindestens bis zu Konstantin und zur platonisierenden Intellektualisierung des christlichen Glaubens. Droysen selbst hat diese Fluchtlinien jedoch nurmehr angedeutet.

Eine daran anknüpfende und zugleich raffiniert alternative Geschichte vom anderen Ende her hat der Islamwissenschaftler Aziz Al-Azmeh skizziert. Gelegenheit dafür bot die zweite Carl Heinrich Becker-Vorlesung der Thyssen-Stiftung, die Al-Azmeh als Gast der Berlin-Brandenburgischen Akademie und des Wissenschaftskollegs hielt. Becker (1876–1933) kann als ein Mitbegründer der Islamwissenschaft gelten. Die politisch-pädagogische Dimension ergab sich zwanglos, da Becker als preußischer Minister für Wissenschaft, Kultur und Volksbildung in der Weimarer Republik das Wissen um die islamische Welt zu fördern bestrebt war. Die beiden Beobachtungsrichtungen gab er indes als Wissenschaftler vor: Der Islam sei Teil der europäischen Kulturgeschichte „wegen der einzigartigen Vergleichsmöglichkeiten in bezug auf die Assimilation des gleichen Erbes und wegen der Fülle der historischen Wechselwirkungen".

Auch Al-Azmeh folgte nicht dem dialektisch-heroischen Konflikt- und Versöhnungsmodell Droysens. Der Autor zahlreicher Bücher zur arabischen und muslimischen Ideengeschichte und Historiographie rekonstruierte vielmehr eine Genealogie, ein Modell mithin, in dem Konflikte als Erbschaftsstreitigkeiten aufzutreten pflegen. Nicht nur aus Reverenz gegenüber dem ehrwürdigen Ort ließ der Redner eine ganze Phalanx der Heroen deutscher Geisteswissenschaft vergangener Zeiten aufmarschieren. Das Motto gab Becker mit dem Satz „Ohne Alexander den Großen keine islamische Zivilisation". Als den Ort der aufregenden Übernahmen und Querverbindungen zwischen Rom, Neu-Rom und Bagdad machte Al-Azmeh die Spätantike aus. Dabei wandte er sich gegen bei Spengler besonders profilierte Idee einer kultur-nationale Romantik und ihre Vorstellung von den Kulturkreisen. Um demgegenüber die Spätantike auf den Spuren Peter Browns als das gewünschte Labor der Religionen und Imperien zeichnen zu können, muß sie jedoch zeitlich bis ins neunte Jahrhundert verlängert und räumlich nach Osten erweitert sowie von der Assoziation mit einem bloßen Niedergang im Westen und klassizistischer Erstarrung in Byzanz gelöst werden. Anstatt die islamischen Eroberungen seit dem siebten Jahrhundert in konventioneller Manier mit Henri Pirenne als Zerstörung einer zuvor homogenen Welt zu deuten, hält Al-Azmeh die Kette der Kriege zwischen dem griechisch-römischen Westen und den „Persern", zusammen mit dem Handel und den Migrationen für Bedingungen einer höchst dynamischen eurasischen Zwischenzone. Die frühe islamische Welt des Nahen Ostens bildete in dieser Lesart tatsächlich die letzte Blüte der Spätantike.

Doch listig beließ er nicht beim beruhigenden Bild einer synkretistischen Multikulti-Ursuppe im Fruchtbaren Halbmond. Sein Perspektivwechsel läuft durchaus auf einen neuen Hegemonieanspruch hinaus. Als nämlich frühe arabisch-islamische Gelehrte wie der Kalif al-Ma'mun (der Sohn Harun ar-Rashids) oder der Mathematiker Thabit bin Qurra den Hellenismus für sich entdeckten, griffen sie bewußt auf dessen pagane Phase zurück. Aristoteles, Ptolemaios und Galen konnten bestens zum Erbe erklärt und gepflegt werden, weil sie keine Christen waren. Byzanz hingegen habe das hellenische Erbe an die neue Religion verraten und nehme die griechischen Bücher eher zufällig und der räumlichen Identität wegen für sich in Anspruch. Umgekehrt wurden pagane Traditionen und Kulte im islamischen Raum noch lange auch praktisch gepflegt, etwa in der mesopotamischen Stadt Harran.

Das Beste, was Rom in seiner Spätzeit zu geben hatte, waren demnach „östliche" religiös-spirituelle Angebote wie Isis, Mithras, Sol Invictus, Jesus Christus und der Kaiserkult: nicht länger ein partikulares Modell mit Anspruch auf Ausdehnung, sondern ein anspruchsvoller und entwicklungsfähiger Polytheismus. Man kann sich fragen, ob dieses Bild nicht eher im Kopf von Kaiser Julian existierte, als daß es die spätere Wirklichkeit in einem seit Justinian rapide theokratischer werdenden Byzantinischen Reich widerspiegelt. Aber Al-Azmeh beleuchtete ohnehin die andere Seite des Transformationsprozesses. Harnacks Beobachtung der „teilweise frappanten Übereinstimmungen" zwischen dem Islam und einem frühen Christentum aufgreifend, verwies er auf die reiche Diskussions- und Kommentartradition des „Proto-" oder „Paläo-Islam", in der beträchtliche Teile aus der frühen christlichen Theologie und der spätantiken Philosophie stammten – bevor beide Religionen, mit zeitlicher Verzögerung, durch Dogma und Kanon so lange homogenisiert wurden, bis sie den Ansprüchen ihres jeweiligen imperialen Systems genügten. Al-Azmeh warnte selbst ausdrücklich davor, den Gehalt eines Phänomens wie des Islam aus den Uranfängen erschließen zu wollen, und benannte dafür die rasche Islamisierung des zunächst sehr viel offeneren Korans. So bleiben die faszinierenden Einsichten in den Weg Allahs von einem unter vielen über den wichtigsten, andere Götter in sich aufnehmenden zum schließlich einzigen Gott im Bereich der Wissenschaft und des aufgeklärten Bemühens um einen Dialog auf der Basis des Wissens um gemeinsame Wurzeln. Ob viele arabische Moslems die an diesem Abend ausgebreiteten Brückenschläge und Historisierungen akzeptieren und in Handeln umsetzen werden, dürfte indes zweifelhaft bleiben.

18. Welt im Übergang: die Spätantike

Der Gentleman läßt bitten

Der Titel des Werkes, im Original „The History of the Decline and Fall of the Roman Empire", ist sprichwörtlich geworden; selbst wer heutzutage keine Vorstellung mehr vom Römischen Reich hat, weiß doch dies, daß es untergegangen ist. Historisch-kausale und geistesgeschichtliche Studien zu diesem Thema füllen eine kleine Bibliothek, ebenso zur Rezeption des Werkes selbst (s. o. S. 148ff.). Aber Edward Gibbon ist mit seiner differenzierten Schilderung der Transformation dieses Reiches – ein Untergang, der vom zweiten nachchristlichen Jahrhundert bis zur Eroberung von Byzanz im Jahre 1453 dauerte, kann nur eine solche sein – kaum für den Dornröschen-Traum späterer Gelehrter in Haftung zu nehmen, die hofften, im Wald die einzige und wahre Ursache für Verfall und Untergang des römischen Imperiums finden und wachküssen zu können.

Für Gibbon, der mit Recht eher darüber erstaunt war, daß das Reich so lange bestanden hat, ergab sich aus dem Zerbrechen des politischen Körpers zuerst im Westen, dann auch im Osten vielmehr ein Bild neuer Gesellschaften, Gesetze, Sitten und neuen Glaubens und Aberglaubens, mithin ein lebendiger Zusammenhang, der in seinen verschiedenen Stadien eher beschrieben denn aus bestimmten Voraussetzungen oder gar einzelnen Ursachen erklärt werden konnte und mußte.

Als Thesenbuch wahrgenommen, erregte das zwischen 1776 und 1788 in sechs Bänden publizierte Werk noch lange nach dem Tode des Autors im Jahre 1794 heftigen Widerspruch zumal bei den Kirchen aller Konfessionen, aber gelesen wurde Gibbon, weil er viel mehr bot, als in den berühmten Kapiteln fünfzehn und sechzehn über die Ausbreitung des Christentums an kritischen Richtigstellungen und hintersinnigen Sottisen ausgebreitet war. Und so provozierend diese knapp zweihundert Seiten in einer Zeit, als die Kämpfer für und wider den Glauben von tiefster Überzeugung angetrieben wurden, auch erscheinen mochten, so modern nehmen sie sich im Rückblick aus, nicht nur wegen der deutlichen Reduzierung der bis dahin angenommenen Opferzahlen bei den Christenverfolgungen. Seit Gibbon war es möglich, die Geschichte des Christentums als Teil der allgemeinen und der Sozialgeschichte Europas zu schreiben. Die eigene Glaubensüberzeugung des Autors konnte dabei keine Rolle mehr spielen, und konsequenterweise folgte Gibbon keiner der vielen Aufforderungen, sich in dieser Hinsicht zu erkennen zu geben. Er war viel zu sehr Historiker, um Agnostikern und Klerikalen auf das Feld des Kampfes um die letzte Wahrheit zu folgen.

Alle ironische Polemik gegen Mönche und Märtyrer und gegen die Differenz von Sollen und Sein beim kirchlichen Personal verstellte ihm daher nie die Einsicht, wie rasch die Christianisierung des Reiches unumkehrbar geworden war und welche Kräfte dadurch auch freigesetzt wurden. Gibbons distanzierte, ja kritische Schilderung von Kaiser Julians Versuch der Restauration eines philosophisch geläuterten Heidentums irritierte denn prompt viele betont aufgeklärte Leser. Auch zum verfeinerten Lebensstil, der „unter dem gehässigen Namen Luxus von den Moralisten jedes Zeitalters scharf angeprangert“ worden sei, hatte der Historiker-Gentleman nur Differenziertes zu sagen.

Die methodologische Sonderstellung des Werkes ergab sich zum guten Teil aus pragmatischen Entscheidungen. Der Autodidakt Gibbon wählte eine leidlich gut dokumentierte Epoche der Geschichte, bediente sich der Sammlungen und Studien von Altertumsforschern und dogmatisch gebundenen Kirchenhistorikern, ließ sich von Voltaire, Montesquieu und den soziologischen Erkenntnissen der schottischen Aufklärung inspirieren und nutzte seine – nicht sehr gründlichen – Erfahrungen als Milizoffizier und Parlamentsabgeordneter. Aber die geistigen, schriftlichen und lebensweltlichen Quellen zu identifizieren sagt fast nichts über das Werk aus. Anders gewendet: Die von *common sense* geprägte Synthese war viel mehr als die Summe ihrer Voraussetzungen. Was Gibbon in einer Fußnote dem Verfasser einer gelehrten Abhandlung über die Wanderung der Germanen bescheinigte, hätte mit gleichem Recht in den Spiegel gesprochen sein können: Nur selten finde man eine so glückliche Verbindung von Altertumsforscher und Philosophen. Aber eine Generation nach Gibbon erblickte die Geschichtswissenschaft bei ihrer Selbsterfindung den archimedischen Punkt in der Quellenkritik und drängte die leitenden Ideen in die Implizitheit des Selbstverständlichen ab. So wurden Barthold Georg Niebuhr und Leopold Ranke die Helden des Urknalles einer strengen Disziplin, Gibbon dagegen fand sich der Vorgeschichte zugeschlagen und zum bloß geistreichen Kompilator unkritisch gesammelter Gelehrsamkeit erklärt.

Strenge Philologen mußten in der Tat seufzen, wenn sich Gibbon in der Fußnote zu einer vieldiskutierten Tacitus-Stellen gegen die gängige Lesart entschied und dabei nur „Sinn und Verstand, Justus Lipsius und einige Manuskripte“ auf seiner Seite wußte. Seine Einsicht, eine noch so glänzende Idee bleibe ohne Wert, wenn sie nicht durch Belege untermauert werde, daß aber ebenso eine Anhäufung von Fakten keine Geschichte ergibt und daß die Zivilisation mit ihren Bestandteilen Gesetz, Religion und Handel ein ergiebigerer Gegenstand ist als Kriege und diplomatische Rochaden, all dies schlug keine Funken, weil „Decline and Fall“ als wissenschaftlich antiquiertes Meisterwerk der historischen Literatur galt. Die auf der Höhe seiner Zeit entwickelte Verbindung von gelehrter Historie und philosophischer Geschichte blieb als Antwort ungehört, weil die Fragen der neuen Wissenschaft inzwischen anders lauteten.

Selbstverständlich kann und sollte man „Decline and Fall“, das zu den Klassikern der englischen Literatur zählt, auch ganz anders als nur wissenschaftsgeschichtlich lesen, etwa als Beitrag zur aktuellen Imperiendebatte und zur moralischen Redimensionierung von Geschichte oder einfach als vielschichtig-ironisches Lesevergnügen, mit wunderbaren Sätzen wie: „Die verschiedenen in der römischen Welt herrschenden Kulte galten sämtlich dem Volk als gleich wahr, den Philosophen als gleich falsch und der Obrigkeit als gleich nützlich.“

Plünderung und Vergewaltigung

Wenn Debatten eingeschlafen sind, bietet sich mitunter die Chance, den lange hin und her gewendeten Gegenstand in neuem Licht zu sehen. Niemand wird mehr den Aberhunderten von Erklärungen für den „Fall Roms“ im fünften Jahrhundert weitere hinzufügen wollen, und der ebenso zutreffende wie lahme Hinweis, es handele sich dabei um ein komplexes, multifaktorielles Geschehen, taugt allenfalls fürs Oberseminar.

Originell war dagegen, der Frage schlicht ihre Berechtigung abzusprechen. Die Geschichte kenne keine Abbrüche, nur Umformungen und Neugestaltungen, so die Prämisse der neuen Richtung. Forscher wie Peter Brown und Glen Bowersock haben uns die Kreativität, Spiritualität und Vielfalt der Spätantike sehen gelehrt. Sie interessierten sich dabei vor allem für den Osten, wo das staatliche Gehäuse in Gestalt des Byzantinischen Reiches fortbestand und die Städte einen lebendigen Raum für die Transformationen zwischen 250 und 800 abgeben konnten.

Bryan Ward-Perkins hat dagegen jetzt eine fulminante Einrede vorgelegt. Im letzten Kapitel von „Der Untergang des Römischen Reiches und das Ende der Zivilisation“ skizziert er zugespitzt den Zeitgeist, dem eine neue kulturalistische Orthodoxie der Spätantikeforscher verpflichtet sei. Ein in Harvard konzipiertes, repräsentatives Handbuch zur Epoche bietet Einträge zu Engeln und Gebet, nicht aber zu den Westgoten und dem Prätorianerpräfekten. Und auf dem Alten Kontinent ist der „Euro-Barbar“ zu einem Untermieter geworden, der sich willig in die Zivilisationsgemeinschaft einfügt und schrittweise in die Aufgaben eines lateinisch-germanisch-europäischen Hausbesitzers hineinwächst. Eine Illustration in der Originalausgabe des Buches zeigt einen germanischen Kriegerfürsten, den der Zeichner zum gütig-weltweisen Großvater weichgespült hat; sie wurde in der Übersetzung leider weggelassen.

Ward-Perkins selbst stellt demgegenüber die Spätantike wieder als ein eisernes Zeitalter vor. Die Zeugnisse der Zeitgenossen, die von Plünderungen, Vergewaltigungen und Exzessen jeder Art von Gewalt berichten, nimmt er ernst, ohne sich indes eine simple Gegenüberstellung von Tätern und Opfern, barbarischen Germanen und dekadenten Römern zueigen zu machen. Die Zeiten, in denen Historiker sich mit einer der beiden Seiten identifizieren konnten, liegen lange hinter uns; die langen Ketten von zufälligen Ereignissen, Fehlentscheidungen und schlichtem Pech schließen Schuldzuweisungen aus. Es geht um Zusammenhänge, und die werden in sprechenden Details transparent gemacht. Der gelernte Archäologe Ward-Perkins macht klar, wie sehr die Qualität menschlichen Lebens schon damals an materielle Voraussetzungen geknüpft war und leicht diese verlorengehen konnten – nicht durch Vernichtungswut, sondern weil am Ende niemand mehr wußte, wie man Wasserleitungen zu warten, Wein zu keltern und Sicherheit dauerhaft zu organisieren hatte.

Bei aller Zuspitzung in manchen Formulierungen liefert Ward-Perkins auch eine differenzierte Skizze der wechselseitigen Anpassungen zwischen Römern und Germanen. Doch letztere veränderten das Leben der Bevölkerung langfristig und gründlich. Hochwertige Produkte wurden nicht mehr hergestellt, die regionalen und überregionalen Netzwerke des Austausches kollabierten, das Münzgeld verschwand aus dem Alltag. Es dauerte nicht lange, bis in Britannien Produktion und Zivilisation auf ein früheisenzeitliches Niveau zurückgefallen waren. Und die Regionen am anderen Ende der Skala und des Reiches, Ägypten, die Levante und Nordafrika, wo sich die materielle Zivilisation noch am besten erhalten hatte, wurden als erste von der arabischen Eroberung erfaßt.

Doch schon lange zuvor war das Reich zum *failing state* geworden. Das Auseinanderbrechen des römischen Staates und das Ende jahrhundertelanger Sicherheit bildeten die entscheidenden Faktoren bei der Zerstörung der hoch entwickelten Wirtschaft. Die Anpassung an die neuen Verhältnisse dauerte lange und war schmerzhaft. Ward-Perkins hat ein kluges, über weite Strecken erfrischendes Buch geschrieben, das zudem mit seinen Vorgängern seit dem unerreichten Gibbon eine Eigenschaft teilt: Es handelt nicht allein von der letzten Epoche des Altertums. „Die hohe Entwicklungsstufe der römischen Epoche hatte, indem sie qualitativ hochwertige Güter weit in der Gesellschaft verbreitete, die lokalen Fertigkeiten und die lokalen Netzwerke zerstört, die in vorrömischer Zeit für wirtschaftliche Komplexität auf niedrigerem Niveau gesorgt hatte." Wer die Risiken einer globalisierten und hochgradig arbeitsteiligen Welt besser verstehen möchte, kann viel daraus lernen.

Seht diese Barbaren!

Nicht zufällig war es die Zeit der Aufklärung, als Edward Gibbon sein Meisterwerk über den Niedergang und Sturz des Römischen Kaiserreichs schrieb. Zwar führte er die Erzählung bis zur türkischen Eroberung Konstantinopels, doch rechtliche oder historische Kontinuitäts- und Translationskonstruktionen interessierten ihn wenig. Hingegen teilte er die Überzeugung seiner Epoche, die ein gutes Leben an bestimmte Voraussetzungen gebunden sah: Bildung und Austausch, Wohlstand und Konsum, Ordnung und Sicherheit, alles entfaltet im Schutz einer stabilen, aber nicht erdrückenden Staatsgewalt. Wenn all dies dahin ist, spielt es keine Rolle mehr, welchen Namen die Krone trägt und wie sich ihr Träger sonst legitimiert. Und von diesem Zusammenhang her gewinnt die Rede vom Untergang des Römischen Reiches, die so leicht intellektuell verächtlich zu machen ist, ihr humanes Recht. Bryan Ward-Perkins hat das jüngst mit erfrischender Polemik gegen verbreitete Beschönigungen noch einmal unterstrichen (s. o. S. 217-218).

Auch Peter Heather greift in „Der Untergang des Römischen Weltreichs" die Frage auf und wundert sich mit vielen vor ihm, wie ein solches Zivilisationsgehäuse, das Zentralheizungen und Banken, Verwaltungshandbücher und Waffenfabriken besaß, von illiteraten Barbaren mit einer Vorliebe für dekorative Sicherheitsnadeln in die Knie gezwungen werden konnte – zumindest im Westen, wo gegen Ende des fünften Jahrhunderts das Reich als politischer Referenzpunkt einfach erlosch. Anders als Generationen früherer Historiker sucht der Oxforder Gelehrte nun selbstverständlich nicht länger Schuldige, etwa dekadente, ignorante, von christlicher Weltflucht oder dem Bleiweiß ihrer Wasserleitungen entkräftete Römer oder raublustige, dabei von den Gesetzen der klassischen Mechanik in Bewegung gesetzte Invasoren. Doch auch der aktuelle kulturalistische Gegenentwurf, der die Katastrophe ausblendet und lieber Miniaturbilder von Askeseathleten und Wahrsagern, Kinderkaisern und Kirchenvätern liefert, befriedigt ihn nicht. Vielmehr kehrt er zu Gibbons Vorbild der Erklärung durch Erzählung zurück, unterstützt von ausgezeichneten Karten. Die Disposition ist klassisch: Zunächst werden Römer und Barbaren als Akteure vorgestellt, mit weitem Rückgriff auf die Zeit Caesars. Ein Kapitel über die Grenzen des Regierungshandelns kündigt Bedrohungen und Wendepunkte an. Dann die Krisen, zunächst an der Donau, dann in Gallien, schließlich der Verlust Nordafrikas und die Neuformierungen, die Attilas Vorstoß nach Westen bei seinen Nachbarn auslöst, auch wenn seinem Reich nur ein kurzes Leben beschieden ist. Am Ende unvermeidbar die Katastrophe, mit einigen Überlebenden und vielen Fragen.

Doch das Desaster kam nicht zwangsläufig, wie allein schon das Überleben des Oströmischen Reiches zeigte, das ebenfalls schwer bedroht war, aber seine wichtigsten Ressourcen besser zu verteidigen wußte. Heather räumt auf mit dem Mythos, das Imperium sei nicht reformfähig gewesen. Vielmehr berichtet er von einem Reich, das im vierten Jahrhundert stark war und in seinen ländlichen Regionen blühte, an dessen Rändern sich aber neue Mächte formierten. Der Blick hat sich also erneut auf die Barbaren zu richten. Sie abzuwehren oder mindestens einzuhegen bedurfte vermehrter Anstrengungen, die ihrerseits das prekäre Gleichgewicht zwischen der Zentrale und den Städten als den Trägern von Romanitas, Wohlstand und politischer Selbstverantwortung zum Kippen brachten. Die Machtverlagerung von den Städten auf die Armee und die Reichsbürokratie war dennoch so lange unproblematisch, wie diese funktionierten, also Schutz boten, ohne allzu gefräßig zu sein. Als das nicht mehr der Fall war und die angestammte Ideologie der Überlegenheit keine Verankerung in der Wirklichkeit mehr besaß, mangelte es den Akteuren in den gepeinigten Provinzen schlicht an Mitteln und Motivation, weiterhin in großem Stil Römisches Reich zu sein.

Die aufregenden Modernisierungen spielten sich gewiß außerhalb des Reiches ab, doch zugleich unter dem Einfluß der Schwerkraft und Logik seiner Macht. Selten hat man je so spannend erklärt gefunden, wie nomadische Hunnen und ackerbauende Germanen ihre Kampfkraft als Chance erkannten, von den Römern Geld zu erhalten, sei es in ihren Diensten oder durch Erpressung, und wie das Geld eine Machtbildung, ja eine umfassende politische Revolution ermöglichte. Das „Hunnenreich" war in diesem Sinne keine Gebietsherrschaft, sondern der Versuch, möglichst viele Krieger unter dem Namen Attilas zu vereinen. Kurzfristig, zu Beginn des fünften Jahrhunderts, nutzte dieses Aufsaugen von Goten und vielen anderen Völkern sogar dem Reich. Doch die Ruhe war trügerisch. „Zum ersten Mal in der Geschichte des Römischen Reiches konnten die Hunnen einen großen Teil der europäischen Nachbarn Roms zusammenfassen, wodurch so etwas wie eine konkurrierende imperiale Supermacht entstand." Zwar konnte Rom Attilas direkten Angriff 451 auf den Katalaunischen Feldern abwehren, doch die indirekten, gleichsam katalytischen Folgen des Vorstoßes der Hunnen waren wesentlich gravierender. Auf dem Balkan und in Gallien wurden die Grundbesitzer schwer getroffen, Britannien ging verloren, vor allem aber Spanien und Teile Galliens an Sueben, Westgoten und Burgunder. Außerdem bekam das Reich keine Hand frei, um mit Nordafrika die Provinz zurückzuerobern, von deren Steueraufkommen und Getreide die Stabilität des ganzen Westens abhing. Mit Geschick und Glück konnten die Vandalen unter Geiserich und seinen Nachfolgern ihre Beute verteidigen, und am Ende verblieb der Zentrale kaum mehr als der Besitz Italiens.

Fast noch schlimmere Folgen zeitigte am Ende aber paradoxerweise der Zusammenbruch des Hunnenreiches um 460, denn als Zerfall eines Gefolgschaftsverbandes entließ er mehrere hochmilitarisierte Gruppen auf engem Raum in einen Kampf um Macht und Ressourcen, den Rom nicht mehr kontrollieren konnte. Im Jahrzehnt nach 470 schließlich begriff man vielerorts trotz einer verbreiteten politischen und kulturellen Unbeweglichkeit, die eine Welt ohne Rom nicht vorstellbar erscheinen ließ, daß das Westreich nicht länger existierte. Als kein Geld, keine Waffen und keine Befehle mehr kamen, gingen die Soldaten an der Donau und anderswo nach Hause, bemüht, zu überleben und als

Milizen ihre befestigten Dörfer zu verteidigen. Wunder wurden jetzt nur noch von Männern wie dem heiligen Severin erwartet, und die neuen Herren, ob Angeln oder Sachsen, Rugier oder Heruler, legten wenig Wert auf lateinische Verse und gute Manieren. In anderen Regionen wie etwa in Gallien, wo es Städte mit Bischöfen, wehrhafte Aristokraten und lernwillige Franken mit Sinn für Steuern, Gesetze und Institutionen gab, blieb die Romanitas erhalten, wenngleich in reduzierter und veränderter Form. Für das Christentum schließlich, das durch Konstantin in der Reichskirche ein festes Gebäude gefunden hatte, bedeutete das Wegbrechen der schützenden, aber auch vereinheitlichenden Zentralgewalt einen tiefen Wandel, langfristig aber auch eine große Chance, die genutzt wurde. Alles hing nun wieder an den Bischöfen in ihren Mikrokosmen, und mit dem Verlust der literarischen Bildung konnten Laien in theologischen Fragen nicht länger mitdiskutieren, ja am Ende nicht einmal mehr die Bibel lesen. Die Kleriker behaupteten dagegen die Bildung und damit das Deutungsmonopol – bald nicht mehr allein in geistlichen Dingen.

Wie Heather die Rekonstruktion eines verwickelten systemischen Zusammenhangs und seiner einzelnen Phasen zu Akten einer historischen Tragödie macht, das erklärt einen Teil der intellektuellen Faszination, die sein Bericht ausstrahlt. Hinzu kommt: Er handelt zwar von einer fernen Zeit, doch zugleich von Globalisierung und Migration, von Wanderungen, die nicht zufällig waren, sondern sich aus dem Wohlstands- und Zivilisationsgefälle zur damaligen Ersten Welt ergaben, und von Modernisierungen, die für die neuen Gruppen ungeahnte Ansprüche und Optionen mit sich brachten und zugleich ihre Führer unter vielfältige Zwänge setzten. Je mehr sich alte ethnisch-moralische Gewißheiten über Römer, Goten und Hunnen auflösen, desto spannender lesen sich die Miniaturen über Diplomaten, Kinderkaiser und Panegyriker, Heermeister und Grundbesitzer, belogene Herrscher und überforderte lokale Befehlshaber, aber auch über die Leuchttürme der Epoche wie Aëtius, Alarich und Attila.

Heather legt aber nicht nur Zusammenhänge offen und erzählt faszinierende Geschichten, er fordert auch Gerechtigkeit ein. Nicht für eine ganze Epoche, denn das wäre logischer Unsinn, wohl aber für einzelne Gestalten, die im Chaos des Zusammenbruchs ihrer Welt weiterhin Bildung und Kultur zu leben suchten. Wohl liest sich ihr Latein geschraubter und bemühter als das eines Caesar oder Horaz. Doch Vorsicht mit abschätzigen Urteilen: Ein Zeitalter, so Heather bissig, „das mit der Kettensäge bearbeitete Kühe in Konservierungsmittel als Kunst betrachten kann, ist per definitionem außerstande, andere künstlerische Bemühungen nach überzeitlichen Standards zu beurteilen".

19. Göttinger Lehrer

Da trat jemand auf und sagte: Ich bin ich (Alfred Heuß)

Was wissen wir eigentlich voneinander? So eröffnete Christian Meier kürzlich in Frankfurt eine eindrucksvolle Rede auf den Althistoriker Hermann Strasburger (1909–1985). Die Frage auf den wenige Tage jüngeren Alfred Heuß anzuwenden stößt oberflächlich betrachtet auf überwindbar scheinende Schwierigkeiten. Denn Heuß war als Gelehrter wie als Lehrer eine markante Erscheinung; er exponierte sich leidenschaftlich, wenn er bedroht sah, was ihm wichtig war: die intellektuellen Standards seines Faches, die Autonomie der Universität, die historische Bildung, aber auch das leidende Nachdenken über die Verhängnisse und Verluste in der deutschen Geschichte der jüngeren Zeit. Die späte autobiographische Skizze „De se ipse" macht zugleich deutlich, wie wenig der so selbstsicher auftretende Heuß, der nach dem Eindruck von Zeitgenossen sehr früh geistig vollendet dastand und nach dem Verlust der 1943 angetretenen Breslauer Professur sechs Jahre später in Kiel eine zweite Karriere beginnen konnte – mithin in einem Alter, in dem heute Erstberufene als jung gelten –, am Ende mit der eigenen Lebensleistung zufrieden war. Selbstgenügsamkeit ging ihm völlig ab, und andersherum genügten nur wenige seinen Ansprüchen, auch unter denen, die sich „durch seine Arbeiten und seine Person plagen ließen", wie es in einem Nachruf hieß. Zwar hatte hier der Druckfehlerteufel ein „prägen" verballhornt, doch beides sei zutreffend gewesen, wie der Autor des Artikels sogleich einräumte. Wer alles aushielt und sich darauf einließ, den Denkwegen des Meisters zu folgen, konnte indes unendlich viel lernen.

Das galt auf einer anderen Ebene auch für seine berühmten vierstündigen Vorlesungen, die in einem Zyklus von sieben oder acht Semestern die gesamte Antike abdeckten – heutzutage versprechen Lehrbücher für Bachelorstudierende, auf nicht mehr als zweihundert Seiten das Nötige zu leisten. Das Kolleg von Heuß, so einer der Hörer später, sei das einzige gewesen, das sich sofort in Geschichtsunterricht habe umsetzen lassen. Heuß wußte hier ebenso wie in den oft überraschend unakademisch wirkenden Vorträgen, was ein hörendes Publikum erwartet und aufzunehmen bereit ist. In der Vorlesung konnte er auch die Schlacht von Marathon anschaulich schildern, den Wandel von der archaischen zur klassischen Plastik (mit pantomimischer Einlage) oder das Aufkommen der Tyrannis in Korinth: „Die Bakchiaden hatten abgewirtschaftet. Da trat jemand auf und sagte: Ich bin ich und heiße Kypselos."

Seine großen Synthesen, die der griechischen Geschichte im Rahmen der „Propyläen Weltgeschichte" (1962), die er zusammen mit Golo Mann herausgab, ebenso wie die erstmals 1960 erschienene „Römische Geschichte", wirken hingegen durch die Beschränkung auf das Wesentliche und das durchgehend hohe Niveau der Reflexion frisch wie einst; wer nicht Stoff zum Lernen oder anschauliche Unterhaltung erwartet, sondern eine Schulung im historischen Denken, findet hier immer noch die denkbar beste Lektüre. Es steckt wohl auch ein Stück Selbstbeschreibung in dem, was Heuß über Thukydides sagt: Dessen Geschichtsschreibung sei „etwas Unglaubliches: einmal eine ganz exakte Phänomenbeschreibung und dann, mit ihr eng verbunden, eine unerbittliche Analyse, die gleichsam bis zum Knochengerüst eines diffusen Körpers vordringt und dessen Tektonik bis ins letzte klar herausarbeitet".

Er hätte hinzufügen können: ohne dem Leser einen Blick in die unordentliche Werkstatt zu geben. Denn einerseits sah er Geschichtsschreibung als höchste Form und eigentliches Ziel von Geschichtsforschung an, als den Ort, „wo die historischen Bemühungen die höchste Dichte des Denkens erreichen" – dies gegen das verbreitete Fehlurteil, Darstellungen seien nur popularisierte Präsentationen der Resultate aus dem „eigentlichen" Kerngeschäft der Historiker. Andererseits hielt er beide in der Praxis strikt auseinander, habe der an der Sache interessierte Empfänger doch das Recht, nicht mit Fragen nach den Erkenntnisgrundlagen behelligt zu werden. Früh hatte sich Heuß mit Droysens Systematik des historischen Materials auseinandergesetzt; in seinem Oberseminar wurden antike Texte in der Originalsprache gelesen, interpretiert und durchleuchtet, zusammen mit neueren Arbeiten. Gleichwohl plagte den Forscher ein Unbehagen, im Alter noch mehr als früher. Der Althistoriker wisse nicht genug und habe deshalb denjenigen, die sich für ihn interessierten, zu wenig zu sagen. Die Alte Geschichte als akademische Disziplin war bei der Niederschrift dieses Satzes gut hundert Jahre alt, und ihre besten Vertreter hatten in der ersten Reihe der deutschen Mandarine gestanden. Heuß selbst hatte in seinem Buch über Theodor Mommsen (1956) die Voraussetzungen für den Durchbruch der Geschichte und des Rechts als Wissenschaften im neunzehnten Jahrhundert wie wenige andere ergründet und viel später Niebuhrs Ringen um die Agrarverfassung des frühen Rom als Variante des antirevolutionären Diskurses entschlüsselt. Trotz solcher Durchbrüche ging ihm jede zunftmäßige Zufriedenheit ab.

Seine Ruhelosigkeit war nicht die eines Jägers und Sammlers. Das Geschehene in seiner pragmatischen Dimension, dynastische Verwicklungen, Kriegsverläufe und Parteiungen also, interessierte ihn nicht sehr, und für sich selbst sah er die Aufgabe nicht darin, die Archive der Vergangenheit zu ordnen, so dankbar die Produkte dieser Arbeit im Alltag auch benutzt wurden. Die wirklich relevanten Fragen, so hatte bereits der Leipziger Doktorand erkannt, ergaben sich nämlich nicht aus dem Material oder aus den Traditionen der philologisch geprägten Alten Geschichte. Und so suchte er sich außerhalb Rat, in der strengen Systematik des römischen Rechts, in den weite Horizonte eröffnenden Begriffs- und Typologiebildungen Max Webers, dessen Studium er seiner eigenen Disziplin später nahezubringen suchte, oder in der Phänomenologie Husserls. Mit dem Rüstzeug aus dieser theoretischen Schulung gewöhnte er sich an, immer wieder nach den Potenzen und Beziehungen zu fragen, die der Alten Welt ihre besondere Gestalt verliehen. Es waren dies Stadt und Aristokratie, ferner die Gestaltung von Herrschaft, das Einfangen von Macht im Staats- wie im Völkerrecht, schließlich Begriffe wie die Revolution oder geschichtliche Universalien wie das Weltreich. Immer wieder betonte er, wie unwahrscheinlich dieses oder jenes historische Phänomen eigentlich war und wie viel grundständige gedankliche Arbeit ein Verständnis daher erfordert.

1995 starb Alfred Heuß in Göttingen, wo er knapp vierzig Jahre zuvor seine Antrittsvorlesung zum Untergang der Römischen Republik gehalten und sich darin zur Überraschung vieler ernsthaft mit dem marxistischen Revolutionsbegriff auseinandergesetzt hatte. Die Phase des Gelehrtenglückes an der Georgia Augusta währte nur kurz, denn schon knapp zehn Jahre später sah er durch Krankheit und Universitätsreform, dann durch den Studentenprotest den Boden unter seinen Füßen weggezogen. Es folgte ein langer, mit Zorn und Pessimismus zugebrachter Abend. Gegen seine Diagnosen wird man heute wohl nicht von einem Verlust der Geschichte oder einem Virtuosentum des Vergessens sprechen können, eher von Metamorphosen und einigen sterilen Seitentrieben. Sei dies, wie es sei: Im Zentrum steht das Werk, neben den Büchern drei starke Bände „Gesammelte Schriften“. Es ist greifbar und wirkt, solange Studenten und Lehrende angehalten werden, an ihm die Strenge und Schönheit des Denkens zu erfahren. (2009)

Roms Ordnungen (Jochen Bleicken)

Die „großen Männer“ der Antike imponierten Jochen Bleicken nicht sonderlich. In Caesar sah er zuvörderst den mutwilligen Zerstörer der römischen Republik, dem für sein alle Grenzen sprengendes Tun auch nicht die Agonie einer längst an ihren strukturellen Widersprüchen erstickenden Ordnung zugute zu halten war. Dem vielfach mindestens von Faszination geprägten Bild Alexanders des Großen beabsichtigte er in einem Essay das Porträt eines destruktiven Monomanen gegenüberzustellen, der nichts als Verwüstung hinterließ. Und Augustus, dem er 1998 eine meisterhafte Biographie widmete, erscheint darin ebenso als der bedenkensloseste Exponent einer politischen Kultur der Rücksichtslosigkeit wie als der respektierte Baumeister einer stabilen Neuordnung.

Wie ein Brennglas faßte diese Synthese die Lebensarbeit des Althistorikers Jochen Bleicken an der Geschichte des antiken Rom zusammen. Diese hatte für den 1926 in Westerland auf Sylt Geborenen nach Wehrdienst in den letzten Kriegsjahren und kurzer Gefangenschaft begonnen, als er in Kiel das Geschäft des Historikers bei Alfred Heuß erlernte. In mehreren grundlegenden Studien, gipfelnd in „Lex Publica“ (1975), entwickelte er Theodor Mommsens Rekonstruktion der öffentlichen Ordnung Roms als Staatsrecht entscheidend weiter, indem er dieses historisierte und das soziale Fundament der *res publica* in Gestalt der aristokratischen Gesellschaft in den Vordergrund rückte. Bei aller Revision, die auch eine kritische Reflexion der modernen Begrifflichkeit für die Beschreibung antiker Realität einschloß, bildete aber das öffentliche Recht weiterhin den Rahmen seiner Interpretation. Doch mit einem langen Kapitel über den *mos maiorum* wies Bleicken zugleich der Frage nach der politischen Kultur den Weg, die heute die Debatte über die Römische Republik bestimmt (s. o. S. 160-164).

Dem großen Buch über die athenische Demokratie, das 1985 erstmals und 1994 in einer überarbeiteten Fassung erschien, konnten nur oberflächliche Kritiker vorhalten, hier würden die für die Staatsordnung der Römer entwickelten Sonden auf einen weniger geeigneten Gegenstand angewendet. In Wirklichkeit erkannte der Autor im verwirrenden Gestrüpp der Institutionen, Regeln und Praktiken den Kern eines politischen Systems, das sich beinahe ausschließlich im Alltag des Debattierens, Entscheidens und Kontrollierens verwirklichte. Bleickens begriffliche Abstraktion und Systematisierung orientierte sich dabei stets an der inneren Logik des jeweils analysierten Zusammenhangs, weswegen er die Demokratie in Athen mit George Grote und gegen ihre alten wie neuen Verächter als verwirklichte Herrschaft des Volkes erkannte, ohne in ihr aber ein gegenwartskritisches Aktualitätspotential zu suchen.

Auf dem Feld der Alten Geschichte hat Bleicken die Brüche und Paradigmenwechsel in der Sache seit Boeckh und Mommsen nicht überschätzt. Dem Gelehrten und Zeitgenossen war ein vergleichbares Vertrauen auf Kontinuität verwehrt. Denn bei aller Hochachtung für den Lehrer Heuß und dessen Generation hat Bleicken doch deren Ansicht, die Universität habe den Nationalsozialismus weitgehend intakt überstanden, nicht zu teilen vermocht und zur Begründung seines daraus erwachsenen Distanzgefühls auf die seinerzeit fast protestlos hingenommene Vertreibung der jüdischen Kollegen verwiesen. Weil er die Hochschule nicht als bis dahin unberührte Heilige betrachtete, hat Bleicken deren erneute Erschütterung durch die Achtundsechziger bei aller Fremdheit gegenüber den Formen und Inhalten des Protestes nicht wie Heuß und andere als Angriff auf seine Existenz und Integrität begriffen, und das, obwohl Frankfurt, wo er von 1967 bis 1977 lehrte, gewiß nicht zu den ruhigsten Stätten der Gelehrsamkeit gehörte. Auch die Umwandlung der Universität „zu einer bürokratisch verwalteten, von der Landesregierung gesteuerten Anstalt, aus der jede Eigeninitiative entwichen ist“, nahm er sehr genau wahr, sein Ethos war davon aber nicht berührt. Die Leidenschaft dieses so leidenschaftslos auftretenden Gelehrten bestand vielmehr darin, im Dialog mit einem kleinen Kreis von Schülern, zumal im Rahmen der legendären „Teestunden“ und des Göttinger

Oberseminars, stetig an den wissenschaftlichen Problemen zu arbeiten und in gänzlich uneitler Weise dem Nachwuchs zu zeigen, wie aus intimer Quellenkenntnis und konstruktivem Blick auf das Ganze Geschichte entsteht.

Gleichzeitig hat er die breitere akademische Lehre stets sehr ernstgenommen. An seiner letzten Wirkungsstätte Göttingen, wo er die Nachfolge seines Lehrers Heuß angetreten hatte, vermochte er in fast fünfzehn Jahren eine ganze Generation niedersächsischer Geschichtslehrer zu prägen. Die Studienbücher zur Geschichte der Römischen Republik und zur Verfassungs- und Sozialgeschichte der gleichen Epoche sowie der Kaiserzeit, die in mehreren, immer wieder aktualisierten Auflagen weiteste Verbreitung fanden, waren Ausdruck der Überzeugung, daß sich alle historische Forschung auf die ganze Gesellschaft zu beziehen habe, weil die Geschichte „Teil des menschlichen Selbstverständnisses“ sei. In einem intakten historischen Bewußtsein des Publikums sah Bleicken sowohl die Voraussetzung als auch das Ziel funktionierender Geschichtswissenschaft, und in diesem Sinne hat er auch für die „Historische Zeitschrift“ als Mitglied des wissenschaftlichen Beirats gewirkt.

Der Essay über Alexander den Zerstörer blieb ungeschrieben. Kurz nach Erscheinen des Augustus-Buches beraubte ein schwerer Schlaganfall Jochen Bleicken seiner Arbeitsfähigkeit. Das Leiden hat er bis zu seinem Tod mit großer Geduld ertragen. (2005)

Realienkundig (Carl Joachim Classen)

Wer seine Vorlesungen zur lateinischen Literatur hörte, der wurde nicht lange über die ansonsten zunfttypischen Tractanda belehrt. Für die antike biographische Tradition zum Autor und die Textüberlieferung sah man sich auf Handbücher verwiesen, und die Literaturgeschichte, anderswo als Königsdisziplin der Philologie betrachtet, konnte selbst nachlesen, wer das wollte. Wurde ein solches Buch einmal erwähnt, dann geschah das meist mit einem ironischen Seitenhieb. Carl Joachim Classen schlug stattdessen immer den kürzesten Weg zu den antiken Texten ein und führte vor, wie man sie zu interpretieren hat. Caesar und Sallust vergleichend in einem Kolleg zu behandeln, das war schon originell, origineller noch, ähnliche Passagen in beiden Autoren oder sogar caesartypische Passagen bei Sallust vorgeführt zu bekommen.

Der Sproß einer Hamburger Gelehrtenfamilie hat früh zur intellektuellen Selbständigkeit gefunden und die Welt erkundet. Ein Studium in Oxford war in den Fünfziger Jahren für Deutsche noch selten, und nicht viele Altphilologen dürften in Nigeria jungen Studenten die strenge Raumaufteilung im Haus der lateinischen Sprache nahegebracht haben. Classen hat die Klassische Philologie in ihrer Breite danach in Tübingen, Berlin und Würzburg vertreten, ehe er nach

Göttingen, den Ort der Habilitation, zurückkehrte, wo er dann mehr als zwanzig Jahre lang wirkte, über die Emeritierung hinaus. Gastprofessuren, akademische Ehrungen und die Leitung internationaler wissenschaftlicher Gesellschaften führten ihn unter anderem ins Baltikum und nach Italien, nach China und nach Texas.

Der griechischen Philosophie ist Classen seit der Dissertation über Platon treugeblieben. Das Verständnis der römischen Rhetorik hat er mit genauen Analysen ciceronischer Reden bereichert („Recht – Rhetorik – Politik", 1985) und dabei auch die noch wenig erschlossene Gelehrsamkeit der Humanisten für das Verständnis fruchtbar gemacht. Das Neue Testament mit Hilfe von Kategorien der Rhetorik zu interpretieren eröffnete neue Perspektiven auf diese eben auch der Antike angehörenden Texte. Man wird es rückblickend nicht für einen Zufall halten, welchen Gattungen und Stimmen sich Classen in erster Linie zugewandt hat. Die wirksame Rede auf dem Forum, die Predigten und Briefe für die frühen Christengemeinden, die Geschichtsschreibung, die es mit den Mächtigen zu tun hat, die Satire mit ihrer genauen Beobachtung der Welt und der Menschen, aber auch ein Dichter wie Martial, dessen Epigramme die Stadt Rom geradezu atmen – sie alle bezogen sich, als sie geschrieben wurden, in markanter Weise auf eine Wirklichkeit außerhalb der Texte, und sie können nur in enger Fühlung zu den benachbarten Disziplinen zum Sprechen gebracht werden.

Mit den verheerenden Tendenzen in der Altphilologie, jeden Bezug auf eine reale Welt jenseits der Texte zu meiden und nur noch intertextuelle Glasperlenspiele um den fiktionalisierten Autor und das autonome Werk zu zelebrieren, hatte Classen nichts am Hut. Antike Texte entwickeln und transportieren nicht zum wenigsten Menschenbilder, Handlungsrollen und Wertvorstellungen, die ohne ein Widerlager in der Wirklichkeit stumm und sinnlos wären. Literatur und Gesellschaft gehören für den weltoffenen Gelehrten in diesem Sinne eng zusammen. Eine seiner Aufsatzsammlungen ist so betitelt; sie handelt von den Römern. Bruno Snell, in Hamburg der wichtigste Lehrer, hat ein schmales, spätes Buch einst „Dichtung und Gesellschaft" genannt und darin die Einwirkungen der Poesie auf das soziale Denken und Verhalten im frühen Griechenland untersucht. Ein Buch aus der Feder Classens trägt den Titel „Vorbilder, Werte, Normen in den Gedichten Homers". So schließen sich Kreise. (2008)

20. Im Weinberg der Wissenschaft: Titanen, Denker, Arbeiter

Wir leben von Gedanke zu Gedanke (Johann Gustav Droysen)

Gelehrtenbiographien lassen sich rückblickend nach dem Muster des Bildungsromans als folgerichtige Entfaltungen einer geistigen Persönlichkeit im Wechselspiel mit den formenden Umständen konstruieren. Im Falle von Johann Gustav Droysen (1808–1884) folgte der Rhythmus, in dem er Raum um Raum durchschritt, den Dekaden. Geprägt von der preußischen Reformzeit und ihren Leitfiguren widmete er sich in Berlin zunächst der Altertumswissenschaft, weniger aus konventioneller humanistischer Begeisterung, sondern weil sie die damals methodisch modernste akademische Disziplin repräsentierte. Sein berühmtes Alexanderbuch, 1833 erschienen, war geprägt von Emphase für den großen Mann, aber auch vom Realismus seines Lehrers August Boeckh und einer weiten universalhistorischen Perspektive. Durch den Hellenismus sollte der seit der Schöpfung wirksame Gegensatz von Ost und West, „geschieden zu ewiger Feindschaft und dem ewigen Verlangen der Versöhnung", erstmals aufgehoben werden, indem Griechen und Orientalen sich im Christentum zusammenfanden. Arnaldo Momigliano hat in einem brillanten detektivischen Aufsatz plausibel zeigen können, wie die Entdeckung der Rolle des Judentums in diesem Prozeß Droysen daran hinderte, diese sensible Spur weiter zu verfolgen.

Der Wechsel von Berlin nach Kiel im Jahre 1840 brachte den Althistoriker aber auch ganz lebensweltlich den vaterländischen Dingen und der Politik näher. Die eminent erfolgreichen „Vorlesungen über die Freiheitskriege" gaben den Ton vor, und anders als viele Konservative sah Droysen in den freiheitlichen Ordnungen seit der Amerikanischen Revolution, sofern diese produktiv zu staatlicher Form gerannen, keine Kriegserklärung an die Geschichte und die in ihr gewachsenen Strukturen. Es war jedoch gewiß auch die machtpolitisch prekäre Lage seiner neuen schleswig-holsteinischen Heimat, die den liberalen Paulskirchenabgeordneten in der Revolution von 1848 sehr früh und eindeutig alle Hoffnung auf die preußische Monarchie richten ließ. Mit einer für das Genre bahnbrechenden dreibändigen Biographie des Feldmarschalls Yorck von Wartenburg schloß Droysen einen – letztlich gescheiterten – Versuch ab: die preußische Politik seiner Zeit auf bessere Pfade zu führen, indem er ihr die besten Köpfe, Taten und Bestrebungen ihrer jüngsten Vergangenheit lebendig vor Augen stellte. Die vielbändige „Geschichte der preußischen Politik", mit der Droysen dann die letzen dreißig Jahre seines Lebens zubringen sollte – die meisten davon wieder in Berlin, wo er seit 1859 wirkte –, stellt demgegenüber einen schwer zu erklärenden Rückschritt dar. Der aktengebeugte und einseitige Versuch, die brandenburgischen Burggrafen und Kurfürsten seit Olims Zeiten mit

Preußens deutschem Beruf zu belasten, blieb ein Torso wie die „Geschichte des Hellenismus", die freilich ungleich mehr inspiriert als das Spätwerk.

Zum Glück zuende gekommen ist Droysen mit einem Unternehmen, das in seine dritte akademische Phase fiel. An der neuen Wirkungsstätte, wohin er 1851 aus Kiel übergesiedelt war, reagierte er damit auf eine neue Herausforderung. Überlaut zu vernehmen waren dort die Fanfaren einer positivistischen Naturwissenschaft: „Unsere weisesten Männer in Jena lehren bereits, daß nur Mikroskop und Waage Wissenschaft sei, daß ihre mathematische Methode die Methode überhaupt sei, wie einst die Hegelschen Schüler mit der Philosophie ein Gleiches taten, bis darüber die Philosophie in den Dreck geriet." Droysens Antwort waren die später unter dem Titel „Historik" bekanntgewordenen „Vorlesungen über Methodologie und Enzyklopädie der Geschichte", die er seit 1857 immer wieder, insgesamt siebzehnmal, vor einem vergleichsweise kleinen Kreis von Hörern hielt. „Forschend zu verstehen", das war die Losung seines fulminanten und bis heute nicht ausgeschöpften Entwurfs, mit dem er das Studium der Vergangenheit jenseits von philosophischer Spekulation, literarischer Entgrenzung und selbstgenügsamer Quellenkritik zur theoretisch satisfaktionsfähigen Wissenschaft erhob.

Droysen selbst beförderte nur den „Grundriß der Historik", einen pointierten, für sich allein kaum verständlichen Katechismus, zum Druck. Erst 1937 publizierte sein Enkel Rudolf Hübner eine Leseausgabe der Historik-Vorlesungen, kompiliert aus verschiedenen Manuskriptfassungen und studentischen Nachschriften. Und erst vier Jahrzehnte später erschien eine kritischen Ansprüchen genügende Edition der frühesten Manuskriptfassung. Der Herausgeber Peter Leyh führte die breiter angelegte Ausgabe jedoch nicht fort. Die Fortführung unter dem Titel „Historik. Historisch-kritische Ausgabe: Texte im Umkreis der Historik (1826–1882)", Frucht jahrezehntelanger und mühsamer Entzifferungs- und Kommentierungsarbeit, wird Horst Walter Blanke verdankt, einem stillen Kenner der deutschen Historiographiegeschichte seit der Aufklärung. Obwohl im Laufe der Zeit immer wieder ergänzt und verändert, ist die „Historik" doch ein Entwurf wie aus einem Guß. Gleichwohl dementieren die zunächst versammelten „Texte im Umkreis der Historik" ein Stück weit das patente Etappenmodell von Droysens intellektueller und wissenschaftlicher Biographie. Sie zeigen, wie dieser in verschiedenen Formaten, beginnend in Gedichten und Briefen des kaum Zwanzigjährigen, bis ans Ende seiner Tage immer wieder um die Grundprobleme gerungen hat. Wie stehen die Willensfreiheit des handelnden Menschen, die sein Handeln begrenzenden, historisch gewachsenen Zustände und der göttliche Heils- und Weltplan zueinander? Wie kann der Historiker den meist trümmerhaften, allein der Gegenwart angehörenden Überresten gerecht werden und dennoch den großen Bogen schlagen, mithin „aus Geschäften Geschichte machen"?

Als besonders aufschlußreich erweisen sich die bislang ungedruckten Einleitungen zu den Berliner und Kieler Vorlesungen. Obwohl das zu dieser Zeit der beginnenden Spezialisierung schon fast anachronistisch war, las Droysen über alle Epochen der Geschichte. Stärker als in der systematisch angelegten „Historik“ wird hier deutlich, wie sehr der für ihn zentrale Begriff der Kontinuität auf einer universalgeschichtlichen Vorstellung ruhte, die jeder historischen Formation ihren Platz in der großen Fortschrittsgeschichte der Menschheit auf dem Weg zur Ausbildung ihrer selbst im Modus der Erinnerung zuweist. „So leben wir uns“, heißt es bereits in der Antrittsvorlesung des noch nicht Fünfundzwanzigjährigen, „von Gedanke zu Gedanke, deren Summe doch nichts als das unruhige Verlangen nach weiterer Entwicklung ist; aber die Erinnerung jedes ersten begeisterten Augenblicks und jedes Document so glücklicher Zeiten, wie klein an sich es auch sei, bleibt uns werth.“ Droysen entging dabei nicht der Grundaporie eines aus der Wissenschaft vom klassischen Altertum herauswachsenden Historismus: Eine „umfassende lebendige, anschauliche Reproduktion geschichtlicher Vergangenheit, wie sie die Philologie beabsichtigt, warum soll sie sich ausschließlich auf die sogenannten classischen Völker wenden?“ Gefragt seien so viel Philologien, als es Völker gebe, denn „alle haben ihre Sprache, ihre Geschichte, ihre religiösen, gesellschaftlichen, privaten Zustände“. Doch wie bei Wilhelm von Humboldt, dessen Bedeutung für Droysen Stefan Rebenich nachgewiesen hat, behielten die Griechen in ästhetischer Hinsicht ihren Vorzug, wie am Beispiel des Theaters deutlich wird: Die „Inder in ihrer märchenhaften Ueberschwenglichkeit kommen vor lauter Blumenduft und Farbenpracht, vor lauter Mädchenklage und Heldenprüfung nicht zu der Consistenz einer That oder dem Bewußtsein berechtigter Schuld“ – zwischen Bollywood und Sophokles liegen da qualitativ noch Welten.

Die eigentümliche Verbindung von Geschichtstheologie und empirisch-konstruktiver Historikerarbeit findet sich bereits zu Beginn der Vorlesung über Neuere Geschichte von 1842. Nicht die Fakten an sich, nur die zur Erinnerung geronnenen Auffassungen der Fakten können Gegenstand der Erkenntnis sein. Doch mit dieser ersten Übertragung ist bereits die Sphäre des Gedankens erreicht, wo das Faktum seiner Vereinzelung entrissen und in einem Zusammenhang betrachtet wird, der allein dem betrachtenden Geist zugänglich ist. Die Interpretation des historischen Prozesses in all seinen wesentlichen Facetten durch den endlichen Geist macht zugleich die Teilhabe an der Unendlichkeit Gottes aus. „Des Menschen Denken ist nicht Gottes Denken, ist nicht schaffend, sondern begreifend, hat stets die Unendlichkeit des Seienden zu seiner Voraussetzung, erfaßt von jenen Unendlichkeiten nur Theile, ja und auch diese nur in der Weise, daß es sie auflöst und nach menschlicher Weise umprägt zu Worten, Begriffen, Gedanken.“ Sprache, Familie, Religion, Gesetz und über ihnen sich wölbend der Staat sind als die sittlichen Mächte nicht nur Abbilder

„der reichen Gotteswelt", sie verbinden als bedingende und bedingte Potenzen zugleich die Erkenntnis und die Praxis. Man sieht hier Droysen gleichsam dabei zu, wie er die Geschichtsphilosophie Hegels mit der Hermeneutik des empirischen Erkenntnisprozesses zusammenfügt und wie er den schaffenden und erkennenden Menschen zugleich als Heros und Diener vorstellt – eine Deutung, die sich hinter den radikalen Entwürfen der Zeitgenossen Karl Marx und Jacob Burckhardt nicht zu verstecken braucht.

Droysens erwachsen und souverän gewordene Geschichtswissenschaft sollte durchaus monumentalisch in Sinne Nietzsches wirken, durch die Kartographie des bereits zurückgelegten Wegs Mut machen zum Weitergehen. „Wir werden unserer selbst gewiß, wenn wir unser edelsten Können und Streben nicht vereinzelt, willkürlich, zusammenhanglos sehen, sondern anzureihen wissen an die großen Erscheinungen der Vergangenheit, wenn wir uns stützen auf sie, das von ihnen Begonnene erkennend und handelnd fortbauen." Mochte die Politik der Gegenwart noch so labyrinthisch und verzweifelt sein, „die Geschichte lehrt, daß das Wahre in ihr doch nicht verlorengehen kann, sondern sich hindurcharbeiten muß". Dabei konnte das Programm weit umfassender sein als die Praxis. Droysens Begriff der sittlichen Mächte ermöglichte es nämlich, auch Bereiche wie Familie, Kultur und Religion, Wirtschaft und Technik zu historisch eminent bedeutsamen Phänomenen und damit zu Themen der Geschichtswissenschaft zu machen. In der Vorlesung „Deutsche Culturgeschichte vom Anfang des 18. Jahrhunderts" polemisierte er gegen den unbedingten Vorrang der sogenannten politischen Geschichte; „die Schlacht in den Feldern der Wissenschaft, die Eroberungen der Industrie, die neuen Geniusschöpfungen der Kunst sind eine nicht minder wichtige Seite der Entwickelung der Menschheit". Einem anderen Rhythmus als Reiche und Staaten mit ihren großen Männern gehorchten diese Errungenschaften aber nicht, wie die heroisch-genialische Metaphorik zeigt. Daß Droysen selbst forschend fast ganz in den Bahnen von Staat und Politik verblieb, hing gewiß mit seinem politischen Temperament zusammen. Außerdem fehlten in dieser Zeit noch die Grundlagen, Heiratsverhalten oder Bierdurst zum Gegenstand historischer Untersuchung zu machen.

Wie eng Geschichtswissenschaft und Politik für Droysen beieinander lagen, ist seit langem bekannt. Wilfried Nippel hat in seiner Droysen-Biographie die These vertreten, jene sei von dieser zu oft überwältigt worden. Die von Blanke versammelten Texte stützen diese These eher nicht, nicht einmal die zeitgeschichtlichen Vorlesungen der Vor- und Nachmärzjahre und das temperamentvolle Kolleg „Ueber den öffentlichen Zustand Deutschlands" von 1845. Aber auch sonst ist die sorgfältig, wenngleich etwas unökonomisch kommentierte Edition eine Fundgrube, etwa zu den Fragen, wie Historienbilder zu betrachten sind, worin der Unterschied zwischen Bildung und Ausbildung liegt oder wie ein ordentliches Geschichtsstudium auszusehen hat.

Läuterungen im Kabinett der Affekte (Jacob Burckhardt)

Jacob Burckhardt war – anders als Droysen – kein Hegelianer. In den Materialien zu seinem Kolleg „Über das Studium der Geschichte“ findet sich ein Exzerpt aus Hegels „Vorlesungen über die Philosophie der Geschichte“. Die Notiz zeugt von einer lebhaften Auseinandersetzung, die mittendrin abbricht. Wahrscheinlich konnte Burckhardt keine weitere Seite mehr ertragen: Zu sehr widersprach die Rechtfertigung des historischen Prozesses als Fortschritt von Sittlichkeit und Freiheit seinem eigenen Denken. Vom „kecken Anticipieren eines Weltplans“, meist in höchst optimistischem Sinne, sprach Burckhardt dann im Hörsaal. Doch hat der Basler Historiker das Studium der griechischen Antike auf eine neue Basis gestellt, indem er den Gegenstand dialektisch konzipierte. Kundige kennen die markanten Zitate aus der Einleitung der „Griechischen Kulturgeschichte“. Vom Leiden der Griechen ist da die Rede, und erst Burckhardt hat einem Satz seines Lehrers August Boeckh zur allgemeinen Bekanntheit verholfen: Die Hellenen seien viel unglücklicher gewesen, als wir glauben.

Wir, damit meinte er die idealisierende Ansicht eines irenischen Klassizismus, wonach sich die individuellen Kräfte völlig im Sinne des Allgemeinen ausgebildet hätten, so daß Freiheit und Unterordnung harmonisch in eins verschmolzen: „In Betreff der alten Griechen glaubte man seit der großen Erhebung des deutschen Humanismus im vorigen Jahrhundert im Klaren zu sein: im Wiederschein ihres kriegerischen Heldenthums und Bürgerthums, ihrer Kunst und Poesie, ihres schönen Landes und Klima’s schätzte man sie glücklich, und Schiller’s Gedicht die ‚Götter Griechenlands‘ faßte den ganzen vorausgesetzten Zustand in ein Bild zusammen, dessen Zauber noch heute seine Kraft nicht verloren hat. Allermindestens glaubte man, die Athener des perikleischen Zeitalters hätten Jahr aus Jahr ein im Entzücken leben müssen.“

Die blinden Flecken in einem solchen Bild waren leicht auszumachen. Burckhardt tat dies auf dem Gebiet des ihm ohnehin suspekten Staates, den er in der Gestalt der Polis als beinahe totalitäres, von Machtgewinn und Destruktion geprägtes Gebilde vorstellte. Doch auch sein akribisches Bemühen, in einem eigenen Abschnitt des Werkes jenseits von der Politik „die wirklich herrschende, durchschnittliche Ansicht des Lebens“ festzustellen, generierte ein Kabinett von Defekten, bestückt mit Rache und falschen Schwüren, Schmähsucht und Neid, Pessimismus und Selbstmord.

Doch Burckhardt war damit kein Vordenker der einfältigen Klassikzertrümmerungen unserer Tage. Das Schöne bildete auch ihm den Maßstab für das Bleibende; „was Beglückung durch den Geist gewähren kann, das haben hier viele auserwählte Menschen in hoher Kunst und Dichtung, in Denken und Forschen genossen und durch den Abglanz ihres Wesens auch den übrigen vermittelt, soweit diese des Verständnisses fähig waren. Diese Kräfte sind bei den Griechen gewissermaßen immer optimistisch gewesen, d. h. es hat sich für Künstler, Dichter und Denker immer der Mühe gelohnt, dieser Welt, wie sie auch sein mochte, mit mächtigen Schöpfungen gegenüberzutreten." Aber die Voraussetzungen dafür – Freiheit, Individualität und Kreativität – waren keine prästabilen, sondern höchst problematische Größen, weil ihre Betätigung im steten Wettbewerb mit dem Nebenmann in die Selbstzerstörung führen konnte. „Um des Erfolges und Gelingens, der Herrschaft und des Genusses willen", so stellt er fest, „ist eben dem Griechen zugestandener Weise vieles erlaubt."

Der Satz findet sich am Ende des zweiten Bandes der „Griechischen Kulturgeschichte", in dem Abschnitt „Zur Gesamtbilanz des griechischen Lebens". Auffällig korrespondiert er mit der Einleitung zum ersten Band, sowohl in der Bestimmung der kulturhistorischen Methode als auch im Grundgedanken einer klar wertorientierten, aber nicht verklärenden Alleinstellung der Hellenen: „Der Grieche aber war früher ein individueller Mensch geworden als die Übrigen und trug nun hievon den Ruhm und das Unheil in unvermeidlicher Mischung."

Das insgesamt vierbändige Werk erblickte zunächst als Vorlesung das Licht der Welt. Deren Disposition orientierte sich an der Potenzenlehre des Kollegs „Über das Studium der Geschichte": Auf die Polis, für Burckhardt die Emanation des griechischen Staates schlechthin, folgte die Religion, während der umfangreiche Teil zur Kultur deren klassische Formen behandelte, also bildende Kunst, Literatur und Musik sowie die philosophische Lebensform.

Die Neuedition im Rahmen der neuen Gesamtausgabe von Werk und Nachlaß verdient das Prädikat mustergültig. Burckhardt hat die Vorlesung zwischen 1872 und 1885/86 siebenmal gehalten, jeweils fünfstündig. Zur Wirkung gelangte sie jedoch erst, als Jacob Oeri aus den nachgelassenen Manuskripten kurz nach dem Tod des Onkels die vierbändige Buchausgabe erstellte, die mit wenigen Korrekturen auch der von Felix Staehelin und Samuel Merian veranstalteten „Gesamtausgabe" von 1930/31 sowie in den fünfziger Jahren dem Abdruck in den „Gesammelten Werken" zugrundelag. Nur in der lesbaren Textgestalt Oeris konnte Burckhardts Anschauung von der griechischen Kultur ihren Weg machen und dabei immer wieder produktive Anstöße geben. Denn während die von Burckhardt ironisch als „viri eruditissimi" titulierten seinerzeitigen Moguln und Modernisierer der Altertumswissenschaft die Publikation der „veralteten Hefte" für ein Ärgernis hielten, haben viele Griechenlandhistoriker seither die Erkenntnispotentiale des Werkes gerade dort erkannt und genutzt, wo Burckhardt methodisch wie politisch gegen den Geist seiner Zeit stand.

Die Neuedition in der kritischen Werkausgabe stößt durch die geglättete Oberfläche von Oeris Text; sie legt durch sorgfältige philologische Filigranarbeit ein komplexes Original und damit auch Burckhardts Arbeitsweise frei. Dieser hatte in den achtziger Jahren begonnen, eine Ausarbeitung des Vorlesungsmanuskriptes im Folioformat anzufertigen, bei dem es sich jedoch allenfalls um eine Vorstufe zu einem Buchmanuskript handelte – wenn denn ein solches je ernsthaft ins Auge gefaßt war. So aufbereitet wurden die beiden ersten Hauptteile über Staat und Religion. Hier entspricht der für die Neuedition maßgebliche nachgelassene Textbestand weitgehend der Ausgabe Oeris, der lediglich einige eingelegte Blätter mit nachgetragenem Material in den Text einfügte und manche Fugen verschliff.

Für den Rest der Vorlesung – im Druck die Bände drei und vier – war Oeri gezwungen, aus Konvoluten von immer wieder ergänzten Stichwortblättern, Exzerpten, Vortragsmanuskripten und Notizen einen Lesetext herzustellen, wobei er sich auch der ausführlichen Kollegnachschrift eines Studenten bediente, um Burckhardts Wortlaut näherzukommen. Trotz aller Pietät wurde dabei allein durch das argumentierende Verknüpfen der in den Mappen vorgefundenen Notizen, Halbsätze und Gedanken Sperriges geglättet und Ambivalentes vereindeutigt, von einigen Mißverständnissen und irreführenden Eingriffen ganz zu schweigen. Die Neuedition nun macht Oeris Konstruktion rückgängig; sie bietet für beide Ausarbeitungsstufen den originalen Text Burckhardts und weist auch die Arbeitsstufen in einem kritischen Apparat nach.

Auch der auf dem Foliomanuskript beruhende zweite Band ist vortrefflich erschlossen, unter anderem durch einen knappen Kommentar mit Nachweisen und Übersetzungen der altsprachlichen Zitate sowie durch fast einhundert Seiten umfassende Register. Vermißt wird lediglich eine Seitenkonkordanz, die es sehr erleichtern würde, Verweise auf Stellen in einer der drei älteren Ausgaben in der neuen, nunmehr maßgeblichen Edition rasch wiederzufinden.

Burckhardt fand zur griechischen Religion einen unmittelbaren Zugang. Es war nicht nur Koketterie, wenn er bekannte, ein ganz unphilosophischer Kopf zu sein, dem profunde Gedanken nur dann gekommen seien, wenn sie sich an ein Äußeres anschließen konnten. Der Kosmos der Götter und Heroen schien ihm nun sehr weitgehend im Anschaubaren aufzugehen, greifbar gestaltet von Homer und Hesiod und in den Bildwerken der klassischen Kunst. Recht früh hatte der Pfarrerssohn und anfängliche Theologiestudent einen Ablösungsprozeß von der zeitgenössischen Religionsübung und vor allem ihrer doppelten Armierung durch Klerus und Glaubenswissenschaft durchlaufen. Schon 1838 war der Student auf der Suche nach einem „Fach in der Theologie, wo man den Lehren über Glauben und Offenbarung ganz ausweichen kann“, und wenige Jahre später war ihm Christus als Gott gleichgültig, als Mensch dagegen „die schönste Erscheinung der Weltgeschichte“. Damit war der Sprung zur Historie vollzogen, und Burckhardt ging nach Berlin, um bei Ranke, Droysen und Boeckh zu studieren. Doch die Religion blieb ihm „Potenz“. Ihre Anerkennung als „Ausdruck des ewigen und unzerstörbaren metaphysischen Bedürfnisses der Menschennatur“ und die Schätzung des Christentums als sittliche Macht bewahrten ihn vor flachem Agnostizismus oder verstiegenem Neuheidentum.

Tatsächlich schaute er die griechische Religion dezidiert mit seinen eigenen Augen an, und Handbuchweisheiten gewinnen so die Kraft einer Botschaft: „Die Griechen besaßen nichts schriftlich Geoffenbartes, nichts irgend von Außen Auferlegtes über ihre Götter, und ebensowenig eine auferlegte Lehre über ihre Religion . . . Ihre Ausbildung ist nicht geschehen durch Priester. Wohl gab es solche von frühe an bis in die spätesten griechischen Zeiten, aber es gab niemals einen Priesterstand und vollends kein Priesterthum . . . Die griechische Religion würde von Anfang bis zu Ende anders lauten wenn ein Priesterthum Einfluß darauf gehabt hätte." Überhöht hat Burckhardt diesen Gedanken durch den Verweis auf die schöpferische Bildkraft des griechischen Volkes. Diesen kreativen Urquell sah Burckhardt in einer meta- oder protohistorischen Tiefe geborgen, und es erscheint von daher nicht überraschend, daß er die Vorlesung mit dem kurzen, nur gut dreißig Druckseiten füllenden Abschnitt über den Mythos eröffnete, der systematisch zu den großen Stücken zur Religion gehört hätte und die Forschung irritiert hat, bis Egon Flaig in seiner Doktorarbeit den Sinn dieser Disposition klären konnte.

Gerade im Bereich von Mythos und Religion ist es spannend zu sehen, wie Burckhardt die Alleinstellung der Hellenen begründete und damit zugleich einen Beitrag leistete zu der mehr denn je kontroversen Debatte, wie groß die Einflüsse zumal der Hochkulturen des Alten Orients auf den westlichen Rand des fruchtbaren Halbmonds waren. Denn gerade die Mythenforschung und die Vergleichende Religionswissenschaft haben auf ihrer Suche nach verborgenen Ursprüngen schon früh nach Analogien und Diffusionen gesucht, zu Burckhardts Zeit freilich oft noch in Verbindung mit Theorien über frühe Wanderungen und Ethnogenesen.

Der Kulturhistoriker schob die Spekulationen um karische, phönizische oder arische Ursprünge beiseite, indem er sich auf die Frage konzentrierte, „was diese Religion und diese Götter den Griechen der historischen Zeit waren". Mit diesem angesichts der nicht selten enthemmten Kombinationslust damaliger und späterer Religionswissenschaftler heuristisch wohlfundierten Kunstgriff hatte er die alte genealogische Frage durch eine moderne funktionalistische ersetzt und zugleich das Offensichtliche zum Unterscheidungsgrund gemacht: Statt „gelehrter Kunde und gelehrten Wissens, womit die Ägypter heimgesucht wurden", besaßen die Griechen lebendige Anschauungen von ihren Göttern und Heroen, die schmiegsam und anpassungsfähig die sich entfaltende Kultur begleiteten und förderten. Burckhardt verließ die labyrinthischen Wege der Forschung noch in anderer Hinsicht, indem er keinen älteren oder symbolhaft tieferen Sinn hinter ihnen vermutete; die Griechen aber, so wird vermerkt, „wollten ihren Mythus gar nicht deuten, sondern schützen, verherrlichen, vermehren".

Die komplementären Schattenseiten der griechischen Göttervorstellung, etwa die Amoralität der olympischen Religion, wurden sehr wohl verzeichnet, wenn auch nicht so ausladend und in roter Farbe wie das Schuldkonto des menschenverschlingenden Staates im zweiten Abschnitt. Die Größe dieser Götter lag weder in einem Geheimen noch einer Sittlichkeit, auch weder in Gnade noch Ungnade, weswegen die Griechen diese Größe ganz zu sich herüberziehen konnten, indem sie „alle Pracht, Kunst und Lebensfreude in den Dienst des Kultus zogen und ihm damit die Bangigkeit benahmen“.

Auch das Feld der Religion maß Burckhardt also mit dem ästhetischen Blick aus: Erwachsen aus der Phantasie des Volkes, ist dieser Polytheismus nie einer theologischen Konzentrierung unterlegen, welche um den Gewinn einer höheren moralischen und intellektuellen Substanz die Bildhaftigkeit und Bildkräftigkeit wohl hätte reduzieren müssen. In dieser Lesart vermochte die Religion selbstverständlich kein Gegengewicht zu den anderen lebensbestimmenden Potenzen zu bilden. Sie in der Vorlesung zwischen den Staat und das Kabinett der Affekte zu setzen, war also durchaus konsequent. Mochten die Götter auch dem Menschen das Maß seiner Leiden zugemessen haben – der welthistorische Funke konnte nur deshalb überspringen, weil die Hellenen in höchstem Grade ihre Leiden empfinden und sich ihrer bewußt werden mußten. Die Unsterblichkeit ihres Erbes ruht ja gerade darauf: Wenn sie längst alle Leiden gelitten haben und alle Tode gestorben sind, können wir sie immer wieder anschauen, um unsere eigene Existenz zu begreifen oder zu läutern.

Auf Dauer zu stellen war derlei in der verzehrenden Lebenswelt der Griechen nicht, und am Ende schimmert auch bei Burckhardt ein wenig Teleologie hindurch, wenn er von einem berühmten Philosophenselbstmord berichtet, in der Zeit des philosophierenden Kaisers Mark Aurel, den man später für einen heimlichen Christen gehalten hat. Denn jener Kyniker Peregrinus Proteus, der sich in Olympia während des Zeusfestes auf einem Scheiterhaufen selbst verbrannte, hatte sich, so das Urteil, nur in Pose geworfen und zur traurigen Gestalt gemacht. „Der an allen übrigen Zielen irre gewordene hellenische Ruhmsinn setzt hier sein eigenes Ende mit aller möglichen vorangehenden Reclame feierlich in Scene, als herakleische Selbstapotheose. Allerdings in einem Jahrhundert welches ohnehin voll Klagen über die allgemeine Ruchlosigkeit war und (bei Lucian) den Hohn über die ganze Welt, über Götter und Menschen zu hören bekam. Es war hohe Zeit daß neben dieser Gesellschaft eine andere heranwuchs, welche eine ebenso große Sterbewilligkeit in tausend Martyrien an den Tag legte, aber zugleich ein neues hohes Ziel des Lebens vor sich hatte.“

Eine Lektion vom kreativen Überleben (Arnaldo Momigliano)

Keine in den Kanon einer Disziplin eingelagerte Erkenntnis, kein immer wieder aufgelegtes Grundlagen- oder Lehrwerk verbindet sich mit seinem Namen.

Studierenden und Freunden der Alten Geschichte, denen Gestalten wie Ronald Syme oder Alfred Heuß durchaus noch geläufige Größen sind, sagt der Name Arnaldo Momigliano (1908–1987) in der Regel nichts mehr. Zur Lektüre angeregt zeigen sie sich dann nicht selten irritiert: Fasziniert durch stupende Gelehrsamkeit und eine in fast jedem Satz spürbare intellektuelle Neugierde, halten sie zugleich oft vergeblich Ausschau nach einer griffigen These, einem plastischen Ausdruck. Ein „Detektiv ohne Fall" wurde Momigliano einmal genannt, einer, der keiner regulativen Idee für Synthesen bedurfte. Nur einer genauen und vernetzenden Lektüre erschließt sich, wie aus Einzeluntersuchungen ein Bild des Wandels von Leitideen, Begriffsbildungen und Methoden ersteht.

Weil er die Eigenarten historiographischer Werke der Antike wie der Moderne, denen ein hauptsächliches Interesse galt, nicht zuletzt in deren Verfassern suchte, liegt es nahe, die biographische Sinnverleihung auch auf Momigliano anzuwenden. Er habe, so eine Selbstauskunft, als Gelehrter lediglich zu verstehen gesucht, was er dem jüdischen Haus verdankte, in dem er erzogen wurde, und was seinem Geburtsort, einem christlich-römisch-keltischen Dorf in Piemont. Die Reihenfolge war vielleicht kein Zufall. Im Nachruf auf einen Kollegen präzisierte Momigliano das Selbstbild: „Er besaß alle die intellektuellen Qualitäten, die traditionellerweise einen Talmud-Schüler auszeichnen; ein außergewöhnliches Gedächtnis, die Fähigkeit zu scharfsinniger Interpretation, methodische Strenge und Ausdauer. (...) Sein wichtigstes Anliegen war weiterzugeben, was er selbst empfangen hatte. Er wollte nicht mehr als ein Glied in der Kette von Übermittlern sein." Seine beiden Wurzeln gleichermaßen zu pflegen erschien Momigliano im Wildwasser der Ideologien nach dem Ersten Weltkrieg offenbar noch möglich. In der orthodoxen Familie waren moderne Staatlichkeit und Sozialismus keine Fremden; der junge Schüler von Gaetano de Sanctis und Benedetto Croce, mit vierundzwanzig Professor in Rom, schrieb seine erstes Buch über die Makkabäer und war zugleich Mitglied der Faschistischen Partei. Ein emphatischer Artikel über das imperiale Rom der Antike als Modell einer neuen Pax Romana in der Gegenwart erschien 1936 in der „Enciclopedia Italiana"; zu dieser Zeit war es für Momigliano unzweifelhaft, energisch festzuhalten „am italienisch-nationalen Leben als dem einzig realen und möglichen Leben eines Bürgers, der einer jüdischen Familie entstammt". Zwei Jahre später verlor er seinen Turiner Lehrstuhl wegen eben dieser Herkunft. Um weiter forschen zu können, ging er nach Oxford, wo er intellektuell anregende, materiell magere Jahre verbrachte. Seine in Italien verbliebenen Eltern und neun weitere Verwandte wurden deportiert und in deutschen Konzentrationslagern ermordet. Momigliano blieb nach Kriegsende in England, bekleidete für fünfundzwanzig Jahre den Lehrstuhl für Alte Geschichte in London, hielt Graduiertenseminare in Pisa und lehrte nach seiner akademischen Entpflichtung auch in Chicago. Die eigentümliche Schwebelage Italiens zwischen Täter- und Opferstaat mag es ihm erleichtert haben, mit seinem Heimatland nicht zu brechen, anders als seine deutschen Zunftkollegen Arthur Stein und Felix Jacoby, die seit der Emigration kein Wort mehr in ihrer Muttersprache publizierten.

Mangelnde Sensibilität für die intellektuellen Voraussetzungen der Barbarei auch noch im nachhinein, gleichsam als aktuellste Form des Vergessens, geißelte er freilich mit ungewohnter Schärfe: Als die 1931/33 erschienene „Griechische Geschichte“ des Leipziger Althistorikers Helmut Berve noch 1959 ins Italienische übersetzt wurde, gestand er ihr einen zwar ziemlich oberflächlichen, aber seinerzeit doch modernen Ansatz zu, weil der Autor zu jener neuhumanistischen Bewegung gehört habe, die fraglos „einen gewissen Beitrag zur europäischen Kultur“ leistete. Doch die schwächsten Vertreter dieser Richtung fielen, wie Berve, dem Rassismus anheim, und aus dem Abstand dreier Jahrzehnte seien in dem Werk nur noch hohle Rhetorik, die Ausblendung zentraler Zusammenhänge und Verschwommenheit zu erkennen, die den Leser langweilten. Harte Worte, die aber zugleich unterschätzen, wie befreiend Berves Buch in seiner Zeit gegenüber dem lebensfern erscheinenden Positivismus und Modernismus der vorherigen Generation zu wirken vermochte. Als Leuchtturm über der Finsternis nationalsozialistischer Geschichtsschreibung standen für Momigliano sein liberaler Lehrer Gaetano de Sanctis und dessen – leider nie ins Deutsche übersetzte – „Storia dei Greci“: empirisch fundiert, explizit und konzentriert auf die wesentlichen Leistungen der Griechen, nämlich „die Freiheit des Denkens und der Rede, die Auflehnung gegen den Mythos und den Aberglauben und ihre rationale und moralische Aufrichtigkeit“. Ein Urteil, das angesichts von Momiglianos Kennerschaft der „Griechischen Kulturgeschichte“ Burckhardts erstaunen muß und wohl nur biographisch zu erklären ist.

In den gut siebenhundert Aufsätzen, Vorlesungen und Rezensionen zur Geschichte der Alten Welt, ihrer Rezeption bis zur Spätaufklärung und zur Wissenschaftsgeschichte eine Dominante zu vermissen ginge fehl. Der Vielreisende schätzte die Freiheit, in jedem Moment dem Individuellen nachzuspüren und darüber zu diskutieren, so sehr, daß selbst eine geplante Monographie über Frieden und Freiheit in der Antike – für ihn doch das wichtigste Erbe dieser Epoche – über die Planung nicht hinausgelangte. Der Meister der kleinen Form hatte gewollt kein Bild von „der Antike“, denn diese bestand für ihn in den Formationen und Deutungen, die sich im Dreieck zwischen Athen, Rom und Jerusalem sowie zwischen antiker Vergangenheit, Rezeptionsgeschichte und Gegenwart immer wieder neu herstellten. Sein besonderes Interesse galt dabei den Epochen, die intensive Dialoge und kulturelle Amalgamierungen produzierten, also dem Hellenismus und der Spätantike. Wenn dann noch komplexe oder gar maskierte literarische Produkte wie Philo von Alexandria oder die *Historia Augusta* in Rede standen, war Momigliano in seinem Element. Doch die Alte Welt zu allererst in ihren Überlieferungen und Interpretationen aufzusuchen führte ihn nicht zum bequemen Konstruktivismus, ganz im Gegenteil. Bis ins Alter hielt er an der Existenz von unbestreitbaren Fakten ebenso wie an der Unterscheidung von richtig oder falsch in der wissenschaftlichen Forschung fest. Die unabschließbare Diskussion oder die Vertrautheit mit Weber und Foucault machten ihm den Glauben an die Wahrheit von Tatsachen nicht obsolet.

Zu den der Erklärung am meisten bedürftigen Tatsachen zählte ihm der Sonderweg der Juden. Er sammele, so stellte er klar, nicht Fakten für akademische Zwecke, wenn er zu verstehen suche, was die Juden bewogen habe, sich der Assimilation durch die sie umgebenden Mehrheitskulturen zu widersetzen, ein Phänomen, das er einmal „kreatives Überleben" nannte. Auf diesem Feld der Geschichte des Altertums, auf dem nahezu alle später historisch relevanten Formen des Verhältnisses zwischen Juden und Nichtjuden bereits durchgespielt wurden, lag für ihn die direkte Wirkung der ganzen Epoche und zugleich ein viel stärkerer Antrieb zur Erkenntnis „als die bloß professionelle oder liebhaberische Zuneigung zu den anziehenden Seiten weit entfernter Kulturen".

Kein anderer Forscher wäre wohl auf die Idee gekommen, den Abbruch der „Geschichte des Hellenismus" auf den jüdischen Kontext in Droysens Biographie und die unmögliche Konsequenz, den hellenistisch-jüdischen Weg zum Christentum benennen zu müssen, zurückzuführen. Die Zunft hat diese These überwiegend verworfen, weil sie keinen Rückhalt in den Quellen habe. Momigliano könnte demgegenüber eine biographisch sensibilisierte Intuition in Anspruch nehmen. Vielleicht hätte er sich auch auf die alte, unverächtliche Philologenweisheit berufen, daß die schwierigere Lesart immer Beachtung verdient.

Einen guten Einblick in sein Werk geben drei Bände „Ausgewählte Schriften", die neunundvierzig seiner Texte in flüssiger und sachlich präziser Übersetzung vereinigen. Offensichtlich soll mit der Sammlung, die durch Einleitungen, Zusammenfassungen jedes Aufsatzes sowie ein Gesamtregister im letzten Band gut erschlossen ist, Momiglianos Werk in der breiteren kulturwissenschaftlichen Debatte zur Geltung gebracht werden. Die Herausgeber scheinen von einem bestehenden Bedarf auszugehen, sei Momigliano doch wider seinen Willen fast Mode geworden, und das in ähnlich vielen Disziplinen, wie er sie selbst beherrschte. Nicht zufällig fand der junge Emigrant aus Italien, der von Ronald Syme, dem nur wenig älteren Nachwuchsstar der Klassischen Studien in Oxford, als Pedant belächelt wurde, schon früh im Londoner Warburg-Institut freundliche Aufnahme und Gelegenheit zu intensivem Austausch – aus heutiger Sicht gewiß ein Ritterschlag. Bei Syme revanchierte sich Momigliano übrigens mit einer langen Rezension der „Roman Revolution", in der er die Schwachstellen dieses Meisterwerkes präzise benannte.

Eine Parallele zu Syme: Beide machten die Erfahrung des modernen Totalitarismus in den 1930er-Jahren in ihren wissenschaftlichen Studien fruchtbar. Anfangs war Momigliano durchaus der Ansicht gewesen, daß die deutsche Klassische Philologie seit 1800 den Inbegriff der Moderne in den Geisteswissenschaften darstellte, gleichsam das intellektuelle Pendant zur Französischen Revolution. Zugleich ließ er sich von einem philosophischen Idealismus und der Überzeugung leiten, die Weltgeschichte bilde eine einheitliche, durch die Selbstentfaltung großer Ideen zusammengehaltene und für den Historiker letztlich erkennbare Totalität. Doch die Konfrontation mit dem Totalitarismus in seinen geschichtsbesessenen wie in den geschichtsvergessenen Varianten, aber auch die Assimilation an die englische Wissenschaftstradition veranlaßten ihn zu einem tiefgreifenden Paradigmenwechsel. Zwar blieb Momiglianos Forschung der geistes- und ideengeschichtlichen Perspektive in einem denkbar weiten Horizont verpflichtet, doch richtete sie sich nunmehr ganz auf das Individuelle und zugleich auf die Identifizierung und Sicherung von Traditionssträngen. Die Ausgabe trägt dem Rechnung, indem zwei von drei Bänden der Rezeptions- und Wissenschaftsgeschichte gewidmet sind.

Auch in Momiglianos Studien zur Antike nahmen die Geschichtsschreiber als Former und Bewahrer der Tradition einen prominenten Rang ein, wobei der Bogen von Herodot bis zur *Historia Augusta* reichte. Ereignisse, Mächte und große Männer interessierten ihn konsequenterweise gar nicht, sehr stark hingegen alle Spielarten der Interkulturalität, sowohl synchron in der Begegnung von Griechen, Römern, Juden und Ägyptern als auch diachron, indem sich verschiedene Epochen in einem komplizierten Geflecht aus Überlieferung, Aneignung und Deutung miteinander verbanden und so an der „Geschichte der Geschichte der Antike" geradezu das Selbstbild Europas abzulesen sei.

Der rastlose Gelehrte war vor allem von einer tiefen Demut gegenüber den verschütteten Leistungen der großen und kleinen Vorgänger seit der frühen Renaissance geprägt. Was vielen bei Niebuhr, Savigny und Ranke als völlig neu erschien, war, wie er zeigen konnte, in Jahrhunderten harter Arbeit an den deutschen Universitäten vorbereitet worden. Momiglianos Ehrgeiz war es, alle Arbeiter zu kennen und ihre Leistungen dem Vergessen zu entreißen. Ausgeschlossen war damit jede Kanonisierung, ist diese doch stets von der Rücksichtslosigkeit des Ausblendens, Verdrängens und schließlichen Auslöschens anderer möglicher Traditionskonstrukte begleitet. Wenn aber immer neue Vorgänger und Anreger gefunden werden, kann es umgekehrt keine Anfänge mehr geben. Wer die Aufgabe des Historikers darin sieht, stets aufs neue Schneisen durch das wuchernde Dickicht des je für sich Interessanten und Wissenswerten zu schlagen, wird sich andererseits mit dem Bemühen, jeden Baum zu kartographieren, nicht anfreunden können und darauf hinweisen, daß reduzierende Kanonbildung unverzichtbar ist und ein Gelehrter, der die gesamte Tradition des Forschens über die Antike kannte, wohl kaum noch in der Lage wäre, mit dem nötigen Mindestmaß an Unbekümmertheit die antiken Phänomene selbst neu und mit den Fragen seiner eigenen Zeit anzugehen, ohne sich in vergangene

Probleme und Kontroversen über das Notwendige hinaus zu vertiefen. Diese Einsicht bleibt wohl auch dann richtig, wenn man anerkennt, wie viele wichtige Beiträge der Ausnahmegelehrte Momigliano auch zur Antike selbst geliefert hat.

Die Schwierigkeiten mit seinem unermüdlichen Bemühen, die europäische Geistesgeschichte maßgeblich als manifeste oder zu rekonstruierende Rezeption des Altertums zu verstehen, liegen nicht zuletzt im Methodologischen. Für Momigliano war Historiographiegeschichte vor allem das Studium der einzelnen Historiker, deren Leistungen aber daran zu messen seien, ob sie die Quellen in einer zufriedenstellenden Weise benutzten und das Hauptziel jeder historischen Arbeit erreichten, nämlich die Wahrheit zu ermitteln. Dieses Axiom wird man gewiß nicht naiv nennen wollen, aber es steht zweifellos in stärkstem Widerspruch zu jeder Form von konstruktivistischer oder perspektivistischer Erkenntnistheorie. In einer aufschlußreichen, leider nicht in die Sammlung aufgenommenen Rezension von Hayden Whites „Metahistory“ warf Momigliano seinem Antipoden rundheraus vor, das Forschen nach der Wahrheit aus dem Geschäft des Historikers verbannen zu wollen. Einig wußte er sich mit White im Zweifel an der Vernünftigkeit der Wirklichkeit, nur war seine Schlußfolgerung eine andere: Gerade weil sich der Historiker mit dem Chaos konfrontiert sehe, sei das unbedingte Festhalten an den Quellen noch unverzichtbarer. Ebenso unverzichtbar ist aber doch auch die Frage, warum eine bestimmte Geschichte mit einem bestimmten Sinn hier und jetzt so und nicht anders rekonstruiert und erzählt werden muß. Dies nicht tun zu wollen war letztlich der Preis von Momiglianos brillantem Enzyklopädismus. Die dahinterliegende Aporie formulierte er lakonisch knapp: Der Lehrer der Geschichte denke mehr, als er wisse, oder er wisse mehr, als er denke.

Wenn ein Bewunderer notierte, mit Momiglianos Tod sei die Bibliothek von Alexandria ein zweites Mal untergegangen, so steckt in diesem Staunen auch Resignation darüber, daß die Präsenz dieses Œuvres auf die Lebenszeit des Gelehrten und vielleicht noch die seiner Schüler beschränkt sein könnte. Wieviel von Momigliano die Jahrzehnte in ähnlicher Weise zu überdauern vermag, wird sich zeigen müssen.

Chronist Roms und seiner Erforscher (Karl Christ)

Fragt man hessische Geschichtslehrer der mittleren und älteren Generation, wer sie im Studium in die schon damals nicht mehr von Hause aus vertraute Welt des Altertums eingeführt habe, so wird oft der Name Karl Christ genannt. Auf die Frage, welchen Eindruck dieser Gelehrte hinterlassen habe, lautet die Antwort häufig, er sei ein ganz feiner, humaner Professor gewesen, gleichermaßen entfernt vom autoritären Habitus mancher Vertreter der älteren Ordinarienschaft wie von der Tyrannei der Intimität jener Post-Achtundsechziger, deren Liberalität sich in Formlosigkeit und jovialem Gebaren erschöpft.

Geboren in Ulm, teilte Christ als Soldat und Kriegsgefangener die Erfahrungen seiner Altersgruppe. In Tübingen prägte ihn Joseph Vogt, in Zürich Ernst Meyer. Als Forschungsstipendiat der Kommission für Alte Geschichte und Epigraphik habilitierte sich Christ 1959 mit einer numismatischen Studie; von 1965 an vertrat er sein Fach als Professor in Marburg. In dieser Position sah er sich zuvörderst verpflichtet, dem unleugbaren „historischen Analphabetismus" (Alfred Heuß) entgegenzuwirken, der aus der tiefen Verunsicherung nach der Zäsur 1945 und innerwissenschaftlich aus den raschen Paradigmenwechseln erwachsen war.

Im Vorwort zu „Krise und Untergang der Römischen Republik" (1979) wendet sich der Autor gegen eine vorschnelle Abstraktion, die nicht mehr fragt, ob das Wissensfundament zumal der Ereignisgeschichte noch vorhanden ist. In der Tat muß Forschung in die Sackgasse führen, „wenn Fakten vernachlässigt und historische Quellen nicht mehr berücksichtigt werden". Es spricht für die Richtigkeit dieser damals gegen die diversen marxistisch inspirierten Apriorismen gerichteten Feststellung, daß sie sich später auch gegen angebliche Modernisierungen ganz anderer Provenienz bewährte. Als in einer anthropologisch ausgerichteten Studie zur Angst römischer Senatoren in der Kaiserzeit die Bekundungen der Akteure als nicht zugelassene Zeugenaussagen verworfen wurden, bescheinigte Christ dem Autor bündig, sich aus dem althistorischen Diskurs verabschiedet zu haben.

Weit über die kurzen Wellen hinausschauend, rückte der Historiker des Römischen Reiches seinen Gegenstand in den einzig adäquaten, nämlich universalen Rahmen. Mit Jacob Burckhardt sah er in Rom nicht nur „die bewußte oder stillschweigende Voraussetzung unseres Anschauens und Denkens", sondern auch die Verbindung von Orient und Okzident: Daß beide „zusammengehören, daß sie eine Menschheit bilden", verdanke die Welt dem römischen Imperium. Die erste, knappe Gesamtdarstellung der römischen Geschichte aus Christs Feder war 1966 daher nicht zufällig Teil eines universalhistorischen Sammelwerks, und sein imposantestes Buch vergegenwärtigte 1988 einer breiten Leserschaft die „Geschichte der Römischen Kaiserzeit" bis auf Konstantin.

Zwar hält Christ es für eine Selbsttäuschung der gelehrten Zunft, unbescheiden anzunehmen, daß das Geschichtsbild einer Gesellschaft überwiegend von den Erkenntnissen der Spezialforschung und durch deren Vermittler, also durch die Historiker insgesamt formiert würde. Aber er hat durch das gesprochene und geschriebene Wort das Mögliche getan, um den Bedeutungsverlust einer Wissenschaft zu begrenzen, die sich bisweilen sehr stark autonomisiert, ihre Gegenstände verfremdet und auf Sinnstiftung nachgerade aggressiv verzichtet. Deshalb konzentrieren sich die grundlegenden wissenschaftsgeschichtlichen

Arbeiten, mit denen sich Christs Name seit 1982 verbindet, auf die einzelnen Gelehrten, ihre großen Bücher sowie auf Themen wie Sparta oder Caesar, die über das Fach hinaus stets Interesse gefunden haben. Mehrere Sammelbände, zwei Darstellungen (für eine davon s. o. S. 110-112), mehrere Marburger Dissertationen und eine intensive Zusammenarbeit zumal mit italienischen Kollegen markieren eine Pionierleistung, die nicht immer ausreichend gewürdigt wird. Denn auch und gerade die Beurteilung der in der nationalsozialistischen Zeit wirksamen Forscher kann nur auf einer breiten Wissensbasis erfolgen, nachdem die individuellen Voraussetzungen geklärt, die Taten und Unterlassungen am damals Möglichen gemessen sind. Die erfolgreichen und zeitweise allzu bedenkenlosen Größen werden dabei in ihrer Lebensleistung und als Persönlichkeiten ebenso gewogen wie die Opfer und die Verdrängten.

Als Angehöriger der Zwischengeneration kannte Karl Christ sie fast alle noch; seine einschlägigen Arbeiten sind geprägt durch diese spannende Verbindung von Nähe und Distanz. Seine Nachfolger werden schon deshalb wohl anders vorgehen müssen. Als Motto gibt ihnen der Archeget einen Satz des Polybios mit auf den Weg: „Jede Sache, die im Rahmen ihrer Zeit betrachtet wird, findet eine adäquate Beurteilung positiver oder negativer Art; wenn aber die Zeit eine andere geworden ist und die Sache unter dem Gesichtspunkt der nunmehr veränderten Umstände beurteilt wird, so erscheinen oftmals die zutreffendsten und wahrsten Bemerkungen eines Historikers nicht nur nicht einleuchtend, sondern geradezu unannehmbar." (2003)

Ein Römer für Europa (Géza Alföldy)

Seine Institutionen, seine Eliten und seine Visionen, wenn sie sich in immer diffuseren Erweiterungsszenarien erschöpfen, werden Europa nicht aus den Aporien heraushelfen, in denen es steckt. Das Gelingen des Projektes mag sogar in Frage gestellt sein. Dennoch muß einem nicht bange werden, solange es Menschen gibt, die einer geistigen Identität Europas Gesicht und Stimme verleihen. Ein Wissenschaftler, der sich mit den lateinischen Wurzeln des Kontinents beschäftigt, mag es da leichter haben als andere. Doch Talent, Lebensweg und Leidenschaft haben den Heidelberger Althistoriker Géza Alföldy weit über die Möglichkeiten, die eine bloße Profession bietet, hinausgetragen.

Geboren in einer Zeit, als autoritäre und totalitäre Regime den Takt angaben, erlebte der Student in seiner Heimatstadt Budapest die ungarische Revolution und ihr blutiges Scheitern mit. Vierzig Jahre später widmete Alföldy den Ereignissen eine von lebendiger Erinnerung wie von nüchterner Gelehrsamkeit geprägte Darstellung, zu der er sich auch durch „die methodische Erfahrung, über die ein bei seiner Arbeit oft genug mit einer unbefriedigenden Quellenlage konfrontierter Althistoriker verfügt", befähigt fühlen konnte.

Die wissenschaftliche Laufbahn führte Alföldy nach der Emigration im Jahre 1965 über die Stationen Bonn und Bochum nach Heidelberg. Zu Hause aber ist der eindrucksvoll polyglotte Gelehrte überall dort, wo die Römer ihre Spuren hinterlassen haben. Alföldy hat durch Studien zur Militärgeschichte, zur Reichskrise des dritten Jahrhunderts und zur kaiserzeitlichen Geschichtsschreibung, in erster Linie aber durch das Auffinden, Edieren und Kommentieren der Inschriften vor allem Spaniens und der Stadt Rom die Erforschung des Römischen Reiches grundlegend befördert; er kann als der bedeutendste Vertreter der lateinischen Epigraphik in unserer Zeit gelten.

Und auch darin ist Alföldy ganz Römer: Kaum je wird man ihn irgendwo allein stehen oder grübelnd sitzen sehen können. Immer umgeben von Freunden und Kollegen, Schülern und Klienten, hat er durch zahllose Forschungsreisen, Gastprofessuren und Vorträge, als Mitglied wissenschaftlicher Vereinigungen wie als Herausgeber ein Kommunikations- und Forschungsnetzwerk vor allem zur römischen Epigraphik aufgebaut, das in der Tradition organisierter Großforschung Mommsen'scher Prägung steht. Kaum faßbar, wie der Träger der Leibniz-Preises (1986) und Empfänger vieler weiterer Ehrungen noch Zeit findet, in zahlreichen Studien die Kärrnerarbeit minutiöser Detailforschung zu leisten und dazu noch mit Aufsätzen wie dem über die „Geburt der imperialen Epigraphik" in der Zeit des Augustus zündende Impulse zu setzen. Zu inspirieren vermag auch das Auftreten: Im akademischen Getriebe protestantisch-emsiger Nüchternheit fällt Alföldys fast barocker Habitus auf, seine Freude auch am repräsentativen Wort und an den schönen Dingen, die Küche und Keller zu bieten haben.

Der Pflicht des Historikers zur Synthese hat sich Alföldy in vergleichsweise jungen Jahren unterzogen, als er – auch inspiriert von der Aufbruchsituation an der Universität Bochum – eine schmale, konzentrierte „Römische Sozialgeschichte" schrieb, die drei Auflagen und zahlreiche Übersetzungen erfuhr (s. o. S. 174-175). Alföldy zeigte sich auch sonst offen gegenüber den neuen Fragen, mit denen sich die Alte Geschichte in dieser Zeit konfrontiert sah, ohne das Richtmaß der Fachtradition modischen Trends zu opfern.

Gegenüber der Resignation, die auch Historiker gelegentlich anfliegt, empfahl Alföldy einmal eine Maxime Lukians: Es sei doch eine gute Idee, das Faß zu rollen. Resignierten Europäern unserer Tage sei angeraten, eine kleine Schrift zu lesen: „Das Imperium Romanum – Ein Vorbild für das vereinte Europa?" Darin wird der einzigartige Erfolg des Römischen Reiches auf seine politische Integrationsleistung und die Überlegenheit seines geistigen Fundaments, der griechisch-römischen Kultur, zurückgeführt. (2005)

Eine seiner letzten Publikationen trägt den Titel „Tausend Jahre epigraphische Kultur im römischen Hispanien: Inschriften, Selbstdarstellung und Sozialordnung“. Die Studien des Weitgereisten umfassten den gesamten Orbis Romanus, aber der iberischen Halbinsel galt seine besondere Zuneigung und Kennerschaft, daneben der Stadt Rom. Indem er gegen den zeitweise grassierenden ideologiekritischen Entlarvungsgestus die Selbstdarstellung der Bewohner des Reiches, wiederum vom Princeps bis zum Freigelassenen, ernstnahm, traten die Kräfte zutage, die das Reich im Innersten zusammenhielten. Der ausgeprägt hierarchische Charakter der römischen Gesellschaft führte, so lernen wir, nicht zu einer Sklerotisierung, sondern befeuerte immer wieder das Bestreben der Eliten, sich im Dienst für die Gemeinschaft auszuzeichnen und die bereitstehenden Funktionen zu übernehmen.

Der Tod traf ihn plötzlich und in einem antiken Umfeld, nämlich in Athen, wo er auf dem Weg zum Empfang einer Ehrendoktorwürde der Universität Korfu Station machte. Diesen Umstand hätten die Alten wohl als Zeichen der Götter für ein gelungenes Leben verstanden. Wer wollte ihnen widersprechen? (2011)

Das Imperium schreibt zurück (Werner Eck)

Aus dem Herrschaftsgebiet der Römer sind uns gut 300 000 Inschriften überliefert, die einschlägigen griechischen nicht mitgezählt. Aber diese gewaltige Materialmenge, die er wie nur sehr wenige erschlossen und durchdrungen hat, verleitete Werner Eck doch nie, die noch viel größere Masse des Verlorenen zu verkennen. Oft hat er darauf hingewiesen, noch öfter durch überlegene Kenntnis der Formulare und Routinen aus Bruchstücken mit kreativer Phantasie und zwingender Logik eine Anschauung davon vermittelt, wie die Welt der Römer in der Kaiserzeit funktionierte und was sie im Innersten zusammenhielt. Nach der ersten Station in Saarbrücken kam der gebürtige Nürnberger an die Universität zu Köln, wo er bis zu seiner Entpflichtung lehrte. Frucht dieser Bindung war 2004 die monumentale Geschichte der Stadt am Rhein in römischer Zeit, in Wahrheit eine Gesamtgeschichte des Imperium Romanum in seinen nordwestlichen Regionen.

Den frühen Studien zur Administration des Kaiserreiches und zu dessen tragenden Eliten ist er treu geblieben, bis hin zur Kärrnerarbeit, jährlich neu aufgefundene Urkunden zu edieren und zu kommentieren. Doch die Ordnung in den Archiven der Vergangenheit steht bei Eck immer im Dienste höherer Erkenntnisinteressen. Gegen manche Adepten theoretischer Entwürfe konnte er das Beförderungswesen in der höheren Laufbahn als Phänomen ganz eigener Art zwischen Patronagesystem und versachlichter Bürokratie erweisen. Neben den gelehrten Büchern und etwa fünfhundert Aufsätzen steht das historiographische Werk eines Forschers, der sein Fach auch im öffentlichen Vortrag glänzend zu repräsentieren versteht. Das konzentrierte Büchlein „Augustus und seine Zeit“ hat seit 1998 mehrere Auflagen und bislang vier Übersetzungen erfahren, auch den Frauen neben den Kaisern galt Ecks Aufmerksamkeit. Im Varusschlacht-Jubiläumsjahr 2009 hat er mit Verve gezeigt, wie weit die planmäßige herrschaftliche Durchdringung der Provinz Germanien bereits fortgeschritten war, bevor der Zufall der militärischen Katastrophe das Erzielte zunichtemachte. Die Erforschung des universalen Imperiums versteht Eck als internationale Aufgabe, unter anderem in einem Großprojekt zur Edition der römerzeitlichen Inschriften Judäas und Palästinas. Wichtigen Langzeitprojekten hierzulande wie der lange Zeit fußlahmen „Prosopographia Imperii Romani“ hat er auf der Zielgeraden zu neuer Sprintstärke verholfen.

Könnensbewußt (Christian Meier)

Nein, zum Glück bewegt sich die Diskussion um die Frage, was dieses Land und seine künftigen Eliten heute lernen müssen, um für die Zukunft gerüstet zu sein, noch nicht generell auf dem Niveau, das ein Hochschulpolitiker in verantwortlicher Position kürzlich als das seine aufwies: Warum solle noch das Alte Testament vermittelt werden, wo es doch ein Neues gebe? Die humanistische Urvermutung, gerade eine Auseinandersetzung mit dem immer wieder neuen Alten versetze den Menschen in die Lage, selbst einer im Moment noch gar nicht absehbaren Herausforderung gewachsen zu sein, teilt Christian Meier ohne Zweifel, doch auf eine ganz und gar unphiliströse Weise.

Der gewiß prominenteste Althistoriker Deutschlands, Jahrgang 1929, hat soeben in Münster den Ernst Hellmut Vits-Preis der Gesellschaft zur Förderung der Westfälischen Wilhelms-Universität erhalten. Das nicht unbeträchtliche Preisgeld will der Münchener Emeritus als „Drittmittel“ für eine gerade entstehende Geschichte Europas in der Antike verstanden wissen – ein nur leicht ironischer Hinweis darauf, daß Bücher wie „Caesar“ und „Athen“ nicht aus Projektanträgen oder Sonderforschungsbereichen hervorgegangen sind. Aber billige Zeitkritik zu äußern oder sich in eine vermeintlich bessere Vergangenheit zu versenken widerspräche ganz und gar dem agilen intellektuellen Temperament Meiers. Die Gegenwart falle dem Historiker ganz natürlich zu, nur habe dieser noch am ehesten die Möglichkeit, etwa hinter der Politik das Politische zu erkennen. Wenn es etwa erst Augustus gelang, den Wandel zum Gegenstand von politischer Gestaltung zu machen, so ist diese historisch kontingent gewonnene Möglichkeit eben ein Gut, das auch wieder verloren werden kann.

Das durchaus nicht unzutreffende Gefühl unserer Zeit, in einer Epoche unabsehbaren Wandels zu leben, der direkt in eine „tachogene Weltfremdheit" (Odo Marquardt) hineinführt, nimmt Meier auf, indem er eine andere Beschleunigungsphase aufruft, die im Griechenland des fünften Jahrhunderts v. Chr. Als im Gefühl der unerwarteten Selbstbehauptung gegen die Perser das Selbstgefühl wuchs und zu einem mächtigen „Könnens-Bewußtsein" wurde, als das Angebrachte und das Hergebrachte immer weiter auseinanderzudriften schienen, da wollten zumal die Athener nicht nur das Mögliche ausloten, sondern auch ihr eigenes Handeln verstehen. Meier deutet die griechische Klassik als eine Antwort auf die damalige Beschleunigung und Entgrenzung, die so rasch in grundsätzliche Aporien führten. Doch erst immer neue Zeitgenossenschaft öffnet den Blick für die Potentiale einer Kunst, die politische Fragen vom bloßen Geschäftsein befreit und ins Grundsätzliche erhoben hat. Die Athener haben noch gestaunt, als ihnen Sophokles in der *Antigone* mit Kreon einen Politiker vorführte, der nicht nur eine falsche Entscheidung getroffen hat, sondern auch beratungsresistent an ihr festhält, wider den wohlbegründeten (nicht etwa: wohl begründeten) Appell seines Sohnes, die mögliche Umkehr zuzulassen.

Christian Meier hat als Wissenschaftler manchen Paradigmenwechsel mitgemacht, aber nie aus intellektuellem Spieltrieb, sondern stets in der Hoffnung, bessere Antworten auf seine vielen Fragen an eine ferne, ihn bedrängende Vergangenheit zu finden. Nunmehr, im Alter, lautet ein Fazit seines Nachdenkens zumal über die Griechen: Wer dem Beschleunigungsschub unserer Tage nicht mit der ganzen Breite frei entfalteter kultureller Möglichkeiten zu begegnen bereit ist, wird niemanden „fit" machen für das unentdeckte Land, die Zukunft.

Intellektuelle Kraft und Kreativität sind freilich knappe Güter, und das Leben jedes Menschen, mag er auch eine staunenmachende, gänzlich unverminderte Präsenz ausstrahlen, endet irgendwann. Das erklärt wohl, warum ein Teilnehmer des dreitägigen Autorenkolloquiums mit Christian Meier, das 2004 am „Zentrum für interdisziplinäre Forschung" in Bielefeld stattfand, den Münchener Althistoriker fragte, warum er sich so ausführlich zu Themen wie der nationalen Identität, der deutschen Erinnerungskultur oder dem modernen Parlamentarismus geäußert habe, anstatt seine Interessen in zünftiger Manier innerhalb der Grenzen der Fachprovinz auszuweiten und dort die angrenzenden Felder zu beackern, also nach der Krise der Römischen Republik deren Fortsetzung in der Kaiserzeit, nach der Entdeckung des Politischen im sechsten und fünften Jahrhundert seine Festigung und Transformierung im vierten. Die Frage schien Meier eher zu amüsieren als zu irritieren, und sie konnte vielleicht auch nur deshalb auftauchen, weil der prominent besetzte Teilnehmerkreis fast ausschließlich aus Altertumswissenschaftlern bestand, die dem Lehrer und Anreger so viel und noch mehr verdanken, die älteren unter ihnen auch eine spontane Autofahrt nach Plettenberg zu Carl Schmitt.

Manches Aktuelle, was Jubel und Jammer war, ist in der Tat viel rascher verblaßt als die beiden wohl am stärksten politischen Großepochen der Antike. Vom sogenannten Historikerstreit 1986/87, in den Meier als Vorsitzender des Historikerverbandes einzugreifen hatte, berichtete der beauftragte Referent einigermaßen lustlos, eher staunend über die Hitze der damals freigesetzten Emotionen. Gleichwohl wähnte er sich selbstverständlich auf der „richtigen" Seite und konnte daher aus der Weitwinkelperspektive der Schnellhistorisierung übergehen, was Reinhart Koselleck dann in der Diskussion mit spürbarer Bewegung nachtrug: daß damals ein Gelehrter wie Andreas Hillgruber unter dem Anprall der bewußten Mißverständnisse und böswilligen Diffamierungen buchstäblich zugrundegegangen ist. Andere Kommentare zu diesem Schandstück bundesdeutscher Geschichtskultur wurden erst gar nicht erwähnt, etwa die Selbstverständlichkeit, mit der Historiker in Osteuropa und in den Vereinigten Staaten die Großtotalitarismen des vergangenen Jahrhunderts inzwischen vergleichend und genetisch aufeinander beziehen, wie Ernst Nolte dies vorgeschlagen hatte.

Der Betrieb, das waren für Meier nach eigenem Bekunden oft äußere Anlässe und Bitten, etwas zu tun. So, als er 1965 als einziger Historiker der Freiburger Universität bereit war, in der evangelischen Studentengemeinde einen Vortrag zum 8. Mai zu halten und von Zuhörern beschimpft wurde, die seinem Wort von der Befreiung die Vergewaltigungen entgegenhielten, die ihre Mütter bei Kriegsende hatten erdulden müssen. „Res Publica Amissa", die ein Jahr später erschienene Habilitationsschrift über den alternativlosen Untergang der Römischen Republik, hat nicht nur ein Wort Ciceros als Titel; das Buch ist auch heute noch so frisch wie je, aber viel weniger theoretisch-fremdbestimmt, als sein Ruf vermuten läßt. Meier apostrophierte sich selbst im Schlußwort der Veranstaltung als ein in die Quellen verstrickter Laokoon, nachdem Martin Jehne ihn beinahe frivol einen Nach-Theoretisierer genannt hatte, der seine eigenen Befunde und Überlegungen aus den Zeugnissen entwickele und nachträglich Theorie zuführe – ein unter Historikern übliches und ganz unanstößiges Verfahren, wie der Dresdener Althistoriker gegen einigen Protest festhielt. In der Tat förderten die Referate über die Einflüsse von Max Weber oder Carl Schmitt weniger Konkretes zutage, als manche wohl angenommen hatten.

Entscheidend blieben die elementaren Fragen, die der Historiker Christian Meier auch seinem Bürgersinn verdankte, Fragen nach den Bedingungen für Revolutionen und deren Ausbleiben, nach der Fähigkeit eines politischen Systems, sich selbst zu steuern und nach den unbeabsichtigten Folgen von Handeln. Eine Skepsis, wie sie nicht allein bei Jacob Burckhardt zu lernen war und ist, führte Meier zu Einsichten, die das Banausische des Betriebs weit hinter sich ließen: daß die Demokratie in Athen ein Wunder war und prekär dazu, oder daß die lange Dauer der Römischen Republik das eigentlich der Erklärung Bedürftige darstellt, nicht ihr Ende.

Jehne zeichnete die erstaunliche Folgerichtigkeit in Meiers Arbeit an der Gestalt Caesars nach, die schon 1957 mit einem kritischen Essay begann und in der großen Biographie von 1982 gipfelte. Damit bestätigte er ein anderes Selbstbild des Autors, das des Raubvogels, der lange kreist und das Gelände sondiert, um dann auf seine Beute zu stoßen. Seine Unabhängigkeit sieht der Gelehrte darin, sich nie in einen der zahlreich bestehenden althistorischen Diskurszusammenhänge eingefädelt zu haben. Und was manchen oberflächlich urteilenden Kritikern auch im Fach als eitel-ermüdetes Selbstrecycling erscheint, entspringt in Wirklichkeit Meiers tiefer Überzeugung vom Grundgedanken jeder Klassik, der da lautet, daß es Fragen und Texte gibt, die man nicht einfach wissenschaftlich abarbeiten kann, um danach auf das nächste Forschungsfeld zu marschieren. Er habe, so eine beiläufige Bemerkung, einmal im Urlaub jeden Tag die *Antigone* ganz durchgelesen und dabei im Drama des Sophokles immer wieder Neues entdeckt.

Auch Meiers genial-banale Formel von den Griechen, die keine Griechen vor sich hatten, erfuhr eine Bestätigung. Denn wenn anti-klassizistische Altertumswissenschaftler emsig sammeln, was die Griechen alles von Phönikern, Hethitern und Ägyptern „übernommen" haben, gerät das Wesentliche aus dem Blick. Nicht die Entlehnungen sind entscheidend, sondern das, was aus dem anderswo Aufgenommenen gemacht wurde. Meier selbst brachte im Festvortrag über „Europa in der Antike" die Sache dialektisch auf den Punkt: Ohne das Gegenbild des Orients hätten die Griechen ihre Kultur nicht aus den Gedankenmustern der Dualität, Differenz und Freiheit entwickeln können. (2004/2004)

Mut und Geist (Egon Flaig)

Wer das Glück hatte, Egon Flaig zu Beginn der 1990er-Jahre kennenzulernen, sah sich gehalten, die Begriffe Brillanz, Mut und Torheit in einen aufschließenden Zusammenhang zu bringen. Als Althistoriker war der distinguierte, sorgfältig formulierende Gelehrte damals noch weitgehend unbekannt. Bereits im Studium mit der Philosophie, Soziologie und Anthropologie französischen Zuschnitts vertraut geworden, schärfte er bei Jacob Taubes sein analytisches Besteck. In der Berliner Dissertation rechnete er mit durchdringender Hermeneutik die antihumanistischen Kosten von Jacob Burckhardts ästhetischer Konstruktion der Hellenen vor. Endgültig zur Althistorie kam Flaig dann als Assistent bei Jochen Martin. Die Freiburger Habilitationsschrift „Den Kaiser herausfordern" behandelt auf den ersten Blick nur die Kaiserwechsel und Usurpationen in den ersten hundert Jahren des Prinzipats. Zugleich aber attackiert Flaig hier unter vollen Segeln und Breitseiten die gängigen Konzeptionen des Kaiserreiches, das Staatsrecht der Mommsen-Tradition ebenso wie den angeblich revolutionär-illegitimen Charakter des Kaisertums und die These von der allmählichen Versachlichung der Herrschaft durch Administration.

Wer in dieser Zeit hörte und las, wie Flaig das politische Denken in Israel dem griechischen vorzog oder wie er vertraute Institutionen und Praktiken der Alten Welt sozialanthropologisch las und damit verfremdete, konnte ihn für einen brillanten Ikonoklasten wider die klassische Tradition halten. Und wer erlebte, wie dieser an Bourdieu und Foucault geschulte, so überaus genaue Beobachter von Hierarchien und Verhaltensweisen, von Zeichen und Gesten in sozialen Systemen, wo auf kleine Unterschiede und ein Mindestmaß an habitueller Anpassung geachtet wird, immer wieder auf großen Podien Granden der Zunft scharf anging und ihnen obsolete, unreflektierte und intellektuell unterkomplexe Ansichten vorhielt, musste sich bange fragen, wohin dieser besinnungslose Mut ihn denn noch führen würde, einen Autor, der sogar Ödipus des barmherzigen Schleiers tragischer Verstricktheit beraubte, indem er den Totschlag am Dreiweg als bewußten Akt der Transgression entschlüsselte.

Die Berufung auf den althistorischen Lehrstuhl der Universität Greifswald war ein Glücksfall nicht allein für Flaig. Denn von hier aus, wie auch als Gastprofessor in Paris und Konstanz sowie als Fellow am Wissenschaftskolleg in Berlin, hat er nicht nur mit zahlreichen Aufsätzen die Debatten befruchtet, zur politischen Kultur der Griechen und Römer ebenso wie zur Geschichte der Althistorie und zur Geschichtstheorie. Er hat sich auch zu einem der bekanntesten Vertreter seiner Disziplin entwickelt, nicht popularisierend freilich, sondern in französischer Tradition als öffentlicher Intellektueller, der die europäische Aufklärung und den westlichen Universalismus scharf gegen Feigheit, Gesundbeterei, Wertrelativismus und „moralisch erzwungene Verdummung“ verteidigt. In mehreren großen Artikeln stellte er unter anderem klar, daß es keine islamischen Menschenrechte geben könne und man den Islam mit seinen kämpferischen Wurzeln als Negation unserer Werte ernstnehmen müsse. Nicht zu verhandeln ist also, was seit Solon feststeht: Die Menschen machen ihre Gesetze im institutionellen Rahmen des Bürgerstaates selbst. Die kurzgefaßte „Weltgeschichte der Sklaverei“ zieht diese Linien weiter aus. (2009)

21. Antiken für viele Gegenwarten: Quelle, Hoheit und Klamotte

Blaß muß die Tinte beim Verfertigen sensationeller Palimpseste sein!

Der kurze Artikel „Literarische Fälschung“ in der „Encyclopedia Britannica“ widmet Konstantin Simonides einen einzigen Satz: ein Abenteurer, der echte Handschriften und merkwürdige Produkte von eigener Hand verkaufte und dabei auftrat, wie Fälscher das auch sonst gelegentlich täten, „with a certain specious glamour“. Der fast vergessene Name wurde unlängst noch einmal genannt, als der streitbare Luciano Canfora den Artemidor-Papyrus zur Schöpfung des geheimnisumwitterten Griechen erklärte. Wie zur Bestätigung dieser These sehen sich selbst die Befürworter der Echtheit des vor fünf Jahren für eine siebenstellige Summe erworbenen Stücks gezwungen, eine sehr komplizierte Geschichte von Verwendungen, Beschriftungen und Zweitverwendungen zu erzählen, beinahe würdig der Lebensgeschichte des Simonides, die von diesem immer wieder neu und anders gemodelt wurde.

Ein Stenogramm des halbwegs Gesicherten wäre kurz. Der Sohn eines Arztes, geboren 1820 auf Symi, einer Insel vor der Küste Südkleinasiens, oder 1824 auf dem trockenen Eiland Hydra, südlich von Athen, erhält eine ordentliche Bildung. Später lebt er im Kloster Athos, versenkt sich in die Welt der Handschriften antiker wie byzantinischer Autoren und gewinnt Zugang zu geheimen Verstecken und großen Mengen von alten Pergamentcodices, Dokumenten und Zeichnungen.

Sie werden sein Metier. Simonides reist durch das antikebegeisterte Europa, nach Paris, Leipzig und Oxford, und bietet Manuskripte an, mit wechselndem Erfolg. Er kann sich die notorisch komplizierten Überlieferungsverhältnisse zunutze machen und arbeitet raffinierter als Konrad Kujau, indem er etwa verkehrte Palimpseste schafft: Einer unzweifelhaft echten Handschrift wird mit blasser Tinte nachträglich ein „älterer“, sensationeller Text unterlegt. Simonides erlangt eine gewisse Bekanntheit, gewinnt Gönner und macht sich Feinde. Seine apologetische Lebensgeschichte läßt er als Biographie aus der Feder eines befreundeten Engländers erscheinen, der ebenfalls erfunden ist. Am Ende verläßt ihn das Glück; er stirbt verarmt in Alexandria, wahrscheinlich 1867.

Rüdiger Schaper hat für „Die Odyssee des Fälschers. Die abenteuerliche Geschichte des Konstantin Simonides, der Europa zum Narren hielt und nebenbei die Antike erfand“ gründlich recherchiert, ist zu Stationen seines Protagonisten gereist und schreibt mit literarischem Ehrgeiz. Er verschränkt Motive miteinander, die aktuell sind und damit geeignet, Abstände und Unterscheidungen aufzuheben, etwa ein liebloses Elternhaus und sexuellen Mißbrauch durch den Onkel, einen Mönch, der den jungen Konstantin auf den Heiligen Berg mitnimmt. Dann die Geburt des neuen griechischen Staates, dessen Patrioten sich gegen Fremdbestimmung und Beraubung nur wehren können, indem sie selbst zu listenreichen Betrügern werden.

Kluges weiß der Autor über das Neunzehnte Jahrhundert zu sagen. Die Beschleunigung des technisch-industriellen Wandels aller Lebensverhältnisse trieb die Gebildeten Europas, sich in die ferne Antike zu versenken. Positivismus und Perfektionsdrang peitschten sie voran, immer noch mehr neue Zeugnisse aus der alten Zeit haben zu wollen; gleichzeitig wurde das Echte, Originale, Authentische zum Fetisch in einer Welt, die leidenschaftlich damit befaßt war, ihr Alter und ihre Beschaffenheit mit den neuen Instrumenten von Physik, Chemie und Biologie zu erfassen.

Philologen und Paläographen zogen auf ihren Aneignungsreisen durch alte Klöster alle Register und entwickelten zugleich am heimischen Schreibtisch immer feinere Kriterien, echt und gefälscht zu unterscheiden. Der tief gläubige Simonides, dem alle Zeiten eins sind, alles in Wort und Schrift Gefaßte Ergebnis eines gleich verehrungswürdigen Schöpfungsaktes, wurde von ihnen zum Scharlatan gebrandmarkt.

Schaper bemüht gar das Internet als eine neue alexandrinische Universalbibliothek, welche die „gefestigte, wissenschaftlich unterfütterte, modern-romantische Vorstellung vom Original" in seine Bestandteile zerfallen lasse. Der rastlos umgetriebene Pirat Simonides, seine „kaum kontrollierbare Produktivität, frei im Umgang mit Quellen, Daten und geistigem Eigentum" haben des Autors ganze Sympathie. Wer schreibe, fälsche a priori, Tradition sei ein Verrat an dem, was nicht überliefert wird. Forschen und Finden, das Doppelgestirn der Moderne, ergänzt Schaper um das Fälschen zum Dreisatz der Zivilisation. Ob er als Kulturchef des „Tagesspiegel" so auch über den Schwindeldoktor zu Guttenberg geschrieben hat?

Sinn generiert der Autor durch Assoziationen. Die Antinoos-Statue in Delphi, der antike Dichter Simonides und die ihm zugeschriebene Mnemotechnik, die Erfindung der Photographie, die frauenfeindlichen Marienverehrer auf dem Athos, Lord Byron und sein falscher Sohn, ein fabrizierter Shakespeare, der bei der Premiere im Hohn des Publikums auffliegt, dies und vieles mehr durchdringt und adelt die dürftigen Fakten. Indem er die Antike des Neunzehnten Jahrhunderts immer wieder zum Konstrukt, zur fixen Idee eines kolonialistischen Europa erklärt, denunziert er zugleich die Professionalisierung und Autonomisierung der Altertumswissenschaft – und der Theologie gleich mit. Konstantin Tischendorf, der Entdecker des Codex Sinaiticus, steigt dementsprechend zum bösen Antipoden und *alter ego* des Simonides auf. Diese Deutschen, die sich im Altgriechischen besser auskennen wollten als sonst einer auf der Welt, ein solches Ressentiment wird dem um seinen Ruf kämpfenden Simonides unterstellt (und dabei verschwiegen, daß es in der Substanz zutrifft).

Über die Praxis der Sammler und Philologen jener Zeit erfährt man Erhellendes. Aber der Untertitel des Buches wird durch den Bericht selbst widerlegt. Simonides blieb in Frankreich ganz ohne Erfolg, in Deutschland saß er kurzzeitig im Gefängnis, und nur in England sicherte ihm ein offenkundig pathologischer Sammler für längere Zeit die Subsistenz. Zwar druckte ein renommierter englischer Universitätsverlag die angeblich von einem Uranios verfaßte ägyptische Königsgeschichte, herausgegeben von einem Leipziger Philologen. Aber der Schwindel flog rasch auf, da man genauer hinsah, als der allzu produktive Editor dies getan hatte.

Simonides hat auch nicht die Antike erfunden; dafür war seine Wirkung viel zu gering. Schaper heroisiert den Vereinsamten zum unzeitgemäßen Heros, der gut in die Spätantike gepaßt hätte oder in das heutige, vom Bankrott bedrohte Griechenland. Man liest sein Buch mit Spannung und Vergnügen. Doch der Preis der Ehrenrettung ist hoch: Historismus und die Wissenschaft als Denk- und Lebensform erscheinen hier im Modus einer Leyenda Negra.

Auf Welteinsamkeit darf nur das Genie pochen

Was wäre gewesen, wenn Friedrich Nietzsche, Professor für Klassische Philologie an der Universität Basel, dem Drang nach Totalität und Entgrenzung, dem Ekel an der gelehrten Kleinarbeit des Aufspürens unentdeckter Texte, Vergleichens von Handschriften und Klärens von Chronologie und Überlieferungsverhältnissen nicht nachgegeben hätte? „Man verlangt aber wirklich zu viel, wenn man stets als Ganzer zu leben verlangt: das gestatten die Dämonen nur ihren erhabenen Lieblingen; Goethe und andern Goettersöhnen; wir andern müssen glücklich sein, so lange wir in einer Richtung still und ungestört unsre angebornen Kräfte entwickeln dürfen." Der Überdruß will durch die Einsicht nicht weichen, gebe es doch „nichts Gräßlicheres als den Philologen in seinem Wahn". Und lechzend „nach Schönheit, nach der Hülfe des Genius, der uns von uns selbst befreit", peinigt ihn „das stets nutzlose Sehnen und Zweifeln, Träumen und Hoffen, und das allen schmerzhaften Anstrengungen zum Trotz stets neu auflebende Feuer der Empfindung, bis zum tiefsten Grunde" Doch der Suchende besinnt sich auf Normalität: „Jetzt endlich bin ich, mit äußersten Anstrengungen, zur Vernunft zurückgekehrt: aber man geht nicht als der Alte aus solch einer Prüfung hervor, es bleibt eine Herbe und Müdigkeit zurück, die erst allmählich gesünderem Leben weicht."

Der philologische Ikarus, der hier schmerzvoll zu einer gelinden Landung ansetzt, heißt Erwin Rohde. Auf den Studienfreund und Seelenverwandten Nietzsches fällt heutzutage fast nur noch durch diesen etwas Licht. Altphilologen wissen um sein Impulse gebendes Buch über den griechischen Roman und sie kennen die noch immer wertvolle Studie „Psyche" über Seelenkult und Unsterblichkeitsglauben der Hellenen. 1845 geboren, besuchte Rohde das Johanneum in Hamburg, studierte in Bonn, Leipzig und Kiel; dort absolvierte er die akademischen Qualifikationen: „Mit zugedrückten Augen verschluckt der Asket das widerliche Examenspulver, um dann den erforderlichen akademischen Stuhlgang zu bewirken." Er warf sich für die wissenschaftliche Reputation des Freundes in die Bresche, der doch längst der Wissenschaft Lebwohl gesagt hatte. Er erlangte eine Professor in Jena, heiratete, wurde nach weiteren Stationen in Heidelberg seßhaft und starb mit zweiundfünfzig Jahren, noch vor dem allerdings schon lange umnachteten Nietzsche.

Fast achthundert Briefe befinden sich im Besitz von Rohdes Nachkommen. Der erste von fünf vorgesehenen Bänden bietet einhundert Briefe; diese reichen vom ersten Bonner Studiensemester bis zur Habilitation und der ersten Vorlesung, die fünf Zuhörer hatte. Fast die Hälfte der abgedruckten Stücke ist seit der 1902 publizierten Ausgabe des Briefwechsels Nietzsches mit Rohde bereits bekannt. Den zweiten Schwerpunkt bilden die hier erstmals edierten Schreiben an seine Mutter Berta, die oft als „liebe Alte" angesprochen wird und dem Sohn das Studium sowie die anschließende Hasardexistenz des unbesoldeten Privatdozenten finanzierte. Gemessen am Standard vergleichbarer Briefeditionen kommt diese hier freilich allzu sparsam daher. Abkürzungen und Namen, Anspielungen, Zusammenhänge und Hintergründe zu erschließen bleibt der Findigkeit des Lesers und seiner Intuition bei der Benutzung von Suchmaschinen anheimgestellt, die editorischen Hinweise füllen weniger als zwei Seiten, für ein Register muß der finale Band abgewartet werden.

Es finden sich hübsche Bonmots; so gesteht der Student den Eltern ganz unbefangen, es gebe keine „fidelere und mehr zur Faulheit reizende und anlockende Universität als unser Bonn". Daneben steht ein wilder Haß gegen Österreich, das im Jahr des Deutschen Krieges als „das personificierte Böse" und der „Feind alles Guten und Freien" beschimpft wird. Wiederkehrende Motive sind neben der Sehnsucht nach einer Existenz als Künstlergenie die Verehrung für Schopenhauer und Richard Wagner, den „neu erkannten Goettersohn", sowie die beständigen Geldsorgen. Der Geistesaristokrat Rohde äußerte sich über Kollegen und Schulmänner meist herablassend; indem er sich so bedingungslos an die Freundschaft zu Nietzsche klammerte, blieb er zumindest in dem hier umgriffenen Zeitraum innerlich einsam. Auch während eines Jahres in Italien, wo die Postzustellung nicht funktionierte, Bettwanzen plagten und aus Deutschland nur Bildungsphilister unterwegs waren, fand er zwischen Handschriftenlesesälen und Besichtigungen nicht das Gesuchte, denn dort habe eine nachantike Barbarei „durch Zertrümmerung und mehr noch durch Anhängung chinesischer Zöpfe die große Schönheit der Alten so zerfetzt und verkleistert, daß eine starke Abstractionskraft und bedeutende Fähigkeit nachschaffender

Phantasie dazu gehört, um dem geistigen Auge die volle Herrlichkeit von einst zu restituiren".

Man kann aus der Lektüre und Wiederlektüre die Frage aufwerfen, ob die von Rohde betriebene und zugleich geschmähte positivistische Philologie in ihrer Sammel- und Detailbesessenheit „nur" den Grund für alle weitere Forschung, bis heute, gelegt hat – was allein schon reichlich wäre –, oder ob da noch mehr ist. Die Sehnsucht nach neuen Sinnufern und Sinnquellen gab es, wie an Rohde zu sehen ist, schon lange vor 1918. Aber anders als Nietzsche war jener bereit, trotz aller Zuckungen pflichtschuldig einen geeigneten Platz einzunehmen: Ein Mensch, der bloß den Drang und bis zu einem gewissen Grad „die Fähigkeit hat, das Erhabne und vom Pöbel mit keinem Organ Verstandne wenigstens andächtig und zu eigner Entzückung zu vernehmen – solch ein bloß verstehender, selbst nichts schaffender Mensch hat nicht das Recht, sich in eine Welteinsamkeit zu flüchten, die dem schöpferischen Geiste freilich erst die Beruhigung zur Darstellung seiner inneren Gesichte gewährt."

Die Fortsetzung der Briefedition kann man wie den Roman eines Lebens lesen, das an seinen Ansprüchen zu zerbrechen droht. Der Extraordinarius in Kiel hadert mit seiner scheinbar zukunftslosen Existenz. Er ist unterbezahlt, das Wetter meistens schlecht, Reisen und briefliche Verabredungen mit den wenigen Menschen, von denen er sich verstanden fühlt, geraten zu Odysseen. Streit mit Schriftleitern, die Gegen-Invektive auf einen scharfen Kritiker von Nietzsches, des heißgeliebten Freundes, „Geburt der Tragödie" nehmen ihn in Beschlag, Wagners Musik ist mehr Sehnsucht als Erfüllung, die akademische Lehre eine ungeliebte Fron und Pein, ihre Produkte, die Schulphilologen, öde Philister, „Generalpächter des Alterthums". Und das heißersehnte Lebensglück mit einer verheirateten Zwanzigjährigen, es ist Lug und Trug – die junge Frau benutzt den etwas weltfremden Akademiker, um ihren Mann, der sie angeblich vergewaltigt und zweifelsfrei geschwängert hat, zur Scheidung zu bewegen.

Die Briefe um diese Affäre lesen sich wie ein Kolportagestück, das wegen der erneut fehlenden Kommentierung postmodern-fragmentarisch daherkommt. Und am Ende, nachdem sich Pläne, resigniert auf eine Ordentliche Professur im Ausland zu wechseln, zerschlagen haben, kommt wie der Deus ex machina eine ganz unverhoffte Berufung nach Jena. Zuvor noch eine Retardation: Der Verleger, der ein verdächtig hohes Honorar versprochen hat, macht pleite, aber das Buch über den griechischen Roman kann am Ende doch noch erscheinen. Als wäre es gut erfunden: Der Lebensabschnitt gehorcht einer Dramaturgie, wie die antiken Geschichten, die diesen unheldischen Protagonisten am Ende wissenschaftlich retten.

Ohne Marmor kein Imperium

Die Schau zum „Bimillenario della nascita di Augusto“ im Jahr 1937 zog ihre Überzeugungskraft zu einem guten Teil aus einer für Mussolinis politische Vision glücklichen Übereinstimmung: Der genealogische Bezug, also die alten Römer zumal der Kaiserzeit als Vorfahren der aktuellen Italiener, und der monumentalische Verweis auf die imperiale Formen- und Bildsprache, wie sie im Ausstellungsgebäude an der Via Nazionale zum Ausdruck kam, waren deckungsgleich. Im nationalsozialistischen Deutschland sah das anders aus.

Hier blühte zum einen der von Heinrich Himmler geförderte Germanenkult, wurden Dörfer und Kultstätten ausgegraben und las man die *Germania* des Tacitus als Hymnus auf die einfache und rassereine Lebensform der Ahnen. Damit konnte andererseits Hitler nicht viel anfangen; sein Spott über die Germanentümelei ist bekannt. Denn die Vorfahren in den Wäldern taugten nicht als Vorbilder, weil mit ihnen, zerstritten, faul und barbarisch, wie sie daherkamen, kein Staat zu machen, kein Imperium zu errichten war. Hitler hielt es viel eher mit den Römern, die alles bereithielten, was man brauchte: starke Führer, Ausdauer im Krieg, kulturelles Prestige, ein universales Reich und götterdämmerungsgleiche Endkämpfe. Eine notdürftige Brücke zwischen beiden Richtungen bildete die nordische Rasse, der man auch die indogermanischen Römer (und Griechen) zuordnete, vor dem Einströmen orientalischer Elemente und dem selbstverschuldeten „Rassetod“.

Diese Ambivalenz bildet eine Deutungsachse in der Studie „Der Nationalsozialismus und die Antike“ von Johann Chapoutot, die aus einer Pariser Dissertation hervorgegangen ist. Kenntnisreich, mit vielen Zitaten aus teils weniger bekannten Schriften fächert er die zentralen Themen und Ideologeme auf, darunter das rassische Geschichtsbild, die elitär-aristokratische Umprägung des Humanismus, den antikisierenden Körperkult, Platon und Sparta als antike Referenzen für ein neues Staatsverständnis sowie Rom als Marmormonument gewordenes Vorbild eines künftigen Weltreichs. Gezeigt wird, wie die mögliche und am Ende die tatsächliche Niederlage durch Spiegelung in die Antike überhöht wurde: der Kampf gegen Juden und Christen, der Niedergang des Blutes durch Vermischung und schließlich die ästhetisierend-nihilistische Choreographierung des eigenen Untergangs. In den Bauten für die Ewigkeit, die zugleich auf ihr künftiges Ruinentum verwiesen, wie im auslöschenden und zugleich mythogenen Sterben ging es nicht zuletzt darum, „die Zeit in Form heroischer Erinnerung zu besiegen“.

Selbst Kenner finden hier noch vielfältige Belehrung, schaurige Zitate und erhellende Querverbindungen. Dennoch vermag das Buch nicht recht zu befriedigen. Das Thema ist zu groß dimensioniert, wichtige Forschung nicht zur Kenntnis genommen. Der Autor verbleibt weitgehend auf der inhaltlichen

Ebene und interpretiert immanent, wobei Texte von Hitler und anderen nationalsozialistischen Größen ebenso wie Bekenntnisse von Wissenschaftlern, Schulungsschriften, Lehrbücher und Propagandatraktate umstandslos nebeneinandergestellt werden. Das suggeriert eine große Homogenität, wird aber sogleich durch die ebenso zutreffenden Hinweise auf die vielen konkurrierenden Strömungen im polykratischen Doppelstaat konterkariert. Vor allem aber fehlt Chapoutot das Interesse an den institutionellen Rahmenbedingungen und Entwicklungen, wie sie 1977 Volker Losemann in seiner bahnbrechenden Marburger Dissertation „Nationalsozialismus und Antike" – damals gegen viel stärkere Widerstände – aufgezeigt hat. Auch nähere Kenntnis der aufgeführten Autoren ist keine Stärke der Studie: Wenn Joseph Vogt eine Professur in Leipzig zugedacht oder der Latinist Hans Oppermann als Historiker ausgeflaggt wird, sind das Versehen, aber eine gesonderte Ausgabe der Kapitel von Mommsens „Römischer Geschichte" zum antiken Judentum in einem Atemzug mit NS-Propagandatraktaten zu nennen, obwohl der Herausgeber Eugen Täubler Jude war und die Schrift in einem jüdischen Verlag erschien, deutet darauf hin, dass Chapoutot diese nie in der Hand hatte. Dazu kommen verballhornte Namen und Daten sowie eine begrifflich nicht immer präzise Übersetzung. Bei allem Reichtum – methodisch und handwerklich bedeutet das Buch eher einen Rückschritt.

Achsenzeit – und mehr!

Karl Jaspers gehörte zu den bekanntesten Intellektuellen der frühen Bundesrepublik – und ist heute, anders als seine Schülerin Hannah Arendt, die mit einer Arbeit zu Augustinus von ihm promoviert wurde, aus dem öffentlichen Bewußtsein weitgehend verschwunden. Viel diskutiert wurde einst die 1946 veröffentlichte Abhandlung über die Schuldfrage, ebenso die Bücher „Die Atombombe und die Zukunft der Menschheit" und, kurz vor seinem Tod 1969, „Wohin treibt die Bundesrepublik?".

Mit dem 1949 publizierten Werk „Vom Ursprung und Ziel der Geschichte" hingegen konnten Historiker wie Philosophen seinerzeit wenig anfangen; es gab respektvolle Rezensionen, kaum mehr. Doch ein von Jaspers gleich zu Anfang des Buches geprägter Begriff machte Karriere: die Achsenzeit. Der Geschichtsdenker bezeichnete damit einen, wie er es nannte, geistigen „Durchbruch" in der Menschheitsgeschichte, der in drei Großregionen der Welt ohne gegenseitige Beeinflussung zwischen 800 und 200 vor Christi Geburt Bemerkenswertes hervorgebracht habe: In China wirkten Konfuzius und Laotse, in Indien Buddha, im Abendland Gestalten wie Zarathustra im Iran, die Propheten im Alten Israel, in Hellas die Dichter, Philosophen und Gelehrten von Homer bis Archimedes.

Die Ballung großer Geister in einem freilich nicht ganz kurzen Zeitraum war keine neue Entdeckung, aber Jaspers fand dafür das zündende Wort. Seit den achtziger Jahren des vorigen Jahrhunderts erlebt die Achsenzeit eine Renaissance in der Religionssoziologie, der vergleichenden Kultur- und Zivilisationstheorie sowie der Theorie der Moderne und der Globalisierung. Bis in unsere Tage wird der Begriff als eine philosophische Basis für interkulturelle Verständigungsbemühungen benutzt.

Diese späte Karriere des hinreichend schillernden Begriffs leuchtet manchen ein, anderen weniger. Jaspers' Entwurf insgesamt hatte aber vieles zu bieten, was dem Zeitgeist entgegenkam. Er gab den geistigen Kräften des Menschen Vorrang und paßte so zu der damals verbreiteten Annahme, der Materialismus sei für die Katastrophengeschichte Europas seit dem Ersten Weltkrieg verantwortlich und ein neuer, zeitgemäßer Humanismus bilde das Gebot der Stunde. Nicht Eroberer, Reichsgründer oder Bahnbrecher ökonomisch-technischen Fortschritts machten in der Achsenzeit den Durchbruch aus, sondern Schöpfer geistig-religiöser Sinnsysteme und Lebensordnungen. Überdies war die hier vorgestellte Geschichte frei von Zwangsläufigkeiten: Indem er eine von der Menschheit einmal verwirklichte Option skizzierte, die zugleich stets Aufforderung und Aufgabe für die Zukunft bleibe, nämlich Selbstreflexion, Individualität, Rationalität, Differenzierung und Transzendenz, vermied Jaspers konsequent den Historizismus, den Karl Popper ungefähr gleichzeitig als Bösewicht identifizierte, also die Annahme von Gesetzmäßigkeiten oder sogar Unausweichlichkeit in der historischen Entwicklung, wie sie dem kulturpessimistischen Spengler-Flügel im bürgerlichen Lager wie auch dem fortschrittsbesessenen Marxismus eigen war.

Typologisch gesehen gehört das Achsenzeit-Konzept zwar zum Denkmodell eines synchronen Parallelismus der Kulturen, aber bei Jaspers fehlt jeder Anklang an Vorstellungen von Lebenszyklen und organologischen Kulturentwicklungen. Diese Befreiung des großmaßstäblichen Geschichtsdenkens von einer verfehlten Prämisse war eine bedeutende Leistung. Selbst eine kausalen Herleitung des Durchbruchs versagte sich Jaspers; dieser trat vielmehr spontan auf – man würde modern von Emergenz sprechen. Wenn eine höhere Humanität einmal so in die Welt kam, dann verliert jede katastrophische Vorgeschichte an Bedeutung – auch das war Balsam in heillos erscheinender Zeit.

Drittens brach Jaspers mit einer zentralen universalgeschichtlichen Idee des Neunzehnten Jahrhunderts, nämlich Europa als das vollendete Ergebnis eines Staffellaufs zu sehen, der in Ägypten und Mesopotamien begann, das alte Israel und Iran mitnahm, bevor er in Hellas, Rom und dem Christentum sein erstes und maßgebliches Ziel fand. Wie schon Alfred Weber, von dem er mehr übernahm, als er kenntlich machte, meinte auch Jaspers, am Nil und im Zweistromland habe man zwar Technik und Organisation hoch entwickelt, sei aber an der

Schwelle zur Achsenzeit stehengeblieben. Stattdessen China und Indien als gleichberechtigte Großregionen des Aufbruchs – das mußte in Zeiten der beginnenden Dekolonialisierung die Rede von der einen Menschheit glaubwürdig erscheinen lassen. Vorbei sei der europäische Hochmut, so ließ sich Jaspers bereits drei Jahre vor Erscheinen des Buches vernehmen, vorbei die „Selbstsicherheit, aus der einst die Geschichte des Abendlandes die Weltgeschichte hieß, fremde Kulturen in Museen für Völkerkunde gebracht, als Gegenstand der Ausbeutung und der Neugier angesehen wurden".

Die Zukunft, begriffen als eine „planetarische", sei offen und verdiene einen skeptischen Optimismus. Sie werde zweifellos durch die moderne Technik geprägt sein, und „was der technische Apparat an Planung und Organisation unumgänglich hervorbringt, wenn er gut arbeiten soll, scheint nicht grundsätzlich unvereinbar mit freier Konkurrenz, Rechtsstaat und menschlicher Freiheit überhaupt".

Zünftige Historiker haben die Frage nach dem Ganzen und dem Sinn der Geschichte längst ad acta gelegt. Das ist aber kein Grund, sie nicht zu stellen, zumal das Buch simple, aber treffende Einsichten etwa des Psychologen bereithält, der Jaspers auch war: „Wo Gewalt herrscht, da befällt uns Furcht, – wo das Gesetz herrscht, leben wir in Ruhe. Die Gewalt ist unberechenbar, willkürlich, der Einzelne ist ihr schutzlos preisgegeben. Das Gesetz ist berechenbar, ordnend, der Einzelne hat durch es den Schutz seines Daseins."

Hollywoods Rom

Ridley Scotts Film „Gladiator" lockte 2000 die Besucher in so großer Zahl in die Kinos, daß gleich mehrere Filmproduzenten bei ihrer stets paradoxen Suche nach neuen Ideen, die zugleich kalkulierbaren Erfolg verheißen, wieder auf die Antike zurückgegriffen haben – freilich eher auf den Stoff als auf ein Wissen um die historischen Tatsachen. Marcus Junkelmann druckt den Bericht einer renommierten Altertumswissenschaftlerin von der Harvard-Universität, die am Ende des langen Abspanns, wenn die meisten Zuschauer längst den Kinosaal verlassen haben, als Beraterin genannt wird. Kommentare zu verschiedenen Drehbuchfassungen waren gewünscht, auch Auskünfte zu Details der Ausstattung. Das Leid des historischen Beraters besteht darin, daß er es nicht mit Dilettanten zu tun hat, sondern „mit sehr talentierten Profis", deren Prioritäten aber andere sind als die seinen.

Junkelmanns stattliches, gut gegliedertes Buch „Hollywoods Traum von Rom" will keine ambitionierte Gesamtschau eines Jahrhunderts von Römern im Kino sein, obwohl eine solche interdisziplinär angelegte Synthese ein Desiderat darstellt – es gibt sie auch in englischer Sprache nicht. Doch findet der Leser eine Fülle aufschlußreicher, oft amüsanter Details ausgebreitet, und der Autor integriert seine weitgespannten Kenntnisse der filmwissenschaftlichen Literatur geschickt in die lebendig geschriebene Darstellung, wobei indes die unterschiedlichen theoretischen Positionen der Zitatgeber salopp ignoriert werden und Siegfried Kracauers grundsätzliche Kritik am Historienfilm mit allzu leichter Hand beiseitegeschoben wird. Die Bebilderung ist fast immer eng mit dem Text verknüpft und ermöglicht kluge Beobachtungen, etwa zur Bedeutung der Besetzung mit profilierten Stars: Wenn der arrogante Machtmensch Crassus in Stanley Kubricks „Spartacus" von Sir Laurence Olivier verkörpert wird, verschmelzen dessen britische Distinktion und Ausstrahlung mit der Figur zum Bild eines imperialen Römers aus alter Zeit. Daß Elizabeth Taylor und Richard Burton als reales Liebes- und Skandalpaar „Kleopatra" geradezu erschlagen haben, kann als bekannt vorausgesetzt werden.

Die Achse des Werkes ergibt sich aus seiner Genese. Junkelmann hatte die Forschung zum römischen Gladiatorenwesen aufgearbeitet und durch Experimente mit nachgebauten Waffen und Ausrüstungen Fragen geklärt und irrige Ansichten widerlegt („Das Spiel mit dem Tod. So kämpften Roms Gladiatoren", 2001). So bekommt „Gladiator" im neuen Buch, in dem nur fünf, sechs Filme ausführlicher behandelt werden, den breitesten Raum. Scotts Film aktualisiert, ja radikalisiert für Junkelmann einen Befund, der jedem Kenner der Antike auffällt, wenn alle Jahre wieder zu Ostern oder Weihnachten „Quo Vadis", „Ben Hur", „Kleopatra" oder „Spartacus" im Fernsehen gezeigt werden: Es agieren historische Figuren in einer zeitlich genau bestimmten Epoche; über beide kann man einiges sagen, was halbwegs gesichert ist, und doch ist in den Filmen vieles, manchmal alles falsch. Fast immer schadete die aufgepfropfte Liebesgeschichte.

Die Römer- und Römer-Christen-Epen amerikanischer Prägung verfehlen den Anspruch des Historikers; sie geben zuwenig und zuviel, weil sie einerseits die politischen, moralischen und religiösen Konflikte simplifizieren und psychologisieren sowie andererseits eine Illusion schaffen müssen, die sich an den Sehgewohnheiten des Publikums zu orientieren hat. Obwohl Junkelmann sich nicht enthalten konnte, den Filmemachern ihre Fehler und freischwebenden Fiktionen gegen die historische und antiquarische Korrektheit vorzurechnen, lebt sein Buch von der aufklärerischen Hoffnung, Historiker und Filmleute zusammenzubringen. In der Tat: Beider Geschäft ist die Rekonstruktion, nur die Kreativität entfaltet sich anders. Gegen das Axiom des Filmmoguls Darryl F. Zanuck, es gebe „nichts Langweiligeres auf der Leinwand, als genau zu sein, aber nicht dramatisch", setzt er die Überzeugung, Geschichte müsse nicht aufbereitet und verfälscht, sondern gut verfilmt werden, zumal meist die Realität die besten Drehbücher schreibe.

Junkelmann kennt die Marktgesetze des Blockbuster-Kinos und weiß, daß ein Historiker in diesem teuren Schnellrestaurant nicht einmal als Kellner eingestellt wird. Sein Plädoyer steht und fällt daher mit der Plausibilität der Überzeugung, das Publikum wünsche, Geschichte authentisch und „richtig" präsentiert zu bekommen. Was aber „das Publikum" will, ist die Blackbox des Massenkinos, seit es dieses gibt, und noch immer spielt die Wahrheit der Kinokasse allen Marketingstrategen öfters einen Streich. Was mächtige Produzenten einst vom Publikum dachten, manifestierte sich am deutlichsten in den Kürzungen, die vor allem „Kleopatra" und „Spartacus" hinzunehmen hatten; heute kann man das an historisch hanebüchenen und dramaturgisch unsinnigen TV-Produktionen wie Uli Edels „Julius Caesar" und Roger Youngs „Augustus" ablesen.

Spannend ist Junkelmanns Archäologie des Genres, das er aus der Historienmalerei und dem Geschichtsroman des neunzehnten Jahrhunderts ableitet. Beide standen nicht in Opposition zur historistischen Geschichtsschreibung, die einerseits ihren wissenschaftlichen Anspruch, objektives und damit höherwertiges Wissen zu generieren, durch Quellenkritik und Genauigkeit im faktischen Detail zu begründen suchte, andererseits historische Erkenntnis erst im völligen Eintauchen in die Geschichte vollendet sah – Barthold Georg Niebuhr, der erste große Historiker Roms in jener Zeit, sprach von einem vollständigen Gemälde und lebendiger Vergegenwärtigung. Hinzu kamen Individualität, Psychologie, romantische Liebe und die Bewegung durch das Große, ja Kolossale – fertig war die Matrix für Filme, die technisch und organisatorisch Pionierleistungen darstellten, ideologisch und ästhetisch aber Epigonen waren.

Den Fesseln der dramaturgischen und visuellen Konventionen zu entkommen vermochten am Ende auch nicht die inhaltlich innovativen, vor allem auf Christentum-Kitsch verzichtenden Filme der frühen sechziger Jahre. „Kleopatra" und „Spartacus" scheiterten deshalb, aber auch aus anderen Gründen, ebenso Anthony Manns „Der Untergang des Römischen Reiches", dessen Mißerfolg an den Kassen 1964 die Ära der antiken Stoffe vorläufig beendete. Das Irrewerden einer Weltmacht an sich und ihrem Fortbestand verlangte andere Bilder und Geschichten, als die schwerfällige, dämmrige Übersetzung der ersten Kapitel von Gibbons Jahrhundertbuch (s. o. S. 215-217) sie zu bieten vermochte.

Wie politische Botschaften und Subtexte von zufälligen personellen Konstellationen bei der Produktion abhängen können, wird an „Spartacus" gezeigt. Der Film hätte interessanter werden können, wenn Kubrick seine Idee, auch Arthur Koestlers kommunismuskritischen Roman „Die Gladiatoren" für das Drehbuch zu verwerten, hätte verwirklichen können. Daran gehindert, sabotierte der Regisseur den Film, indem er das Leben der Sklaven in Freiheit als eine Schmonzette inszenierte. So spielt Rom, obwohl der Schurkenstaat, auch hier den interessanteren Part: Während die Sklaven in ein Paradies zu fliehen suchen, führen Crassus (Olivier) und Gracchus (Charles Laughton) als Proponenten von Reich und Republik einen politischen Diskurs um Freiheit und

Macht. Das ambivalente Verhältnis der Amerikaner zur imperialen Größe Roms kam allen antiken Filmgeschichten auf verschiedene Weise zugute.

Am Ende demonstriert Junkelmann – unfreiwillig? – die Suggestivkraft der autonomen Bilder- und Sinnmaschine Kino: Der „grandiose unhistorische Schluß" von „Gladiator" mache klar, daß dieser Film nicht von realen Ereignissen und Individuen handele, sondern von „archetypischen Personifikationen der dunklen und der lichten Idee von Rom". Sind damit aber nicht auch die Beanstandungen, die der Autor zusammengetragen hat, mit einem Federstrich dementiert?

Humanismus, plural

Seine vorerst letztes Hurra feierte er in der DDR. Ein dort erarbeitetes Lexikon der Antike definierte den „sozialistischen" Humanismus als das „auf das griechische Ideal zurückgreifende, beständige Streben des Menschen nach vermehrtem Wissen und allseitiger Bildung". Diese Errungenschaft stelle eine neue Qualität dar, weil in einer von Ausbeutung und Unterdrückung freien Gesellschaft die humanistischen Ideale nicht nur proklamiert, sondern auch die realen Bedingungen zu ihrer Verwirklichung geschaffen würden. In der Verlängerung davon steht „humanistisch" heute verhüllend für eine antireligiös erziehende Schule, im Berliner Kulturkampf und anderswo.

Humanismus als Begriff ist ein Produkt vielfältigster historischer Kommunikationen und daher von Überforderung, Mißverständnis und Vergessen bedroht. Dem will Hubert Cancik, emeritierter Altphilologe in Tübingen, entgegenwirken. Weder einen neuen Entwurf bietet die Sammlung von Vorträgen und Aufsätzen an noch eine Rettung im Wissen um Alfred Andersch' Wort „Schützt Humanismus denn vor gar nichts?", sondern Klärungen: „Humanismus" sei ein offener, wenig fixierter Begriff, was zu „Ungenauigkeit, Phrase, Festredengeschwätz" verführe.

Da der Band jedoch in der Reihe „Der Mensch im Netz der Kulturen – Humanismus in der Epoche der Globalisierung" erscheint, wird dem Konzept sofort ein neuer, zumindest festredentauglicher Aspekt hinzugefügt, indem von „Weltgesellschaft" die Rede ist. Denn schon seit der Antike und dann sehr klar bei Herder basierte seine Ausrufung zwar stets auf dem Grundgedanken, die Natur lege den Menschen auf Selbstformung fest, mithin darauf, sich durch Bildung zu vervollkommnen, doch in den realen Verhältnissen war es lange nur vergleichsweise wenigen Auserwählten vergönnt zu erfahren und zu zeigen, was ein so konzipiertes Menschsein im Idealfall bedeuten konnte. Das galt auch für den vor zweihundert Jahren aufkommenden Neuhumanismus, als Humboldts Gedanke, Altgriechisch zu lernen sei auch für Tischler wertvoll, rasch seine

Grenzen am Interesse eines Bürgertums fand, zwar Geburt durch Bildung abzulösen, aber letztere zum neuen Distinktiv für den eigenen Vorrang zu machen. Und der sogenannte Dritte Humanismus der Weimarer Jahre war durch seine dreifache Fixierung – auf vage ästhetische Normen, auf das exklusive Bündnis der neuen Deutschen mit den alten Griechen und auf den Vorrang des Staates vor dem Individuum – von vornherein wenig geeignet, irgendwie universalistisch zu wirken.

Klar und geduldig, in der Summe der Texte mitunter redundant, legt Cancik die Dimensionen von *humanitas* bei Cicero, Seneca und Plinius dar, die Rezeptionen in der italienischen Renaissance, die Karriere in den europäischen Sprachen und bei einzelnen Denkern seit dem achtzehnten Jahrhundert. Der Autor trägt seine Begriffsarchäologien geradezu lehrbuchartig vor; wer so belesen ist und zugleich so sehr hinter seinen Gegenstand zurücktritt, hat es nicht nötig, assoziative Feuerwerke abzubrennen. Der Preis: Es wird nicht immer ganz klar, für welche Position er selbst eigentlich steht.

Römischer *humanitas* und europäischer Humanität sind zwei Bestimmungen gemeinsam: Entrohung und Menschlichkeit – letzteres Wort ist zwar etwas vage, aber gerade deshalb den zu eng bestimmten Ausdrücken „Barmherzigkeit" und „humanitäre Praxis" vorzuziehen. Kritisch bleiben die Nahtstellen zwischen Konzept und bisweilen zu wenig befragter Wirklichkeit. Wenn etwa Cicero nach stoischer Lehre zur Vorschrift der Natur erklärt, der Mensch sorge für den Menschen, wer immer es sei, und das dann *ius gentium* nennt, dann sollte dieser Ausdruck gleichwohl nicht mit „Menschenrecht" wiedergegeben werden, denn er meinte ganz überwiegend das, was unter allen Völkern üblich und so auch rechtmäßig war, etwa Kriegsgefangene in die Sklaverei zu verkaufen. Gleichwohl erscheint es berechtigt, die antiken Begründungen humanitärer Praxis und Hilfe zu beleuchten, obgleich Menschenrechte im politischen, juristischen und sozialen Feld unbekannt waren. Cancik ist hier keineswegs betriebsblind: Die lateinischen Äquivalente von Menschenwürde, Toleranz und Person hatten „in der römischen Kultur einen anderen Ort, einen anderen Zusammenhang, ein anderes Gesicht als in der Neuzeit".

Im deutschen Traditionsstrang macht er den verglichen mit Wilhelm von Humboldt weniger bekannten Friedrich Immanuel Niethammer stark, der den Humanismus als Gegenmodell zur damals modernen Pädagogik der Philanthropen entwickelte. Die Bildung des Menschen als Mensch und zum Menschen sei entscheidend, nicht die schnelle, praxisnahe Vorbereitung auf Beruf und Fachstudium, die nur das Ziel verfolge, die Kinder in das „Maschinenwesen" der Zeit einzupassen. Das katapultiert geradezu in aktuelle Curriculum-Debatten.

Was als pädagogisches Programm und Teil europäischer Antikerezeption begann, konnte in den Katarakten und Kapillaren der Ideengeschichte vielfältig weiterentwickelt werden. Aus der Idee der individuellen Perfektibilität des Menschen ohne festgelegtes Programm oder System heraus ließ sich Humanismus mit Ernst Mach als Lehre verstehen, „eine unvollendete Weltanschauung zu ertragen". Mit feinem Pinsel erweist Cancik Herders Humanitätsprojekt als höchst politisch. Die skeptische Anthropologie führt zugleich zu einem eindeutigen Auftrag: „Griechische Kunst ist eine Schule der Humanität." Friedrich Heers Versuch hingegen, mit den Leitbegriffen Europa, Humanismus, Antike und Christentum ebenfalls ein Programm der Erneuerung zu schaffen, barg zu wenig zupackende Vergangenheitskritik und war zu religiös durchwirkt, um die Orientierungsbedürfnisse nach dem Zweiten Weltkrieg wirklich erfüllen zu können.

Der DDR gelang es bekanntlich nicht, den Humanismus neu zu erfinden, ihn von seinen Attributen – antimodern, retrospektiv, defensiv und elitär – zu befreien. Als Weltrettungsformel aller Wohlmeinenden wäre er unter Wert geschlagen. Stark war der Humanismus hingegen immer dann, wenn es galt, kritische Einreden wider die Gegenwart zu formulieren, der Vereinseitigung von Werten oder der Fragmentierung des Menschen in dessen vielen Rollen – zwischen Marktteilnehmer und Stammzellenproduzent – radikal das allseits gebildete, dabei zur Bildung verpflichtete Individuum entgegenzustellen.

Beinahe ein halbierter Thukydides für Europa

Die Präambel vor dem – am Ende nicht zustandegekommenen – „Vertrag über eine Verfassung für Europa" dürfte es mit einiger Sicherheit nicht gewesen sein, was 2003 die Regierungschefs der Konventstaaten beschäftigte, als sie über das gemeinsame Haus und seine Machtarchitektur stritten. In der Vorrede waltete eine Pedanterie der Addition aller Werte und die dialektische Versöhnung aller Antinomien, gipfelnd in der „Gewissheit, dass die Völker Europas, wiewohl stolz auf ihre nationale Identität und Geschichte, entschlossen sind, die alten Trennungen zu überwinden und immer enger vereint ihr Schicksal gemeinsam zu gestalten". Ein Archiv der europäischen Vergangenheiten.

Fragt sich nur: welcher Vergangenheiten? Als Motto der Präambel vorangestellt und so mit einiger Bedeutsamkeit versehen war ein verkürztes Zitat aus einer berühmten Passage in der „Geschichte des Peloponnesischen Krieges" des Thukydides, Buch zwei, Kapitel siebenunddreißig. Es erscheint im griechischen Original und in Übersetzung; die deutsche Fassung lautet: „Die Verfassung, die wir haben ... heißt Demokratie, weil der Staat nicht auf wenige Bürger, sondern auf die Mehrheit ausgerichtet ist." Der Satz stammt aus einer Rede, die der Geschichtsschreiber dem athenischen Strategen Perikles in den Mund gelegt hat. Formal Ehrung der Gefallenen am Ende des ersten Kriegsjahres, ist dieser Epitaphios tatsächlich ein Elogium auf die Polis Athen auf dem Gipfel ihres Gedeihens, bevor mit dem Ausbruch der verheerenden Seuche im Folgejahr zwar nicht die Macht, wohl aber das gelassene Selbst- und Kraftgefühl der Athener zuschanden wurde.

Unverkürzt umfaßt das Zitat zwei Sätze mit zwei verschiedenen Botschaften. Der erste taugte offenbar nicht als Leitbild für ein politisch korrektes Selbstbewußtsein, das Europa nur als „einen" Träger der Zivilisation begreifen darf – obwohl dem Kontinent dann sogleich die Urheberschaft aller Normen zugeschrieben werden, die heutzutage universale Geltung beanspruchen. Der Perikles der Rede konnte das unbefangener sehen: „Wir haben eine politische Ordnung, die es uns erlaubt, ohne Neid auf die Gesetze der Nachbarn zu schauen; wir sind eher für sonst jemanden ein Vorbild als Nachahmer von anderen." Die Wirklichkeit dieses Satzes – noch dazu, wenn seine Aussage weggelassen ist – braucht den, der ihn beschwört, prinzipiell nicht zu interessieren, ist doch jede derartige Referenz gewaltsam, weil sie ursprüngliche Kontexte ignoriert und Sinngehalte aktualisiert. Aber was Perikles hier mit dem Wort Vorbild andeutet, lief tatsächlich häufig auf die Intervention der Athener in Parteikämpfe und Bürgerkriege ihrer Verbündeten hinaus; die siegreichen Athenfreunde richteten dann unter tätiger Mithilfe des großen Bruders demokratische Ordnungen ein, die hinfort loyal zum Bündnisführer standen. Selbst die Wendung dieses Zusammenhanges ins Abstrakt-Idealische, nämlich Athen als die vielzitierte „Schule von Hellas", läßt sich nicht in ein „Europa als Lehrmeister der Welt" übersetzen. Und wer Rezepte für „Frieden, Gerechtigkeit und Solidarität in der Welt" sucht, wird sie in der Außenpolitik der tyrannischen Großpolis Athen gewiß nicht finden. Die Facetten dieser vergangenen Realität verbleiben zu Recht innerhalb der Wände althistorischer Seminare.

Anders der zweite, unverkürzt zitierte Satz. Sein Sinn, in vielen neueren Übersetzungen mißverstanden, läßt sich in die EU-Version zumindest hineinlesen. Denn mit einer gesuchten Wendung (*oikein es*) nennt Thukydides die politische Ordnung Athens nicht etwa deshalb Demokratie, weil dort eine Mehrheit der Bürger und nicht eine kleine Gruppe herrsche, sondern „weil die Angelegenheiten nicht im Interesse Weniger, sondern der Mehrheit gehandhabt werden". Die Spur der philologisch richtigen und historisch spannenden Interpretation kann von dem englischen Thukydidesausleger E. Bentham im achtzehnten Jahrhundert über George Grotes monumentale „History of Greece" bis in die Studie über die Selbsterschaffung der Athener aus der Feder von Nicole Loraux verfolgt werden.

Der EU-Thukydides nun läßt die demokratietheoretisch wie -praktisch nicht ganz belanglose Entscheidung, ob von einer Regierung des Volkes oder einer Regierung für das Volk die Rede sein soll, unbewußt oder mit Hintersinn offen, indem er Demokratie – wider den in der Antike unmißverständlichen Wortsinn – sibyllinisch als „Ausrichtung" des Staates auf die Mehrheit seiner Bürger übersetzt. Bezogen auf sein Verweisobjekt, die athenische Demokratie in klassischer Zeit und ihre Interpretation durch Thukydides, sitzt er aber zugleich zwischen allen Stühlen. Denn einerseits zielten alle institutionellen Mechanismen und Sicherungen dieser speziellen bürgerstaatlichen Ordnung, ihre ganze Praxis und das Bewußtsein der Bürger eindeutig auf die vollständige und ohne Rücksicht auf mögliche Nachteile durchgeführte, unmittelbare Regierung durch das hochgradig politisierte Volk. In Sachfragen gab nach breiter öffentlicher Beratung die Mehrheit den Ausschlag, bei der Auswahl von Funktionspersonal für Ämter und Gerichtshöfe entschied meist das Los, was nichts ausmachte, weil fast alle Funktionsträger eine schwache Position hatten und beständig scharf kontrolliert wurden. Politische Führung durch einzelne Aristokraten und Rhetoren wie Perikles gab es natürlich, aber diese hatte keine Chance, sich nach dem „Ehernen Gesetz der Oligarchie" zu verselbständigen und zu verfestigen; vielmehr sah sie sich stets darauf verwiesen, im öffentlichen Wettbewerb vor der Bürgerschaft um Vertrauen und Zustimmung zu ringen. Daß die Demokratie die Dinge im schnöden Interesse der breiten Mehrheit handhabe, war hingegen ein Hauptargument ihrer oligarchischen Kritiker, die in der Herrschaft der Masse Geist und Kompetenz vertrieben wähnten und eine egoistische Klassenherrschaft der weniger Begüterten am Werke sahen.

Thukydides teilte diese extreme Sicht sicher nicht, aber es fällt auf, daß sein Perikles die politische Realität der direkten Volksherrschaft als Wechsel von Regieren und Regiertwerden fast völlig übergeht und stattdessen ein einzigartiges Lebensgefühl beschreibt, das sich aus Aktivität und Wettbewerb, Wohlstand und Wehrhaftigkeit, aber auch Gelassenheit, Liberalität, Offenheit, Muße und Sinn für das Schöne speise – alles Werte des Adels, die hier auf das große „wir", auf die gesamte Bürgergemeinde übertragen werden. Es ist dies eine aristokratische Lesung der Demokratie. Ein antiker Kommentator hat sie vergröbert: Thukydides habe Athen als Demokratie nur dem Namen nach bezeichnet, in Wirklichkeit aber als Aristokratie gesehen. Ein ähnliches, ebenfalls scheinbar von Thukydides gedecktes Mißverständnis geistert noch heute durch viele Schulbücher und noch mehr Köpfe: Weil die Athener Perikles immer wieder folgten, ja bisweilen zu gehorchen schienen, sei die angebliche Demokratie in Wahrheit eine Herrschaft des ersten Mannes gewesen.

Den Autoren der Präambel waren Geist und Wirklichkeit der athenischen Demokratie, wie sie unübertroffen Jochen Bleicken rekonstruiert hat, gewiß ebenso gleichgültig wie die antike und moderne Wirkungsspur, die von Jennifer Tolbert Roberts in ihrem leider nicht übersetzten „Athens on Trial" nachgezeichnet worden ist. Ihnen ging es bloß um eine wohlklingend-unangreifbare, aber bei näherem Hinsehen doppeldeutige Garnierung eines Verfassungsentwurfes, der alles regelte und dabei Wichtiges offenließ. Dabei wäre von dem in so vielen Belangen ganz unvergleichbaren klassischen Athen für die notwendige politische und ethische Substanz einer europäischen Demokratie viel zu lernen. Zum Beispiel, daß Politik gerade nicht im Aushandeln zwischen partikularen Interessen, sondern in der Verständigung über das Essentielle und zugleich Gemeinsame besteht. Oder daß Führung ohne Öffentlichkeit und Kontrolle sehr bald den Boden unter den Füßen verliert. Und wie viel weniger selbstgefällig, dafür provokativer wäre ein anderer Mottosatz aus der Gefallenenrede gewesen: „Denn einzig bei uns gilt einer, der an den Angelegenheiten der Polis keinen Anteil nimmt, nicht als ein stiller, sondern als ein schlechter Bürger.“?

Haben die modernen Grundrechte ein antikes Fundament?

Der Entwurf einer europäischen Verfassung kam dick und diffus einher; indem er hohe Ziele und tiefe Begründungen, grundlegende Satzungen und technische Details vermengte und so auch ein Abbild des Zustands der europäischen Institutionen bot, lenkte er die Aufmerksamkeit zugleich auf die knappen Basistexte vergangener Zeiten. Zu diesen gehören die epochalen Grund- und Menschenrechtserklärungen, von der „Virginia Declaration of Rights“ aus dem Jahr 1776 bis zur „Allgemeinen Erklärung der Menschenrechte“ der Vereinten Nationen von 1948. So selbstverständlich die Idee solcher Rechte die Basis demokratischer Verfassungsstaatlichkeit und eine Waffe im globalen politischen Kampf darstellt, so unklar erscheint ihr geistesgeschichtlicher Stammbaum. Sie seien, so pointierte es Markus Stepanians (Saarbrücken) auf einer Tagung über die antiken Grundlagen von Menschenrechten und europäischer Identität, nach Ansicht der Gelehrten verschiedener Disziplinen zwischen fünfundzwanzig und zweitausendfünfhundert Jahre alt.

Die Warnung von Klaus Martin Girardet (Saarbrücken) vor einer unkritisch-teleologischen Traditionsstiftung noch im Ohr, zeichneten dennoch einzelne Teilnehmer den langen Stammbaum, wobei klugerweise offen blieb, was unter „Grundlagen“ zu verstehen sei. So wies der Althistoriker Peter Siewert darauf hin, daß in der UN-Charta mit dem Begriff Tyrannei ein Negativbegriff aus der Antike aufgerufen wurde und daß sich schon die Athener Bildung, Muße und erfüllte Freizeit gönnten. Die eher naive Parallelensammlung ignorierte den Unterschied zwischen Menschenrechten und den Maximen eines guten Lebens oder politischer Teilhabe ebenso wie den fundamentalen Umstand, daß in der Antike Freiheit nur im Rahmen der jeweils eigenen Bürgergemeinde organisiert war. Ansätze zu einer faktischen Verbreiterung und Universalisierung bot freilich das Römische Reich, zumal die Römer nach Auskunft der Rechtshistorikerin Tiziana Chiusi früh Instrumentarien zur Integration oder mindestens Gleichstellung von Fremden entwickelt hatten. Ein „Rechtsstaat im modernen Sinne des Wortes“ war Rom, trotz der gegenteiligen Behauptung von Adalberto Giovannini, dennoch nie, wie schon ein Blick auf den ungleichen Zugang zu den Ressourcen des Rechts in einem Patronagesystem wie dem römischen zeigt.

Die naturrechtlich begründete Annahme von der Freiheit aller Menschen wurde zwar in der Tat zuerst von Sophisten und in der ohnehin individualistisch und kosmopolitisch ausgerichteten Philosophie der Stoa vertreten; sie war in der antiken Lebenswelt aber von der Einteilung in Freie und Sklaven überlagert, die der römische Jurist Ulpian im Völkergemeinrecht (*ius gentium*) begründet sah. Doch nicht allein an der Praxis der Sklaverei, die Karl-Wilhelm Welwei nüchtern bilanzierte, zerschellt jeder Versuch, Menschenrechte im Wortsinn der Antike zuzuschreiben. Für die Legitimation der paternalistischen Be- und Mißhandlung „barbarischer" Ethnien durch Konquistadoren und Kolonialisten war das von Aristoteles formulierte Konzept des „Sklaven von Natur aus" eminent wichtig, weswegen der Versuch von Christoph Horn, durch philosophische Exegese diesen Vordenker natürlicher Ungleichheit als verteilungstheoretischen Egalitaristen zu erweisen, kaum überzeugen konnte. Eine zentrale aristotelische Denkfigur ist im Gegenteil sehr aktuell, wie Ulrich Nortmann in der Diskussion pointierte: Wenn die Zubilligung von Freiheitsrechten daran hängt, daß ein Individuum bestimmte entwickelbare Fähigkeiten – etwa zur Freiheit – besitzt, dann ist es kein großer Schritt mehr zum Konzept des qualifizierten Menschseins.

Daß Rezeption mit der ursprünglichen Essenz des Rezipierten oft nichts zu tun hat, demonstrierte Hubert Cancik an Kernbegriffen wie Person, Menschenwürde, Religionsfreiheit und Toleranz. Die antiken Belege dafür sind spärlich und bedeuten meist auch etwas ganz anderes, aber die alternativlose Autorität des Altertums und der lateinischen Sprache bescherte den Begriffen in nachantiker Zeit eine steile Karriere. In einem klärenden Schneisenschlag zeigte Ada Neschke-Hentschke, wie die kosmologischen Spekulationen in Platons Dialog *Timaios*, interpretiert von christlichen Kommentatoren, und die juristische Naturrechtslehre zur Fusion gebracht wurden. Hinfort war die Natur das geschaffene Produkt der Gerechtigkeit Gottes und hatte das Naturrecht eine normative Kraft, die es im römischen Recht nicht besaß. Politisch umgemünzt im Sinne einer Volkssouveränität durch die große Synthese des Neuscholastikers Francisco Suárez, bildete es die entscheidende Voraussetzung für die Ausbildung der Menschenrechtsdoktrin durch Hugo Grotius und John Locke. Diese Doktrin, weiterentwickelt zu einer Summe individueller Rechte gegen den Staat und ausbuchstabiert in den Katalogen primärer und sekundärer Grundrechte, hat also mit der Antike wenig zu tun und wäre doch ohne sie nicht denkbar. Derart gründliche Routenbeschreibungen im Wegenetz der Referenzgeschichte hätte man sich zahlreicher gewünscht. So blieb ungeklärt, welchen Stellenwert antike Gedanken und Sentenzen bei der Abfassung der großen Menschenrechtserklärungen in Amerika und Frankreich genau hatten; daß ein Debattenredner 1789 in der Nationalversammlung Ulpians Formel von der naturrechtlich begründeten Freiheit aller Menschen anführte, wurde ebensowenig erwähnt wie Dekalog, Rutenbündel und phrygische Mütze als Bildchiffren in den Darstellungen der „Déclaration des droits de l'homme et du citoyens". Der bloße Hinweis, daß Rousseau und Jefferson gebildete Leute waren, die ihren Cicero und Seneca kannten, genügt jedenfalls nicht.

Stattdessen hielten die der systematischen Philosophie und Theologie verschriebenen Teilnehmer faktisch eine zweite Tagung ab, in der es um eine traditionsunabhängige und daher angeblich universale Begründung der Menschenrechte ging. Leider mißlang hier nicht selten bereits die elementare Verständigung. So fand die ausdrücklich ohne jeden Bezug sogar auf „Bibelworte" entfaltete These des evangelischen Theologen Eilert Herms, Menschenwürde sei ein relationales Sein von Menschen für Menschen, wenig Zustimmung, und der Versuch Ulrich Nortmanns, gegen die verbreitete Kritik am sogenannten naturalistischen Fehlschluß mittels formallogischer Operationen dennoch aus dem Sein ein Sollen abzuleiten, lief sich bereits an der Frage fest, ob der Rechtssatz „Ultra posse nemo obligatur" („Niemand ist zu etwas verpflichtet, was über seine Kräfte geht") beschreibenden oder normativen Charakter hat.

Über die Unordnung der gänzlich verschiedenen Diskurse spannte zum Glück am letzten Tag der charismatische Vortrag des Trierer Bischofs Reinhard Marx einen tragfähigen Bogen. Indem er die windungsreiche Annäherung der katholischen Kirche an die Menschenrechtsdoktrin in den letzten zweihundert Jahren nachzeichnete, erhellte er implizit den geschichtlichen Charakter dieses Phänomens und seiner sich wandelnden Sinn- und Geltungszuschreibungen. Die Letztbegründung der Menschenrechte in der unverlierbaren Menschenwürde aber, die Bischof Marx für seine Kirche in der geschöpflichen Natur des Menschen als Ebenbild Gottes und in der Menschwerdung Christi fand, hat mit anderen Herleitungen zu koexistieren. Sie kann weder oktroyiert noch bewiesen, sondern nur vorgelebt werden. Ein universalerer Geltungsgrund als dieser pragmatische läßt sich kaum finden. Für ihre weitere globale Karriere werden die Menschenrechte wohl begründungsoffen bleiben müssen. (2003)

Mit Dekadenz kommt man nicht weiter: die USA

Es war ein ein günstiger Moment, alles schien zu passen. Der Sowjetblock zerfallen, in Osteuropa Demokratien etabliert, die Vereinigten Staaten in der Clinton-Ära auf dem Weg zur fiskalischen Konsolidierung, humanitäre Kriegsintervention auf dem Balkan, Iran und Irak eingedämmt, Israel und Palästinenser auf dem Weg zur Verständigung, Häuser und Wohlstand für alle durch deregulierte Finanzmärkte, dazu die verheißungsvolle Idee vom Ende der Geschichte, damit auch von Krise und Heroismus, das alles unter dem Schirm der weltweit einzigen verbleibenden, dabei wohlwollenden Ordnungsmacht. Nicht zufällig kam vor gut fünfzehn Jahren der Vergleich zwischen den Vereinigten Staaten und dem guten Römischen Reich der Kaiserzeit auf.

Herfried Münkler sezierte 2005 die „Logik der Weltherrschaft" mit chronologisch umgekehrter Teleologie, indem er das antike Rom zum Modell erhob und zeigte, wie Imperien die „augusteische Schwelle" zur Langlebigkeit überwinden können. Im Schlußkapitel konstatiert er die Wiederkehr des Imperiums im postimperialen Zeitalter und stellt für die USA die Frage nach der Vereinbarkeit von Imperium und Demokratie. Was dort nur thesenhaft skizziert werden konnte, hat jetzt Marco Walter in einer bei Münkler entstandenen Dissertation unter dem Titel „Nützliche Feindschaft? Existenzbedingungen demokratischer Imperien" breiter entwickelt. Es geht ihm darum, die strukturellen Zusammenhänge und Bewegungskräfte eines im Zentrum demokratisch verfaßten Imperiums zu erhellen und zu einer belastbaren Theoriebildung zu gelangen.

Schulmäßig wird das Imperium aus politiktheoretischer Perspektive definiert, von der bloßen Hegemonie unterschieden und gegen die Kontamination durch den Imperialismus verteidigt. Unklar bleibt freilich, wie oft in der politikwissenschaftlichen Diskussion, der hermeneutische Status historischer Generalisierungen, wenn etwa – durchaus treffend – festgestellt wird, Imperien scheiterten „meist nicht an inneren Widerständen, sondern an Entwicklungen in wenig beachteten oder außerhalb ihrer Reichweite liegenden Randlagen".

Den Vergleich zwischen Rom und den USA identifiziert Walter freilich selbst als eine Sache fast ausschließlich der Deutungseliten – und selbst das verwundere im Rückblick noch, da „Rom im Speziellen und die Antike im Allgemeinen ihrer Überzeugungskraft im tagespolitischen Geschäft verlustig gegangen" sei. Leider ist auch bei Walter von den Funktionsmechanismen der tatsächlichen römischen Macht- und Herrschaftspolitik, wie sie zuletzt Greg Woolf elegant vorgestellt hat (s. o. S. 172-174), zu wenig die Rede. Die bekannten Dekadenzdiskurse mögen rezeptionsgeschichtlich bedeutsam gewesen sein, aber zur Erklärung tragen sie wenig bei.

Das lange Kapitel zum Ende der Römischen Republik aus politiktheoretischer Perspektive bietet denn auch wenig mehr als ein Sammelsurium von nicht Zusammengehörigem, diskutabel allenfalls für die Ideenhistorie. Denn auf der Ebene der Realgeschichte stellen sich die Dinge weit weniger schematisch als in der Figur vom „doppelten Dekadenzproblem" dar. Entstehen konnte die römische Machtbildung gerade wegen der republikanischen Züge des politischen Systems: Zahlreiche Adlige konkurrierten heftig und in jeweils begrenzter Zeit um Ehre und Beute; das ergab keine konsistente Politik, aber eine ungeheure Dynamik. Jede Chance zur Aktion wurde ergriffen. Es ist auch eine Mär, daß die Senatoren direkte Herrschaft eigentlich gar nicht wollten oder das so entstandene Reich nicht dauerhaft hätten dominieren können, Republik und dauerhafte

Herrschaft nach außen einander also ausgeschlossen hätten. Dazu waren die Römer allemal erfinderisch genug – wenn es auch ihren Untertanen unter der Herrschaft eines berechenbaren, kontinuierlich agierenden Monarchen besser erging, wie selbst der grimmige Tacitus rückblickend zugeben mußte. Aber ein im Grundtenor konsistentes Handeln im imperialen Rahmen ist keineswegs zwingend von der Regierungsform abhängig, nicht in Rom und noch weniger im Zeitalter moderner professioneller Apparate.

Doch in erster Linie ist es die Nemesis der sich überholenden Wirklichkeit, die auch dieses erfreulich konzise Buch am Ende mit sich fortreißt. Der Autor versucht Schritt zu halten, indem er sich auf den Faktor Angst im Binnenraum imperialer Politik konzentriert, von der antiken Idee einer Eintracht stiftenden, heilsamen Bedrohung (*metus hostilis*) über Hobbes' angstbesetzten Naturzustand bis hin zur Politik im Zeichen der Terrorfurcht nach Nine-Eleven. Dankbar erfährt man, warum die neuropsychologische und die existenzphilosophische Unterscheidung von Angst und Furcht untauglich sind. Daß Angst und Zorn mobilisieren, aber auch spalten und lähmen können, wußte man schon länger, findet es aber nun wissenschaftlich untermauert. Walters abwägend-optimistischem Ausblick, was die USA und ihr „anger management" angeht, kann man zustimmen oder auch nicht. Aber in jedem Fall legen weder die Welt insgesamt noch die Vereinigten Staaten in ihrem jetzigen Zustand – ratlos, marode, paralysiert und tief gespalten – die Rede von einer Ordnung nahe, geschweige denn einer imperialen. Da hilft es wenig, ihnen nach wie vor „als einzigem Akteur die globale Interventionskapazität" zuzuschreiben.

Mit Dekadenz kommt man nicht weiter: Europa

Solange der Niedergang und Fall des Römischen Reiches als die kardinale Frage der Weltgeschichte galt, konnte die Frage aufgeworfen werden, ob auch „wir" untergehen werden wie einst die Römer. Oswald Spengler erweiterte die Analogie zu einer universalhistorischen Zyklenvorstellung; ihr Mehrwert schien in der Evidenz zu liegen, mit der sich aus dem immer wieder Geschehenen eine Prognose der künftigen Entwicklung ableiten ließ. Davon ist wenig mehr als das Schlagwort vom „Untergang des Abendlandes" geblieben.

Das eherne Gesetz der Wiederholung in der Geschichte ersetzte dann Thilo Sarrazin durch die nicht minder zwingend daherkommende Fortschreibung von scheinbar unwiderleglichen statistischen Zahlen und Trends, doch der kliometrisch geschulte Ökonom und Sozialwissenschaftler griff bisweilen ebenfalls weit in die Geschichte zurück und wertete kulturelle Faktoren als entscheidend für die Zukunft unserer Gesellschaft. Auch der erneuerten Kritik am globalen Kapitalismus von Graeber bis Piketty eignen nach dem Vorbild des Urvaters Marx Prozeßvorstellungen von biblischer Spannweite.

Nun hat David Engels unter dem Titel „Auf dem Weg ins Imperium. Die Krise der Europäischen Union und der Untergang der römischen Republik" ein historisch argumentierendes, zeitdiagnostisches Buch vorgelegt, mit dem Anspruch, einem Akteur vom Kaliber der Europäischen Union einen grundlegenden Kurswechsel nahezulegen. Den Versuch kann leicht abtun, wer die Stellen herauspickt, wo dem Autor die Pferde durchgegangen sind. Klassische Kultur- und Modernekritik blitzt auf, wenn von sittlichen, wirtschaftlichen und kulturellen Entartungen die Rede ist, von der seelischen Perversität der modernen Gesellschaft, von Individualismus, Mobilität, Verstädterung und einer „Zunahme oberflächlicher Kontakte im Rahmen der digitalen Welt".

Wer traut sich noch, vom „Wesen des Menschen" zu sprechen und seiner notwendigen Einordnung in eine zu allen Zeiten durch Ungleichheit ausgezeichnete Gesellschaft? Neben Gehlen und Freyer läuft auch Eduard Spranger im Hintergrund mit, wenn „jede Kultur gänzlich unterschiedliche Menschentypen hervorgebracht hat", so Europa nach dem Wort Paul Valérys den faustischen. Zeitgemäß angeprangert werden ferner das „Joch einer ultrakapitalistischen Weltordnung", die „Hochfinanz", die amerikanischen Ratingagenturen und eine durch die Troika erzwungene „Selbstgleichschaltung" unter dem Diktat einer „ultraliberalen Spardoktrin". Daneben findet sich das aus der Zeit gefallene Wort vom „geschichtlichen Wesen der Volksgemeinschaft".

Doch eine solche Lektüre würde dem Manifest des in Brüssel römische Geschichte lehrenden Autors nicht ganz gerecht. Unterfüttert mit demoskopischen Befunden zu der Frage, welche Werte die Bürger mit der Europäischen Union assoziieren, bescheinigt er zunächst dem Patienten eine tiefgreifende Identitätskrise, weil das Eigene, das genuin Europäische für die Regierenden und geistigen Eliten keine Rolle mehr spiele, vielmehr ersetzt werden solle durch eine am Reißbrett entworfene, politisch korrekte, rationalistische und universalistische Identität. Nicht die Ökonomie, sondern eine kulturelle Sinnkrise bedrohe aber unsere Zivilisation und hindere die Europäer, Identitätsfragen „auf dem doch naheliegenden Weg einer beherzten patriotischen Identifizierung mit der eigenen Vergangenheit zu lösen". Die abgefragten Werte erscheinen dabei als Instrumente einer tiefen Verwirrung: Absolut gesetzte Toleranz bewirke eine von oben geförderte Atomisierung der Gesellschaft und lasse die Integration der Einwanderer scheitern; der Individualismus verdränge vermittelnde Instanzen wie Familie, Volk und Kultur und führe auf breiter Front zum Verkümmern des Kinderwunsches; die Auflösung der traditionellen Familie als Ordnungsmuster befördere die radikale Ablehnung wie auch die ebenso radikale Befürwortung autoritärer Strukturen. Und so weiter.

Dabei verblüfft das idealisierende Bild des neunzehnten Jahrhunderts, das der Autor durch allgegenwärtige gesellschaftliche Solidarität, gelebtes Christentum, Familiensinn und unternehmerischen Paternalismus ausgezeichnet sieht. Heute dagegen: systematische Ausbeutung der Schwachen durch die Starken, Flucht in die massenmedial gelenkte Konsum- und Vergnügungsgesellschaft, und das alles ist dem Sieg der rationalistischen, universalistischen und relativistischen Weltanschauung geschuldet, die nach innen alle Bindungen zerstöre, aber zugleich die ganze Welt nach ihrem Bild zu gestalten trachte.

Und auch wenn es modisch sei: Bloß von Wandel oder Transformation der Religion könne nicht gesprochen werden, wenn tatsächlich der Untergang ursprünglicher Brauchtümer und Glaubensüberzeugungen zu beklagen sei. In diesen Kapiteln bietet der 1979 geborene Autor jedenfalls ein zupackend formuliertes Inventar der Kritik an der Moderne, mit treffenden Bemerkungen etwa zu Politikerdynastien – auch wenn der Vater von Roland Koch nicht Ministerpräsident von Hessen war.

Wofür aber wird die Geschichte des Untergangs der Römischen Republik benötigt? Engels bringt Nachdenkenswertes zugunsten der „kulturkritischen Grundannahme einer grundsätzlichen Vergleichbarkeit zweier historischer Momente" bei, aber die Krise seit den Gracchen als Identitätskrise auszuflaggen gelingt ihm nur mit einiger Mühe und der Hilfe längst aufgegebener Interpretamente, etwa des Sittenverfalls durch die Hellenisierung der Oberschicht und die Korrumpierung der Massen. Durchgängig muß er Niedergangsjeremiaden von Angehörigen der römischen Elite zu Beschreibungen der historischen Wirklichkeit erheben. Im Detail gibt es viele kluge Beobachtungen, aber auch Schiefes, wenn etwa Cicero Pazifismus unterstellt wird, weil er in einem Brief einmal den Frieden einem noch so gerechten Krieg vorzog – an der besagten Stelle ist aber vom Bürgerkrieg die Rede. Zur Diagnose der Krise des heutigen Europa trägt die historische Analogie insgesamt wenig bei, weil der historische Prozeß in Rom nach dem für die Gegenwart gezeichneten gemodelt ist. Aber Engels braucht die Analogie, weil er – wie Spengler – aus dem bekannten Fortgang der Historie die unbekannte Zukunft unseres Schicksals erschließt. Auf die Republik folgten Augustus und die von ihm begründete Monarchie.

Das kulturell und identitär entleerte Europa werde sich, von seinen Bürgern innerlich aufgegeben, zum fürsorglich-autoritären Superstaat und Imperium mit plebiszitärer Legitimation entwickeln – wie es sich in demokratisch nicht mehr kontrollierten Stabilitätsmechanismen, humanitären Interventionen und universalistisch begründeten Strafdrohungen gegen gewählte, aber mißliebige Regierungen wie anno 2000 die in Österreich oder zuletzt in Ungarn schon jetzt abzeichne. Die wahl- und politikmüden Bürger schätzten längst Gleichheit und Sicherheit höher ein als die Freiheit und würden sich mit dem neuen Reich arrangieren, zumal dieses ökonomisch eine staatsinterventionistische Politik betreiben, zugleich die Werteordnung an Pflicht und Opfer ausrichten und privaten Reichtum nur dann dulden würde, wenn er sich als wertvoll für das Gemeinwohl erweist. Das ist für Engels nicht die beste, wohl aber die am wenigsten schlechte Zukunftsperspektive, da die Rückkehr zum Nationalstaat keine realistische Alternative darstelle. Die Europäer hätten dann zwar die politische Partizipation verloren, aber immerhin die Möglichkeit behalten, ihre Zukunft gemäß den kulturellen Grundwerten ihrer Vergangenheit zu gestalten, ohne zu Klientelstaaten der USA oder Chinas zu werden.

Die monumentale Doktorarbeit des Autors handelte vom römischen Vorzeichenwesen. Die Römer konnten sich den Pragmatismus im Umgang mit dem Kontingenten leisten, weil sie sich der Ordnung insgesamt gewiß wähnten. Dagegen liest Engels die Menetekel an der Wand nunmehr mit dem tiefen Gefühl der Verunsicherung, die eine nie versiegende Quelle der Geschichtsphilosophie bildet. Zustimmend zitiert er Machiavelli: Nur weil die Rede vom Niedergang alt und topisch ist, muß nicht jede Diagnose eines solchen fehlgehen. Mag sein. Muß man aber unglücklich sein, weil David Engels Professor, Angela Merkel Bundeskanzlerin ist und nicht umgekehrt? Vermutlich nicht. Sein Buch und ihr Pragmatismus begegnen einander jedenfalls nicht. Kaum zu erwarten, daß sie es bald – gelesen oder ungelesen – als „nicht hilfreich" bezeichnen läßt.

Feilschen um Antigone

Was zu viel Geschichte in Verbindung mit ihrem monumentalischen Gebrauch anrichten kann, hat niemand besser auf den Punkt gebracht als Karl Marx im „Achtzehnten Brumaire", dort in Bezug auf die Revolution und Napoleon: „Die Tradition aller toten Geschlechter lastet wie ein Alp auf dem Gehirne der Lebenden. Und wenn sie eben damit beschäftigt scheinen, sich und die Dinge umzuwälzen, noch nicht Dagewesenes zu schaffen, gerade in solchen Epochen revolutionärer Krise beschwören sie ängstlich die Geister der Vergangenheit zu ihrem Dienste herauf, entlehnen ihnen Namen, Schlachtparole, Kostüm, um in dieser altehrwürdigen Verkleidung und mit dieser erborgten Sprache die neue Weltgeschichtsszene aufzuführen."

Die instruktiven Teile von Johanna Haninks Buch berichten von der verschärften griechischen Variante der Marx'schen Erkenntnis. Denn zumal englische und deutsche Antikeverehrer konstruierten nicht nur das Idealbild eines klassischen Hellas für sich selbst, dieses Bild prägte seit dem ausgehenden achtzehnten Jahrhundert auch weite Teile der sozialen und intellektuellen Elite in den griechischen Regionen des Osmanischen Reiches sowie im Exil – so hat Adamantios Koraïs, der wirkmächtige Künder einer Erneuerung von Hellas im antiken Geist und Schöpfer eines antikisierenden Neugriechisch in seinem langen Leben nie den Boden des griechischen Kernlandes betreten. Dieser Prozeß, den eine Kolonialisierung zu nennen Hanink nicht müde wird, begleitete das griechische *nation building* über das 19. Jahrhundert hinaus und habe sich als goldenes Gefängnis erwiesen. Konkurrierende Generalisierungen, Griechenland sei ein eher orientalisches Land oder gehöre durch die Orthodoxie zum „Osten“, blieben in der Minderheit, so auch der Dichter Kostis Palamas, der lapidar festhielt, man sei Hellene, um die Welt übers Ohr zu hauen, in Wirklichkeit aber sei man Rhomäer (also Byzantiner). Sichtbar für alle projizierten die Architekten König Ottos eine europäische Fantasie vom antiken Hellas in die öffentlichen Gebäude der neuen Hauptstadt und wurden auf der Akropolis alle Spuren getilgt, die nicht auf die Goldene Ära des Perikles verwiesen.

Auch die aktuelle, sich als links verstehende griechische Regierung steht in der Kontinuität ihrer Vorgänger, wenn sie immer wieder die Antike als den maßgeblichen Beitrag ihres Landes zum „Westen“ aufruft. Erhellend verfolgt die an der Brown Universität Altertumswissenschaft lehrende Autorin dieses Argumentationsmuster bis in die Zeit zurück, als die Leistungen der Perserkriegsgeneration und die Kultur der perikleischen Epoche bereits wenige Jahrzehnte später zu Vorbildern erklärt wurden – und die Nachgeborenen hätten bereits unter dieser Bürde gelitten. An dieser Stelle kann man jedoch Zweifel anmelden, denn die Athener selbst haben sich kaum als Geiseln ihrer großen Vergangenheit gesehen, sondern die Hellenen insgesamt als deren Nutznießer, die gefälligst dankbar zu sein hätten. Aber Hanink braucht die Konstellation so, um die aktuellen Griechen als Opfer eines fremdbestimmten Selbstbildes zu zeichnen – und vor allem als unschuldige Schuldner.

Denn Titel und Leitidee des Buches macht eine seltsame Frage aus: Schulden „wir“ als „westliche Zivilisation“ den alten Griechen kulturell und geistig so viel, daß die heutigen Griechen diese Schulden mit ihren aktuellen finanziellen Verbindlichkeiten verrechnen dürfen sollten? Oder einfacher: Wie viele Millionen oder Milliarden Euro ist die *Antigone* des Sophokles wert? Hanink nimmt einen nicht uninteressanten, aber letztlich irrelevanten Umweg über die seit dem 18. Jahrhundert strittige Frage, ob zwischen den antiken und den modernen Griechen überhaupt irgendeine Kontinuität bestehe, die eine solche Aufrechnung rechtfertigen könnte, oder ob nicht die echten Abkömmlinge der antiken Griechen tatsächlich die Hellenisten in Oxford und Cambridge waren, wie C.M. Woodhouse einst pointierte (dabei Berlin vergessend).

Dieser Streit ist ethnologisch wie sozio-kulturell mit erstaunlichem Aufwand ausgetragen worden, aber die interessegeleitete griechische Position wie die Zustimmung zu ihr vor allem in England und den Vereinigten Staaten befinden sich, man muß es so deutlich sagen, auf einem Niveau romantisch-identitärer Argumentation, wie sie hierzulande mit Bezug auf die Germanen zuletzt vor achtzig Jahren in Mode war. Percy Shelleys „Wir alle sind Griechen!“ zielte im übrigen nicht darauf, ein Land zu enteignen, sondern ein kulturelles Erbe zu universalisieren, das zeitweise bei den Bewohnern dieses Gebietes nicht in guten Händen war. Die näherliegende Frage, ob solch disparate Kapitalsorten überhaupt konvertierbar sind, wird gar nicht gestellt. Immerhin erzählt Hanink die hübsche Geschichte eines profitorientierten philhellenischen Komitees in England, das „Unabhängigkeitsanleihen" ausgab und wegen seiner Verstrickung in die erste neuzeitliche Schuldenkrise Griechenlands Bankrott machte.

Haninks eigene These modifiziert das Schuldenargument in mittlerweile typischer postkolonialer Selbstkasteiung: „Wir" schulden den Griechen in der Tat etwas: nicht wegen der Demokratie, des Parthenon oder der *Antigone*, sondern weil wir das griechische Volk so lange als Gefangene einer konstruierten Vergangenheit gehalten hätten und es nun bestrafen, weil es die Standards nicht erfülle.

Das Buch enthält ebenso erheiternde wie erhellende Abbildungen. Auf einem Foto ist Melina Mercouri, die unermüdlich für die Rückgabe der Elgin-Marbles streitende griechische Kulturministerin der achtziger Jahre zu sehen, vor einer ehrwürdigen College-Kulisse im Gespräch mit einem Studenten, der als Präsident der Oxford Union eine Podiumsdiskussion zu diesem Thema zu leiten hatte. Der verschmitzt blickende Blonde mit Fliege ist Boris Johnson. Er meint, völlig zu Recht, die Marbles gehören ins Britische Museum.

22. Über den Tag hinaus: Die Antike in Qualitätszeitungen

Am 2. Februar 2008 erschien in der „Neuen Zürcher Zeitung" ein Artikel von Christian Meier, betitelt: „Wir sind Kinder des Okzidents. Anmerkungen zur neuerlichen Debatte über Homer und zur kulturgeschichtlichen Eigenheit Europas". Meier bezieht sich dort auf einen anderen Zeitungsartikel, den Raoul Schrott kurz zuvor, am 22. Dez. 2007, in der „Frankfurter Allgemeinen Zeitung" (F.A.Z.) publiziert hatte und der die Essenz des Buches „Homers Heimat" vorab bekanntmachte. In seiner Replik hielt Meier einleitend fest, er habe in der F.A.Z. noch nie einen auch nur annähernd so langen Artikel gelesen (kleine Korrektur: Das dort ebenfalls abgedruckte entschlüsselte menschliche Genom umfaßte nach meiner Erinnerung fünf oder sechs Seiten). In jedem Fall ein Event also, wie Meier staunend einräumt. Gemessen an diesem Befund – man muß ja noch die folgenden Artikel und Leserbriefe sowie die Rezensionen des Schrott'schen Buches hinzunehmen – haben Altertumswissenschaftler keinen Grund, sich zu beklagen.

Eine solch intensive und vergleichsweise komplexe Debatte findet nun nicht jedes Jahr statt. Ich möchte daher im Folgenden einige Beobachtungen mitteilen, vornehmlich aus der Sicht eines Lesers, weniger aus der Sicht eines gelegentlichen Autors, dessen Einblick in redaktionelle Vorgänge sehr begrenzt ist.

Bestandsaufnahme

Die Präsenz antiker Themen ist quantitativ vom Gesamtumfang der Zeitungen abhängig. Hier hat es nach einer starken Expansion einen scharfen Rückgang gegeben; es ist allgemein bekannt, daß die überregionalen Qualitätszeitungen durchweg seit einigen Jahren massiv sparen müssen. Redaktionen wurden verkleinert, die Feuilletons haben heute ungefähr einen Seitenumfang wie in den 1980er Jahren. Dies in Rechnung stellend kann man nicht generell von einer Reduktion antiker Themen im weiteren Sinn gegenüber „früher" sprechen, wobei ich mit „früher" weniger einen konkreten Zeitraum meine, sondern eine sozusagen „gefühlte" Epoche, die „gute alte Zeit", die durch die Präposition „vor" gekennzeichnet ist: vor der Wiedervereinigung, vor dem Internet, vor der Globalisierung. Quantitative Aussagen müssen also immer in Beziehung gesetzt werden. Die Zeitungen der 1950er- und 1960er-Jahre jedenfalls waren noch wesentlich dünner; allerdings stand damals auf einer Seite auch viel mehr Text, während heute großformatige Bilder viel Raum einnehmen. Ob es in zwanzig Jahren noch gedruckte Tageszeitungen nach Art der heutigen geben wird, ist schwer einzuschätzen.

Antike Themen sind nach wie vor in den klassischen Textsorten des Feuilletons präsent: Buchrezension, Theater- und Filmkritik, Nachruf, Geburtstagsartikel, Ausstellungskritik, Tagungs- und Vortragsbericht; hinzu kommen „freie"

Artikel zu aktuellen Themen, seien dies Sachinhalte oder institutionelle Fragen. Aber auch Beiträge zu Großereignissen wie der Eröffnung des neuen Akropolismuseums in Athen (2009) gehören in diese Kategorie. Auf Aktuelles beziehen sich ferner Artikel und Kommentare zu bildungs- und hochschulpolitischen Fragen sowie Problemen der auswärtigen Kulturpolitik, hier etwa zur Rückforderung und Rückgabe von antiken Artefakten. Zuletzt im Blickpunkt: der Handel mit Antiken aus Raubgrabungen in Syrien und dem Irak. Dieser Befund einer einigermaßen erkennbaren Aufmerksamkeit gilt freilich nach meiner Wahrnehmung nur noch für die Feuilletons der F.A.Z. und – in geringerem Ausmaß – der „Süddeutschen Zeitung". In der „Welt" finden antike Themen fast nur noch in der Samstagsbeilage „Die literarische Welt" sowie in der Online-Ausgabe statt, dort aber nicht selten sehr ausführlich. In der Wochenzeitung „Die Zeit" sind allenfalls sporadisch Artikel mit Antikebezug zu finden, vor allem kaum noch Buchrezensionen. In der „Neuen Zürcher Zeitung" gibt es gelegentlich im Feuilleton und samstags einschlägige Artikel; die selbständige Samstagsbeilage „Literatur und Kunst" existiert jedoch nicht mehr. Eine Besonderheit stellt die mittwochs in der F.A.Z. erscheinende Seite „Geisteswissenschaften" dar, wo wissenschafts- und ideengeschichtliche Gegenstände einen gewissen Vorzug genießen. Gestalten, die mit der Antike zu tun haben und auf diesen Seiten immer wieder vorkommen, sind Nietzsche, Heidegger, Foucault und Gadamer, aber auch ein Kopf wie Jacob Bernays. Gelegentlich finden sich aber auch kleine archäologische Fachartikel, etwa zu neuen Deutungen der antiken Bildkunst.

Die online-Ausgabe der „Welt" nutzt die Chance des neuen Mediums vor allem durch eine reiche Bebilderung. Nicht außer acht lassen darf man auch verwandte Printmedien. Die illustrierten Geschichtsmagazine wie Geo-Epoche, Zeit-Geschichte oder Spiegel-Geschichte haben in den letzten Jahren nach meinem Eindruck an Qualität gewonnen; so kann etwa das Augustus-Heft von ZEIT-Geschichte (2/2014) als sehr gelungen bezeichnet werden, ebenso das „Spiegel-Geschichte"-Heft „Aufstieg und Fall der Republik Rom" (5/2015). Und der altehrwürdige „Merkur" hat vor ein paar Jahren eine sechsteilige Artikelserie „Neues aus der Alten Welt" gedruckt, in der Altertumswissenschaftler über neue Forschungen und Paradigmenwechsel in ihrem Bereich berichten durften.

Bedingungen

Angesichts der Vielfalt der Themen in unseren Disziplinen und des begrenzten Platzes können die Blätter nur über ausgewählte Gegenstände berichten. Hier fällt nun auf, daß die Breite, Aktualität und Qualität der Berichterstattung, aber eben auch die Auswahl der Gegenstände mitunter von einzelnen Redakteuren bzw. Mitarbeitern abhängen, mithin hochgradig kontingent sind (im Sinne eines

„so“ oder „nicht“ oder „anders“). Sehr deutlich ist das in der Berliner „Welt“ zu beobachten, in der Berthold Seewald unermüdlich und fast im Alleingang antike Themen nach vorn bringt, wenn eine Aktualität in Anschlag gebracht werden kann: 2000 Jahre Varusschlacht, ein angeblicher Caesarkopf in der Rhone, die neue Leiterin des Deutschen Archäologischen Instituts, neue Bücher über Augustus, zur „Sittengeschichte“ oder die Plünderung Roms im Jahr 410. Aktualität bedeutet in diesem Fall auch oft eine Aktualisierung, etwa im Modus des Vergleichs; so heißt es im Zusammenhang mit dem zuletzt genannten Thema (Goten plündern Rom): „Es ist nicht zuviel gesagt, den Vergleich mit dem 11. September 2001 zu ziehen – und am Ende können wir nur jenen zustimmen, die den Gotensturm welthistorisch gar für wirkungsmächtiger halten als den islamistischen Anschlag. (...) Wenn 9/11 von Amerika aus also ein globales Datum gesetzt wurde, dann ging ihm Rom 8/24 darin sicherlich voraus.“

Wissenschaftler haben mit solchen Aussagen oder mit kontrafaktischen Szenarien ihre liebe Not, müssen aber akzeptieren, daß die Rezeption ihrer Themen und Ergebnisse anderen Logiken folgt als die Forschung. Sie werden andererseits auch klug daran tun, nicht eine zynische Schizophrenie zu vertreten, die im Interesse einer Legitimierung ihrer Fächer der Öffentlichkeit etwas anzubieten bereit ist, was im wissenschaftlichen Forschungsbetrieb andauernd bekämpft wird. Ich nenne hier neben Vergleichen zwischen Antike und Moderne in erster Linie Kontinuitäts- und Kohärenzfiktionen sowie Wertzuschreibungen an die Antike im Geiste des Neuhumanismus. Es ist dies eine krude Schizophrenie, die zur Folge hat, daß Traditionspflege nur noch mit Augurenlächeln betrieben wird, während das eigene Tun in eine ganz andere Richtung zielt, die ein prominenter Althistoriker einmal so auf den Punkt gebracht hat: „Der Sinn der gegenwärtigen Beschäftigung mit der Antike liegt nicht in einer Bewahrung, sondern in der immer wieder neuen Herstellung antiker Geschichte. Diese Herstellung von antiker Geschichte erfüllt nicht die Funktion einer Bereitstellung von Lehren, sondern die einer Neutralisierung der Wirkungen, die die antike Vergangenheit auf die Gegenwart ausübt.“[1] Daß eine solche Polarisierung in der Praxis von Kultur und Bildungssystem nicht funktioniert, zeigt jede brauchbare Inszenierung eines antiken Theaterstücks: Sie muß das Potential des Stückes selbstverständlich jedes Mal neu für sich aufschließen; das wäre aber gar nicht möglich, wenn das antike Theater nicht seit langem zum Kanon der höheren Kultur gehörte und man bei den Besuchern nicht eine gewisse Basisorientierung voraussetzen könnte. Und auch der eben zitierte Kollege hat in seinem Oberseminar wahrscheinlich Studierende sitzen, die nicht deshalb auf dem Gymnasium Latein und gar Griechisch gelernt haben, weil ihre Lehrer/innen im Sinn hatten, die Wirkungen der Antike auf die Gegenwart zu neutralisieren.

Um zu der zuvor skizzierten Beobachtung zurückzukommen: Es sind, wie gesagt, oft Zufälle und persönliche intellektuelle Neigungen einzelner Journalisten, von denen antike Themen allgemein oder bestimmte Gegenstände im Blatt gehalten bzw. akzentuiert werden. So ist es für Altertumswissenschaftler sicher ein Glück, daß mit Johan Schloemann ein promovierter Gräzist im Feuilleton der „Süddeutschen Zeitung" sitzt, daß Andreas Kilb bei der F.A.Z. der Spätantike und dem frühen Byzanz großes Interesse entgegenbringt, daß Heike Schmoll von ihrer Bildungsbiographie her den Alten Sprachen besonders zugetan ist und diese in ihren Artikeln zur Bildungspolitik im gleichen Blatt immer wieder ins Bewußtsein ruft. Jüngst hinzugekommen ist bei der F.A.Z. mit Simon Strauss ein promovierter Althistoriker. Das alles ist, wie gesagt, ganz und gar kontingent, kann sich also von heute auf morgen ändern.

Aus solchen individuellen Akzentuierungen können dann auch Schwerpunkte und *story-lines* entstehen. So hat etwa der seinerzeit in der F.A.Z. für Klassische Archäologie zuständige Michael Siebler immer wieder in Artikeln und einem eigenen Buch über den Fortgang der Troja-Grabung berichtet, mit spürbarer Sympathie gegenüber Manfred Korfmann und dessen Bild einer bedeutenden bronzezeitlichen Siedlung auf dem Hissarlık (s. o. S. 128-135). Aus der Feder von Dieter Bartetzko waren im gleichen Blatt über Jahre immer wieder Artikel über die schlimmen Schäden an der Substanz Pompejis zu lesen. Hier sind klassische Merkmale eines journalistischen Zugangs erkennbar. Die Artikel über Pompeji wollten skandalisieren, wie fahrlässig mit einem Weltkulturerbe aus der Antike umgegangen wird, und auf diese Weise Öffentlichkeit erzeugen, ohne die kein politischer Druck entstehen kann, die gravierenden Versäumnisse abzustellen. In der Causa Korfmann kamen viele Faktoren zusammen; einer davon war sicher auch, daß hier mit Homer und Troja zwei antike Phänomene in Rede standen, die Gebildete und Gelehrte in Deutschland seit über zweihundert Jahren immer wieder elektrisiert haben, die nun aber mit modernster Technik und disziplinübergreifend „ganz neu" angegangen wurden, noch dazu von einem Wissenschaftler wie Korfmann, der sich wenn nicht als Außenseiter, so doch als charismatischer Solitär zu stilisieren verstand.

Dieses Beispiel zeigt auch, wie sich die Sache aus der Perspektive eines Wissenschaftlers darstellt und wie eine mehr als nur einmalige Prominenz zu erzielen ist. Ich sehe dabei ab von spektakulären Funden, die sozusagen von außen Fragen aufwerfen; dabei kann es um die Bestimmung gehen (wie bei dem genannten angeblichen Caesarkopf im Fluß), oder es kann die Echtheit strittig sein – das gilt etwa für den Artemidor-Papyrus, der sogleich in den Feuilletons Aufmerksamkeit gefunden hat, obwohl die kontroverse fachliche Diskussion hier auf eine besonders kleine Gruppe von Papyrologen und Paläographen beschränkt bleiben muß. Schlicht als unkontroverse Sensation hat es der Pferdekopf einer vergoldeten Reiterstatue des Augustus, der 2009 in Waldgirmes gefunden wurde, sogar auf die Erste Seite der F.A.Z. geschafft.

Was nun die ganz „normalen", längerfristigen Forschungsprojekte angeht: Gute Chancen hat, vereinfacht gesagt, wer eine These präsentieren kann, die mit scheinbar kanonischen Vorstellungen oder wissenschaftlichen Konsensen bricht, und dann das neue Bild auch sinnfällig machen kann. Gegenstände aus der Klassischen Archäologie haben daher einen klaren Vorteil gegenüber texthermeneutisch gewonnenen Ergebnissen. So sind über Jahre aus der Feder von Michael Siebler in der F.A.Z. immer wieder Artikel zur Ausstellung „Bunte Götter" erschienen, die dem Leiter des einschlägigen Forschungsprojektes, Vinzenz Brinkmann, relativ ungefiltert Gelegenheit gaben, seine Sicht der Polychromie antiker Plastik in eine breitere Öffentlichkeit zu tragen.

Unabhängig von der Frage, wie der Kontakt zwischen Forschern und Journalisten im Einzelfall zustandekommt – beide können sich in einer win-win-Situation sehen: Der Forscher erhält privilegierten Zugang zur Öffentlichkeit, der Journalist wird mit exklusiven Informationen und Bildern versorgt. Das ist keineswegs zu beanstanden, solange nicht der Blick auf konkurrierende Interpretationen verstellt und der Leser dauerhaft einseitig informiert wird.

Neben Redakteuren und journalistischen Mitarbeitern mit einschlägigen Interessen erhielten und erhalten auch immer wieder Altertumswissenschaftler direkt Gelegenheit, sich zu äußern. Naheliegenderweise setzen die Redaktionen dabei eher auf einen kleinen Kreis von Federn, die relativ regelmäßig angefragt werden. So hat der Marburger Althistoriker Karl Christ in vierzehn Jahren etwa einhundert Rezensionen und Artikel in der F.A.Z. geschrieben, und auf der Seite „Geisteswissenschaften" desselben Blattes erhielt der Bonner Klassische Archäologe Nikolaus Himmelmann seit 1992 und bis zu seinem Tod Gelegenheit, seine Interpretationen antiker Porträts und Plastiken vorzutragen. Man setzt auf Verläßlichkeit für die Redaktion und Wiedererkennbarkeit für die Leser. Doch die Anbahnung solcher langjähriger Zusammenarbeit ist ebenfalls meistens kontingent, ebenso wie die Tatsache, daß bei der Hamburger „Zeit" ein promovierter Althistoriker in der Abteilung für Anzeigenakquise arbeitete, der eine Zeit lang immer wieder auch Artikel zu seinem Fachgebiet unterbringen konnte.

Aussichten

Gibt es neue Trends? Vielleicht. Susann Wagenknecht hat in einer Bielefelder wissenschaftsgeschichtlichen Magisterarbeit analysiert, wie sich 2001/02 der Streit zwischen Manfred Korfmann und Joachim Latacz auf der einen, Frank Kolb und Teilen der Althistorie auf der anderen Seite im Feuilleton der F.A.Z. entwickelte.[2] Von bewußtem Agenda-Setting konnte noch keine Rede sein; „die Debatte kommt in der F.A.Z. anfangs nur zögernd in Gang." Erst später, dann aber reichlich gab man, in verschiedenen Formaten, Vertretern beider Positionen und einigen abseitsstehenden Experten Raum. „Die Troia-Debatte gibt dem Feuilleton die Möglichkeit, sich selbst zum Ereignis zu stilisieren. Sie wird dem

Leser als Kontroverse präsentiert, die – sozusagen live – in der Zeitung stattfindet. Die strittigen Positionen werden in feuilletonistischer Manier zugespitzt. Das vermittelnd-berichtende Moment der Wissenschaftspopularisierung tritt dabei in den Hintergrund."

Ende 2007 gelang es dem F.A.Z.-Feuilleton mit Raoul Schrotts langem Artikel dann, von Anfang an ein Thema zu setzen und das Ensemble von wissenschaftlicher These (Homer in Kilikien) und poetischer Orchestrierung (Schrotts Ilias-Übersetzung) durch eine politisch lesbare historische These aufzuladen: Eine Woche nach Schrotts Artikel erschien auf Seite eins ein Kommentar von Dieter Bartetzko unter dem Titel „Wir sind Kinder des Orients".[3]

Nach meiner Einschätzung bedarf es – neben einer halbwegs kontinuierlichen Berichterstattung – solcher aktiver, thesenhafter Themensetzungen, um zeigen zu können, welche Funken sich aus der Antike schlagen lassen. Ob es dazu kommen wird, muß aus den o. genannten Gründen offenbleiben.[4] 2500 Jahre Marathon blieben – Berthold Seewald rühmend ausgenommen – unberühmt. Augustus wurde 2014 eher pflichtgemäß abgefeiert, mit Artikeln zur Ausstellung in Rom und Sammelrezensionen zu Jubiläumsneuerscheiungen. In der F.A.Z. erschien zum Todestag ein wenig überzeugender Artikel aus der Feder von Traute Petersen, der langjährigen Vorsitzenden des Geschichtslehrerverbandes. Harren wir also aus bis 2020 und sehen, was mit Salamis anzufangen ist. Meines Erachtens sollten Altertumswissenschaftler nicht auf Anfragen warten. Wer der Ansicht ist, daß unsere Forschung nicht selbstreferentiell ist, sondern sich aus einem gesamtgesellschaftlichen Orientierungsbedürfnis und einem humanistischen Kredit speist, darf nicht darauf verzichten, auch „Sinn" anzubieten. Dies im Medium Zeitung oder Magazin zu tun, zwingt zur Konzentration auf das Wesentliche und zur Pointierung. Das sollte zu leisten sein. (2011/2014/aktualisiert 2017)

---

[1] Aloys Winterling, Über den Sinn der Beschäftigung mit der antiken Geschichte, in: K.-J. Hölkeskamp u.a. (Hgg.), Sinn (in) der Antike. Orientierungssysteme, Leitbilder und Wertkonzepte im Altertum, Mainz 2003, 403–419, Zitat 403.

[2] Susann Wagenknecht, Die Rolle des Feuilletons in wissenschaftlichen Kontroversen am Beispiel der Troia-Debatte (MA-Arbeit Bielefeld 2010); vgl. dies., Debating Troy in the Mass Media – The Catalytic Impact of Public Controversy on Academic Discourse, in: S. Rödder u.a. (Hgg.), The Sciences' Media Connection – Public Communication and its Repercussions 28, Dordrecht 2012, 291–306.

[3] F.A.Z. v. 29. Dez. 2007. Vgl. Uwe Walter, Warum die Hellenen die Ilias brauchten. Orientalischer Kultureinfluss ist unstrittig, aber zu Raoul Schrotts Thesen wollte sich niemand bekennen, in: F.A.Z. v. 19.11.2008, Nr. 271, N 5.

[4] Seit 2016 erhält der Althistoriker Michael Sommer in der F.A.Z. mehrfach Gelegenheit, aktuelle Phänomene wie das Bürgerrecht oder den Populismus in ihren antiken Vorläufern beziehungsweise Analogien zu spiegeln. Der promovierte Althistoriker Simon Strauss ist seit 2016 Feuilletonredakteur beim gleichen Blatt.

Drucknachweise und Zusätze

1. Die ganze Antike soll es sein!

Aus der Perspektive des reisenden Monarchen

Unter diesem Titel in: F.A.Z. v. 31.3.2010, Nr. 74, 30. Rez. zu: Robin Lane Fox: Die Klassische Welt. Eine Weltgeschichte von Homer bis Hadrian. Klett-Cotta, Stuttgart 2010.

Konflikt und Gewalt, Recht und Staat: keine kleine Geschichte

Unter dem Titel: „Auch du, mein Vater Caesar" in: F.A.Z. v. 15.4.2000, Nr. 90, 51. Rez. zu: Hans-Joachim Gehrke: Kleine Geschichte der Antike. C. H. Beck, München 1999.

2. Die Alten und ihre Götter – eine schwierige Beziehung

Zwischen Erde und Olymp: der römische Kaiser

Unter dem Titel „ Er ist göttlich! Wer? Na Ihr! Ach, Er!" in: F.A.Z. v. 24.8.2000, Nr. 196, 53. Rez. zu: Manfred Clauss: Kaiser und Gott. Herrscherkult im Römischen Reich. B. G. Teubner, Stuttgart 1999.

Alles ist voll von Götterbildern

Unter diesem Titel in: F.A.Z. v. 5.10.2000, Nr. 231, 59. Rez. zu: Tanja S. Scheer: Die Gottheit und ihr Bild. C. H. Beck, München 2000.

Der Champion

Unter diesem Titel in: F.A.Z. v. 2.5.2014, Nr. 101, 10. Rez. zu: Michael Scott, Delphi. A History of the Center of the Ancient World. Princeton University Press 2014.

Für einen jüdischen Messias hatte Rom nur das Todesurteil parat

Unter diesem Titel in: F.A.Z. v. 10.9.2013, Nr. 210, 30. Rez. zu: Reza Aslan: Zealot. The Life and Times of Jesus of Nazareth. Random House, New York 2013.

Braucht Gott einen Körper?

Unter dem Titel „Säulenheilige wissen es auch nicht besser" in: F.A.Z. v. 19.8. 2016, Nr. 193, 10. Rez. zu: Christoph Markschies: Gottes Körper. Jüdische, christliche und pagane Gottesvorstellungen in der Antike. C.H. Beck, München 2016.

3. Grundfiguren sozialen Lebens

Schatten dahinter. Begräbnisriten der Griechen, Römer und frühen Christen

Unter diesem Titel in: F.A.Z. v. 19.11.2011, Nr. 270, Z 4 (Bilder und Zeiten).

Ein Gesetz gegen die Untätigkeit läßt den Faulpelz nicht entwischen

Unter diesem Titel in: F.A.Z. v. 3.9.2004, Nr. 205, 37. Rez. zu: Winfried Schmitz: Nachbarschaft und Dorfgemeinschaft im archaischen und klassischen Griechenland. Akademie Verlag, Berlin 2004.

Edle Spender wollten nicht ungenannt bleiben

Unter diesem Titel in: F.A.Z. v. 12.12.2000, Nr. 289, L 26. Rez. zu: Beate Wagner-Hasel: Der Stoff der Gaben. Kultur und Politik des Schenkens und Tauschens im archaischen Griechenland. Campus Verlag, Frankfurt am Main 2000; Klaus Bringmann: Geben und Nehmen. Monarchische Wohltätigkeit und Selbstdarstellung im Zeitalter des Hellenismus. Akademie Verlag, Berlin 2000.

Randale auf den Straßen der Antike

Unter diesem Titel in: F.A.Z. v. 8.11.2004, Nr. 261, 39. Rez. zu: Jens-Uwe Krause, Kriminalgeschichte der Antike. C. H. Beck, München 2004.

Krieg, überverrätselt

Unter dem Titel „Stell Dir vor, es ist Krieg, und keiner geht hin" in: F.A.Z. v. 18.6.2007, Nr. 138, 37. Rez. von: Thomas Ganschow: Krieg in der Antike. Primus, Darmstadt 2007.

Lebenswelten an den Rändern: die 'kleinen Leute' in Rom

Unter dem Titel „Wozu Gesetze, wenn der Mammon regiert?" in: F.A.Z. v. 28.2.2012, Nr. 50, 28. Rez. von: Robert Knapp: Römer im Schatten der Geschichte. Gladiatoren, Prostituierte, Soldaten: Männer und Frauen im Römischen Reich. Klett-Cotta, Stuttgart 2012.

Humanität als Signum antiker Sklaverei?

Unter dem Titel „Drückende Humanität" in: F.A.Z. v. 17.5.2006, Nr. 114, 34. Rez. zu: Stefan Knoch: Sklavenfürsorge im Römischen Reich. Formen und Motive. Georg Olms, Hildesheim 2005.

4. Denkübung oder Lebenskunst? Zur antiken Philosophie

Nicht nur für schlichte Gemüter? Richard David Prechts Denkerbuden

Unter dem Titel „Eindeutigkeit ist etwas für schlichte Gemüter" in: F.A.Z. v. 16.10.2015, Nr. 240, 10. Rez. zu: Richard David Precht, Erkenne die Welt. Geschichte der Philosophie I: Antike und Mittelalter. Goldmann, München 2015.

Von der Straße ins Geheimnis: Rückzüge und Vorstöße

Unter dem Titel „Wer allein ist, ist auch im Geheimnis" in: F.A.Z. v. 21.9.1998, Nr. 219, 55. Rez. zu: Peter Scholz: Der Philosoph und die Politik. Die Ausbildung der philosophischen Lebensform und die Entwicklung des Verhältnisses von Philosophie und Politik im 4. und 3. Jh. v. Chr. Franz Steiner, Stuttgart 1998.

Jahrtausende des Unglimpfs: die Sophisten

Unter dem Titel: „Jahrtausende des Unglimpfs" in: F.A.Z. v. 20.8.2003, Nr. 192, 32. Rez. zu: Helga Scholten: Die Sophistik. Eine Bedrohung für die Religion und Politik der Polis? Akademie Verlag, Berlin 2003.

Foucault-Diäten: eine moderne Lektüre

Unter dem Titel „Liebesperlen in der Suppe" in: F.A.Z. v. 12.3.1999, Nr. 60, 48. Rez. zu: Wolfgang Detel: Macht, Moral, Wissen. Foucault und die klassische Antike. Suhrkamp Verlag, Frankfurt am Main 1998.

Listige Sophismen auf dem Weg zum Glück: der vielgewandte Seneca

Unter dem Titel „Listige Sophismen auf dem Weg zum Glück" in: F.A.Z. v. 16.12.2014, Nr. 292, 10. Rez. zu: Lucius Annaeus Seneca: Briefe an Lucilius. Hgg., und mit einem Nachwort versehen von Marion Giebel. Reclam, Stuttgart 2014.

5. The Glory That Was Greece

Das richtige Volk zur richtigen Zeit am richtigen Ort

Unter diesem Titel in: F.A.Z. v. 12.4.2017, Nr. 87, 10. Rez. zu: Edith Hall: Die Alten Griechen. Eine Erfolgsgeschichte in zehn Auftritten. Siedler, München 2017.

Christian Meiers griechische Summe

Unter dem Titel „Sport treiben ist schöner als herrschen“ in: F.A.Z. v. 19.2.2009, Nr. 42, 7. Rez. zu: Christian Meier: Kultur, um der Freiheit willen. Griechische Anfänge – Anfang Europas? Siedler, München 2009.

Homer zum Leuchten bringen

Unter dem Titel „Als im schöngebildeten Bette die Pfosten wackelten“ in: F.A.Z. v. 6.10.2012, Nr. 233, L 33. Rez. zu: Thomas A. Szlezák: Homer oder Die Geburt der abendländischen Dichtung. C. H. Beck, München 2012.

Speziell Pindar ist ja sehr umstritten

Unter diesem Titel in: F.A.Z. v. 15.6.2011, Nr. 137, 34. Rez. zu: Bernhard Zimmermann (Hrsg.): Handbuch der griechischen Literatur der Antike. Erster Band: Die Literatur der archaischen und klassischen Zeit. München: C.H. Beck 2011.

Wettbewerb und Vertrauen: Was Griechen zu leisten imstande waren

Unter dem Titel „Wettbewerb braucht Vertrauen“ in: F.A.Z. v. 26.11.2016, Nr. 277, L 15. Rez. zu: Josiah Ober: Das antike Griechenland. Eine neue Geschichte. Klett-Cotta, Stuttgart 2016. – S. in größerem Kontext Uwe Walter, Die klassischen, die armen, die erfolgreichen Hellenen. Erzählungen vom antiken Griechenland, in: Merkur 70, 2016, H. 12 (Nr. 784), 71-80.

6. Die griechische Stadt: Inventuren, Grundrisse, Deutungen

Vollständiges Diagnoseprotokoll, Labor Kopenhagen

Unter dem Titel „Das Wesen der Gemeinwesen“ in: F.A.Z. v. 10.8.2005, Nr. 184, 32. Rez. zu: Mogens Herman Hansen, Thomas Heine Nielsen (Hgg.): An Inventory of Archaic and Classical Poleis. Oxford University Press, Oxford 2004.

Götter, Gräber und Geehrte. Die drei Räume der griechischen Polis

Unter dem Titel „Götter, Gräber und Geehrte“ in: F.A.Z. v. 1.12.1998, Nr. 279, L 29. Rez. zu: Tonio Hölscher: Öffentliche Räume in frühen griechischen Städten. Universitätsverlag C. Winter, Heidelberg 1998.

Lob des ungestörten Heims. Jacob Burckhardts Polisbild

Unter dem Titel „Lob des ungestörten Heims“ in: F.A.Z. v. 11.2.2002, Nr. 35, 54. Rez. zu: Stefan Bauer: Polisbild und Demokratieverständnis in Jacob Burckhardts ‘Griechischer Kulturgeschichte’. Schwabe, Basel und C. H. Beck, München 2001.

7. Ihr Männer von Athen! Ambivalenzen einer Großpolis

Eine Machtgeschichte des klassischen Athen

Unter dem Titel „Großpolisgehabe“ in: F.A.Z. v. 2.11.1999, Nr. 255, L 19. Rez. zu: Karl-Wilhelm Welwei: Das klassische Athen. Demokratie und Machtpolitik im 5. und 4. Jahrhundert. Primus, Darmstadt 1999.

Kein einziger unartikulierter Aufschrei

Unter diesem Titel in: F.A.Z. v. 17.10.2000, Nr. 241, L 44. Rez. zu: Leonhard Burckhardt, Jürgen von Ungern-Sternberg (Hgg.): Große Prozesse im antiken Athen. C. H. Beck, München 2000.

Da lachten die Athener im weiten Rund

Unter diesem Titel in: F.A.Z., 7.12.2010, Nr. 285, 30. Rez. zu: Niklas Holzberg: Aristophanes. Sex und Spott und Politik. C.H. Beck, München 2010.

8. Griechen gegen Griechen

Krieg und Großmachtpolitik: neue Weltordnungen

Unter dem Titel „Die neue Weltordnung" in: F.A.Z. v. 7.10.2003, Nr. 232, L 34. Rez. zu: Raimund Schulz: Athen und Sparta. WBG, Darmstadt 2003; John Buckler: Aegean Greece in the Forth Century BC. Brill, Leiden u.a. 2003.

Wettstreit und Lorbeerkranz: Olympische Spiele

Unter dem Titel „Sieg macht unsterblich" in: F.A.Z. v. 19.3.2004, Nr. 67, 42. Rez. zu: Michael Siebler: Olympia. Ort der Spiele, Ort der Götter. Klett-Cotta, Stuttgart 2004; Ulrich Sinn: Das antike Olympia. Götter, Spiel und Kunst. C.H. Beck, München 2004; Rosmarie Günther: Olympia. Kult und Spiele in der Antike. Primus, Darmstadt 2004; Judith Swaddling: Die Olympischen Spiele der Antike. Reclam, Stuttgart 2004.

Warlords und Elitetruppen: früher Hellenismus

Unter dem Titel „Mord als vorbeugende Gefahrenabwehr" in: F.A.Z. v. 2.9.2016, Nr. 205, 10. Rez. zu: James Romm: Geist auf dem Thron. Der Tod Alexanders des Großen und der mörderische Kampf um sein Erbe. C.H. Beck, München 2016.

9. Genderverschlingungen: Männer – Frauen – Leidenschaften

Fisch, Wein, schillernde Frauen: verzehrende Leidenschaften der Männer

Unter dem Titel „Grieche sucht Griechin, Griechin sucht Griechen" in: F.A.Z. v. 12.10.1999, Nr. 237, L 42. Rez. zu: James N. Davidson: Kurtisanen und Meeresfrüchte. Die verzehrenden Leidenschaften im klassischen Athen. Berlin 1999.

Kleopatra: Handlungsspielräume einer antiken Monarchin

Unter dem Titel „Diese Frau hat nichts so schnell umgehauen" in: F.A.Z. v. 4.10.2006, Nr. 230, L 38. Rez. zu: Wolfgang Schuller: Kleopatra. Königin in drei Kulturen. Eine Biographie. Rowohlt, Reinbek 2006.

Kein Rotlicht brannte im Wolfbereich

Unter diesem Titel in: F.A.Z. v. 21.7.1999, Nr. 166, 49. Rez. von: Bettina Eva Stumpp: Prostitution in der römischen Antike. Akademie-Verlag, Berlin 1998.

10. Auf der Suche nach den Griechen

Die Klassiker erkunden mit Karl Christ

Unter dem Titel: „Das Land der Griechen in der Seele suchend", in: F.A.Z. v. 8.1.2000, Nr. 6, 47. Rez. von: Karl Christ: Hellas. Griechische Geschichte und deutsche Geschichtswissenschaft. C. H. Beck, München 1999.

Athen erfinden (Nicole Loraux)

Unter diesem Titel aus Anlaß des Todes von Nicole Loraux in: F.A.Z. v. 11.4.2003, Nr. 86, 42.

Die falschen Freunde muß man auch verstehen (Jean-Pierre Vernant)

Unter diesem Titel in: F.A.Z. v. 11.5.2016, Nr. 109, 10. Rez. von: Jean-Pierre Vernant: Mythos und Denken bei den Griechen. Konstanz University Press, Konstanz 2016.

Urtexte, orphisch (Martin L. West)

Unter diesem Titel aus Anlaß des 70. Geburtstages von Martin West in: F.A.Z. v. 21.9.2007, Nr. 220, 38. West verstarb 2015.

Die Großen und die Genossen der Polis (Karl-Wilhelm Welwei)

Unter diesem Titel aus Anlaß des 80. Geburtstages von Karl-Wilhelm Welwei in: F.A.Z. v. 11.10.2010, Nr. 236, 38. Welwei verstarb 2013.

Viermal für Thukydides (Jacqueline de Romilly)

Unter diesem Titel aus Anlaß des Todes von Jacqueline de Romilly in: F.A.Z. v. 22.12.2010, Nr. 298, 31.

Der Kenner der Rituale (Walter Burkert)

Unter dem Titel „Der große Gräzist" aus Anlaß des Todes von Walter Burkert in: F.A.Z. v. 16.3.2015, Nr. 63, 14.

In Attika ganz bei sich (Hans-Joachim Gehrke)

Unter dem Titel „In Attika ganz bei sich" aus Anlaß der Ernennung von Hans-Joachim Gehrke zum Ersten Direktor des Deutschen Archäologischen Instituts in: F.A.Z. v. 16.7.2007, Nr. 162, 40.

11. Hellenische Charakterköpfe

Historiographische Doppelherme: Herodot und Thukydides

Unter dem Titel „Vierhundert Männer gegen zweihundert Frauen" in: F.A.Z. v. 9.12.2015, Nr. 286, 10. Rez. zu: Wolfgang Will: Herodot und Thukydides. Die Geburt der Geschichte. C.H. Beck, München 2015

Zu wenig gewundert: Perikles

Unter dem Titel „Doch leider vergisst er, sich manchmal zu wundern" in: F.A.Z. v. 8.9.2008, Nr. 210, 37. Rez. zu: Gustav Adolf Lehmann: Perikles. Staatsmann und Stratege im klassischen Athen. C. H. Beck, München 2008.

Mit imperialem Wissen gedeutet: Alexander der Große

Unter dem Titel „Auf seinen Reisen ließ er weder Impulse noch geopolitische Revolutionen anbrennen" in: F.A.Z. v. 20.12.2004, Nr. 297, 35. Rez. zu: Robin Lane Fox: Alexander der Große. Eroberer der Welt. Klett-Cotta, Stuttgart 2004.

12. Archäologisches: Trojanische und andere Verstrickungen

Was ich entschieden bestreite!

Unter diesem Titel als fiktives, von manchen Lesern jedoch als authetisch betrachtes Streitgespräch in: F.A.Z. v. 23.7.2001, Nr. 168, 47. Rez. zu: Dieter Hertel: Troia. Archäologie, Geschichte, Mythos. C. H. Beck, München 2001; Joachim Latacz: Troia und Homer. Der Weg zur Lösung eines alten Rätsels. Koehler & Amelang, München/Berlin 2001.

Homer, der Hügel und die Phantasie

Unter diesem Titel in: F.A.Z. v. 4.11.2010, Nr. 257, 36. Rez. zu: Frank Kolb: Tatort »Troia«. Geschichte, Mythen, Politik. Schöningh, Paderborn 2010.

Seemannsgarn muß man aufzudröseln wissen

Unter diesem Titel in: F.A.Z. v. 15.2.2010, Nr. 38, 26. Rez. zu: Armin Wolf: Homers Reise. Auf den Spuren des Odysseus. Böhlau, Köln u.a. 2009.

Gegen Schufte und Heuchler

Unter diesem Titel in: F.A.Z. v. 28.8.2002, Nr. 199, 34. Rez. zu: Andrea Carandini: Die Geburt Roms. Artemis & Winkler, Düsseldorf/Zürich 2002.

Schnurgerade Wege für die Legionen

Unter diesem Titel in: F.A.Z. v. 24.8.2011, Nr. 196, 28. Rez. zu: Arnold Esch: Zwischen Antike und Mittelalter. Der Verfall des römischen Straßensystems in Mittelitalien und die Via Amerina. C.H. Beck, München 2011.

13. Moden und Methoden

Erinnerungen

Unter dem Titel „Wer in die Schuhe der Eltern steigt, bekommt keine größeren Füße" in: F.A.Z. v. 29.6.2007, Nr. 148, 41. Rez. zu: Michael Jung: Marathon und Plataiai. Zwei Perserschlachten als »lieux de mémoire« im antiken Griechenland. Vandenhoeck & Rupprecht, Göttingen 2006.

Verflechtungen

Unter dem Titel „Ihre Mythen machen die Griechen geschmeidig" in: F.A.Z. v. 24.10.2011, Nr. 247, 28. Rez. zu: Robin Lane Fox: Reisende Helden. Die Anfänge der griechischen Kultur im homerischen Zeitalter. Klett-Cotta, Stuttgart: 2011.

Überspachtelungen

Unter dem Titel „Alte Genossen" in: F.A.Z. v. 15.9.2013, Nr. 215, 28. Rez. zu: Der Neue Georges. Ausführliches lateinisch-deutsches Handwörterbuch. 2 Bde., hgg. von Thomas Baier, bearbeitet von Tobias Dänzer. WBG, Darmstadt 2013.

Nutzungen

Unter dem Titel „Er machte Lust auf Untergang" in: F.A.Z. v. 12.5.2015, Nr. 109, 10. Rez. zu: Cord-Friedrich Berghahn, Till Kinzel (Hgg.), Edward Gibbon im deutschen Sprachraum. Bausteine einer Rezeptionsgeschichte. Universitätsverlag Winter, Heidelberg 2015.

Verfremdungen

Unter dem Titel „Hier wurde festgelegt, was kulturelles Erbe heißt" in: F.A.Z. v. 24.2.2016, Nr. 46, 10. Rez. zu: Judith Kasper, Cornelia Wild (Hgg.): Rom rückwärts. Europäische Übertragungsschicksale. Wilhelm Fink Verlag, Paderborn 2015.

14. Macht, Ordnung, politische Kultur: die Römische Republik

Dreimal für die ganze Republik

Zusammengezogen aus: „Natürlich muß man eiserne Gesundheit mitbringen“, in: F.A.Z. v. 3.12.2002, Nr. 281, L 16. Rez. zu: Klaus Bringmann: Geschichte der Römischen Republik. Von den Anfängen bis Augustus. C. H. Beck, München 2002; „Flegeljahre einer Weltmacht“, in: F.A.Z. v. 3.6.2013, Nr. 125, 28. Rez. zu: Michael Sommer: Römische Geschichte I. Rom und die antike Welt bis zum Ende der Republik. Kröner, Stuttgart 2013; „Pocahontas in Kleinasien“, in: F.A.Z. v. 12.6.2015, Nr. 133, 10. Rez. zu: Wolfgang Blösel, Die römische Republik. Forum und Expansion. C.H. Beck, München 2015.

Warum weint der Feldherr?

Unter diesem Titel in: F.A.Z. v. 12.9.2003, Nr. 212, 38. Rez. zu: Egon Flaig: Ritualisierte Politik. Zeichen, Gesten und Herrschaft im Alten Rom. Vandenhoeck & Ruprecht, Göttingen 2003.

Tuchfühlung mit dem Tribunen

Unter diesem Titel in: F.A.Z. v. 29.9.2004, Nr. 227, 36. Rez. zu: Karl-Joachim Hölkeskamp: Rekonstruktionen einer Republik. Die politische Kultur des antiken Rom und die Forschung der letzten Jahrzehnte. Oldenbourg, München 2004; Harriet I. Flower (Hg.): The Cambridge Companion to the Roman Republic. Cambridge University Press, Cambridge 2004.

Schön, ihr seid so schön! Wir alle sind schön!

Unter diesem Titel in: F.A.Z. v. 9.10.2001, Nr. 234, L 36. Rez. zu: Gesine Manuwald: Fabulae praetextae. Spuren einer literarischen Gattung der Römer. C.H. Beck, München 2001.

Fallende Würfel und Pfadabhängigkeiten

Unter dem Titel „Bei Pharsalos fielen die Würfel“ in: F.A.Z. v. 11.3.2009, Nr. 59, 34. Rez. zu: Martin Jehne: Der große Trend, der kleine Sachzwang und das handelnde Individuum. Caesars Entscheidungen. Deutscher Taschenbuch Verlag, München 2009.

Monarchie ja, Monarch nein

Unter dem Titel: „Tod eines Monarchen wider Willen“ in: F.A.Z. v. 6.1.2015, Nr. 4, 10. Rez. zu: Mischa Meier: Caesar und das Problem der Monarchie in Rom. Universitätsverlag Winter, Heidelberg 2014.

15. Über die augusteïsche Schwelle: Wie ein Imperium funktioniert

Die Christen machten alles noch viel komplizierter

Unter diesem Titel in: F.A.Z. v. 23.04.2015, Nr. 94, 10. Rez. zu: Greg Woolf: Rom. Biographie eines Weltreichs. Klett-Cotta, Stuttgart 2015.

Ein Wunder, daß die Unterworfenen so willig waren

Unter diesem Titel in: F.A.Z. v. 10.11.2011, Nr. 262, 36. Rez. zu: Géza Alföldy: Römische Sozialgeschichte. Franz Steiner Verlag, Stuttgart 2011.

Latein von oben

Unter diesem Titel in: F.A.Z. v. 16.3.2005, Nr. 63, L 21. Rez. zu: Helga Botermann: Wie aus Galliern Römer wurden. Leben im Römischen Reich. Klett-Cotta, Stuttgart 2005.

Wie in Rom die Post abging

Unter diesem Titel in: F.A.Z. v. 2.7.2001, Nr. 150, 49. Rez. zu: Anne Kolb: Transport und Nachrichtentransfer im Römischen Reich. Akademie Verlag, Berlin 2000.

16. Römische Charakterköpfe

Immer wieder: Cicero

Zusammengezogen aus: „Er log und hasste sich dafür", in: F.A.Z., 29.9.2010, Nr. 226, 30. Rez. zu: Francisco Pina Polo: Rom, das bin ich. Marcus Tullius Cicero – ein Leben. Klett-Cotta, Stuttgart 2010; „Ein Leben im Schlamm des Romulus", in: F.A.Z. v. 15.4.2010, Nr. 87, 34. Rez. zu: Klaus Bringmann: Cicero. Primus, Darmstadt 2010.

Tonnenideologie eines selbstbewußten Aufsteigers: Pompeius

Unter dem Titel „Tonnenideologie eines selbstbewußten Aufsteigers" in: F.A.Z. v. 6.10.2004, Nr. 233, L 35. Rez. zu: Karl Christ: Pompeius. Der Feldherr Roms. Eine Biographie. C.H. Beck, München 2004.

Gerissener Geduldsfaden: Caesar

Unter dem Titel „Gerissener Geduldsfaden" in: F.A.Z. v. 18.11.2009, Nr. 268, 30. Rez. zu: Wolfgang Will: Caesar. Primus, Darmstadt 2009.

Zwei Bücher, zwei Gesichter: Augustus

Zusammengezogen aus: „Die ganze Welt blickt auf Augustus" in: F.A.Z., 15.4.2014, Nr. 89, 10. Rez. zu: Ralf von den Hoff, Wilfried Stroh, Martin Zimmermann: Divus Augustus. Der erste römische Kaiser und seine Welt. C.H. Beck, München 2014; „Er lernte früh, Haken zu schlagen, Mord und Totschlag zu planen, Terror zu üben", in: F.A.Z., 11.9.2010, Nr. 211, 36. Rez. zu: Werner Dahlheim: Augustus. Aufrührer – Herrscher – Heiland. Eine Biographie. C.H. Beck, München 2010.

Nicht monströs: Caligula

Unter dem Titel „Caligula war nicht monströs" in: F.A.Z. v. 10.3.2003, Nr. 58, 39. Rez. zu: Aloys Winterling: Caligula. Eine Biographie. C.H.Beck, München 2003.

Als Imperator sollte man lieber andere singen lassen: Nero

Unter dem Titel „Als Imperator sollte man lieber andere singen lassen" in: F.A.Z. v. 29.4.2016, Nr. 100, 12. Rez. zu: Holger Sonnabend: Nero. Inszenierung der Macht. Philipp von Zabern, Darmstadt 2016.

Rosen für zwei Kaiser: Konstantin und Julian

Zusammengezogen aus: „Sein brennendes Verlangen nach Herrschaft" in: F.A.Z., 30.11.2013, Nr. 279, L 17. Rez. zu: Klaus Rosen: Konstantin der Große. Kaiser zwischen Machtpolitik und Religion. Klett-Cotta, Stuttgart 2013; „Frühjahrsputz im Heidentum" in: F.A.Z. v. 27.3.2006, Nr. 73, 42. Rez. zu: Klaus Rosen: Julian. Kaiser, Gott und Christenhasser. Klett-Cotta, Stuttgart 2006.

Im Hexenkessel der Liebe reifte der Kirchenstar: Augustinus

Unter diesem Titel in: F.A.Z. v. 8.7.2015, Nr. 155, 10. Rez. zu: Klaus Rosen, Augustinus. Genie und Heiliger. WBG, Darmstadt 2015.

17. Jenseits von Athen und Rom: Antike war auch außerhalb

Im Bann der reitenden Kriegerinnen

Unter diesem Titel in: F.A.Z., 20.01.2015, Nr. 16, 10. Rez. zu: Adrienne Mayor: The Amazons. Lives & Legends of Warrior Women Across the Ancient World. Princeton University Press, Princeton/Oxford 2014.

Der dunkle Drang der Stämme

Unter diesem Titel in: F.A.Z. v. 12.12.2005, Nr. 289, 35. Rez. zu: Michael Sommer: Roms orientalische Steppengrenze. Palmyra – Edessa – Dura-Europos – Hatra. Eine Kulturgeschichte von Pompeius bis Diocletian. Franz Steiner Verlag, Stuttgart 2005.

Nicht jeder Druide ist ein Kelte!

Unter diesem Titel in: F.A.Z. v. 19.9.2012, Nr. 219, 28. Rez. zu: Bernhard Maier: Geschichte und Kultur der Kelten. C.H. Beck, München 2012.

Mohammeds Nachfolger sprachen Latein

Unter diesem Titel (Untertitel: „Die islamische Theologie hatte einen antiken Migrationshintergrund") in: F.A.Z. v. 10.3.2008, Nr. 59, 36. Bericht über einen Vortrag von Aziz al-Azmeh. Vollständige Druckfassung: Ders.: Rom, das Neue Rom und Bagdad: Pfade der Spätantike. Carl Heinrich Becker Lecture der Fritz-Thyssen Stiftung 2008, Berlin 2008.

18. Welt im Übergang: die Spätantike

Der Gentleman läßt bitten

Unter diesem Titel in: F.A.Z. v. 4.11.2003, Nr. 256, L 10. Rez. zu: Edward Gibbon: Verfall und Untergang des römischen Imperiums. Bis zum Ende des Reiches im Westen. Deutscher Taschenbuch Verlag, München 2003.

Plünderung und Vergewaltigung

Unter diesem Titel in: F.A.Z. v. 13.6.2007, Nr. 134, 36. Rez. zu: Bryan Ward-Perkins: Der Untergang des Römischen Reiches und das Ende der Zivilisation. Theiss, Stuttgart 2007.

Seht diese Barbaren!

Unter diesem Titel in: F.A.Z. v. 10.10.2007, Nr. 235, L 36. Rez. zu: Peter Heather: „Der Untergang des Römischen Weltreichs". Klett-Cotta, Stuttgart 2007.

19. Göttinger Lehrer

Da trat jemand auf und sagte: Ich bin ich (Alfred Heuß)

Unter diesem Titel aus Anlaß des 100. Geburtstags in: F.A.Z. v. 27.6.2009, Nr. 146, 36. Alfred Heuß war 1995 gestorben.

Roms Ordnungen (Jochen Bleicken)

Unter dem Titel „Antiheroisch. Roms Sitten" aus Anlaß des Todes von Jochen Bleicken in: F.A.Z. v. 3.3.2005, Nr. 52, 40.

Realienkundig (Carl Joachim Classen)

Unter diesem Titel aus Anlaß des 80. Geburtstages von Carl Joachim Classen in: FAZ v. 15.8.2008, Nr. 190, 42. Classen starb 2013.

20. Im Weinberg der Wissenschaft: Titanen, Denker, Arbeiter

Wir leben von Gedanke zu Gedanke (Johann Gustav Droysen)

Unter diesem Titel in: F.A.Z. v. 01.12.2008, Nr. 281, 37. Rez. zu: Johann Gustav Droysen: Historik. Historisch-kritische Ausgabe, Band 2,1-2: Texte im Umkreis der Historik (1826–1882). Herausgegeben von Horst Walter Blanke. Frommann-Holzboog, Stuttgart/Bad Cannstadt 2007.

Läuterungen im Kabinett der Affekte (Jacob Burckhardt)

Unter diesem Titel in: F.A.Z. v. 19.10.2005, Nr. 243, L 31. Rez. zu: Jacob Burckhardt: Werke. Kritische Gesamtausgabe. Band 20: Griechische Culturgeschichte II: Die Metamorphosen – Die Griechen und ihre Götter – Der griechische Heroencultus – Erkundung der Zukunft – Zur Gesammtbilanz des griechischen Lebens. Aus dem Nachlaß hgg. von Leonhard Burckhardt, Barbara von Reibnitz und Jürgen von Ungern-Sternberg. C. H. Beck, München und Schwabe, Basel 2005.

Eine Lektion vom kreativen Überleben (Arnaldo Momigliano)

Zusammengezogen aus: „Eine Lektion vom kreativen Überleben. Ewig neugierig: Zum hundertsten Geburtstag des italienischen Althistorikers Arnaldo Momigliano" in: F.A.Z. v. 5.9.2008, Nr. 208, 37; „Der Lehrer der Geschichte" in: F.A.Z. v. 19.4.2001, Nr. 91, 57. Rez. zu: Arnaldo Momigliano: Ausgewählte Schriften zur Geschichte und Geschichtsschreibung". Band 2: Spätantike bis Spätaufklärung. Hgg. von Anthony Grafton. Metzler, Stuttgart/Weimar 1999; Band 3: Die moderne Geschichtsschreibung der Alten Welt. Hrsg. von Glenn W. Most. Ebd. 2000.

Chronist Roms und seiner Erforscher (Karl Christ)

Unter dem Titel: „Ich danke dem Imperium. Erkenntnis des Verkannten: Dem Althistoriker Karl Christ zum achtzigsten Geburtstag" in: F.A.Z. v. 5.4.2003, Nr. 81, 35. Karl Christ starb 2008; vgl. meine Rez. „Erkenntnis des Erkannten" in: F.A.Z. v. 26.8.2009, Nr. 197, 28 zu: Volker Losemann (Hgg.): Alte Geschichte zwischen Wissenschaft und Politik. Gedenkschrift Karl Christ. Harassowitz, Wiesbaden 2009

Ein Römer für Europa (Géza Alföldy)

Unter dem Titel „Faßprobe aufs Exempel. Ganz Römer: Der Althistoriker Géza Alföldy wird siebzig" in: F.A.Z. v. 7.6.2005, Nr. 129, 41. Alföldy starb 2011.

Das Imperium schreibt zurück (Werner Eck)

Unter diesem Titel aus Anlaß des 70. Geburtstags von Werner Eck in: F.A.Z. v. 14.12.2009, Nr. 290, 32.

Könnensbewußt (Christian Meier)

Zusammmengezogen aus: „Könnensbewußt", aus Anlaß eines in Münster gehaltenen Vortrags von Christian Meier in: FAZ v. 5.11.2004, Nr. 259, 48; „Laokoon ist in die Quellen verstrickt. Täglich etwas Neues aus dem Altertum: Bielefeld ehrt den Historiker Christian Meier mit einem Kolloquium" in: F.A.Z. v. 11.6.2004, Nr. 41, 41.

Mut und Geist (Egon Flaig)

Unter dem Titel „Zeichen und Gesten der Alten Welt. Mut und Geist: Den Kaiser herausfordern und dazu gleich noch die Geschichtswissenschaft" aus Anlaß des 60. Geburtstags von Egon Flaig in: F.A.Z. v. 11.5.2009, Nr. 108, 34.

21. Antiken für viele Gegenwarten: Quelle, Hoheit und Klamotte

Blaß muß die Tinte beim Verfertigen sensationeller Palimpseste sein

Unter diesem Titel in: F.A.Z. v. 7.5.2011, Nr. 106, 34. Rez. zu: Rüdiger Schaper: Die Odyssee des Fälschers. Die abenteuerliche Geschichte des Konstantin Simonides, der Europa zum Narren hielt und nebenbei die Antike erfand. Siedler, Berlin 2011.

Auf Welteinsamkeit darf nur das Genie pochen

Unter diesem Titel in: F.A.Z. v. 13.10.2015, Nr. 237, 10. Rez. zu: Erwin Rohde, Briefe aus dem Nachlass. Band 1: Briefe zwischen 1865 und 1871. Herausgegeben von Marianne Haubold. Olms Verlag, Hildesheim 2015. Ergänzt um: „Ein Leben wie gut erfunden" in: F.A.Z. v. 12.4.2017, Nr. 87, 10. Anzeige zu: Erwin Rohde: Briefe aus dem Nachlass. Band 2: Briefe zwischen 1872 und 1876. Hg. von Marianne Haubold. Olms Verlag, Hildesheim 2017.

Ohne Marmor kein Imperium

Unter diesem Titel in: F.A.Z. v. 22.8.2014, Nr. 194, 10. Rez. zu: Johann Chapoutot: Der Nationalsozialismus und die Antike. Philipp von Zabern, Darmstadt 2014.

Achsenzeit – und mehr!

Unter dem Titel „Europa begann nicht im Zweistromland" in: F.A.Z. v. 14.3.2017, Nr. 62, 10. Rez. zu: Karl Jaspers: Vom Ursprung und Ziel der Geschichte. Hgg. von Kurt Salamun (= Karl Jaspers Gesamtausgabe I/10). Schwabe, Basel 2016.

Vgl. dazu Verf., Karl Jaspers' *Vom Ursprung und Ziel der Geschichte* und Ernst Noltes *Historische Existenz*: Leistungen und Grenzen hochidealistischer Geschichtsentwürfe, erscheint in: Offener Horizont. Jahrbuch der Karl Jaspers-Gesellschaft 4, 2017.

Hollywoods Rom

Unter dem Titel „Kleopatra kolossal zwischen Quelle und Klamotte" in: F.A.Z. v. 26.4.2004, Nr. 97, 38. Rez. zu: Marcus Junkelmann: Hollywoods Traum von Rom. 'Gladiator' und die Tradition des Monumentalfilms. Philipp von Zabern, Mainz 2004.

Vgl. [Hans Beck, Mischa Meier,] Uwe Walter: Darth Vader trifft Tacitus. Star Wars und die römische Revolution: Archetypen des Politischen und das kulturelle Gedächtnis der Gegenwart, in: F.A.Z. v. 22.1.2000, Nr. 18, IV (Tiefdruckbeilage Bilder und Zeiten); ungekürzt in: Mitteilungsblatt des Deutschen Altphilologenverbandes, Landesverband Hessen 47, 2000, H. 1/2, 10-15.

Humanismus, plural

Unter dem Titel „Ohne Weltanschauung sollte es schon auch gehen" in: F.A.Z. v. 14.2.2012, Nr. 38, 28. Rez. zu: Hubert Cancik: Europa – Antike – Humanismus. Humanistische Versuche und Vorarbeiten. Transcript Verlag, Bielefeld 2011.

Beinahe ein halbierter Thukydides für Europa

Unter dem Titel „Was Volkes Wille erstrebt. Wir hören, aber mach's kurz: Giscard halbiert Thukydides" in: F.A.Z. v. 12.12.2003, Nr. 289, 35

Haben die modernen Grundrechte ein antikes Fundament?

Unter dem Titel „Das ist wirklich vor aller Menschenwürde. Fakultätenstreit in Saarbrücken" als Tagungsbericht in: F.A.Z. v. 5.11.2003, Nr. 257, 38.

Mit Dekadenz kommt man nicht weiter: die USA

Unter dem Titel „Mit Dekadenz kommt man nicht weiter" in: F.A.Z. v. 13.11.2015, Nr. 264, 12. Rez. zu: Marco Walter: Nützliche Feindschaft? Existenzbedingungen demokratischer Imperien – Rom und USA. Schöningh, Paderborn 2015.

Mit Dekadenz kommt man nicht weiter: Europa

Unter dem Titel „Warum wir uns mit dem Brüsseler Reich arrangieren werden" in: F.A.Z., 8.8.2014, Nr. 182, 10. Rez. zu: David Engels: Auf dem Weg ins Imperium. Die Krise der Europäischen Union und der Untergang der römischen Republik. Historische Parallelen. Europa Verlag, Berlin 2014.

Feilschen um Antigone

Unter dem Titel „Wie viele Milliarden ist uns die Antigone wert?" in: F.A.Z. v. 4.7.2017, Nr. 152, 12. Rez. zu: Johanna Hanink: The Classical Debt. Greek Antiquity in an Era of Austerity. Harvard UP, Cambridge/London 2017.

Die Rezension veranlaßte den Botschafter der Hellenischen Republik Griechenland in Deutschland zu einem geharnischten, viele Aspekte ansprechenden Leserbrief (F.A.Z. v. 31.7.2017, Nr. 175, S. 13). In seiner langen Geschichte habe das griechische Volk „seine Existenz und seine Kultur an einem starken Widerstandsgeist gefestigt: gegen die Perser in der Antike, gegen des osmanischen Despotismus, gegen die Wehrmacht im Zweiten Weltkrieg, gegen die Diktatur der Obristen, unlängst gegen die Willkür der Finanzmärkte". Das sei ein Beitrag zur europäischen Kultur. Doch das moderne Griechenland sei nicht verantwortlich, dass es „von etlichen Ausländern idealisiert worden" sei. Die Ansicht, die Elgin Marbles gehörten ins British Museum, widerspreche dem Mehrheitswillen der britischen Bevölkerung. Die Marbles „wurden vom Parthenon gestohlen. Ich kann der Versuchung nicht wiederstehen, den Artikel als Teil einer Bestrebung zu sehen, dem von vielen Deutschen vertretenen Standpunkt Ausdruck zu geben, Griechenland seien seine Schulden nicht zu erlassen."

22. Über den Tag hinaus: Die Antike in Qualitätszeitungen

S. o. im Vorwort

Register

1. Namen (antike und moderne)

2. Begriffe und Sachen